TRAFALGAR

LES ALÉAS DE LA STRATÉGIE NAVALE DE NAPOLÉON

DU MÊME AUTEUR
SUR LA MARINE

Images des mers du Sud. Le voyage de la corvette la Coquille *(1822-1825)*, Paris, Du May, 1993.

La marine au XIXe siècle. Interventions extérieures et colonies, Paris, Du May, 1993.

La marine de Napoléon III. Une politique navale, Vincennes, Service historique de la marine, 1997.

La bataille d'Aboukir, 1798. Nelson contrarie la stratégie de Bonaparte, Paris, Économica, 1998.

Michèle Battesti

TRAFALGAR

LES ALÉAS DE LA STRATÉGIE NAVALE DE NAPOLÉON

Napoléon 1er
ÉDITIONS

À Barbara, Geneviève, Sylvie,
affectueusement.

Introduction

Le 21 octobre 1805, Nelson avec vingt-sept vaisseaux écrase les trente-trois vaisseaux de la flotte franco-espagnole de Villeneuve au large du cap Trafalgar, dans le sud de Cadix, avant de trouver la mort. Seuls cinq vaisseaux français et cinq espagnols échappent au désastre. Le verdict de l'Histoire est sans appel. Cette victoire navale enferme Napoléon sur le continent européen, délivre l'Angleterre du cauchemar de l'invasion et lui confère la suprématie maritime pour près d'un siècle et demi.

Tout semble dit, tout semble venu trop tard. Deux siècles d'historiens, de philosophes et de poètes se sont penchés sur chaque fait et geste de Napoléon pour comprendre et expliquer les ressorts de sa formidable épopée, transcendée par sa Légende. Les événements maritimes n'ont pas échappé à leur investigation, mais ils sont souvent à peine évoqués. Cette lacune a été comblée par les historiens spécialistes de la marine et les théoriciens de la pensée navale, à l'instar d'Alfred Thayer Mahan, de Julian Corbett, de Raoul Castex pour ne citer que les plus prestigieux. Le grand public ne s'est pas pour autant passionné pour ce qui constitue l'envers obscur de l'épopée napoléonienne, à l'aune des défaites navales et du bilan maritime calamiteux de l'Empire, avec une France détournée du "grand large", des populations maritimes traumatisées par les "insultes" anglaises, des ports ruinés, une flotte de commerce hauturière anéantie, les colonies perdues, les équipages "désamarinés" par des séjours sur rades, les vaisseaux construits en bois trop vert et obérés par les retards techniques en matière de constructions navales et d'artillerie. L'histoire de la marine impériale est par trop désespérante pour susciter un grand engouement, à moins de mettre l'accent sur la guerre de course, laquelle, émaillée par les exploits de corsaires aussi légendaires que

Surcouf, possède à petite échelle le souffle romantique de l'épopée napoléonienne.

Les thuriféraires de Napoléon sont contraints de reconnaître que la mer n'est pas l'élément de prédilection du grand homme, et qu'en tout cas elle ne lui a pas réussi hormis quelques traversées fulgurantes comme l'aller et le retour de l'expédition d'Égypte ou le retour de l'île d'Elbe. Bien que né sur l'île de Corse et dans le port d'Ajaccio, Napoléon perdrait tout son génie militaire sur l'élément marin, à croire que celui-ci est soluble dans l'eau de mer. Il n'aurait rien compris à la mer, ni aux arcanes de la puissance maritime. D'ailleurs à Sainte-Hélène, Napoléon lui-même a convenu de ses torts et multiplié les déclarations à l'emporte-pièce pour justifier ses échecs navals. Entre autre, il a reconnu avoir traité la marine comme une composante ordinaire de l'armée or, « *il y a dans ce métier une spécificité, une technicité qui arrêtaient toutes mes conceptions* » ; l'avoir négligée : « *Les affaires de terre m'occupaient trop pour que je puisse penser à la marine autrement que par boutades* » ; et même s'en être complètement désintéressé : « *J'ai jeté le manche après la cognée lors du désastre de Trafalgar. Je ne pouvais être partout, j'avais trop à faire avec les armées du continent.* » Phrases définitives que Napoléon lui-même a contredites en se targuant de laisser à la France « *cent vaisseaux et 80 000 marins, et tout cela en dix ans de règne, pendant que j'avais à lutter contre la coalition des grandes puissances de l'Europe* ». À quel moment le croire ? Les repentirs de Napoléon repris avec complaisance par l'historiographie maritime créent un malaise au regard de l'Histoire où quelles que soient les époques, souverains et décideurs politiques ont ordonné des campagnes victorieuses sur mer sans pour autant être des marins expérimentés. Manifestement, les causes des revers navals de Napoléon sont à chercher ailleurs que dans un prétendu désintérêt pour la marine, démenti par les faits, ou dans l'impéritie de l'Empereur pour les choses de la mer.

Même après deux siècles, tout ne peut être analysé et expliqué, d'autant que Trafalgar est le dernier acte d'un drame dont tous les épisodes ont donné lieu à des interprétations contradictoires. Le prélude de la bataille remonte à la décision de Napoléon, en réaction à la rupture de la paix d'Amiens en 1803, de rassembler au camp de Boulogne une armée destinée à envahir le sud de l'Angleterre, à la faveur d'un passage de vive force de la Manche à bord d'une flottille de bateaux plats. En 1804, Napoléon finit par admettre que la descente est chimérique sans l'acquisition – au préalable – de la maîtrise temporaire de la Manche par la flotte de haut bord. Ce réajustement conforme aux règles de la guerre sur mer n'empêche pas l'abandon du projet deux ans plus tard. Au contraire. L'armée du camp de Boulogne, devenue la Grande Armée, « *pirouette* » pour fondre en cinq semaines sur l'Autriche, ce qui a fait douter du sérieux des intentions de Napoléon. Pour certains des contemporains et des historiens, la descente ne serait qu'une simple opération de déception destinée à intimider les Britanniques tout en reprenant en main les armées et la France, unies contre l'ennemi héréditaire. Mme de Staël parle de « *farce* », Alfred de Vigny de « *machine artificielle* » ; l'espion des Bourbons dit l'« *Ami de Paris* » et Miot de Melito ont fourni de nombreuses preuves démontrant que Napoléon n'aurait jamais eu l'intention de risquer sa gloire et sa vie dans une opération hasardeuse ; Metternich rapporte les confidences de l'Empereur en 1810 : « *L'armée rassemblée à Boulogne fut toujours destinée à agir contre l'Autriche* [...] *et vous avez pu savoir combien Boulogne était près de Vienne.* » D'autres commentateurs sont au contraire persuadés à l'instar du maréchal de Marmont que « *cette opération a été le désir le plus ardent de* [la] *vie* [de Napoléon] *et sa plus chère espérance pendant longtemps.* » À moins que Napoléon, conscient de s'être fourvoyé dans un plan infaisable, n'ait pu revenir en arrière et se soit contenté d'exploiter la maladresse des Habsbourg pour sortir du piège dans lequel il s'était enferré. C'est l'analyse de Fouché : « *Quelle heureuse diversion pour l'empereur des Français ! Elle mettait à couvert son honneur maritime, et vraisemblablement le préservait d'un désastre qui l'eût englouti avec son empire naissant.* » [1] À Sainte-Hélène, plus d'une décennie plus tard, Napoléon restait convaincu que la descente avait été à deux doigts de réussir.

Son succès dépendait de l'exécution du « *grand dessein* », le deuxième acte du drame de Trafalgar. Conçue par Napoléon, cette manœuvre stratégique de grande envergure consiste à concentrer les escadres du Ponant et du Levant pour les envoyer aux Antilles, provoquant la dispersion des forces britanniques censées se lancer à leurs trousses, avant de leur faire opérer un retour foudroyant vers la Manche où elles surprendraient la croisière anglaise et protégeraient la traversée de la flottille à bord de laquelle aurait pris place la Grande Armée. Les tenants de la déception n'y voient qu'une gesticulation dangereuse et irresponsable, destinée à accréditer le camp de Boulogne au risque de perdre les escadres en cas de rencontre avec la Royal Navy qui surclassait la marine française sur tous les plans. Le grand dessein en lui-même a suscité des controverses. Pour les thuriféraires de Napoléon, ce plan conçu par l'Empereur porte l'empreinte de son génie et reprend les recettes qui caractérisent la manœuvre napoléonienne – initiative de l'attaque, surprise, mobilité, concentration des forces pour livrer une attaque du fort au faible. Son échec serait imputable aux exécutants qui n'ont pas su, à l'instar de Villeneuve, traduire dans les faits les conceptions géniales du maître. À l'opposé, ses détracteurs et les historiens spécialistes de la marine sont convaincus que la manœuvre de 1805 présentait des défauts rédhibitoires de conception qui la vouaient inexorablement à l'échec, à moins d'une conjonction de circonstances improbable. D'une extrême complexité, elle serait fondée sur l'ignorance des contingences techniques de l'époque et des règles de navigation, la surestimation de la valeur de la flotte franco-espagnole, de leurs équipages et de leur commandement, la méconnaissance de la doctrine stratégique britannique fondée depuis le XVIIe siècle sur la réunion des forces de la Royal Navy à l'entrée de la Manche en cas de perte de contact avec l'ennemi. Napoléon, stratège "terrien", aurait commis la faute de concevoir un plan infaisable et cumulé les erreurs stratégiques et tactiques qu'il évitait à terre. Il porterait seul la responsabilité du fiasco de la manœuvre de 1805. Villeneuve condamné par Napoléon et l'Histoire ne serait qu'une victime expiatoire de la légende napoléonienne.

Le dernier acte du drame est la bataille elle-même. Une bataille, qui comble de l'ironie, n'aurait pas dû avoir lieu. Villeneuve en venant s'enfermer dans Cadix, le 20 août, a consommé l'échec du grand dessein. De toute façon avant même d'en être informé, Napoléon a levé le camp de Boulogne et la Grande Armée fonce à marche forcée sur l'Autriche. Bloqué par des forces anglaises supérieures, Villeneuve n'en exécute pas moins, contre l'avis de ses Alliés espagnols, les instructions de Napoléon de gagner la Méditerranée pour une mission secondaire en faveur de l'armée. À qui cette décision absurde est-elle imputable ? À Villeneuve, tranche l'historiographie la plus récente, lequel aurait livré bataille pour une blessure d'amour-propre, piqué au vif par les reproches de Napoléon et l'annonce de son remplacement par le vice-amiral Rosily-Mesros. Le déroulement de la bataille donne également lieu à critiques. Pour certains exégètes, la tactique de Nelson de se faire "barrer le T" en attaquant en deux colonnes la ligne franco-espagnole constitue une prise de risques inutile qui aurait pu tourner au désavantage des Anglais. Pour d'autres – majoritaires –, l'audace de Nelson est l'expression de ses talents de tacticien exceptionnel qui, en parfaite connaissance des faiblesses de ses adversaires, a eu l'art et la manière de leur livrer une bataille de destruction à l'issue de toute façon inéluctable, eu égard à la supériorité qualitative de la Royal Navy quel que soit le rapport numérique.

Enfin dernier point, la bataille de Trafalgar est présentée comme une des rares batailles décisives de l'histoire navale, voire le modèle de la bataille jusques et y compris la Seconde Guerre mondiale. Ainsi Napoléon aurait-il été terrassé par le *sea power*, incarné par l'Angleterre, dès les prémices de l'Empire. Trafalgar l'aurait condamné, tel un nouveau Sisyphe poussant éternellement son rocher, à accumuler les victoires terrestres jamais suffisantes pour obtenir une paix durable alors que sa défaite navale programmait inéluctablement la fin de l'Empire. Selon un syllogisme implacable, Trafalgar a conduit Napoléon à l'erreur funeste du Blocus continental ; ledit Blocus l'a entraîné dans les désastreuses guerres d'Espagne et de Russie ; lesdites guerres ont provoqué la chute de l'Empire ; « *Waterloo commence à Trafalgar* » (2). Pourtant la portée de cet événement historique a échappé à ses contemporains. Et pour cause. La bataille s'est déroulée le lendemain de la reddition d'Ulm – le 20 octobre 1805 – et quarante-deux jours avant la bataille d'Austerlitz, deux triomphes de Napoléon. L'Angleterre, en deuil de Nelson, a bien conscience d'avoir remporté une éclatante victoire, mais Pitt meurt en janvier 1806 sous les coups répétés d'Ulm et d'Austerlitz qui pulvérisent la troisième coalition. De son côté, Napoléon dénie le désastre de Trafalgar ne reconnaissant qu'un combat imprudemment engagé où les pertes sont imputables à la tempête. Les faits sont têtus. Trafalgar n'a nullement empêché l'essor de l'Empire qui n'a pris fin définitivement qu'en 1815, dix ans plus tard ! D'où le scepticisme de certains historiens qui ne voient dans Trafalgar qu'un épisode ayant un faible impact sur la conduite de la guerre, une simple confirmation de la suprématie navale de l'Angleterre acquise de longue date. Pourquoi dans ces conditions la bataille de Trafalgar continue-t-elle à hanter les mémoires ? Mais cette bataille hante-t-elle vraiment les mémoires ?

Cet ouvrage a l'ambition de restaurer chaque phase du drame d'une grande complexité qui a abouti à la défaite de Trafalgar, pour comprendre comment et pourquoi Napoléon a finalement perdu la partie contre l'Angleterre. Épisodes d'une formidable opération de bluff ou d'un coup de poker où Napoléon est prêt à jouer son Empire à quitte ou double, le camp de Boulogne, le grand dessein et la bataille de Trafalgar entretiennent un haletant suspense fait de fureur, de sang et de frustrations. Cette aventure humaine exceptionnelle, en dépit ou à cause de l'échec final, participe bien de l'épopée napoléonienne et, faisant fi des idées reçues, révèle un Napoléon ayant assimilé les arcanes de la stratégie maritime.

Prologue

De la descente en Angleterre

Rupture de la paix d'Amiens par « consentement mutuel » [3]

Le 16 mai 1803, le roi George III fait saisir, sans déclaration de guerre préalable, les navires français et hollandais présents dans ses ports ou à portée de ses escadres. Deux jours plus tard, dans la baie d'Audierne, la frégate anglaise *Doris* (44 canons) enlève le lougre français *Affronteur* (14 canons) et prend à l'abordage le brick *Jeanne*. La septième manche de la « *seconde guerre de Cent Ans* » [4] opposant l'Angleterre à la France depuis la Ligue d'Augsbourg (1689) débute sous les meilleurs auspices pour la puissance maritime. Pris au dépourvu, Bonaparte riposte par l'emprisonnement des ressortissants britanniques, l'embargo de leurs navires et de leurs marchandises, la création d'une flottille de bateaux plats et la concentration d'une armée de 100 000 hommes sur les côtes de la Manche pour envahir l'Angleterre. Ce plan, écarté en 1798 et utilisé comme épouvantail en 1801, représente une sérieuse prise de risques au regard de l'Histoire, où il a toujours échoué à moins de remonter aux temps anciens de César ou de Guillaume le Conquérant. Pourquoi Bonaparte doit-il se contenter d'avancer ce singulier joker ?

La réponse se trouve en partie dans les termes de la paix d'Amiens du 25 mars 1802, conclue à l'issue des négociations orageuses. Pour l'Angleterre, celle-ci a un goût de revers diplomatique. L'Angleterre s'engage en effet à restituer toutes les colonies enlevées à la France et à ses alliés, à l'exception de la Trinité et de Ceylan, "cédées" par l'Espagne et la Hollande : un gain dérisoire au regard de neuf années de guerre. Elle doit évacuer l'Égypte, restituée à la Turquie, et Malte, rendue aux chevaliers de l'Ordre de Saint-Jean-de-Jérusalem. En contrepartie, la France renonce à Naples et aux

États pontificaux et reconnaît l'indépendance des îles Ioniennes, transformées en république des Sept-Îles, sous protectorat russe. Symboliquement, les lys disparaissent du blason du roi d'Angleterre, en signe de sa renonciation à ses prétentions sur le trône de France, jamais abandonnées depuis la guerre de Cent Ans. Mais Bonaparte élabore ses traités comme des batailles. La paix d'Amiens élude les litiges opposant les deux puissances. Elle ne comprend aucune clause commerciale et Londres ne reconnaît formellement aucune des transformations territoriales survenues au profit de la France, agrandie jusqu'à ses "limites naturelles". Seul point tangible : la France est en paix pour la première fois depuis le 20 avril 1792 et Bonaparte promet qu'elle « *refera sa marine, réorganisera ses colonies, recréera tout ce que la guerre a détruit* ».

Mais Bonaparte est trop avide de tirer les dividendes de la paix pour tenir ses promesses qui nécessiteraient au moins dix ans sans guerre. Outre-mer, il entend reconstituer un empire colonial digne de la première puissance continentale européenne et réinvestir les zones d'influence héritées de l'ancienne monarchie. La première étape est la reprise en main des îles à sucre aux Antilles, où sous l'influence du lobby colonial de son entourage – colons, négociants, armateurs, militaires et autres fonctionnaires des bureaux du ministère de la marine en place sous Louis XVI – Bonaparte prend la décision fâcheuse de rétablir l'esclavage. Un retour à la situation d'avant 1789 tout bonnement inconcevable en métropole. Le vice-amiral Truguet, un des rares défenseurs des idéaux des Amis des Noirs à pouvoir approcher le Premier consul, ne parvient pas à le convaincre des bienfaits de l'abolition (5). L'ordre ancien est restauré à la Guadeloupe au prix d'une répression féroce. La reconquête de Saint-Domingue, confiée à son beau-frère, le général Leclerc, tourne au fiasco sous l'action conjuguée de la fièvre jaune et de la guérilla. La « *perle des Antilles* » bascule définitivement dans l'insurrection, que la terreur ne parvient pas à juguler. Allié aux Espagnols, maître des Provinces-Unies, Bonaparte envisage de fédérer les trois domaines coloniaux et de contrôler le golfe du Mexique ainsi que le très lucratif commerce avec l'Amérique espagnole, grâce à l'établissement d'un vaste empire caraïbe et louisianais. La crise avec l'Angleterre s'aggravant et Bonaparte, craignant de s'aliéner le président américain Jefferson, finit par juger plus avantageux de lui vendre la Louisiane, colonie immense et quasi-déserte (50 000 habitants en 1803), contre la somme dérisoire de 80 millions de francs, avec en retour l'espoir d'une alliance avec les États-Unis dont la superficie vient de doubler. En Méditerranée, Bonaparte, habité par la crainte multiséculaire des Corses à l'égard des Barbaresques, entend éradiquer leur piraterie – « *la honte de l'Europe et du siècle où nous vivons* » (6) – et envisage même une opération internationale – idée récurrente de son règne*. Il envoie le colonel Sébastiani en mission de reconnaissance en Tripolitaine, en Égypte et en Syrie – une autre idée récurrente du règne : le "rêve oriental". Dans l'océan Indien, il expédie Cavaignac relever le consulat français de Mascate et le général Decaen, nommé capitaine-général des Indes, récupérer les cinq comptoirs français – Pondichéry, Mahé, Karikal, Chandernagor, Yañaóñ – pour les transformer en points d'appui contre l'Inde anglaise ; l'expédition de Nicolas Baudin partie en octobre 1800 explore les côtes occidentales et méridionales de l'Australie, encore presque complètement *terra incognita*. Pour les Français, au moins, une partie de la côte australe de l'Australie prend le nom de « *terre Napoléon* » (7).

En Europe, Bonaparte poursuit la politique thermidorienne des Républiques sœurs en Hollande, en Suisse et en Italie. Proclamé président de la République italienne, il annexe l'île d'Elbe, le Piémont et Parme. Il détache le Valais de la République helvétique, tout en plaçant Gênes sous le protectorat de la France, au même titre que la République batave, occupée militairement. Il se déclare médiateur de la Confédération helvétique. Le Recès du 25 février 1803 réorganise les États allemands, annonçant la liquidation de l'ancestral Saint Empire romain germanique et celle de l'influence des Habsbourg. En quelques mois, les puissances européennes assistent impuissantes à la reconstitution d'un véritable empire d'Occident. Non sans candeur, les Anglais ont escompté de la paix le rétablissement du traité de 1786 donnant des avantages à leur

---

*Les pays censés participer à cette action internationale étaient les États-Unis, le Portugal, Naples, le royaume d'Étrurie, Gênes, les « puissances du Nord ».

industrie et à leur commerce. Or en France, ce dernier traité de la Monarchie est tenu pour responsable – à tort – de la crise des dernières années de l'Ancien Régime. Négociants et industriels français sont hostiles à toute ouverture commerciale au moment où l'économie décolle. En vain, le ministre de l'intérieur Chaptal défend la liberté des échanges, seule chance de sauvegarder la paix. Sous la pression des bureaux, des milieux d'affaires et devant les besoins du Trésor, Bonaparte opte pour le colbertisme et érige des barrières douanières pour protéger l'espace français étendu à ses États satellisés : le tarif d'avril 1803 frappe lourdement les importations de toiles de coton et de sucre, deux des produits de la modernité occupant une place majeure dans les exportations britanniques.

Les Anglais partisans de la paix à tout prix changent d'avis en constatant que la France poursuit la guerre par d'autres voies et vise sur le mode indirect la destruction du commerce de la Grande-Bretagne, base de sa puissance. Chaque initiative diplomatique de Bonaparte est interprétée comme une menace contre les intérêts britanniques. Reprenant un mot de Burke qui voyait en 1790 « *un vide à la place de la France sur la carte de l'Europe* », Sheridan interpelle les Communes : « *Regardez maintenant cette carte, on y aperçoit partout la France !* » Dans ces conditions, le capitalisme commercial anglais ne trouve plus aucun avantage économique à prolonger la paix d'autant que celle-ci apporte son lot d'inconvénients : chômage dans la marine marchande et les ports ; réduction des effectifs de la Royal Navy ; difficile reconversion des secteurs orientés vers une économie de guerre. L'Angleterre craint pour la sécurité de la route des Indes alors que la France resserre son ascendant sur la Hollande qui vient de récupérer Le Cap. Privée de base en Méditerranée, elle redoute d'en être de nouveau exclue alors que Malte joue déjà le rôle de place tournante pour son commerce au Levant. Son raidissement diplomatique se traduit par le refus de restituer l'île. Un faux prétexte pour un vrai bras de fer. « *Les Anglais sont en colère d'avoir fait une si mauvaise paix et la puissance de Bonaparte leur donne de la jalousie* » prévient le comte d'Albany. Plus rien ne peut enrayer la logique de guerre. En fait, l'Angleterre ne peut laisser la France maîtresse des bouches de l'Escaut, appartenant à son périmètre de sécurité. Or Bonaparte ne peut faire cette concession sans renier l'héritage révolutionnaire et les rêves géopolitiques de la France depuis Richelieu. Les deux pays enveniment leurs querelles byzantines sur la restitution de Malte. Refusant de trouver un moyen de coexister sans abaisser l'autre, les deux pays rompent par « consentement mutuel ».

Les puissances européennes sont méfiantes à l'égard de Bonaparte qui incarne la volonté hégémonique d'un Richelieu ou d'un Louis XIV ainsi que la menace d'un nouvel ordre politique et social, mais elles se défient également du libre-échange imposé par les canons de la Royal Navy et de l'hégémonie commerciale de l'Angleterre. L'ambassadeur du tsar à Londres, Voronzov, observe: « *Le système du cabinet de Londres sera toujours d'anéantir la France comme son unique rivale, et de régner ensuite despotiquement sur l'univers entier.* » Aussi se contentent-elles d'afficher une prudente neutralité devant la partie nulle qui s'engage. Français et Anglais reviennent à la case départ *ante* la conclusion de la paix, à leur impuissance réciproque : l'Angleterre incapable de prendre pied sur le continent, Bonaparte incapable d'en sortir. Le conflit revêt un caractère exclusivement maritime qui trouve Bonaparte dans un total état d'impréparation. S'il n'est pas surpris par la déclaration de guerre, par contre il ne l'attendait pas aussi tôt. Il est conscient que les marchands de la City poussent à la lutte inexpiable jusqu'à sa défaite totale. Pour ce duel à mort, Bonaparte prend modèle sur le précédent antique de l'antagonisme opposant Rome et Carthage, et n'a d'autre alternative que porter le fer à Londres, avec pour seul mot d'ordre : « *Delenda Britannia* », paraphrase des célèbres paroles par lesquelles Caton l'ancien, « *Delenda Carthago* ».

L'IMPOSSIBLE REDRESSEMENT NAVAL

Dès les préludes de la paix, les difficultés rencontrées pour organiser les expéditions outre-mer ont rappelé à Bonaparte, au cas où il se serait fait des illusions, qu'il n'a pas la marine de ses ambitions. Il hérite d'un instrument naval qui n'a pas résisté à la tourmente révolutionnaire, comme il le rappelle à Sainte-Hélène: « *La marine de Louis XVI était détruite, quand j'ai pris le pouvoir* » [8]. La marine est sortie exsangue des neuf années des guerres de la

Révolution et du Consulat où elle a cumulé naufrages, défaites, combats meurtriers, avec pour point d'orgue le désastre d'Aboukir, véritable bataille de destruction. Au total de 1793 à 1802, elle a perdu 57 vaisseaux, 102 frégates et 138 bâtiments de rang inférieur. À titre de comparaison, les pertes de la Royal Navy s'élèvent pour la même période à 28 vaisseaux, 43 frégates et 80 bâtiments de rang inférieur, majoritairement par fortune de mer.

Le 21 février, un mois avant la signature de la paix d'Amiens, le Premier consul s'est donné comme priorité la reconstruction de la flotte, sans grandes illusions. Il est conscient que viser la parité avec la Royal Navy avant dix ans de paix serait « *une chimère* », parce que « *les dépenses considérables que cette prétention exigerait compromettraient notre position continentale* » [(9)]. Tout le dilemme stratégique de la France, puissance à dominante continentale, se trouve résumé, et constitue un invariant qui explique les vicissitudes de l'histoire de la marine toutes époques confondues jusqu'à nos jours. Comme Bonaparte veut obtenir une égalité des chances dans un délai plus bref, il envisage de s'allier avec les deux autres puissances maritimes européennes, l'Espagne et les Pays-Bas : un retour à la stratégie de l'ancienne monarchie, incontournable pour compenser l'infériorité numérique, même si elle a toujours échoué par le passé. Bonaparte calcule qu'en entreprenant un programme annuel de construction de quinze-seize vaisseaux, il pourrait porter dès septembre 1804 l'escadre française à soixante vaisseaux, « *capables d'en fournir cinquante sous voile* », auxquels viendraient s'ajouter vingt vaisseaux hollandais et trente espagnols. Les trois puissances pourraient aligner cent vaisseaux susceptibles de se mesurer aux 120-130 vaisseaux de la Royal Navy et atteindre presque la parité puisque les Anglais seraient contraints de disperser leurs escadres sur toutes les mers du monde et de tenir le blocus rapproché de tous les ports depuis le Texel jusqu'à Gênes, une lourde servitude résultant du nouvel avantage géostratégique de la France agrandie de ses satellites. Mais les belles supputations du Premier consul sont balayées par la réalité d'une trêve de quatorze mois. Le plan de constructions neuves n'a même pas débuté.

À la rupture de la paix d'Amiens, la Royal Navy aligne comme prévu plus de cent vingt vaisseaux (de 100 à 64 canons) et cent cinquante frégates. Sa puissance s'est accrue sensiblement puisqu'en 1789 elle détenait le tiers des bâtiments de ligne européens pour la moitié en 1803. *A contrario*, la marine française aborde la guerre dans les pires conditions. Onze de ses vaisseaux sont surpris aux Antilles ; cinq sont opérationnels à Toulon et six à Brest. Le 31 mars, le contre-amiral Decrès tablait avec optimisme sur l'armement de cinquante-six vaisseaux et vingt-quatre frégates à l'échéance de septembre 1804, en incluant les dix-sept bâtiments ayant à subir six mois de grandes réparations en bassin et les onze dispersés aux Antilles, ce qui repousse une quelconque opération de grande envergure à un an et demi [(10)]. Contrecoup de la défaite de Camperdown*, dont ne s'est pas relevée la marine des Pays-Bas, et de son irritation pour la perte de Ceylan, le contingent des hollandais se limite à cinq vaisseaux au lieu des vingt escomptés. L'Espagne, indisposée par la vente de la Louisiane et la perte de la Trinité, sa marine en pleine décadence aggravée par la défaite au cap Saint-Vincent**, prétend à la neutralité en dépit de ses engagements du traité de San Ildefonso (1796). Autant dire que la France est désarmée face à la Royal Navy.

Dès son accession au pouvoir, Bonaparte a procédé, comme pour les autres institutions, à la refonte administrative de la marine pour asseoir son redressement, le réflexe d'un organisateur-né. Une commission *ad hoc* réunissant toutes les sommités de la marine, issues de tous les corps, sous la présidence du vice-amiral Bruix, ex-ministre de la marine, s'est penchée sur la question épineuse de savoir s'il ne convenait pas de suivre le

---

*Défaite de la Hollande au large du Texel, infligée par l'amiral anglais Ducan le 11 octobre 1797, qui se solde par la perte de neuf vaisseaux hollandais sur quinze engagés ; les vaisseaux survivants furent trop endommagés pour être réparés.

**Le 14 février 1797, au large du cap Saint-Vincent, la flotte espagnole forte de vingt-sept vaisseaux est étrillée par les quinze vaisseaux anglais commandés par l'amiral Jervis, avec en sous-ordre Nelson. Ses pertes s'élèvent à quatre vaisseaux, dix gravement avariés et 5000 hommes mis hors de combat.

modèle anglais et d'établir « *une amirauté en France* »*. Contre toute attente, elle répond « *unanimement par l'affirmative* », convaincue que cette institution participe de la supériorité de la Royal Navy. L'exposé des motifs avance qu'il est « *impossible qu'un seul homme ait le temps et la faculté de concevoir toutes les combinaisons* [...], *que plusieurs personnes tendant au même but, dirigées par un même esprit, étaient plus compétentes pour la concordance, la précision et l'accélération de tous les travaux* ». Le Premier consul est rien moins que convaincu et rejette cette proposition incompatible avec sa conception du pouvoir personnel et centralisé qu'il juge supérieur au système de gouvernement collégial. Ce point doctrinal est le signe évident qu'au-delà d'une différence d'organisation, les deux marines appartiennent à des univers culturels, mentaux et politiques dissemblables. L'Amirauté anglaise est un conseil, composé de six membres – marins ou/et civils – présidé par le Premier lord, membre du gouvernement et responsable devant le Parlement. Mais cette proximité du pouvoir politique n'empêche pas l'Amirauté de fonctionner comme un état-major général, indépendant, aux compétences très étendues, à qui revient la conception, la préparation et la conduite des opérations navales. Cette délégation de pouvoir, à l'origine des victoires navales anglaises, est inconcevable pour le Premier consul, désigné à vie par plébiscite, qui verrouille tout le processus décisionnel dans une France où rien ne peut se faire sans son ordre.

Comme pour le reste de l'État, la marine est organisée selon une structure pyramidale. Le Premier consul n'a en théorie qu'un seul interlocuteur : le ministre de la marine, responsable devant lui seul. Le ministre anime l'administration centrale, bras séculier de la marine, selon le principe que tout remonte à lui, tout émane de lui. Depuis septembre 1802, cet organisme se compose de cinq divisions coiffées par un secrétariat général, que

---

*La commission de neuf membres, assemblée d'après l'ordre des Consuls de la République, comprend les vice-amiraux Bruix et Thévenard, les contre-amiraux Decrès, Ganteaume et Dumanoir Le Pelley, l'ordonnateur Najac, le commissaire Jean-Baptiste-Louis Froc de La Boulaye, l'ingénieur du génie maritime Sané, l'ingénieur des Travaux maritimes Sganzin (AF^{IV} 1325, 3 décembre 1799).

complètent l'administration des colonies et le Dépôt général des cartes et plans de la marine et des colonies*. Même en temps de guerre, le ministre ne dispose d'aucun état-major pour préparer les opérations navales. L'embryon existant sous Louis XVI avec Fleurieu durant la guerre d'Amérique a disparu dans la tourmente révolutionnaire. Il faudra attendre le dernier quart du XIXe siècle pour que soit institué un état-major auprès du ministre de la marine, avec des prérogatives réduites. Autre tradition, le ministère fonctionne avec environ 200 commis civils, comme au temps de l'ancienne monarchie où les "hommes de plume", sans connaissance de la mer, tenaient déjà les rênes de la marine.

Le Premier consul est en théorie aidé à la décision par le Conseil d'État, qui comprend une « *section de la marine* » chargée, à l'instar des quatre autres sections, de rédiger les projets de loi, les règlements d'administration et de résoudre les litiges administratifs. Mais cette section avec ses lourdes procédures n'est pas conçue pour intervenir dans le fonctionnement quotidien de la marine et des opérations navales. Son prestige n'en est pas moins considérable, inversement proportionnel à son rôle effectif comme le démontre sa composition en 1803 où la section présidée par Fleurieu comprend sept conseillers dont cinq anciens ministres**. La réforme administrative se concrétise par la restauration du Conseil des prises pour réglementer la course (27 mars 1800) et la réorganisation des Travaux maritimes (6 février 1800),

---

*L'Organigramme du ministère est le suivant : Secrétariat général ; 1ère division (Personnel) ; 2e division (Opérations, Constructions navales, Travaux portuaires) ; 3e division (Approvisionnements, Artillerie navale, Hôpitaux) ; 4e division (Finances) ; 5e division (Inscription maritime, Salaires, Prises et prisonniers).

**Charles-Pierre Claret de Fleurieu, président, ayant le rôle de chef d'état-major des ministres de la marine Sartine et Castries, ministre du 24 octobre 1790 au 6 mai 1791 ; commissaire Jean-Claude Redon de Beaupré, ministre du 2 juillet au 4 novembre 1795 ; ordonnateur de la marine Benoît-Georges de Najac ; André-Julien Dupuy, ancien intendant des établissements français au Cap ; Pierre Forfait, ingénieur, ministre du 24 novembre 1799 au 1er octobre 1801 ; Eustache de Bruix, vice-amiral, ministre de la marine du 28 avril 1798 au 14 mars 1799 ; Laurent-Jean-François Truguet, vice-amiral, ministre du 4 novembre 1795 au 16 juillet 1797.

ultérieurement réaménagés en un Conseil des travaux maritimes, destiné à coordonner la politique de construction et d'entretien des infrastructures portuaires. Mais grande innovation, Bonaparte applique à la marine le système des préfectures par l'arrêté du 27 avril 1800 et découpe le littoral français en six arrondissements*. Rouages d'exécution et d'information, les préfets maritimes – civils ou militaires – concentrent chacun dans leur région toutes les responsabilités administratives, techniques et militaires, mettant un terme aux querelles séculaires de l'ancienne marine de "plume" et d'"épée"**. Les premières nominations en 1800 ont mis en place à parts égales administrateurs civils et amiraux. La tendance est toutefois à la militarisation de ces postes clés. Au moment de la rupture de la paix d'Amiens, un seul administrateur civil est encore en place, le conseiller d'État Caffarelli, et encore son caractère "civil" prête à caution pour cet ancien lieutenant de vaisseau ayant quitté la marine en 1786 pour des raisons de santé***.

Bien que méditerranéen et insulaire, Bonaparte n'est pas familier des choses de la mer. Sous la pression de sa famille, il avait failli être garde-marine en 1779, mais le destin en fit un militaire

---

*1er arrondissement, de la République batave jusqu'à Dunkerque (chef-lieu Dunkerque) ; 2e arrondissement, de Dunkerque à Cherbourg (chef-lieu Le Havre) ; 3e arrondissement, de Cherbourg à Quimper (chef-lieu Brest) ; 4e arrondissement, de Quimper à la rive gauche de la Loire (chef-lieu Lorient) ; 5e arrondissement, de la Loire à la frontière espagnole (chef-lieu Rochefort) ; 6e arrondissement, côtes méditerranéennes (chef-lieu Toulon). En 1804, s'ajoute un 7e arrondissement avec pour chef-lieu Anvers.

**« *Les préfets reçoivent immédiatement les ordres du ministre de la marine et les font exécuter ; ils ont seuls la correspondance habituelle avec lui; ils ont sous leurs ordres les individus employés dans tous les genres de services de la marine; ils sont à la tête de l'administration et ont la direction générale des travaux; ils sont chargés de la sûreté des ports, de la protection de la côte, de l'inspection de la rade et des bâtiments qui y sont mouillés; et enfin la direction de tous les bâtiments armés qui, par la nature de leur mission ou de leurs instructions, n'auront pas été mis hors de leur dépendance* » (Almanach de l'an IX).

***Les préfets maritimes en 1803 sont: contre-amiral Nielly (1er arrondissement) ; Caffarelli du Falga (3e arrondissement) ; vice-amiral Thévenard (4e arrondissement) ; vice-amiral Martin (5e arrondissement) ; contre-amiral Ganteaume (6e arrondissement).

et un artilleur. Sa pratique de la mer se limite à ses passages entre la Corse et le continent, à sa participation aux opérations de 1792 contre le royaume de Piémont-Sardaigne – un fiasco – et à ses deux traversées de la Méditerranée lors de l'expédition d'Égypte – une suite de miracles où il a échappé à la traque de Nelson [11]. Même réduites, ces expériences en font le chef d'État français, avec Saint Louis, à avoir le plus longuement navigué. Il en a acquis un certain nombre de certitudes plus ou moins erronées sur la marine. Or il ne peut admettre qu'un des aspects de l'art militaire puisse lui échapper. Il a tendance à nier la dimension "artisanale" du métier de marin et à assimiler la marine à une arme comme les autres au même titre que la cavalerie ou l'artillerie. Il est programmé pour tomber dans le piège de l'auto-expertise. Il dispose pourtant en permanence auprès de lui d'un "expert" : son ministre de la marine. Comme pour les autres domaines où il se reconnaît des lacunes, il sollicite sans cesse son avis et exige de lui des rapports, des statistiques et des projets argumentés. Il le met même en concurrence avec d'autres conseillers sans l'en avertir. Mais il considère que la conception des opérations navales relève de la stratégie générale. Pour lui, les marins ne sont que de simples tacticiens à consulter sur la faisabilité des plans. De son ministre, il attend la mise en œuvre de ses décisions et leur traduction en instructions techniques destinées aux commandants des forces navales. Le Premier consul ne prend ses décisions qu'en connaissance de cause après avoir confronté tous les points de vue et soupesé les risques – d'où ses longues hésitations –, mais il décide seul. Il n'existe aucun contre-pouvoir si ce n'est la force de persuasion de Decrès et des conseillers occasionnels, ou la réalité implacable des faits.

Avec un tel mode de fonctionnement, le choix du ministre est essentiel dans le rapport quasi-fusionnel qu'attend Bonaparte. La cohérence du système en dépend. Non satisfait de la gestion administrative de Forfait qu'il juge décousue, Napoléon choisit de nommer à ce poste clé, le 3 octobre 1801, le contre-amiral Decrès qu'il présente à ses proches comme *« l'espérance de la marine française »* [12]. Denis Decrès, dont le nom se dilate et se contracte au gré des événements politiques, est un pur produit de l'ancienne marine. Né en 1761, entré aux gardes de la marine en 1779, il se distingue dans l'escadre de Grasse durant la guerre d'Amérique. Nommé capitaine de vaisseau le 1er janvier 1793, il connaît les vicissitudes des officiers nobles sous la Terreur et réintègre la marine après Thermidor. Promu contre-amiral le 12 avril 1798, ses titres de gloire se limitent au commandement de l'escadre légère des frégates durant l'expédition d'Égypte où il fait la connaissance de Bonaparte et assiste au désastre d'Aboukir, et au combat héroïque qu'il livre avec le vaisseau de 80 canons, le *Guillaume Tell*, en tentant de forcer le blocus de Malte (30 mars 1800). Membre de la commission d'organisation de la marine, il fait un passage éclair à la préfecture de Lorient et au commandement de l'escadre de Rochefort. Il a quarante ans lorsqu'il décroche le portefeuille de la marine. Sa promotion rapide est typique de celle des officiers du Grand-Corps qui ont choisi de ne pas émigrer. Une carrière surfaite. À la différence d'autres, il en a parfaitement conscience. À Sainte-Hélène, Napoléon le juge avec sévérité : « *J'avais connu Decrès pendant l'expédition d'Égypte, son esprit me plaisait. Je comptais sur lui pour comprendre et exécuter mes idées sur la marine. Je me suis trompé.* » (13) Il est bien temps de s'en rendre compte. Decrès a conservé le portefeuille de la marine pendant tout l'Empire et les Cent-Jours, au total douze ans et neuf mois. Seul Colbert a plus longuement occupé ces fonctions de toute l'histoire de France. Napoléon justifie sa longévité en raison de la « *stérilité* » de la marine. « *Decrès, après tout, était peut-être encore le meilleur* [...]. *Il ne créait rien, exécutait mesquinement, marchait et ne voulait pas courir.* » (14) Les reproches de Napoléon révèlent en creux ce qu'il attendait de son ministre, une sorte de clone avide d'actions, inventif, audacieux qui additionnerait ses talents aux siens. Mais il n'a pu trouver l'oiseau rare : « *Sous mon règne, il n'a jamais pu s'élever dans la marine quelqu'un qui s'écartât de la routine, et sût créer.* » (15) Il s'est contenté de Decrès dont il célèbre à plusieurs reprises « *l'administration si pure et si rigoureuse, un chef-d'œuvre* » (16), et qui correspond à son autre face de Janus : rationnel et pragmatique. Pour l'historien, Decrès, défendant bec et ongle les lambeaux de l'ancienne marine, son fief, demeure une énigme, et sa biographie reste à écrire. Conformément à sa conception du pouvoir, Bonaparte a organisé la marine de telle façon que son autorité et son esprit offensif irradient du sommet jusqu'au dernier échelon de la hiérarchie. Mais si une réforme administrative est une absolue nécessité pour assurer le redressement naval, elle n'est pas suffisante.

La reprise en main des arsenaux, désorganisés par les troubles politiques et les grèves pendant la période révolutionnaire, est effective sous le Grand consulat. Mais les mauvaises habitudes de gabegie ont du mal à être éradiquées. Les constructions navales françaises affichent encore une indéniable supériorité grâce à l'ingénieur Sané, inspecteur général du génie maritime, surnommé par Bonaparte le « *Vauban de la marine* », qui a standardisé depuis les années 1780 les vaisseaux de tous rangs et les frégates, même si l'Angleterre rattrape son retard en la matière. Le matériel souffre du marasme économique des régions littorales, contrecoup des neuf années de blocus anglais qui ont ruiné les ports et tari l'approvisionnement en munitions navales (bois, chanvre, lin, goudron, cuivre, etc.) en provenance de Russie et des pays scandinaves. Le 29 mai, Barbé-Marbois reçoit l'ordre d'acheter pour 20 millions de munitions navales, un ordre bien tardif alors que l'ennemi a repris le contrôle des voies d'approvisionnement de ces matériaux stratégiques. Sensibilisé à ces questions, Bonaparte s'évertue pourtant à assurer l'indépendance nationale grâce à l'exploitation des forêts corses et italiennes, à l'encouragement de la production du chanvre [(17)], chargeant même les scientifiques Monge et Berthollet de procéder à des cultures expérimentales [(18)]. Les constructions navales ont continué à un rythme plus ou moins soutenu : trente-quatre vaisseaux et soixante-trois frégates mis en service entre 1793 et 1802. Les vices de construction sont nombreux, preuve d'un contrôle insuffisant par les ingénieurs, de la baisse de qualité des ouvriers des arsenaux et des approvisionnements calamiteux. Mais tout est loin d'être parfait en Angleterre où les travaux dans les chantiers sont retardés par les conflits entre l'Amirauté et les constructeurs privés. De 1793 à 1800, seuls vingt et un nouveaux vaisseaux sont lancés, complétés il est vrai par les bâtiments pris à l'ennemi. Les Anglais ont l'avantage d'être approvisionnés régulièrement en munitions navales et quand la Ligue des neutres a menacé cet approvisionnement, ils n'ont pas hésité à bombarder préventivement Copenhague et à détruire la flotte danoise en 1801. Mais au niveau du matériel, la grande disparité entre les deux adversaires concerne l'artillerie. La France accuse un retard technologique sur la Royal Navy. Les Anglais ont introduit une série d'innovations qui accroît sensiblement leur cadence de tir : des gargousses prêtes à l'emploi réduisant le temps de chargement, des platines sécurisant et améliorant la mise à feu, etc. Ils ont surtout adopté depuis 1779 une arme redoutable : la caronade, fabriquée à l'arsenal Carron en Écosse, d'où son appellation. À calibre égal, la caronade est plus courte, plus légère, plus maniable qu'un canon. Elle se pointe et se charge avec un nombre réduit de servants, à une cadence plus rapide. Seul inconvénient, sa courte portée limite son emploi aux combats rapprochés. Les Français ont attendu 1794 pour introduire en petit nombre des caronades en bronze de calibre 36, prévues pour tirer des obus, remplacés par des boulets pleins parce que trop dangereux. L'artilleur Bonaparte a tout de suite compris que l'artillerie est une des causes de l'infériorité française. Il insiste pour revenir sur l'emploi des obus, préconise de doter tous les bâtiments avec du calibre 24* et réclame à cor et à cri l'installation de caronades que ne peuvent fournir les fonderies : « *Mes escadres ne sont point armées* » s'indigne-t-il en permanence. Le Premier consul critique également la tactique du « *tir à démâter* » privilégiée par la marine française, visant la destruction de la mâture et des gréements du vaisseau ennemi pour l'immobiliser – une tactique de corsaire –, tandis que les Anglais lui préfèrent le « *tir en plein bois* » dans la coque pour démonter les batteries des vaisseaux adverses et causer le maximum de pertes parmi les équipages décimés par les éclats de bois : un "tir à tuer". Ainsi le 7 avril 1801, suite

---

*Trois calibres sont utilisés sur les trois ponts (36, 24 et 12) et deux calibres sur les deux ponts (36 et 18). Le principe de l'artillerie monocalibre s'imposera en 1905 avec l'apparition du dreadnought.

au combat soutenu par la frégate l'*Africaine*, il exigea que Forfait envoie à tous les officiers de marine la relation dudit combat : « *Vous leur ferez sentir l'inconvénient qu'il y a de vouloir toujours tirer à démâter, et combien est vrai, dans toutes les circonstances, ce principe qu'il faut commencer par faire le plus de mal possible à l'ennemi.* » (19) Mais les habitudes et les mentalités ne se changent pas sur ordre.

La distorsion des forces navales en présence est aggravée par le facteur humain. La marine française est sortie profondément désorganisée de l'émigration massive de 1 200 officiers sur les 1 657 que comptait le Grand-Corps au 1er janvier 1789. Cette hémorragie de près des trois quarts de l'encadrement a été compensée par l'afflux d'officiers issus du commerce, sans qualification militaire, et souvent élus selon des critères politiques. La loi du 25 octobre 1795 met un coup d'arrêt aux abus de la Révolution et institue des conditions obligatoires d'âge, de temps de navigation et de réussite à un examen pour l'admission et l'avancement aux différents grades. Pour être promus au grade d'enseigne de vaisseau, les aspirants 1ère classe doivent être âgés entre 15 et 20 ans, avoir vingt-quatre mois de navigation dont six sur un bâtiment de la République et satisfait à un examen portant sur la géométrie, la théorie du pilotage, les éléments de tactique et la manœuvre des gréements. Bonaparte poursuit la réforme du corps des officiers de marine par l'arrêté du 17 août 1800. Il fixe leur nombre à 1 354 et leur composition à 8 vice-amiraux, 16 contre-amiraux, 150 capitaines de vaisseau, 180 capitaines de frégate, 400 lieutenants de vaisseau et 600 enseignes de vaisseau (20). La liste des officiers est arrêtée par le Premier consul qui décide de toutes les promotions sur proposition du ministre de la marine. En théorie, c'est un moyen de lutter contre la constitution de clans, plaie de la marine de la Révolution ; en pratique, les clans perdurent. À Sainte-Hélène, Napoléon reprocha à Decrès d'avoir administré les personnels « *dans un système de coterie* » (21). Les conditions d'admission et de promotion sont majorées. Les aspirants doivent avoir quatre ans de navigation et non plus deux pour se présenter au concours d'enseigne de vaisseau. En comparaison l'aspirantlieutenant dans la Royal Navy doit compter six années de navigation. La finalité est de constituer un corps d'officiers homogène et rajeuni. Rien n'est toutefois prévu pour leur formation. La reprise des hostilités interdit de rétablir les escadres d'évolutions, seul moyen d'entraîner les officiers à la manœuvre de plusieurs vaisseaux. Les écoles ne sont pas recréées. Par contre, Napoléon réitère durant tout son règne la directive édictée en octobre 1802, lors du rétablissement des croisières en Méditerranée pour lutter contre la course barbaresque : « *Profiter de ces croisières régulières pour établir des écoles de jeunes aspirants* [et] *leur donner une instruction nécessaire.* »[22] Il encourage la formation "sur le tas" qui fait merveille dans la Royal Navy, mais s'avère inopérante dans une marine française trop souvent encalminée dans les ports.

La réorganisation administrative est trop récente pour résorber le séisme social provoqué par la Révolution et obtenir l'homogénéité recherchée. Le Grand-Corps constituait l'ensemble des officiers d'épée de la marine, dits « *rouges* », issus de la noblesse, entrés au service comme garde-marine et titulaires de leur grade. À leur côté, coexistaient des officiers auxiliaires dits « *bleus* », en provenance du commerce et de la course, servant avec une commission temporaire. La distinction rouge-bleu tenait à la couleur de leur uniforme. Elle a alimenté un faux débat sur une lutte des classes au sein de la marine opposant officiers rouges à la morgue aristocratique aux officiers bleus, roturiers et censés être plus compétents que les rouges. La réalité était autrement plus complexe, même si les officiers bleus étaient effectivement d'extraction plus modeste que le Grand-Corps et n'accédaient pas aux grades supérieurs à quelques exceptions près. La Révolution leur ouvre cette opportunité et une formidable promotion sociale. Même sans action d'éclat, ils sont assurés d'une carrière fulgurante tout comme les officiers du Grand-Corps qui n'ont pas émigré. Nécessité fait loi. De nombreux capitaines au long cours ou de la Compagnie des Indes profitent de l'aubaine. Ils représentent les deux tiers des capitaines de vaisseau de la liste de 1803. Ils ont commencé leur carrière vers 13-14 ans voire dès 7 ans comme mousse, matelot ou pilotin, parfois sur le navire de leur père, selon le slogan « *attrapez-les jeunes* ». Ils ont appris leur métier à la mer et servi par alternance dans les marines de guerre ou de commerce. Or l'amalgame ne réussit pas, contrairement à la Royal Navy où la majorité des officiers ont un profil social et un parcours professionnel similaire. L'Angleterre a favorisé dès le début du XVIIIe siècle l'émergence de l'officier de marine type, alliant les qualités d'un artisan de la mer expérimenté et celles d'un gentilhomme militaire, en ouvrant l'accès des grades supérieurs de la Royal Navy à la *gentry*, aux classes urbaines et commerçantes, moyennes et inférieures (23). Alors que dans le même temps la marine française sclérosait le Grand-Corps par les preuves de noblesse exigées, en théorie, pour les gardes-marines. Le secrétaire d'État à la marine, le marquis de Castries, en eut conscience et tenta d'opérer en 1786 un élargissement du recrutement des officiers aux volontaires roturiers, nommés sous-lieutenants de vaisseau s'ils comptaient six années de navigation, ce qui leur ouvrait l'accès aux grades supérieurs. La noblesse eut peur et fit supprimer ce nouveau grade en 1792. La Révolution surprit un corps en mutation.

La réputation des officiers issus du commerce ou de la Compagnie des Indes est exécrable. Ministres, commandants des forces s'accordent à considérer, à l'instar de Forfait, qu'ils ne pratiquent tout simplement pas le même métier : « *Qu'on ne me dise pas que des officiers en inactivité ont la liberté de naviguer pour le commerce car rien ne ressemble moins que de naviguer isolé, en roulier des mers, et de naviguer militairement seul ou en escadre.* » (24) Ils reprochent à ces marins professionnels de ne pas être des officiers d'épée, d'être dépourvus de bonnes manières, de connaissances militaires et du sens du commandement ce qui les rend inaptes au combat en escadre. Tout au plus ceux-ci peuvent-ils se révéler bons corsaires. Ils ont par contre hérité des travers de l'ancienne marine – indiscipline, dénigrement, présomption – au détriment de l'esprit de corps, selon la célèbre formule de Nicolas-René Berryer, secrétaire d'État (1758-1761) sous Louis XV : « *Ils se haïssent tous* ».

La disparité qualitative entre les deux marines est aggravée du côté français par la carence en équipages expérimentés, traditionnel goulot d'étranglement de toutes les marines européennes. Le système de l'inscription maritime n'a jamais suffi dans la marine de l'Ancien Régime. La pénurie s'est aggravée au fur et à mesure que la guerre s'est prolongée et que les régions traditionnelles de recrutement de l'Ouest et du Sud-Est ont basculé dans la contre-Révolution. Conséquence de la domination maritime anglaise, le grand commerce s'étiole ainsi que la pêche hauturière. La pêche côtière et le cabotage survivent avec difficultés. Les défaites navales, les mécomptes de la course, le blocus ont provoqué une véritable hémorragie des gens de mer. Les pontons anglais se sont vidés lors de la signature de la paix d'Amiens. Ils se remplissent de nouveau avec la saisie des navires de commerce surpris dans les ports anglais, premier acte de la reprise des hostilités. La pénurie chronique des équipages est aggravée par les désertions, l'essor de la course. Elle est de l'ordre de 10 à 15%, voire jusqu'à un tiers, pour tous les armements, même en recourant à la presse, un enrôlement forcé et brutal. Dans la Royal Navy, la situation est pire. Les équipages sont constitués selon le principe du "patronage" où chaque capitaine est entouré par des hommes qui ont choisi de servir à son bord et avec lesquels il a des liens personnels. Le système français de l'inscription maritime anonyme – en partie compensé par le recrutement régional – ne permet pas cette cohésion entre les officiers et les équipages, clé de toute réussite. Mais les besoins de la Royal Navy dépassent les capacités fournies par le volontariat, et pour atteindre les 100 000 hommes nécessaires en 1804, et 120 000 en 1805, elle recourt massivement à la presse. Elle parvient toutefois à amariner ces hommes récalcitrants grâce à une discipline de fer, un entraînement intensif et un service à la mer continu.

L'échec de la révolution sociale des états-majors français a consommé celui de la révolution intellectuelle. Sortis vaincus de la guerre d'Amérique, les Anglais ont été amenés à réfléchir sur le succès de Rodney aux Saintes (1782) et à remettre en question le formalisme de la ligne de file qui, créée en 1628 en France au siège de La Rochelle et théorisée par le duc d'York en 1664, s'est sclérosée en une cinématique sophistiquée d'évolutions tactiques s'apparentant à des figures de danse et transforme le combat naval en un échange d'artillerie qui

« *n'en laisse pas la mer moins salée* » (Maurepas). Un Écossais, marchand de drap, n'ayant jamais mis les pieds sur un vaisseau, John Clerk of Eldin a préconisé en 1790 de rechercher une « *action décisive* » en conjuguant attaque « au vent» et rupture de la ligne ennemie [25]. Il n'a rien inventé. La prise en tenaille de l'arrière ou de la tête de la ligne adverse est pratiquée depuis au moins un siècle : Tourville à Béveziers (1690), Hawke au cap Finisterre (1747), Suffren à Madras (1782). Mais Clerk of Eldin a codifié la rupture de la ligne même s'il est difficile d'apprécier son influence [26]. Selon la tradition, Nelson aurait eu connaissance de son œuvre et se serait fait lire des extraits par son chapelain et secrétaire particulier, le Révérend Alexander Scott [27]. En tout cas, Duncan utilise cette tactique pour écraser les Hollandais à la bataille de Camperdown (1797). Les officiers de l'ancienne marine consultés au début de 1798 par le ministre de la marine, le vice-amiral Pléville Le Pelley, ont bien compris la leçon : « *Il est prévisible que l'ennemi ne combattra pas en ligne, mais se précipitera sans ordre sur nos bâtiments de transport en pénétrant les intervalles de la ligne qui les couvriraient ou en doublant cette ligne par la tête ou par la queue.* » [28] Mais s'ils savent comment la Royal Navy va procéder pour vaincre les escadres françaises, ils ne savent quelle tactique lui opposer, en tout cas pas la rupture de la ligne, symptôme de la supériorité anglaise, par définition hors de portée des marins français. Alors qu'à la fin de l'Ancien Régime les officiers de marine français étaient les plus savants et les meilleurs tacticiens de leur époque, leur émigration massive a achevé de scléroser la réflexion. Le mistigri de la pensée tactique a franchi la Manche. La ligne de file, bien que reconnue obsolète, demeure la règle alors que les officiers issus de la marine de commerce, faute de formation, sont bien en peine d'appliquer cette tactique, même dans une version simplifiée. En 1802, Decrès aurait éconduit Ramatuelle (1759-1840) : « *Votre tactique est excellente, mais il n'y a pas dix officiers dans notre marine qui puissent l'entendre et en profiter.* » [29] Ramatuelle publie son *Cours élémentaire de tactique navale* dédié à Bonaparte [30], qui ne fait pas l'objet de publicité de la part du ministère. Une chance historique a-t-elle été perdue de renouveler la tactique française ? Rien n'est moins sûr. Ramatuelle n'apporte pas de solution miracle [31]. De toute façon, un changement tactique ne s'improvise pas en temps de guerre.

Dans ces conditions, un consensus appert dans les milieux maritimes : la marine française, irrémédiablement surclassée, n'est plus capable d'affronter la Royal Navy à armes égales. Au début de l'année 1798, le futur ministre de la marine, l'ingénieur Pierre Forfait, affirme sans ambages : « *C'est en vain qu'on se flatterait de tenir tête aux Anglais si l'on fait la guerre maritime à leur manière* », car même en rétablissant le rapport des forces grâce aux alliances avec les autres puissances maritimes « *l'Angleterre ne balancerait pas des attaques avec des forces très inférieures parce qu'elle compterait sur la présomption de ses marins qui sont convaincus d'avance qu'ils vaincront, et le découragement des autres qui s'attendent à être battus ; il faut donc renoncer à se battre en ligne contre les Anglais* » [32]. Les officiers de marine consultés à la même époque partagent le même pessimisme que l'ingénieur. Ils mettent en garde contre toute sortie intempestive d'une escadre qui risque de se solder par sa destruction en raison de la « *supériorité anglaise et de l'expérience qu'ont leurs amiraux dans la guerre et dans la navigation* » [33]. Six mois plus tard, le 2 août 1798, la bataille d'Aboukir où la marine perd onze vaisseaux sur treize, confirme leur pire pronostic. L'effet moral d'Aboukir est dévastateur sur les marins et renforce leur complexe d'infériorité. Ils n'ont plus qu'un axiome : la guerre d'escadre profitant au seul ennemi, la bataille doit être évitée à tout prix. Dans ce contexte, deux types de guerre maritime restent envisageables : la course qui prend pour cible la flotte marchande de l'ennemi et la guerre littorale qui consiste à débarquer sur ses côtes. Un nouveau consensus se dégage pour préconiser le recours à la guerre de course, séculaire recette des marines surclassées, déjà prescrite par Vauban dans son *Mémoire sur la câprerie* de 1695. Surcouf s'en fait le chantre auprès de Bonaparte : « *Si j'avais l'honneur comme vous d'être à la tête du gouvernement de la France, je laisserais dans mes ports tous mes vaisseaux de ligne, mais je lancerais sur toutes les mers une multitude de frégates et de bâtiments légers qui auraient bientôt anéanti le commerce de l'Angleterre et la mettrait ainsi à votre discrétion. L'Angleterre ne peut vivre que par son commerce. C'est par-là seulement qu'on peut l'atteindre.* » Le 13 mars 1803, au moment où la rupture avec l'Angleterre se profile, à la question de Bonaparte – « *quel est le moyen, dans la position actuelle et le cas d'une guerre maritime, de faire le plus de mal possible au commerce anglais ?* »(34) –, Decrès répond tout naturellement la guerre de course et propose de mettre en œuvre de petites divisions ou des frégates opérant sur les routes classiques du commerce anglais et les zones de grande pêche. Forfait prône également « *une guerre de flibustiers* » (35), mais avec la finalité d'aguerrir officiers et équipages avant de livrer la guerre littorale et d'envahir l'Angleterre, seul moyen d'exploiter les trois atouts de la France : la proximité géographique, apparentant la traversée de la Manche large de 35 kilomètres à celle d'un fleuve ; la supériorité démographique opposant 25 millions de Français à 9 millions d'Anglais ; la supériorité militaire de la meilleure armée du monde. Toutes les instructions aux commandants des forces navales ont désormais pour consigne permanente de « *faire du mal à l'ennemi* », mais Bonaparte est conscient que la guerre de course ne peut avoir de résultats qu'à long terme. Cet homme pressé opte pour la guerre littorale préconisée par Forfait, susceptible de rayer l'Angleterre de la carte à très court terme. *Delenda Britannia.*

UN CORPUS DE PROJETS

Bonaparte reprend à son compte une idée très en vogue à la fin de l'Ancien Régime. Il dispose pour alimenter sa réflexion d'un très volumineux corpus de projets de descente. Durant le dernier tiers du XVIIIe siècle, les stratèges ont été nombreux à proposer de résoudre le conflit franco-anglais d'un seul coup, en attaquant directement le sanctuaire de la puissance maritime. Les archives des ministères de la marine et de la guerre regorgent de leurs projets. Chaque crise franco-anglaise suscite une affluence de plans plus ou moins élaborés, ayant pour point commun de promettre une véritable panacée pour terrasser la perfide Albion. Une quête obsessionnelle, symptomatique d'une anglophobie persistante quels que soient les changements de régime politique. L'historiographie a coutume de les stigmatiser et de les attribuer à des "terriens", inaptes à prendre en compte les facteurs maritimes et assimilant le passage le plus étroit du pas de Calais à la traversée d'un fleuve. Cette perception biaisée ne rend pas justice à ces plans émanant de tous les milieux, y compris maritimes. Du lot émerge le plan de Charles-François de Broglie, petit-fils, fils et frère de maréchal, en charge pendant vingt-deux ans du Secret du roi. Rédigé, avec l'aval de Louis XV, entre 1763 et 1766, il a été réactualisé en 1778 dans la perspective de la guerre d'Indépendance américaine, pour être finalement rejeté par Louis XVI qui lui préfère la guerre d'escadre[36]. Le plan très complexe prévoit une série de diversions – à Gibraltar, à la Jamaïque, en Irlande, en Écosse, à Mahón aux Baléares – destinées à provoquer la dispersion des forces anglaises et exécutées concomitamment par les flottes française et espagnole, agissant toujours isolément, tandis qu'un corps expéditionnaire de 60 000 hommes, ayant pris place à bord de six cents navires de commerce, débarquerait sur les côtes du comté de Sussex, sous la protection de l'escadre de Brest, constituée de quarante vaisseaux et vingt frégates, qui se serait assurée au préalable la maîtrise de la Manche. Ce plan connaît un franc succès parmi les milieux autorisés et s'impose comme la référence des thuriféraires de la descente, tout en restant encalminé dans les archives de la marine jusqu'à la Révolution et même dans celles de Guibert, l'auteur renommé de l'*Essai général de tactique*[37].

En 1792, la Convention girondine va-t-en-guerre décide l'invasion de l'Angleterre, projet vite abandonné faute de crédits. En 1796, le Directoire succombe à son tour à la fascination pour la descente grâce à une innovation technique : des bateaux plats conçus par l'ingénieur suédois Chapman, dont les plans sont obligeamment fournis par un certain Musqueyn, flamand de naissance, ayant servi dans la marine suédoise. Ces chaloupes-canonnières sont présentées comme la panacée en raison de leur contribution décisive à la victoire de la Suède sur la Russie en 1790. Surnommés dans la marine les « *gamelles à Musqueyn* », ces bâtiments ont pour caractéristiques : un faible tirant d'eau (environ 1,30 m), une double propulsion à voile et à rames, une puissante artillerie (en chasse une pièce de 24 livres et en retraite une de 8 ou 12 livres), une passerelle pour faire débarquer en cinq minutes les cent hommes passagers. Leur emploi dans une diversion contre les îles Saint-

Marcouf révèle des défauts rédhibitoires. Conçus pour les eaux étroites et calmes de la Baltique, ils s'avèrent incapables d'affronter la Manche. Ils n'en sont pas pour autant discrédités. Le traité de Campoformio ayant laissé la France face au seul adversaire britannique, le Directoire constitue, le 26 octobre 1797, une armée dite d'Angleterre sur les côtes de l'Océan, placée sous le commandement de Bonaparte et crée la deuxième flottille : 170 chaloupes (38) à construire entre Dunkerque et Saint-Malo pour transporter une armée de 30 000 à 40 000 hommes, à l'échéance du 22 mars 1798. Bonaparte se dérobe devant « *l'opération la plus hardie et la plus difficile qui ait été faite* » (39) sans détenir la maîtrise de la Manche. Il prononce à l'occasion des jugements définitifs à l'encontre des marins : « *Ils ne comprennent rien de ce qui est grand, ils n'ont aucune puissance d'exécution.* » La descente est abandonnée au profit de l'expédition d'Égypte. Le projet n'est pas sorti du cerveau d'un "terrien". Il émane des "hommes spéciaux", tous de l'ancienne marine, sollicités par Pléville Le Pelley, qui préconisent la construction d'une flottille de chaloupes, sa concentration à Boulogne à l'imitation de César, son atterrissage sur la rive gauche de la Tamise au printemps ou à l'automne. La traversée s'effectuerait sous la protection des « *prames ou bateaux à fond plat portant une grosse artillerie et quelques bombardes* » au moment où les intempéries éloigneraient les forces anglaises (40). Les experts mettent en garde contre l'incommodité du port de Boulogne trop exigu, la construction d'une contre-flottille par les Anglais et l'intervention de leurs nombreuses frégates. En fait, pour eux la descente est un pis-aller qui présente l'avantage de ne pas exposer les escadres.

L'ingénieur Forfait sollicité par Bonaparte reprend ces idées dans l'air du temps et, au contraire des marins, les érige en système pour remplacer la flotte de haut bord. Le 12 avril, il expose ses idées de "visionnaire" sur l'avenir de la marine où il invite Bonaparte à « *renoncer à la vieille routine et révolutionner la guerre de mer comme vous avez révolutionné celle de terre* » (41). Poussant jusqu'au bout la logique de l'innovation technique offerte par les « bateaux Musqueyn », il préconise que la France se dote, à l'exclusion des vaisseaux, d'une flottille de bateaux plats, propulsés à la rame : « *Couvrons la Manche de canonnières et vous la traverserez comme vous voudrez pendant les mois de juillet et d'août où règnent les calmes [...]. Renoncez aux transports de toute espèce qui ne marchent point à l'aviron [...]. Partons par des calmes du sud-est, l'Angleterre est à vous.»* Une vraie panacée qui présente les avantages de réduire à un an la construction de la flottille, l'entraînement des hommes et l'aménagement des ports, pour un coût très raisonnable: *« Un vaisseau de 74 canons qui portera cinq cents hommes de débarquement vaut un million et ne se fait pas en moins d'un an; cinq canonnières qui porteront le même nombre de soldats vaudront 40 à 50 000 livres et l'on peut en faire cent par mois.»* Forfait s'inscrit dans le droit fil de l'"école matérielle" qui subordonne la réflexion navale au facteur technique et s'escrime à compenser l'infériorité structurelle de la marine française par des expédients. Son système de pensée est dangereux dans la mesure où, basé sur un bon diagnostic, il préconise de mauvaises solutions.

Bonaparte est séduit par ces idées sortant des *« vieilles routines »* de la marine. Il a trouvé son maître à penser dans un domaine où il est profane. Dans la foulée du 18 brumaire, il fait de Forfait son ministre de la marine le 24 novembre 1799*. Après la paix de Lunéville du 9 février 1801, la France se trouve une nouvelle fois en guerre contre la seule Angleterre. Bonaparte sous la pression de Forfait fait réarmer le 23 février la flottille – la troisième – laquelle est placée sous le commandement du contre-amiral La Touche-Tréville: *« Il est du très petit nombre des officiers généraux de la marine qui aient confiance dans cette arme. »*(42) La Touche-Tréville, qui

---

*Pierre-Alexandre-Laurent Forfait né en 1752, d'une famille rouennaise de drapiers, élève des jésuites, il entra comme élève-constructeur à Brest (avril 1773), sous-ingénieur (1777), membre de l'Académie de marine (1785), ingénieur-constructeur (1786), son *Traité de la mâture* lui vaut d'être nommé membre correspondant de l'Académie des sciences (1789). Il s'intéresse à la construction des premiers paquebots reliant la France aux États-Unis (1786-1787). Élu député de la Seine-Inférieure à la Législative (1791), très modéré, il ne s'occupe que des questions techniques de la marine et construit la frégate la *Seine*, très réussie (1793). Il a souffert de la comparaison avec Sané, ce qui explique peut-être sa spécialisation dans les bâtiments de flottille. Envoyé à Venise (1797) pour prendre possession de la flotte vénitienne, il en rapporte les objets d'art saisis dont les chevaux de Saint-Marc, et a la chance d'attirer l'attention de Bonaparte.

en 1793 avait proposé un plan de descente du même type, prend les choses à cœur et déploie une activité considérable. Pour Bonaparte, il s'agit d'un simple épouvantail pour accélérer les pourparlers de paix. Le but recherché est d'ailleurs atteint dans la mesure où l'opinion publique anglaise, prise de panique, oblige l'Amirauté à nommer Nelson au commandement de la défense des côtes et à procéder à la mobilisation des hommes de 17 à 55 ans. Les deux attaques préemptives dirigées par Nelson, les 3 et 15 août, contre la ligne d'embossage des chaloupes appuyée par les batteries terrestres échouent lamentablement, apportant une nouvelle caution à la flottille. Nelson n'est toutefois pas dupe : « *Cette histoire de bateaux peut faire partie d'un plan d'invasion, mais ne peut en constituer une à elle seule.* » Bonaparte va mettre trois ans pour parvenir aux mêmes conclusions.

À la rupture de la paix d'Amiens, Bonaparte détient un projet de descente finalisé par Forfait et valorisé par un retour d'expériences sur la construction et l'emploi de divers types de bateaux plats qui doivent avoir dépassé le stade du prototype. Bonaparte s'est séparé de Forfait qu'il juge impropre à occuper des fonctions ministérielles, mais il demeure plus que jamais sous l'influence de ses idées, lesquelles sont tombées dans le domaine public. Publiées dans les *Lettres d'un observateur de la marine* (1802), elles sont aussi connues de l'ennemi, lequel est de toute façon plus que familiarisé avec ce type de projet au vu de toutes les moutures de la flottille. Forfait et les thuriféraires de la descente oublient l'axiome posé par De Broglie, à savoir que cette opération ne peut réussir qu'au début des hostilités, pour prendre à froid l'adversaire avant que sa flotte ne monte en puissance et qu'il n'esquisse une riposte. Les adversaires du projet ne manquent pas de souligner que celui-ci est éventé au bout des dix longues années qui se sont écoulées depuis le début de la guerre et que la Royal Navy est au mieux de sa forme. Le Premier consul n'en a cure. C'est le seul moyen à sa disposition pour exécuter ses buts de guerre, *Delenda Britannia.* De par sa personnalité et sa fascination pour les exploits des figures illustres de l'Histoire, Bonaparte est programmé pour choisir une opération spectaculaire, parlant à l'imagination des peuples, et se voit bien franchir la Manche sur les traces de César et de

Guillaume le Conquérant. Il a foi dans sa bonne étoile, et son génie de l'organisation devrait transcender toutes les difficultés matérielles qui ont fait achopper les projets précédents. Il décide seul de lancer la France dans l'aventure que l'Histoire retiendra sous l'appellation de « camp de Boulogne » et non de « flottille de Boulogne », comme il est d'usage dans les milieux maritimes. Une divergence sémantique très symptomatique de la mentalité française.

LA PREMIÈRE PHASE

À la déclaration de guerre, Bonaparte nomme, le 24 mai, Forfait inspecteur général de la Flottille nationale, placé sous les ordres directs de Decrès. D'auxiliaire, la flottille devient le pivot des forces navales. Le plan consiste à la concentrer dans les ports de la Manche avec Boulogne comme point principal de rassemblement, avant de lui faire traverser le pas de Calais de vive force, sans maîtrise de la mer, par surprise et de nuit. Jugeant l'hiver la saison la plus propice en raison de la longueur des nuits, Bonaparte se donne pour objectif d'envahir l'Angleterre dès la fin de l'année 1803. Alors qu'en 1798 il avait jugé la descente infaisable sans la maîtrise temporaire de la Manche, le voilà officiellement convaincu que ce préalable n'est plus obligatoire grâce à la mise en œuvre d'une flottille alliant puissance de feu, furtivité et mobilité.

Un premier programme prévoit la construction de 310 bâtiments – cinquante chaloupes-canonnières, quatre-vingt-dix bateaux-canonniers, cent soixante-dix péniches – avant le 23 décembre 1803, délai ramené au 24 septembre [(43)]. Forfait est invité à accélérer les constructions neuves, « *l'argent ne manquera pas* ». Le programme est augmenté graduellement jusqu'à atteindre, le 22 août, 2 008 bâtiments*. Tous doivent être armés d'au moins un canon, être aménagés pour le transport de troupes, avoir un faible

*Dans le programme du 22 août 1803, les 2 008 bâtiments se décomposent en 324 chaloupes-canonnières, 324 grandes péniches, 324 petites péniches, 432 bateaux-canonniers, 432 péniches, 112 bateaux de pêche, 60 bâtiments grand échantillon. (*Correspondance*, n° 7030, 22 août 1803, à Bruix).

tirant d'eau et pouvoir naviguer aussi bien à la voile qu'à la rame. Au surplus, 500 à 600 caboteurs ou bateaux de pêche de 50 à 100 tonnes doivent être réquisitionnés et aménagés pour le transport des non-combattants, des chevaux et des *impedimenta*. Cette réquisition est une aubaine pour leurs propriétaires dont les activités sont paralysées par le blocus. L'effectif à transporter s'élève à 72 000 fantassins, 16 000 cavaliers, 9 000 artilleurs et sapeurs avec 432 pièces d'artillerie approvisionnées à 200 coups. Il est à noter que la forte dotation en parcs d'artillerie est destinée à compenser la faiblesse de la cavalerie, due aux difficultés techniques d'embarquement des chevaux, même sur des bâtiments écuries spécifiques. Quelque 21 000 marins sont affectés à la flottille : un effectif considérable eu égard à la disette chronique de la marine en personnels. Les ports de rattachement de la flottille sont fixés du sud au nord à Étaples, Boulogne, Wimereux, Ambleteuse, Calais, Dunkerque et Ostende. L'armée des côtes de l'Océan doit se rassembler dans les camps échelonnés du Texel à Brest, celui de Boulogne servant de pivot. À Boulogne, tout est à l'état de projet. Port, arsenal et moyens de défense extérieurs doivent être improvisés comme dans les havres annexes. La tâche est titanesque. Pour donner un ordre de grandeur, alors qu'il s'agit de réunir une armée de 100 000 hommes, bientôt portée à 130 000, puis 150 000, à cette époque les deuxième et troisième villes françaises – Marseille et Lyon – comptent environ 110 000 à 115 000 habitants. Rien d'étonnant que Forfait précise aux ingénieurs chargés de la construction de la flottille de se *« souvenir que le mot impossible devait désormais être rayé de leur vocabulaire »* (44).

Dans le même temps, les arsenaux sont sommés d'armer vingt vaisseaux à Brest avant le mois de novembre, d'achever la construction de cinq vaisseaux à Lorient, de trois à Rochefort et de deux à Toulon, où deux autres doivent être mis en chantier et sept réparés (45). Des lettres de marque sont distribuées pour attaquer le commerce anglais en Adriatique (46). Le littoral est mis en état de défense. Bonaparte s'emploie également à l'étendre. Le 2 juin, Mortier envahit le duché électorat de Hanovre, propriété personnelle du souverain britannique, et l'occupe sans coup férir, s'assurant le contrôle des estuaires de l'Elbe et de la Weser.

En Italie, Livourne est soumise à l'état de siège et Gouvion-Saint-Cyr réoccupe les places napolitaines évacuées un an plus tôt. La France renforce ainsi son avantage géostratégique d'un littoral couvrant une grande partie de la façade maritime de l'Europe, en s'adjugeant les traditionnelles portes d'entrée des marchandises anglaises en Europe. L'Angleterre riposte en déclarant le blocus des estuaires de l'Elbe et de la Weser, pénalisant les neutres.

Alors que l'opinion publique a célébré en Bonaparte l'homme de la paix, paradoxalement la guerre contre l'Angleterre suscite un véritable élan patriotique dans une France à l'anglophobie à fleur de peau. Bonaparte incarne l'idée de la descente, ce qui peut se révéler à double tranchant en cas d'échec ou d'abandon du plan. Bonaparte est désormais pieds et poings liés à son projet. Le pays se transforme en un immense chantier maritime. Des ateliers s'ouvrent dans tous les ports, sur toutes les rivières, à Saint-Germain, Compiègne, Meaux, Strasbourg, Paris – aux Invalides, au quai d'Orsay, au quai de la Rapée, etc. –, dans les nouveaux départements. À Amiens, sur un arc de triomphe élevé sur le chemin que doit emprunter Bonaparte, le 25 juin, figure l'inscription « *chemin de l'Angleterre* ». Des dons affluent de toutes parts. Le département de la Seine-et-Oise alloue 1 200 000 francs pour la construction d'un bâtiment de guerre, accompagnés d'une adresse enflammée : « *Nos légions ont franchi les Alpes, un détroit ne peut les arrêter pour vaincre Albion. Un jour suffit pour les porter sur les rivages consternés.* » Municipalités, conseils généraux collectent des fonds. La Garde offre 20 000 francs pour une chaloupe ; des régiments abandonnent une journée de solde. Bonaparte charge Decrès de rechercher avec Talleyrand, les deux consuls Cambacérès et Lebrun, de riches donateurs prêts à céder leur or en contrepartie d'un bâtiment portant leur nom (47). Au total quelque 12 millions de francs seront recueillis.

Outre-mer, la France enregistre en 1803 une succession de petits désastres avec les pertes de Sainte-Lucie (juin), Tobago (juillet), l'île de Banks, Saint-Pierre-et-Miquelon (août), territoires trop petits pour être défendus. Le vaisseau de 74 canons, le *Duquesne*, est pris le 25 juillet en tentant de forcer le blocus au Cap-Français. C'est le seul vaisseau capturé sur les onze surpris aux Antilles, les autres parviennent à échapper à la traque de la Royal

Navy : un rallie Lorient ; un autre Rochefort ; deux Toulon ; un Cadix, l'*Aigle*, tandis que les cinq de la division Bedout trouvent refuge au Ferrol. Le général Rochambeau est contraint de capituler à Saint-Domingue le 19 novembre. En tentant de forcer le blocus, il est capturé avec 3 800 de ses hommes survivants, trois frégates (*Sémillante*, *Clorinde*, *Vertu*), et interné en Grande-Bretagne. Les cinq comptoirs français de l'Inde restent aux mains de l'Angleterre. En septembre, Decaen et la division de Linois, ignorant la reprise des hostilités, échappent de justesse devant Pondichéry à la capture par l'escadre anglaise des Indes. Ils se replient sur l'île de France, point d'appui de la course française dans l'océan Indien.

Les Anglais sont conscients que leur survie dépend plus que jamais des « *murailles de bois* » de la Royal Navy. Pour la défense rapprochée, l'Amirauté dispose, sous les ordres de l'amiral Keith, de la dizaine de vaisseaux de l'escadre des Dunes, et met en place entre Yarmouth et Dungeness une contre-flottille de défense, bientôt aussi volumineuse que la flottille française. Elle applique sa stratégie traditionnelle du blocus rapproché selon l'adage de l'amiral Hawke que les « *côtes de l'ennemi sont les frontières de l'Angleterre* ». Cornwallis part pour Ouessant avec dix vaisseaux, tandis que vingt et un autres se préparent à le rejoindre. Il organise l'*Inshore Squadron*, chargé de surveiller en permanence l'Iroise et s'apprête à détacher des divisions pour bloquer Lorient, Rochefort, Le Ferrol et Cadix. Ce dispositif élastique est appelé à varier au gré du nombre des vaisseaux français pris au piège. Nelson, parti de Spithead le 18 mai avec le *Victory* et dix vaisseaux, prend le commandement de l'escadre de Méditerranée et, le 13 juillet, commence sa faction au large du port de Toulon. Il reprend la tactique de l'amiral Jervis du "blocus éloigné". Seule une petite division d'observation croise près de la terre tandis que le gros de ses forces est invisible au-delà de l'horizon pour inciter les Français à sortir du port et engager le combat avec eux. « *Ce n'est pas moi qui bloque Toulon, ce serait plutôt le contraire* » a-t-il coutume de dire. À partir d'octobre, il utilise en base-avant le port de La Maddalena, dans le détroit de Bonifacio, pour se ravitailler en eau, en vivres frais et procéder aux réparations urgentes sans perdre de temps à rallier Malte ou Gibraltar. Pour tous les commandants des forces, la consigne permanente édictée par l'Amirauté est de rallier immédiatement Ouessant en cas de perte de contact avec l'ennemi, l'entrée de la Manche constituant le "seuil" infranchissable au-delà duquel la défense de l'Angleterre n'est plus assurée.

Pour les escadres anglaises commencent de longs mois de croisière permanente même pendant la mauvaise saison, une lourde servitude éprouvante pour les hommes et le matériel. La station dans l'Iroise en hiver est si rude qu'elle est surnommée le *« blocus de la Sibérie »*. Le maintien des escadres constamment à la mer dépend de l'efficacité du système logistique, organisé par les bureaux de l'Amirauté – *Victualling Board et Navy Board* – et sans cesse perfectionné depuis 1793. L'Amirauté dispose de deux atouts majeurs : les amiraux Cornwallis et Nelson. Sir William Cornwallis est âgé de 59 ans. Issu d'une famille distinguée de militaires et d'hommes politiques, il est entré dans la marine à 11 ans après un bref passage à Eton, sous le patronage du duc de Newcastle, alors secrétaire d'État. Sa carrière est fulgurante. Lieutenant de vaisseau à 17 ans, il est promu capitaine de vaisseau à 21. Membre du parlement pendant la paix, il s'illustre durant la guerre d'Amérique aux batailles de Saint-Christophe et des Saintes où il capture le *Ville de Paris* avec De Grasse à son bord (1782). À la tête de la station des Indes orientales, il contribue puissamment à la ruine des établissements français, et s'empare de Pondichéry (1793). Promu contre-amiral, il commande la station de blocus devant Brest. Il connaît un accident de carrière qui l'éloigne de la mer pendant cinq années. Jervis le choisit pour lui succéder au commandement en chef de la flotte de la Manche à partir de février 1801. Ce grand professionnel, homme de mer accompli, né pour commander, est appelé à jouer un rôle clé en assurant le blocus de la première escadre française. Horatio Nelson, né en 1758, fils cadet d'un pasteur de Burnham-Thorpe dans le Norfolk, est issu d'une famille en apparence moins prestigieuse que Cornwallis, s'il est fait abstraction que sa mère était la petite-nièce de sir Robert Walpole, premier ministre des rois George Ier et George II. De constitution chétive, de petite taille, Nelson entra dans la marine à 12 ans sur un vaisseau commandé par son oncle le commodore

Maurice Suckling, futur *comptroller of the Navy* (1775-1778). Sa promotion est rapide en raison de ses qualités brillantes et de son charisme. Capitaine de vaisseau à 21 ans, il déploie une activité considérable pendant la guerre d'Amérique sans avoir toutefois l'opportunité de participer aux grandes batailles. À l'issue du conflit, il lutte contre la contrebande américaine dans les petites Antilles et fait respecter avec rigueur l'Acte de Navigation qui interdit à tout navire étranger de commercer avec une île des Indes occidentales. Il y gagne de puissants ennemis et l'amitié du prince Guillaume (futur roi Guillaume IV). Il épouse Frances Nisbet, jeune veuve, de l'île de Nevis (1787). À la reprise des hostilités avec la France en 1793, il rejoint l'escadre de Hood en Méditerranée et participe aux sièges de Bastia et de Calvi où il perd l'usage de son œil droit (juillet 1794). À la bataille du cap Saint-Vincent (14 février 1797), il contribue puissamment à la victoire anglaise sur les Espagnols en faisant preuve d'initiative, d'audace et de « *courage sublime* » (Russell Grenfell). Il est promu contre-amiral (20 février). Il dirige une expédition contre Ténériffe, mais l'action téméraire échoue, et il y perd le bras droit (24 juillet). Commandant de l'escadre en Méditerranée (mai 1798), il laisse échapper de Toulon l'escadre de Brueys mais la détruit à Aboukir (2 août 1798). Cette brillante victoire – la plus absolue de sa carrière – le hisse au rang de héros national et l'élève à la paierie. Basé à Naples, il devient l'amant de lady Hamilton, épouse de l'ambassadeur anglais, et prend le parti de la reine Marie-Caroline. Il assure la défense du royaume de Naples où il se révèle mauvais politique et piètre diplomate. En dépit de la parole donnée, il fait pendre l'amiral napolitain, le prince Francesco Caracciolo, qui avait appris son métier dans la flotte anglaise sous Rodney (29 juin 1799). Aux grands hommes, les grandes fautes. Cette exécution unanimement condamnée constitue une tache indélébile sur l'honneur de Nelson. Pour services rendus, il reçoit le titre de duc de Bronte, en Sicile (1800). Vice-amiral (1er janvier 1801), il est placé sous les ordres de l'amiral Parker pour briser la Ligue des neutres en cours de formation. Désobéissant aux ordres de son chef hésitant, il force le détroit du Sund, bombarde Copenhague et neutralise la flotte danoise (1er-2 avril 1801). Quatre mois plus tard, il échoue dans ses deux attaques contre la ligne d'embossage de la flottille de Boulogne (août). Ambitieux, soucieux de sa réputation et de sa gloire jusqu'à la vanité, habité par une haine inextinguible des Français, il est sans doute le plus grand amiral combattant que l'Angleterre ait jamais eu. L'Amirauté en est consciente et lui laisse la bride sur le cou. De toute façon, elle n'a pas d'autre choix face à un Nelson, champion de l'opinion anglaise. Le dispositif anglais joue de la complémentarité des deux hommes, à Cornwallis la tâche obscure de gardien de l'entrée de la Manche, à Nelson le rôle du chasseur.

Comme prévu, Bonaparte cherche à rétablir l'équilibre naval en mettant à contribution les deux marines "alliées" de second rang. La République batave, État satellisé, s'engage le 25 juin par la convention de Paris [48], à construire et armer, pour décembre, cinq vaisseaux, cinq frégates, des transports, cent chaloupes-canonnières et deux cent cinquante bateaux plats pour embarquer deux corps expéditionnaires, représentant au total 61 000 hommes (dont 9 000 Bataves), et 4 000 chevaux. En échange, la France s'engage à tout mettre en œuvre pour faire restituer Ceylan à la République batave, un marché de dupes. L'Espagne persiste dans son refus d'abandonner une stricte neutralité, au grand dam de Bonaparte, même si l'état de la marine espagnole laisse à désirer. Le 8 avril, Decrès dresse l'état des six vaisseaux de 74 canons donnés par le roi d'Espagne en vertu du traité secret de San Ildefonso du 1er octobre 1800, lui cédant Parme [49]. De 1801 à 1802, les vaisseaux *El Intrepido*, *San Antonio*, *San Gennaro*, *Atlante*, *Pelayo* et *Conquistador* ont été livrés et rebaptisés *Intrépide*, *Saint-Antoine*, *Ulysse*, *Atlas*, *Desaix* et *Conquérant*. Mais le *Desaix* doit subir une demi-refonte ; l'*Ulysse* est immobilisé pour de grandes réparations en bassin tout comme l'*Atlas* ; l'*Intrépide* est un mauvais marcheur et doit être radoubé, comme le *Conquérant*, dont une partie des membrures est à changer ; quant au *Saint-Antoine*, il est tombé aux mains de l'ennemi le 12 juillet 1801 à Cadix, « *l'amiral espagnol l'avait laissé arriéré* ». Decrès accuse l'Espagne de s'être débarrassée de vaisseaux en mauvais état et propose rien moins que d'en rechercher six nouveaux à Cadix. Bonaparte s'en garde bien alors que six de ses vaisseaux sont réfugiés au Ferrol et à Cadix [50]. Plus que jamais, il a besoin des arsenaux espagnols pour les réparer et les réapprovisionner.

L'Espagne, au bord de la banqueroute, est bien incapable de satisfaire ses exigences. Le 19 octobre, Bonaparte finit par lui imposer une convention de « *neutralité et de subsides* » (51) où elle s'engage à verser six millions de francs par mois en dédommagement de la non-application du traité de 1796, ce que l'Angleterre interprète comme un abandon de neutralité.

Dans le même temps la flottille prend corps. Paradoxe, Decrès chargé de l'exécution de la descente est franchement hostile au principe même d'une guerre littorale. Il met en garde Bonaparte sur l'infaisabilité de la descente faute de bâtiments appropriés et sans maîtrise de la mer. En 1812, Napoléon reconnaît que les deux hommes se sont affrontés durement : « [Decrès] *avait de l'aversion pour les flottilles : c'était là le sujet de nos querelles* [...]. *En créant ces flottilles, il regrettait l'argent qu'elles coûtaient et il avait raison. Decrès a toujours été contre mes péniches.* » (52) Mais pour l'heure, les critiques de Decrès n'ont pas prise sur Bonaparte qui fait une visite éclair à Boulogne le 30 juin. Il met tout le monde sous pression et ordonne la construction d'un bassin semi-circulaire pour abriter la flottille. Le 15 juillet, nouveau paradoxe, il confie le commandement de la flottille au vice-amiral Bruix, un virulent opposant de celle de 1801 : « *C'est avec des vaisseaux qu'il faut lutter contre l'Angleterre. Cessons de compromettre les hommes et les choses en poursuivant cette fabrication ruineuse d'une fourmilière de vains bateaux. Veuillez la marine et la marine sera.* » Tuberculeux en phase terminale, Bruix se sait incapable de reprendre la mer. Ce poste à terre est inespéré et honorifique puisqu'il lui vaut une commission d'amiral*. Bruix, âgé de 44 ans, issu du Grand-Corps, ancien ministre de la marine, énergique, fin tacticien, organisateur hors pair est le plus jeune et le plus brillant des vice-amiraux, même s'il a raté l'expédition de secours de l'expédition d'Égypte en 1799. Il s'est rattrapé en participant activement au 18 brumaire et appartient au cercle rapproché des fidèles de Bonaparte. Contraint de mettre en

*Sous le Consulat et l'Empire, le grade d'amiral ne subsiste plus qu'à titre temporaire pour commander une armée navale, à l'imitation de la commission d'un général d'armée dans les troupes de terre.

sourdine ses critiques, il délègue à ses officiers d'état-major le soin de diriger le service qui, comme le précise Tupinier, « *est d'autant plus fastidieux pour lui qu'il le considérait comme une ruineuse et inutile parade* » (53).

Ce même 15 juillet, Bonaparte envoie le vice-amiral Truguet prendre le commandement de l'escadre de Brest, jugée inactive sous les ordres du contre-amiral Dordelin. Ancien apologiste repenti des « bateaux Musqueyn », Truguet a interpellé Forfait au hasard d'une rencontre à Saint-Cloud : « *Pour envahir l'Angleterre au lieu de ces barques dont la moitié se perdra en route, construisez de vrais transports ; ils arriveront, et vous aurez encore l'avantage de pouvoir les vendre au commerce après l'opération.* » L'affaire fait grand bruit. Truguet, « *un amiral intelligent et ferme* » aux dires de Bonaparte lui-même, est un des officiers généraux le plus complet de sa génération. Âgé de 51 ans, pur produit de l'ancienne marine, noble provençal (son père anobli en 1756), ancien ministre de la marine, ancien ambassadeur, Truguet affiche des idées trop républicaines au goût du Premier consul qui préfère l'éloigner de Paris. Leurs relations remontent à 1792 lors de l'attaque contre le Royaume de Naples. Truguet avait alors fait la cour à la très jeune Élisa Bonaparte. « *J'ai manqué ma fortune* ! » aimait-il à plaisanter. Il exige une commission d'amiral pour être sur le même pied que Bruix. Bonaparte refuse et Truguet n'en finit pas de quitter Paris. Il ne prend son commandement qu'en septembre, après plusieurs rappels à l'ordre, non sans avoir conjuré Bonaparte de ne pas exposer « *sa gloire et sa personne* » dans la descente, une opération aventureuse et insensée (54).

Car pour l'heure Bonaparte a bien l'intention de « *commander en personne* » l'armée qui « *doit porter la guerre au sein même de l'Angleterre* » (55). Cette armée doit prendre place à bord de la flottille répartie en trois corps et être appuyée par les expéditions du Texel et de Flessingue. Il est prévu que la flotte de haut bord composée de vingt vaisseaux de Brest, de sept ou huit de Rochefort opère, à partir d'octobre, des diversions contre « *les îles de Jersey et de Guernesey et chacun des ports sur le continent des trois royaumes* ». Avec toujours le souci du détail, Bonaparte fait réquisitionner à Boulogne une gentilhommière, le château de Pont-de-Briques, comme résidence et ordonne la construction de baraques « *dans le lieu le plus voisin de la mer* » pour lui-même, Bruix, Decrès et le général Soult. Elles sont édifiées dans des temps records sur la falaise d'Orde à proximité du sémaphore.

Pendant que l'organisation de la descente se précise, la question irlandaise rebondit. Une autre idée fixe héritée de l'ancienne monarchie et de la Révolution. L'échec de 1796 où le débarquement a échoué et une répression féroce s'est abattue sur le pays, le débarquement réussi de 1798 où le pays ne bougea pas et les chefs de l'insurrection furent mis à mort, ne servirent pas de leçon. L'acte d'Union du 1er janvier 1801 a institué un Royaume-Uni de Grande-Bretagne et d'Irlande avec un parlement unique. Tout est loin d'être réglé. L'annonce de la rupture de la paix a suscité une certaine effervescence. Robert Emmet, affilié aux « *Irlandais unis* », vient à Paris réclamer l'aide française. Truguet joue les intermédiaires à la demande de Bonaparte qui refuse de le recevoir. Sa méfiance à l'égard des Irlandais républicains ne devait jamais se dissiper même s'il les intègre dans toutes ses combinaisons stratégiques. Le 8 août, il calcule qu'avec 25 000 hommes et 40 000 fusils, il suffirait du concours de 20 000 Irlandais pour s'emparer de l'île [(56)]. Huit jours plus tard, il donne des ordres pour activer les constructions navales et les préparatifs. C'est trop tard. Robert Emmet, reparti à Dublin, échoue dans sa tentative d'insurrection qui tourne à un combat de rues le 23 juillet. Il est dans les geôles anglaises lorsque Bonaparte envisage d'exploiter le supposé point faible de l'Angleterre. Mais le principe d'une descente en Irlande n'est pas abandonné pour autant. D'après Miot de Melito, lors d'une conversation avec Joseph au moment du remariage de son frère Lucien, il la conçoit comme une prise de gage : « *Je n'irai point en Angleterre, j'y enverrai Ney. D'ailleurs, j'ai encore un moyen. Je ne ferai que l'expédition d'Irlande ; je réduirai ainsi tout à une guerre ordinaire, je rendrai l'Irlande pour Malte et je ferai la paix.* » [(57)] Comme à l'accoutumé, Bonaparte a plusieurs fers au feu pour se donner la liberté de choisir au gré des circonstances.

Des deux côtés de la Manche, la guerre psychologique fait rage. Les Anglais se moquent des préparatifs français et de Bonaparte, surnommé le *Don Quichotte de la Manche*. Les caricatures de James

Gillray montrent un Boney-Bonaparte faisant manœuvrer une flottille lilliputienne au milieu d'une cuvette, ou la flottille sous forme de coquilles de noix dispersée par John Bull* soufflant la fumée de sa pipe[58]. Mais l'opinion est inquiète. Les feux allumés à Boulogne à l'occasion d'une des visites du Premier consul, auraient provoqué la panique et les populations de Sandgate et Folkestone se seraient enfuies dans l'intérieur des terres. Sur l'ordre de Bonaparte, maître en communication, Chaptal fait faire sur l'air du *Chant du départ* un chant pour la descente et incite les comédies de circonstance à être jouées à Paris et aux armées[59]. Des gravures, lithographies et autres imageries populaires célèbrent tous les événements touchant de près ou de loin le camp de Boulogne et n'hésitent pas à représenter Bonaparte surgissant des flots sur un char tiré par les chevaux de Neptune, à la main un drapeau portant les inscriptions « *Liberté des mers* » et « *Libertad de los mares* ». La propagande fait flèche de tout bois.

En attendant, la flottille pose d'incommensurables difficultés. L'aménagement des infrastructures portuaires se heurte aux handicaps géostratégiques qui pénalisent la marine française en Manche : absence de ports en eaux profondes contrairement à la côte anglaise ; étroitesse des estuaires des rivières entre les falaises ; grande amplitude des marées ; plage nue, sablonneuse, impropre à l'établissement de ports. L'ingénieur lorrain Joseph Sganzin** a beau faire des prodiges pour aménager Boulogne et ses annexes d'Étaples, de Wimereux et d'Ambleteuse, les travaux perturbés par les raids de frégates anglaises, le mauvais temps et les épidémies, ne progressent que lentement en dépit du concours de l'armée pour les gros travaux de terrassement. La mer a tendance à détruire tout ce que construisent les hommes.

---

*John Bull est l'équivalent de Jacques Bonhomme en France. Ce sobriquet donné au peuple anglais est censé peindre sa lourdeur et son obstination.

**Joseph-Matthieu Sganzin, né à Metz en 1750, d'une famille d'origine italienne, élève des ponts et chaussée (1768), sous-ingénieur (1775), inspecteur des ponts et chaussées (1785), fut affecté au Havre comme ingénieur en chef des travaux maritimes. Professeur à l'École polytechnique, inspecteur général des Ponts et Chaussées (juin 1803), membre du Conseil des travaux maritimes.

Autre grave mécompte, au fur et à mesure de leur construction, les bâtiments de la flottille* ne constituent pas la percée technologique tant annoncée. À l'usage, ils présentent même des défauts inquiétants. Aussi mauvais marcheurs à la voile qu'à la rame, ils ne tiennent ni au vent ni à la mer. Ballottés par la moindre houle, ils dérivent fâcheusement. Alors que les chaloupes-canonnières et les prames sont censées assurer la protection des bateaux de débarquement, de transport et des péniches, leur artillerie trop lourde est quasiment inutilisable. Elle les surcharge à couler bas et, au moment de l'échouage, écrase les coques qui se désintègrent. Le principe d'une flottille autonome a contraint Forfait à transformer ces petites embarcations en plate-formes d'artillerie au détriment de toute qualité nautique. Atterrés, les marins s'interrogent sur leur chance de franchir la Manche sans finir au fond. Forfait se défend en arguant que ces bâtiments ne doivent servir qu'à une seule traversée, sans retour, de quelques heures et que leur nombre doit saturer les moyens de riposte ennemis. Un de ses affidés, le contre-amiral Lacrosse, cousin de Bruix, et de sinistre réputation en Guadeloupe pour sa politique raciste et sa participation à la répression, certifie qu'à trois nœuds et demi, douze heures suffisent pour franchir la Manche : « *Le problème se réduit au passage du Rhin ou d'un autre fleuve que l'ennemi cherche à empêcher.* »[60]

---

*- Prame gréée en corvette (longueur 35 m, largeur 8,30 m, tirant d'eau 2,50 m) ; équipage/garnison : 31 marins et 44 soldats ; passagers : 200 soldats ; 50 chevaux ; armement : 12 canons de 24 ou de 18 ; quille allongée.

- Chaloupe-canonnière gréée en brick (longueur 24,70 m, largeur 5,50 m, tirant d'eau 1,95 m) ; équipage/garnison : 22 marins et 15 soldats ; passagers : 108 soldats ; armement : 2 canons de 24 ou de 18 à l'avant, un 18 à l'arrière, 2 obusiers (coût 32 à 42 000 F).

- Bateau-canonnier gréé en lougre (longueur 19,50 m, largeur 4,55 m, tirant d'eau 1,30 m) ; équipage/garnison : 6 marins et 10 soldats ; passagers : 94 soldats ; armement : un canon de 24 ou de 18 à l'avant, une pièce de 8 de campagne à l'arrière, avec caisson et deux chevaux logés dans une écurie au centre du bateau ; une rampe de débarquement (coût 18 à 23 000 F).

- Péniche gréée en lougre (longueur 19,50 m, largeur 3,85 m, tirant d'eau 1,30 m) ; non pontée ; équipage : 5 marins ; passagers : 61 soldats ; armement : un obusier ou un canon de 4 à l'avant, un obusier en retraite (coût 8 à 9 000 F).

Des nouvelles très rassurantes qui n'émanent pas d'un "terrien", mais bien d'un marin de vieille roche. Voilà le décideur bien informé !

Bonaparte continue à mettre sur pied l'organisation de la flottille et lui donne le 22 août [(61)] une organisation toute militaire*. Mais il doit se rendre à l'évidence, Boulogne mérite sa réputation de « *plus mauvais port de la Manche* » et, comme avaient prévenu les marins consultés en 1798, son exiguïté limite la sortie des bâtiments à une centaine par marée. L'armada risque de mettre plusieurs jours à sortir laissant le temps aux Anglais d'exploiter leur vulnérabilité : « *Comme on ne parviendra jamais à sortir dans une marée un aussi grand nombre de bâtiments, il faudra donc, comme l'a fait le général Latouche, les tenir en rade.* » [(62)] Mais la solution de La Touche-Tréville, expérimentée pendant les mois d'été 1801, est-elle pertinente pour une flottille dix fois supérieure à la sienne et en plein hiver ? Bonaparte n'en doute pas et, le 26 août, demande à Bruix de placer les bâtiments sur une ligne d'embossage, distante de 2000 à 2500 mètres de la terre, pour ne pas s'échouer à marée basse. À marée haute, les bâtiments devraient pouvoir venir se serrer sous les forts tout en bénéficiant de renforts venus du port, tandis qu'à marée basse, l'artillerie et les obusiers pourraient les couvrir à partir de la plage [(63)]. Forfait, jamais en mal de solution miracle, lui a proposé dès le 9 juin de construire un fort circulaire flottant, d'un coût inférieur à une frégate et censé pouvoir affronter deux vaisseaux à trois-ponts, pour défendre la ligne d'embossage [(64)]. Le fort trop large ne pourra jamais sortir du chenal. Exaspéré par ces solutions fantaisistes, Decrès oppose la force de son inertie. Mal lui en prend.

Les travaux de la flottille accusent un retard considérable sur les délais irréalistes décrétés par le Premier consul. À la recherche

*Ostende (2 divisions de chaloupes-canonnières et leurs péniches, 4 divisions de bateaux de pêche, 6 divisions de bateaux-canonniers et leurs péniches, soit 722 bâtiments) ; Ambleteuse (une division de chaloupes-canonnières, une division de bateaux-canonniers, et leurs péniches, soit 135 bâtiments) ; Étaples (deux divisions bateaux-canonniers et leurs péniches, soit 270 bâtiments) ; Boulogne (800 à 900 bâtiments).

d'un bouc émissaire, Bonaparte rend responsable du retard Decrès qui ne cache pas son hostilité à l'encontre de la flottille et joue souvent de l'obstruction tout en donnant l'impression d'exécuter les volontés de son maître. Il ne manque jamais une occasion d'accuser Forfait et Bruix de « *manquer de zèle, se gardant bien, d'ailleurs, de donner suite à leurs doléances quand ils se plaignaient d'être mal secondés par les bureaux du ministère* » [65]. Toujours remarquablement informé, Bonaparte n'est pas dupe. Une lettre un peu vive critiquant ses habituelles têtes de turc déclenche la colère du Premier consul au point d'envisager de le démettre de ses fonctions, comme il s'en ouvre au consul Cambacérès : « *Quelques parties du ministère de la marine, citoyen Consul, sont évidemment négligées, et je commence à soupçonner que le général Decrès n'a pas l'esprit d'ordre et de suite, première qualité d'un administrateur. Cependant, il a aussi d'autres qualités, et quelque lieu que j'aie dans ce moment à me plaindre de son imprévoyance sur les objets les plus importants, j'étais décidé à attendre encore trois mois pour fixer mes idées, car, enfin, on gagne peu à changer.* » [66] Decrès est en sursis. Les rumeurs vont bon train et annoncent son remplacement par Malouet ou Barbé-Marbois. Decrès lui-même a perdu de « *sa brutalité* » et envisage de commander une escadre [67].

De juillet à octobre, les opérations de concentration de la flottille suscitent des escarmouches. Contrairement aux dires de Forfait, les bâtiments se révèlent incapables de se défendre par eux-mêmes ce qui laisse mal augurer de leur traversée. Chaque mouvement de port en port relève de l'exploit et nécessite l'organisation d'un convoi avec le concours des batteries terrestres installées le long de la « *côte de fer* » [68] d'Ostende au Havre, des détachements de cavalerie alertés par télégraphe et des batteries légères. Forfait dénonce la pusillanimité des officiers de marine, voire leur « *lâcheté* » : « *On évite le combat où souvent les chances seraient pour nous, parce que nous aurons la supériorité du nombre en canons, la supériorité en calibre.* » [69] Bonaparte inconscient de la tournure préoccupante des opérations ne manque pas une occasion de complimenter Bruix qui se garde bien de le détromper : « *Tout était le résultat de vos combinaisons, et vous voyez que tout a réussi.* » [70] Pour protéger la ligne d'embossage, Forfait propose une nouvelle solution miracle avec la construction d'un ponton armé de quinze pièces de 36 disposées de chaque côté ou au milieu. Enthousiasmé, Bonaparte demande une expertise immédiate, à la grande exaspération de Decrès.

Le budget de la marine est porté à 195 millions de francs, le montant le plus élevé du Consulat et de l'Empire. Bonaparte fait recruter 2000 matelots à Gênes pour armer ses bateaux plats, au grand dam de Decrès, qui ne parvient pas à en trouver suffisamment pour armer les escadres de Brest et de Toulon [(71)]. Il donne l'ordre à Bruix, le 4 octobre, d'organiser avec des corsaires des incursions en Angleterre, pour se saisir de bâtiments et même de paysans pour collecter des renseignements et reconnaître les côtes de la Tamise jusqu'à Portsmouth [(72)]. Avec toujours le même souci du détail, le 5 octobre [(73)] il crée le corps des guides-interprètes en anglais.

L'artilleur Bonaparte est persuadé que l'avenir de l'artillerie navale passe par la généralisation des obusiers, jugés trop dangereux par les marins. Aussi fait-il installer des obusiers de six pouces de l'armée qui lancent des obus de 44 livres à 2000 mètres, et, avec un pointage de 45°, tiennent lieu de mortiers. Il procède lui-même à des essais d'obusier prussien sur une péniche à Paris [(74)]. Avec ses sœurs et Joséphine, il visite le chantier des Invalides et exerce les chasseurs de la Garde à la manœuvre d'une chaloupe avant de gagner Saint-Cloud à son bord. Il multiplie les ordres pour faire entraîner les soldats aux « *manœuvres nautiques* » : « *Je vous recommande de faire beaucoup nager les soldats sur les péniches.* » Nager signifie en l'occurrence ramer. Bonaparte affecte d'user des termes nautiques appropriés. Tous les hommes de la Garde s'entraînent au canotage à raison de deux ou trois heures par jour [(75)]. Le 11 octobre, Bonaparte adresse à Soult les instructions pour les équipages qu'il a rédigées lui-même « *après avoir exercé deux ou trois fois la Garde sur la Seine* » [(76)]. Vingt-trois types de commandements sont décrits avec minutie comme « *nage et scie* », « *défie d'avant* », « *abordez* », « *changez de place* », « *rentrez les avirons, remettez les gaffes* », pour obtenir des manœuvres aussi académiques qu'à terre. Bonaparte joue et l'armée le suit dans ses jeux nautiques. Tous les témoignages concordent, le moral est excellent au camp de Boulogne.

Le 29 octobre marquerait un tournant selon le témoignage de l'*Ami de Paris*, un espion à la solde des Bourbons. Ce jour-là lors d'un dîner avec sa famille où est évoqué le projet de descente : « *On lui présenta combien son existence était précieuse à la France et à l'Europe, combien il serait cruel à lui de l'exposer et de hasarder par là le sort de sa famille et de tous les siens* [...]. *Le héros fut touché* [...]. *Son attendrissement alla jusqu'à verser des larmes. Il se retira cependant en murmurant contre les Anglais et en les menaçant ; mais à peine eut-il disparu que sa famille, qui le connaît, ne put dissimuler sa joie : "Nous le tenons, direntils, il a pleuré, il n'ira pas."* (77) ». En fait, rien de bien concluant même s'il semble que Bonaparte ait envisagé de déléguer le commandement de l'armée d'invasion. Bernadotte l'aurait détrompé : « *Si l'attaque réussit sous votre commandement, la victoire sera sans résultat, à moins que vous ne vouliez imiter Guillaume le Conquérant. Si vous envoyez l'un de nous et qu'il ait du succès, il sera plus puissant et plus grand que vous-même.* »*

En ce mois de brumaire, Decrès, toujours en semi-disgrâce, tente de reprendre la main (78). Le ministre pousse à l'organisation de l'expédition d'Irlande – « *15 000 hommes suffisent* » –, ou en tout cas à en faire peser la menace grâce à l'escadre de Brest. Partant du préjugé, partagé par le Premier consul, que les Anglais sont mercantiles, uniquement motivés par l'appât du lucre, il suggère de « *vider* » la mer : « *Un état de guerre sans prises est un état désespérant pour les Anglais.* » Il préconise deux expéditions ayant des « *promesses de succès* » : l'une pour ravager la traite anglaise sur la côte d'Afrique, à la faveur d'une campagne de cinq mois, avec deux vaisseaux et trois frégates ; la seconde pour intercepter aux Antilles « *un des trois convois anglais annuels (avril, hiver, octobre)* ». Ces propositions très raisonnables étonnent par leur décalage avec les projets grandioses d'un Bonaparte, avide d'exploits surpassant ceux des héros des temps passés. Decrès en est conscient et reconnaît qu'il est « *plus facile de faire des propositions plus tranchantes, plus analogues au génie des Français* ». Mais Decrès se

*Conversation rapportée par lord Bloomfied, ambassadeur anglais en Suède en 1824.

pose en ministre pragmatique face à une Royal Navy qui dispose de quelque 369 bâtiments de guerre répartis sur tous les océans. Finalement, Decrès sauve sa tête et devient le ministre inamovible de la marine pour le meilleur et pour le pire.

Sa longévité surprend vu l'incompatibilité existant entre les conceptions qu'ont Decrès et Bonaparte sur la doctrine d'emploi de la marine et sa destinée. Les deux hommes forment un curieux attelage ; l'un, pessimiste, n'ayant d'autre préoccupation que de sauver ce qui peut l'être d'une marine surclassée ; l'autre, relançant sans cesse les enjeux maritimes en imaginant des combinaisons plus ou moins utopiques au risque de perdre les derniers vaisseaux de sa flotte. En fin de compte, Forfait était plus en phase sur le plan intellectuel avec le Premier consul. Les deux hommes avaient pour point commun une certaine démesure, une volonté de contester l'ordre établi, ce qui est totalement étranger au pragmatique Decrès. Bonaparte ne s'en sépare pas parce qu'il apprécie sa puissance de travail et sa rigueur d'administrateur. De toute façon, comme la conception des opérations lui revient de droit, il aura des idées pour deux et transforme Decrès en exécutant, enfermé dans le rôle de contradicteur permanent, éloigné de l'image du courtisan servile dont les contemporains et l'historiographie l'ont affublé. Napoléon devait reconnaître ses qualités pédagogiques. « *Il m'a éclairé sur beaucoup de points sur lesquels j'avais des idées très fausses* » [(79)] confia-t-il à Caulaincourt au retour de Russie.

Le 4 novembre, Bonaparte arrive à Boulogne à l'improviste pour inspecter l'avancée des travaux et des préparatifs de la descente. Des milliers d'hommes ont beau s'activer, le bassin semi-circulaire de Boulogne est inachevé comme les havres annexes. Seule une centaine de bâtiments sont opérationnels, 30 000 hommes rassemblés au camp de Boulogne et 10 000 à celui de Montreuil. Bonaparte doit se rendre à l'évidence, ni l'armée, ni la flottille ne sont prêtes. Une descente en hiver est exclue, tout au plus les travaux peuvent-ils être accélérés pour envisager un report au printemps. Bonaparte continue à croire dur comme fer à la valeur militaire de la flottille qui reste « *embossée au milieu de la rade, sans que les Anglais osent l'attaquer que de loin. Lord Keith, qui paraît commander, avait plusieurs vaisseaux de 64, il n'a osé s'en approcher qu'à la portée du canon. Il a essuyé des avaries assez considérables* »[80]. Il affiche une foi de charbonnier dans la réussite d'autant que l'Angleterre lui donne l'impression d'être littéralement à portée de la main : « *J'ai vu,* écrit-il à Cambacérès, *des hauteurs d'Ambleteuse, les côtes d'Angleterre, comme on voit, des Tuileries, le Calvaire*[81]. *On distinguait les maisons et le mouvement. C'est un fossé qui sera franchi lorsqu'on aura l'audace de le tenter* ! »[82] Aucun événement majeur n'intervient durant son séjour. Pourtant lorsque Bonaparte quitte Boulogne le 17 novembre, le doute s'est instillé dans son esprit sur les chances de franchir le « *fossé* » à bord d'une flottille opérant de façon autonome, quelle que soit la période de l'année.

ACTE I

LES ÉVOLUTIONS DU PROJET DE DESCENTE

VERS UN CHANGEMENT DE PLAN ?

Revenu à Paris, le Premier consul requiert l'avis du contre-amiral Ganteaume, préfet maritime de Toulon depuis le 23 juillet 1802. Il lui décrit sommairement la flottille de Boulogne qui devrait compter à la mi-janvier, selon ses calculs quelque peu gonflés, « *300 chaloupes-canonnières, 500 bateaux-canonniers et 500 péniches ; chaque péniche portant un obusier de 36, chaque bateau un canon de 24, et chaque chaloupe canonnière trois pièces de 24* » et lui pose la question existentielle par excellence : « *Faites-moi connaître vos idées sur cette flottille. Croyez-vous qu'elle nous mènera sur les bords de l'Albion ? Elle peut porter 100 000 hommes. Huit heures de nuit, qui nous seraient favorables, décideraient du sort de l'univers.* » (83) Ganteaume répond le 1er décembre avec circonspection (84). Manifestement, il est atterré par le projet de descente et se retranche derrière « *trente-cinq ans de pratique de* [son] *état* » pour asséner un certain nombre de critiques. Si à « *la faveur d'un coup de vent affreux* » qui balayerait les forces de blocus anglaises, la flottille pouvait traverser grâce au « *calme heureux succédant à la tempête* », par contre, il lui paraît « *extraordinairement difficile* » que la flottille ne souffre pas des intempéries à l'origine du retrait anglais ; « *encore plus difficile* » que les bâtiments, en raison de leur grand nombre, puissent, en une marée, coordonner leur action et projeter un corps d'armée suffisant pour qu'il ne soit pas refoulé à la mer ; « *presque impossible* » de traverser de nuit. Il ne conclut pas à l'échec de l'expédition, mais il subordonne sa réussite à « *quelque grand événement impossible à prévoir* » ce qui revient au même.

Pour contrebalancer cette kyrielle de critiques, Ganteaume, tout en regrettant que la marine ne puisse affronter la Royal Navy à armes égales, réitère sa proposition, formulée avant de prendre la préfecture de Toulon, de constituer une escadre légère de vaisseaux « *bons marcheurs* » avec laquelle « *peut-être n'eût-il pas été impossible, quoique la chose soit fort difficile, de se porter dans la Manche inopinément et, après avoir employé diverses fausses routes pour donner le change à l'ennemi, surprendre les croiseurs stationnés devant Boulogne* [...] *non pendant huit heures seulement mais peut-être pendant quarante-huit. Cette tentative, je le répète, serait extrêmement hardie, extrêmement périlleuse, mais je ne pense pas qu'elle puisse être jugée impraticable par les marins. Faire le tour de l'Angleterre par le Nord ou entrer dans la Manche avec un vent décidé en rangeant les Sorlingues seraient les deux manœuvres à hasarder pour remplir ce but.* » Bien que cette suggestion soit formulée avec un luxe de doubles négations, signe de l'extrême prudence de son auteur, Bonaparte dit l'avoir intégrée dans sa réflexion[85] : « *Vous avez entrevu ce que je compte faire. Je vais donc m'en expliquer avec vous.* »

À ce stade, le plan du Premier consul consiste à faire manœuvrer les escadres, composées de neuf vaisseaux à Toulon, sept à Rochefort et vingt à Brest, pour acquérir temporairement la maîtrise de la Manche et appuyer le passage de la flottille. Il envisage trois hypothèses en prévoyant un départ pour le 11 janvier : 1°) une fois sortie, l'escadre de Toulon serait ralliée devant Cadix ou Lisbonne par celle de Rochefort, puis sans toucher terre, surgirait devant Boulogne, appuierait le passage de la flottille pendant quarante-huit heures et, sa mission accomplie, continuerait vers les bouches de l'Escaut ou Cherbourg ; 2°) l'escadre de Toulon rejoindrait celle de Rochefort à l'île d'Aix, et poursuivrait sa route comme prévu dans le premier cas ; 3°) l'escadre de Rochefort rallierait Toulon le 9 février et les deux escadres, appareillant du port méditerranéen en mars, se présenteraient devant Boulogne en avril ; « *c'est un peu tard* », reconnaît-il. Ce curieux aller-retour de l'escadre de Rochefort est destiné à accréditer l'organisation d'une nouvelle expédition d'Égypte pour leurrer Nelson et l'envoyer à Alexandrie. Simultanément, l'escadre de Brest simulerait un départ vers l'Irlande pour fixer l'escadre de Cornwallis. Bonaparte envisage d'abandonner le plan de Forfait, mais il ne pousse pas la logique jusqu'au bout et considère que la maîtrise de la Manche obtenue par les vaisseaux pourrait être renforcée par la flottille, légion de bâtiments plats évoluant au ras de l'eau : « *Si notre escadre devait se battre – ce que Dieu préserve – devant Boulogne, nous lui donnerions un très bon et puissant secours.* » Toujours impatient, Bonaparte exige la réponse de Ganteaume dans les meilleurs délais : « *Il faut que je prenne un parti.* »

Le 12 décembre, Ganteaume lui répond par retour du courrier que la jonction des deux escadres devant Rochefort est la meilleure formule pour éviter les affres d'un rendez-vous en pleine mer, mais que la réunion de seize vaisseaux est trop volumineuse pour passer inaperçue, voire dangereuse parce qu'elle risque de provoquer une concentration très supérieure des forces ennemies. Il revient à sa proposition initiale de s'en tenir à une escadre légère, composée d'une dizaine des meilleurs marcheurs toulonnais et rochefortais. Seule une telle force est capable de surgir inopinément dans le détroit, d'y surprendre la croisière anglaise de surveillance, de la chasser ou de la vaincre et d'assurer le passage de la flottille. Par ailleurs, il lui paraît invraisemblable que l'armée navale puisse pénétrer en Manche sans être repérée pendant trois jours, en raison du nombre prodigieux de frégates et de corvettes anglaises prépositionnées. Quant à la valeur militaire de la flottille, sa condamnation est sans appel : « *Je ne dois pas hésiter à vous faire connaître que je considère le secours de l'artillerie des bateaux et chaloupes canonniers comme illusoire, si l'escadre était forcée au combat au-devant de Boulogne. Dans le cas de combattre au mouillage peut-être que ces bateaux pourraient prendre quelque position avantageuse pour inquiéter et causer des dommages à l'ennemi, mais en pleine mer et sous voile, il est inutile de l'espérer.* » (86) L'affaire en reste là.

Cet échange de lettres sans suite prouve les hésitations de Bonaparte sur le parti à prendre. Il est difficile d'apprécier si Ganteaume l'a converti au principe d'une maîtrise préalable de la Manche par la flotte de haut bord, pour la bonne raison que, selon Marmont, Bonaparte n'aurait jamais adhéré à la tactique de Forfait, « *malgré l'assurance avec laquelle* [il] *la soutint, il ne l'a pas partagée un seul instant* » (87). Il se serait contenté d'attendre l'accroissement du volume des escadres pour les intégrer dans son projet de descente.

Or six mois après la rupture de la paix d'Amiens, avec un effectif virtuel d'une trentaine de vaisseaux dispersés entre les trois ports français, le temps serait venu de savoir comment les mettre en œuvre. Est-ce si sûr ? Bonaparte paraît si déterminé à envahir l'Angleterre pendant l'hiver 1803-1804 et croit si fermement en la valeur militaire de la flottille, que le doute est permis.

Avec bon sens, Ganteaume a mis en exergue les difficultés, sinon les invraisemblances de l'opération : l'impossible concentration d'une escadre de seize vaisseaux en Manche sans provoquer une réaction immédiate et foudroyante de la Royal Navy ; l'ineptie tactique et technique de l'amalgame entre vaisseaux et bateaux plats ; la dangerosité de manœuvrer en escadre en Manche au milieu des hauts fonds, courants et passages étroits, à l'origine du syndrome de l'Invincible armada dont souffrent toutes les marines depuis 1588, y compris la Royal Navy qui réduit son escadre des Dunes à une dizaine de vaisseaux. Ganteaume se révèle un bon conseiller et n'élude pas les dangers encourus par une opération qui dans le passé n'a rencontré que des échecs. À Sainte-Hélène, Napoléon devait porter à son encontre un jugement rédhibitoire : « *Un matelot nul et sans valeur, qui avait fait manquer trois fois la conservation de l'Égypte* » (88), comme le rappelle à l'envi l'historiographie. Mais c'est faire de l'anachronisme et oublier que Ganteaume a "lâché" Napoléon dès la première Restauration, adhérant à sa déchéance et se tenant à l'écart des Cent-Jours. La rancœur et le dépit de Napoléon à Sainte-Hélène ne peuvent effacer que depuis 1798 Ganteaume a été son amiral favori, au point de le considérer de sa famille, et qu'il lui a accordé tous les honneurs*. Né en 1755, Honoré-Joseph-Antoine Ganteaume est le prototype de l'officier redevable de la Révolution. Issu d'une famille de marins, il commence à naviguer au commerce à l'âge de 14 ans sur un bâtiment de son père. Réquisitionné au début de la guerre

*Grand aigle de la Légion d'honneur (février 1805), président de la « section de la marine » du Conseil d'État, inspecteur général des côtes de l'Océan (avril 1808), président du Conseil de marine (1810), comte d'Empire (juillet 1810), chambellan de l'Empereur, colonel commandant le bataillon des marins de la Garde (août 1811).

d'Amérique, il intègre la division de La Motte-Picquet, puis l'escadre de Suffren aux Indes. Il ne peut accéder qu'aux grades ouverts aux officiers bleus – lieutenant de frégate auxiliaire (1781), capitaine de brûlot (1784), sous-lieutenant de vaisseau (1786) – aussi passe-t-il dans la Compagnie des Indes. La Révolution lui permet d'intégrer la marine militaire. Nommé capitaine de vaisseau par le Comité de Salut public (le 27 février 1794), jacobin et commensal de Sanson, l'exécuteur de la Terreur, il participe aux combats de Prairial, à l'expédition d'Irlande, au combat devant Fréjus. Chef d'état-major de l'armée navale durant l'expédition d'Égypte (1798), blessé, il quitte l'*Orient* juste avant l'explosion du vaisseau-amiral durant la bataille d'Aboukir. Promu contre-amiral à la requête expresse de Bonaparte (7 novembre 1798), il commande les forces navales opérant sur les côtes d'Égypte et ramène Bonaparte d'Égypte à bord de la frégate le *Muiron* (22 août - 9 octobre 1799). Conseiller d'État (1799), commandant l'escadre de Brest, il échoue en 1801 à conduire l'expédition de secours pour débloquer Malte et l'armée d'Orient, d'où les reproches de Napoléon. Quoi qu'il ait pu dire à Sainte-Hélène, Napoléon a consulté Ganteaume en permanence sur toutes les questions maritimes et lui a octroyé la seconde place de fait dans la hiérarchie de la marine impériale après Decrès, lequel s'appuie sur lui en toutes circonstances et n'hésite pas à le citer en référence pour justifier ou infirmer les promotions d'officiers. Son surnom de « *vieux Ganteaume* » est à l'image de sa bonne réputation au sein de la marine bien qu'il soit issu de la marine de commerce, tant honnie. À cet égard, un document très curieux datant de 1805 n'hésite pas à falsifier ses états de service et lui reconstitue une carrière type ancien régime – garde-marine (1780), enseigne de vaisseau (1782), lieutenant de vaisseau (1786), capitaine de vaisseau (1793) – comme s'il était impensable que ce proche de Napoléon ne soit pas issu du Grand-Corps[(89)]. Par ailleurs, Ganteaume est littéralement subjugué par Bonaparte. Le signe extérieur de cette fascination est son papier à lettre, sur lequel sont imprimées deux frégates sous voile (*Muiron* et *Carrère*) et une étoile estampillée d'un « B » – pour Bonaparte –, portant en dessous la mention « *Nous gouvernions sous son étoile* », en souvenir du retour d'Égypte, « *qui ne contribua pas médiocrement à ses succès dans le monde politique* » [90] comme le souligne perfidement Tupinier.

Pour l'heure, Bonaparte met de côté les conseils de Ganteaume. Il est « *changeant* » pour reprendre le mot de Stendhal. Contre toute attente, il donne le 29 décembre l'ordre à Ganteaume de faire travailler « *nuit et jour* » l'arsenal de Toulon pour une opération urgente... « *sauver la Martinique* » [91]. Ce changement impromptu de destination est révélateur de la façon de gouverner de Bonaparte et de sa remarquable faculté de se plier aux circonstances qui fait merveille sur les champs de bataille. Mais revers de la médaille, tout nouveau renseignement peut lui faire changer soudainement ses plans, même préparés de longue date, ce qui donne l'impression d'une politique décousue et inconséquente. À l'annonce d'un débarquement anglais imminent dans les Antilles françaises, Bonaparte réagit dans l'urgence. Il confie le commandement de l'escadre de Toulon à La Touche-Tréville, promu vice-amiral pour l'occasion. Un retournement de situation inattendu puisque trois jours plus tôt Bonaparte envisageait de le dépêcher à Saint-Malo pour inspecter les travaux de la flottille [92]. Par parenthèse une mission de nature à inquiéter Bruix, qui d'après Decrès « *voit toujours le général La Touche aux portes de Boulogne et cette idée-là ne lui est rien moins qu'agréable* » [93]. Il faut reconnaître que La Touche-Tréville aurait certainement été mieux employé à la tête de la flottille, où il avait déjà fait ses preuves en 1801, ce qui lui avait permis de parer les deux attaques préemptives de Nelson et de le tenir en échec au grand dam de l'opinion publique anglaise. Il peut se targuer d'être le seul amiral français devant lequel Nelson a rompu, même si ces affaires montées en épingle ne laissent rien préjuger de l'issue d'une rencontre en escadre qui n'a jamais eu lieu !

Bonaparte veut renvoyer La Touche-Tréville aux Antilles, alors que celui-ci vient d'en revenir le 18 octobre grâce à un sauf-conduit sanitaire. Decrès, qui « *déteste dans La Touche-Tréville son successeur probable* » [94], pousse à ce choix dangereux pour la vie même de l'impétrant. Louis-René-Madeleine Le Vassor de La Touche-Tréville, dit La Touche-Tréville, issu d'une dynastie d'officiers de marine, a connu une carrière atypique. Né en 1745, fils du gouverneur de la

Martinique, il commence par entrer dans la marine – garde-marine (1758), enseigne de vaisseau (1768) –, pour en sortir et servir comme mousquetaire, capitaine de cavalerie (1769) avant de réintégrer le service de mer comme capitaine de brûlot (1772). Lieutenant de vaisseau (1777), il s'illustre pendant la guerre d'Amérique. Capitaine de vaisseau (juin 1781), prisonnier des Anglais (1782), directeur adjoint des ports et arsenaux à Versailles (1784), chancelier du duc Philippe d'Orléans (1787), il est député de la noblesse aux États généraux (1789) et se réunit au Tiers état. Contre-amiral (1er janvier 1793), emprisonné comme noble en septembre, libéré le 9 Thermidor, il ne reprend du service que sous le Consulat (1800). Les vicissitudes politiques expliquent le retard de sa promotion au grade de vice-amiral. Son passé orléaniste l'aurait également empêché d'obtenir le portefeuille de la marine : « *On avait éveillé l'attention de Bonaparte, en lui rappelant que Latouche avait appartenu à la maison du duc d'Orléans et avait été de la faction qui portait ce nom* » (95) rapporte Cambacérès.

L'escadre confiée à La Touche-Tréville se compose de sept vaisseaux (*Annibal*, *Bucentaure*, *Formidable*, *Intrépide*, *Mont-Blanc*, *Scipion*, *Swiftsure*) et de quatre frégates (*Cornélie*, *Hortense*, *Rhin*, *Thémis*). Les bâtiments sont approvisionnés à cinq ou six mois de vivres. Une opération de presse doit compléter les effectifs des équipages. L'escadre doit transporter 2 800 troupes passagères, le départ être couvert par une opération d'intoxication faisant croire que l'expédition a pour destination la Morée. Mais à peine ordonné, l'armement est interrompu. Les troupes passagères, dont l'embarquement est prévu pour le 8 janvier, demeurent dans leur casernement. Bonaparte hésite soudain à se séparer de l'escadre de Méditerranée. De toute façon, celle-ci n'est pas encore prête. Il ajourne *sine die* l'expédition sans en informer les différents exécutants, qui s'activent à parachever les préparatifs.

La nomination de La Touche-Tréville contrarie Ganteaume qui considère que le commandement de l'escadre lui revenait de droit, surtout après les questions de Bonaparte laissant présager une opération risquée en Manche, mais porteuse de gloire. Le général Rapp, *missi dominici* envoyé par Napoléon pour faire un audit de l'arsenal, signale que Ganteaume « *est toujours très affecté de ne pas avoir eu le commandement de l'escadre et depuis l'arrivée de La Touche il paraît accablé de dégoût* »[96]. La déception de Ganteaume s'ajoute aux frustrations inhérentes à ses fonctions, très exposées, de préfet maritime : « *Le sort des armées de terre est mille et mille fois plus doux que le nôtre ; constamment inférieur et généralement obligé de céder pour ne pas compromettre et voir détruire inutilement les forces qui lui sont confiées, un officier général doit compter au moins sur la marche et la solidité de ses vaisseaux.* »[97] Ganteaume résume tout le malaise régnant dans une marine prédestinée aux défaites en raison de son infériorité structurelle et avoue même son impuissance à obtenir de l'arsenal la livraison de vaisseaux opérationnels. Depuis son arrivée, il s'est escrimé à remettre de l'ordre dans l'arsenal et à exciter le zèle des ingénieurs et des ouvriers avec un indéniable succès même si les travaux n'avancent pas aussi vite que le souhaite le Premier consul. Le *Bucentaure*, un vaisseau de 80 canons frais sorti de l'arsenal où il a été construit dans le temps record de neuf mois, est unanimement célébré comme une réussite. La Touche-Tréville n'hésite pas à écrire qu'il a « *trouvé ce vaisseau dans le plus bel état. C'est une des perfections de l'architecture navale. Il est soigné comme un modèle jusque dans les plus petits détails* »[98]. Une preuve tangible que la reprise en main de l'arsenal est une réalité. Mais les ingénieurs ne peuvent faire des miracles. L'ex-espagnol *Intrépide* a beau avoir été caréné et réparé, il conserve une « *marche douteuse* »[99]. Ganteaume attend les ordres pour désarmer le *Berwick*, pris aux Anglais le 7 mars 1795 et construit en 1775, et l'ex-espagnol *Atlas*[100] qui sont « *vieux, peu solides, de qualités médiocres, incapables de suivre l'escadre qui risque pour les sauver de livrer un combat inégal et compromettre l'expédition* »[101]. Peine perdue. Bonaparte n'est pas homme à diminuer l'effectif potentiel de ses escadres. Au contraire, il est prêt à mettre à la mer tous les vaisseaux qui peuvent naviguer sans prendre en compte leur valeur intrinsèque. Très logiquement, le 20 janvier il exige l'armement de l'*Atlas* et du *Berwick*[102]. Signe des dysfonctionnements de l'arsenal et des malversations des fournisseurs, les vivres embarqués sont de très mauvaise qualité[103]. À la mi-juin, les salaisons seront en grande partie avariées, les légumes secs gâtés, les biscuits mal cuits réduits en miettes, ou machemoures, inconsommables, alors que l'escadre n'a toujours pas appareillé. La croisière anglaise gêne l'acheminement des munitions navales en provenance d'Italie. Les mesures alternatives comme l'organisation de petits convois longeant la côte n'enrayent pas la « *grande pénurie d'objets de première nécessité* [...], *le manque de bois, charbon de terre, fer, clous, toiles* ». Rapp constate que l'arsenal gère la pénurie « *au jour le jour pour presque tous les objets de construction* » (104).

L'autre point noir de Toulon est le déficit chronique en ressources humaines. Il manque 1 470 hommes pour armer l'escadre. Le système de l'inscription maritime est tari. Il ne reste plus aux dires de Ganteaume que « *des invalides, des épileptiques, des imbéciles et autres.* » (105) La « *levée extraordinaire* » donne des résultats très décevants comme le reconnaît Rapp : « *On ramasse tout ce qu'on trouve, il y en a même dans le nombre qui n'ont jamais été sur mer, mais on espère qu'ils apprendront bien vite la manœuvre de vaisseau.* » (106) La méthode brutale, combinant ruse éthylique et rafles dans les ports fermés par la force publique, occasionne des bavures et les consuls étrangers se plaignent de la capture de leurs ressortissants. Rapp convient qu'« *il y avait beaucoup d'Espagnols* » (107). Bonaparte dédaigne ce type de contingences et, tel un leitmotiv, continue à affirmer contre toute vraisemblance qu'« *en établissant la presse, on aura plus* [de matelots] *qu'on ne voudra* » (108). Pour expliquer le mauvais rendement de l'inscription maritime, Rapp ne fait aucune allusion aux facteurs politiques. Il l'attribue à la « *répugnance extrême pour la marine* », due aux « *expéditions nombreuses pour les colonies* » (109), allusion à la campagne de Saint-Domingue décimée par la fièvre jaune.

Indépendamment des affres des expéditions coloniales, les métiers maritimes rebutent. La vie à bord est synonyme de promiscuité. En moyenne, le nombre d'hommes embarqués correspond à dix fois le nombre de bouches à feu, soit environ 900 hommes sur un vaisseau de 80 canons, 750 hommes sur un de 74 canons, auxquels s'ajoutent les troupes passagères. C'est une masse de près d'un millier d'hommes qui s'entassent sur les deux niveaux d'un bâtiment long de 55 mètres sur 14,30 mètres de large, dans un amoncellement inouï de provisions, de câbles, de caisses et de canons. La vie à bord signifie insalubrité. Les entreponts sont confinés, mal aérés, obscurs, sales et nauséabonds. Les câbles de chanvre entretiennent l'humidité dans les batteries. Les hamacs restent suspendus toute la journée sans être aérés, ni lavés. Les fonds ne sont jamais secs. Des eaux de toute nature s'accumulent dans la cale et forment une sorte de marécage, où prolifèrent des parasites, vecteurs de maladies infectieuses. Les latrines se situent à l'avant du bâtiment, à l'endroit même où les matelots lavent leur linge à l'eau de mer jusqu'au pourrissement. Souvent mouillées, leurs hardes dégagent une odeur fétide. Faute d'eau douce, les matelots répugnent à se laver et sont couverts de crasse et de vermine. La vie à bord est inconfortable. Seul le commandant dispose d'un appartement situé à l'arrière. Les officiers doivent se contenter de cabines plus ou moins exiguës, séparées par des cloisons fixes ou mobiles en toile. Les plus grandes mesurent 9 m^2 et les plus petites 2,5 m^2. Les équipages couchent dans des hamacs, serrés les uns contre les autres, utilisés par deux hommes à tour de rôle au rythme des quarts. Même infestés de poux, de puces et autres punaises, les hamacs présentent le double avantage d'atténuer les effets du roulis et de protéger des morsures des rongeurs, attaquant oreilles, doigts, pieds et yeux. La vie à bord se traduit par un régime alimentaire inadapté qui pondère en partie l'avantage d'être nourri par l'État. Les rations sont constituées pour 55 à 65 % par du pain ou du biscuit – pain cuit deux fois, peu levé, très dur pour éviter la prolifération des charançons, pouvant être conservé plus d'un an, à consommer trempé dans un liquide. Elles comprennent également des vivres frais en début de campagne, des légumes secs, des salaisons et des condiments (achards, oseille, moutarde, poivre, etc.) pour digérer cette alimentation salée, peu variée et carencée en vitamines. Une part non négligeable de calories est apportée par l'alcool : un litre de vin par jour, par homme, complété par une ration d'eau-de-vie. Le marin en use et en abuse. Grâce à l'appoint de réserves clandestines, remarquablement dissimulées, l'alcoolisme constitue une des plaies du bord, à l'origine de bagarres, d'actes d'indiscipline et d'accidents. Les vaisseaux sont approvisionnés pour trois mois en eau douce. Sa conservation est une gageure. L'eau s'altère dans les

« *charniers* » – des barriques en bois entreposées dans la cale ou sur le pont. Elle ne tarde pas à devenir rousse et puante pendant une dizaine de jours, pour redevenir claire pendant deux ou trois semaines. Selon la tradition, l'eau devait « *pourrir* » ainsi trois fois avant d'être potable. La vie à bord est dangereuse pour la santé. La mortalité par maladie précède de loin celle causée par les combats et les naufrages. Les infections les plus fréquentes sont liées à l'alimentation – scorbut, dysenterie, typhoïde. Le scorbut, surnommé la « *peste des mers* », est provoqué par la carence en vitamine C. Il apparaît vers le 68e jour de mer sans escale d'avitaillement et se manifeste par une cachexie progressive, l'ulcération des gencives, la perte des dents – « *le monde des marins est un monde longtemps édenté* » (Jean Meyer) –, des hémorragies pouvant entraîner la mort surtout lorsqu'il est associé à la dysenterie qui le favorise. Un cercle infernal. Par empirisme, les Anglais découvrent l'efficacité du jus de citron pour traiter et prévenir la maladie. Mais le jus de citron perd son efficacité au bout de quelques jours et les matelots sont réticents à sa consommation. Le chirurgien de Nelson résout le problème en ajoutant du tafia, qui cristallise la vitamine C et lui conserve ses vertus. La Royal Navy impose la consommation régulière du *limon juice* dès 1795, renforçant ainsi sa capacité à tenir la mer en permanence. La vie à bord est rendue encore plus pénible par la discipline avec tout son arsenal de châtiments corporels. Pour conserver les équipages recrutés de façon plus ou moins coercitive, elle se transforme en séquestration pour enrayer le fléau des désertions. Comme la solde est médiocre – quand elle est payée –, il est compréhensible que le recrutement, concurrencé par la course mieux rémunérée, pose des difficultés incommensurables d'autant qu'un vaisseau est une véritable petite ville susceptible de vivre en autarcie pendant un laps de temps plus ou moins long. L'équipage doit obligatoirement se composer de gabiers – oiseaux rares spécialistes des "manœuvres hautes", capables de grimper dans les mâtures et les gréements par tous les temps –, de matelots pour les "manœuvres basses" (service des embarcations, timonerie, canonnage), d'ouvriers (charpentiers, calfats, voiliers) et de non-combattants (cambusiers, cuisiniers, etc.). Même si les conditions de vie à bord ne se sont pas dégradées par rapport aux périodes précédentes, elles expliquent la pénurie chronique en gens de mer. La vie quotidienne dans les bivouacs de l'armée est tout aussi sordide – il est vrai, transcendée par les victoires.

Lot commun des commandants d'escadre de cette époque, La Touche-Tréville hérite d'un instrument hétérogène tant au plan des matériels que des personnels. Il exprime sa satisfaction à la suite de son inspection du *Formidable*, lequel « *a acquis plus de perfection pour l'ensemble, la précision, la discipline et l'extrême propreté des hommes et du vaisseau, c'est le bâtiment le mieux disposé dans toutes les parties pour soutenir une action et la rendre glorieuse* », par contre les autres vaisseaux laissent à désirer avec leurs équipages faits de bric et de broc. Il lui faut reprendre en main l'escadre, pour en faire un instrument de guerre capable d'affronter Nelson, son adversaire le plus probable. Une fois sa marque mise sur le *Bucentaure* le 14 janvier, il entreprend de restaurer la discipline à tous les niveaux de la hiérarchie et en premier lieu de faire appliquer les règlements du temps de guerre : « *Les officiers doivent faire leur résidence* [à bord de l'escadre]. *Aucun commandant, officier ou maître employé sur un bâtiment de guerre,* [ne peut] *en découcher.* » (110) La Touche-Tréville montre l'exemple en vivant à bord du *Bucentaure*. La vie sur rade est sans conteste une lourde servitude pour l'escadre bloquée, attendant au mouillage, sur le pied de guerre, les ordres du gouvernement ou le coup de vent favorable qui balayera les forces de blocus anglaises. Rien d'étonnant que les officiers fréquentent assidûment « *les cafés, les spectacles et surtout les mauvais lieux* » (111) à la grande irritation du général Rapp, prompt à dénoncer les turpitudes des marins. Rappelés à leurs devoirs, ceux-ci affichent une insondable stupidité en rétorquant : « *Veut-on faire de nous des Anglais ?* » (112) Le bâtiment-école *Rhinocéros*, supposé assurer la formation initiale des novices et des aspirants, ne donne pas l'exemple et les jeunes « *ont plutôt l'air de petits polissons que d'aspirants de la marine* » (113).

Pour reprendre en main l'escadre, La Touche-Tréville la soumet à un programme d'entraînement intensif : appareillage, branle-bas de combat, tir au canon, tir de mousqueterie, abordage, etc. Le *Formidable* parvient à tirer 560 coups de canon en seize minutes (114). Les exercices statiques au mouillage sont complétés par des sorties en mer. Conformément à sa tactique du blocus "éloigné", Nelson se contente de faire surveiller la rade de Toulon par des frégates et de se présenter à intervalles irréguliers dans ses abords avec tout ou partie de son escadre. Installé en haut du cap Cépet, La Touche-Tréville surveille lui-même les mouvements de l'ennemi et se livre à ce que Bonaparte et Decrès appellent le *« jeu de barres »* (115), ou plus explicitement *« le jeu du chat et de la souris »* (Mahan). Dès qu'un bâtiment ennemi est repéré, La Touche-Tréville ordonne l'appareillage d'une unité de force supérieure qui le prend en chasse. L'adversaire s'éloigne en attirant son poursuivant vers le large pour y chercher du renfort, soit La Touche-Tréville abandonne le jeu et le chasseur se replie sur Toulon, soit il double la mise en faisant appareiller une nouvelle force. Autre cas de figure, si un des bâtiments français déjà à la mer est poursuivi par un Anglais, une force supérieure appareille aussitôt pour le dégager. Dès janvier, il fractionne son escadre en deux divisions et confie le commandement de la plus faible au contre-amiral Dumanoir Le Pelley, son adjoint. Ce dispositif a le double avantage de donner des responsabilités au seul officier général qu'il a en sous-ordre et de pouvoir s'exercer à des manœuvres plus complexes mettant en jeu deux forces dans une imitation, à petite échelle, des escadres d'évolutions.

L'activité déployée par La Touche-Tréville, son charisme, son souci du détail transforment de façon spectaculaire l'escadre et les officiers : « [L'escadre] *est superbe, bien complète en hommes et animée du meilleur esprit* [...] ; *les troupes à terre sont superbes, bien disciplinées.* »(116) Gicquel des Touches, jeune enseigne de vaisseau servant sur l'*Intrépide*, confirme que *« dès son arrivée à Toulon, M. de Latouche avait communiqué à son escadre l'ardeur qui l'animait »* (117). La Touche-Tréville en véritable meneur d'hommes parvient à susciter un esprit de corps, à redonner confiance en eux-mêmes aux officiers comme aux simples matelots. Sa présence n'a pas échappé à Nelson lequel écrit à l'amiral Duckworth* : *« Il est venu à Toulon parce que m'ayant battu à Boulogne.*

---

*Nelson à l'amiral Duckworth le 19 mars 1804, in Sir Harris NICOLAS, *The dispatches and Letters of Vice-Admiral lord Viscount Nelson*, Londres, Colburn, t. V, p. 459.

Il veut, cette fois, détruire toute ma flotte ! Il ne paraît pas être pressé ! » À la vue des gesticulations de l'escadre française, il espère une sortie de son adversaire pour l'écraser : « *Toutes ses manœuvres n'ont été, jusqu'ici, que des gasconnades. Cependant, je ne doute pas que, dès qu'il recevra une mission, il ne soit homme, pour l'accomplir, à exécuter les ordres et à courir le risque de nous rencontrer et de nous combattre.* » De son côté, La Touche-Tréville n'attend que l'opportunité de se mesurer avec son « *collègue Nelson* ». L'attente se prolonge, en principe au bénéfice de l'escadre de Toulon, de son amarinage et de l'accroissement de son niveau d'entraînement.

Alors que Rapp annonce le 3 février que l'escadre sera prête sous dix à quinze jours (118), Decrès fait lanterner les instructions. Il s'interroge sur l'opportunité d'une intervention de l'escadre en « *route directe sur Boulogne* » ce qui ne lui paraît pas possible « *attendu la faiblesse de l'escadre* », du « *débloquement de Cadix et du Ferrol* » ou de « *l'expédition de la Martinique pour laquelle je ne puis vaincre mon penchant bien prononcé* » (119). Manifestement cela branle dans le manche au sommet de l'exécutif. Bonaparte demeure dans l'indécision.

CHANGEMENT DE RÉGIME POLITIQUE

Trois jours après avoir donné des ordres pour expédier l'escadre de Toulon à la Martinique, Bonaparte arrive à bride abattue à Boulogne, le 1er janvier. Pour sa troisième visite, il est rejoint par Decrès. Il veut tout voir. En visitant les travaux à marée basse, il traverse l'estuaire de la Liane quand son cheval se prend les jambes dans un câble et éjecte son cavalier dans l'eau. L'incident le fait rire – « *ce n'est qu'un bain* » – avant de changer de vêtements à la Tour d'Orde. Le 2 janvier, le vent souffle en bourrasques : « *Ce pays ressemble beaucoup au pays d'Éole.* » (120) Bonaparte procède tout de même à l'inspection de quelque 400 bâtiments de la flottille rassemblés par divisions dans le port et le nouveau bassin circulaire, avec leurs équipages au poste de combat. Le spectacle impressionnant ne peut masquer les carences d'une flottille qui n'a pas atteint le volume prévu, l'inachèvement des fortifications et de l'écluse de chasse. Le 3 janvier, constatant que le port Ambleteuse n'est pas achevé, il somme Sganzin de s'installer *in situ* avec

3 000 hommes jusqu'à la fin des travaux [121]. Le 5 janvier, Bonaparte quitte Boulogne après avoir galvanisé tout son monde.

Decrès prolonge son séjour à Boulogne. Avec une grande liberté de ton, il continue son travail de sape contre la flottille et ne se prive pas de dénoncer l'absence de plan de débarquement, ce qui revient à critiquer ouvertement Bruix dont la tactique consisterait à « *sacrifier cent bâtiments qui attireront l'ennemi sur eux tandis que le reste partant au moment de la déroute de ceux-ci se rendra sans obstacle* » [122]. Or depuis la fin décembre celui-ci se trouve dans « *un grand état de faiblesse, à la suite d'une hémorragie de poitrine soudaine* » [123]. Manifestement Decrès tente de le pousser à la démission. Mais Bruix, tuberculeux au dernier degré, s'accroche même s'il reconnaît que « *l'air de la mer est* [un] *poison subtil qui me corrode et compromet mon existence* » [124] et refuse de démissionner pour n'être pas « *frustré du plus noble espoir* [de participer à l'] *une des plus brillantes expéditions dont la France doive concevoir la mémoire* ». Belle envolée lyrique pour un homme qui ne croit pas en la réussite de la descente. Bruix demeure en fonction. Il est intouchable.

En mars, quelque 1 273 bâtiments de la flottille sont achevés, encore faut-il les concentrer dans leurs ports de ralliement. Seule l'armée est prête. Celle-ci s'ingénie à interpréter le jeu de rôle voulu par le Premier consul et, avec un moral à toute épreuve, s'entraîne au canotage au rythme de la chanson en vogue *Que traverser le Détroit/Ce n'était pas la mer à boire*. Des pavillons de la flottille arborent l'inscription belliqueuse « *Un bon vent et trente heures* ». Bonaparte insiste en toutes occasions sur la nécessité d'amariner les soldats par l'apprentissage des termes nautiques et l'entraînement aux "manœuvres basses" et au canotage. L'osmose est réelle entre Bonaparte et l'armée au point que celle-ci multiplie les témoignages de fidélité au moment où la contre-Révolution, financée par l'or anglais, tente d'abattre le Premier consul par le truchement de Pichegru et Cadoudal. Le jacobin Ganteaume est prompt à faire part de l'émotion de l'escadre de Toulon, sa lettre est même publiée dans le *Moniteur* au grand dam de ses collègues. Le point de non-retour est atteint le 21 mars, lorsque Bonaparte fait exécuter le duc d'Enghien dans les douves du château de Vincennes. Le sang du Bourbon « *maria* », selon le mot de Balzac, Bonaparte et la Révolution. Quatre jours plus tard, Ganteaume présente au collège électoral du Var qu'il préside, une motion réclamant, outre le châtiment des conspirateurs, la transformation «*pour le bien du pays*» du Consulat en empire héréditaire.

Pendant que Bonaparte est occupé à restaurer le pouvoir monarchique, les bâtiments de la flottille profitent du retour des beaux jours pour rallier leurs ports de destination. Leur transfert nécessite l'organisation d'un flux continu de convois côtiers, devant se jouer des éléments et du harcèlement des divisions anglaises. Le 23 avril, le capitaine de vaisseau Hamelin sort d'Honfleur à destination de Boulogne avec cinquante-huit bâtiments, dont vingt-quatre transports. Il se heurte au nord à une première division anglaise, qui refuse le combat, et à une seconde derrière le cap de La Hève. Hamelin leur échappe en venant mouiller en rade du Havre et, profitant d'une nuit sans lune, parvient à amener sans encombre tous ses bâtiments à destination. Forfait jubile et explique au Premier consul que ces engagements «*prouvent d'une manière incontestable combien notre Flottille se fait redouter des Anglais qui affectent cependant de la mépriser*», puisqu'ils n'ont pas «*osé s'en approcher*» (125). Il en déduit que les divisions pourraient suivre la côte en plein jour, sans être inquiétées par l'ennemi. Fou de rage, Decrès vitupère «*M. Forfait, qui ne doute de rien*» et dénonce son rapport «*mensonger et perfide*» (126), dont il se prévaut «*pour avancer des idées monstrueuses dans lesquelles il établit comme faits incontestables des paradoxes absurdes*». Pour faire bonne mesure, il s'en prend à Jacques Hamelin: «*L'alliance méprisable qu'il a faite et son bonnet rouge* l'ont généralement rendu désagréable*» et d'ajouter «*c'est au surplus un homme borné, et il n'a pas eu l'occasion de faire connaître son énergie et son courage personnel*» (127). Une vraie exécution à la manière de Decrès pour “éliminer” les officiers qui lui déplaisent. L'explosion de colère de Decrès résulte de longs mois de ressentiment à l'égard des “coquilles de noix” de la flottille, gaspilleuses en crédits et en hommes. Le moment lui semble propice pour extirper les dernières

*Allusion sans doute à sa participation active à la Révolution, une manière de le discréditer aux yeux de Bonaparte qui avait coutume de dire: «*Ni talon rouge* [aristocrate], *ni bonnet rouge* [sans-culotte], *je suis national.*»

mauvaises idées de Forfait. Même si Bonaparte s'est laissé convaincre de choisir la guerre littorale, faute d'autre alternative, il n'a pas suivi son ex-ministre dans ses excès prônant la suppression de la flotte de haut bord. Au contraire, « *il nous faut avoir une marine, et nous ne pourrons être censés en avoir une que lorsque nous aurons cent vaisseaux. Il faut les avoir en cinq ans* » (128). Une semaine plus tard, pariant sur le rétablissement de la paix, il réduit les délais à trois ans pour atteindre son chiffre fétiche, correspondant au stock potentiel de marins de l'inscription maritime, et désigne Anvers comme arsenal principal de la marine française (129).

En attendant, Bonaparte s'emploie à devenir Napoléon Ier. C'est chose faite par le sénatus-consulte du 18 mai 1804 approuvé par la quasi-unanimité du peuple : « *Le gouvernement de la République est confié à un empereur qui prend le titre d'Empereur des Français.* » La marine comme le reste de l'administration prête serment. Au lendemain de la proclamation de l'Empire, l'armée et la marine sont récompensées. Le 30 mai, trois contre-amiraux sont promus vice-amiraux – Decrès (43 ans), Ganteaume (49 ans), Villeneuve (41 ans). Decrès a profité de la conjoncture pour faire promouvoir ses deux amis. Il les avait poussés en juillet 1803 avec la candidature de La Touche-Tréville (130). Mais Bonaparte avait alors refusé pour des raisons inconnues – budgétaires ? – de compléter la liste des vice-amiraux. Les trois promus passent au-dessus de plusieurs de leurs collègues, notamment Missiessy, le plus ancien des contre-amiraux, réputé appartenir à la famille ayant livré Toulon aux Anglais en 1793 ; Bouvet de Précourt, bouc émissaire de l'échec de l'expédition d'Irlande de 1796 ; Leissègues, ancien officier bleu. L'effet pervers de cette promotion impériale est de propulser en haut de la hiérarchie le « *trio d'Aboukir* ». Ce surnom est lié aux conseils que les trois officiers avaient prodigués contre l'avis du contre-amiral Blanquet Duchayla et du capitaine de vaisseau Casabianca de combattre au mouillage, ainsi qu'à leur comportement durant le combat qui avait suscité des critiques désobligeantes : Ganteaume, chef d'état-major de Brueys, pour avoir quitté l'*Orient* avant son explosion sans parvenir ensuite à prendre pied sur un vaisseau pour continuer le combat ; Decrès, commandant de l'escadre légère, pour être demeuré sur sa frégate, spectateur du désastre, par parenthèse

Cambacérès certifie que «*jamais Napoléon ne lui en a fait le reproche*» ; Villeneuve, commandant de l'arrière-garde, pour ne s'être pas porté au secours de l'avant-garde et du centre écrasés par l'ennemi, arguant qu'il n'en avait pas reçu l'ordre, et avoir quitté le champ de bataille le lendemain sans avoir combattu. Les trois hommes sont réputés avoir de grandes responsabilités dans le désastre et s'être couverts mutuellement. Maine n'a pas tort en écrivant que « *ce n'était pas un des moindres paradoxes de la promotion impériale du 30 mai que de voir hisser au faîte des honneurs cette trinité marquée par la défaite et intimement convaincue qu'elle avait assisté à l'écroulement définitif de la marine française* » [(131)], mais l'emprise du « *clan de l'expédition d'Égypte* » sur la marine est la suite logique de la nomination de Decrès et du mode de fonctionnement de Napoléon ayant des faiblesses pour les hommes qu'il connaît personnellement. Une de ses réflexions est à cet égard révélatrice. Mécontent du comportement d'un certain capitaine de vaisseau Delarue, qui avait commandé le *Muiron* lors de son retour d'Égypte, il déclara sans ambages : «*Je suis extrêmement surpris qu'un homme qui a pu approcher de moi un instant ait pu si mal se conduire.* » (*sic*) [(132)] Une nouvelle version du roi thaumaturge !

La proclamation de l'Empire ne fait pas l'unanimité. Truguet a le courage de le faire savoir à l'intéressé : « *Conservez le titre auguste de Premier consul, titre bien supérieur par l'éclat que vous lui avez donné à ceux de roi ou d'empereur.* » [(133)] Cet intime de la famille Bonaparte s'est toujours exprimé très librement dans ses courriers portant la mention « *particulier, pour vous seul* ». Il vient de rédiger la lettre de trop. La réponse de Napoléon est cinglante et porte le fer sur le plan professionnel : «*Je ne puis qu'être mécontent de l'immobilité de l'escadre qui est sous vos ordres. Par les comptes qui me sont rendus, vos vaisseaux restent immobiles au mouillage. L'ennemi n'est point contenu ni harcelé.* » [(134)] Truguet argue qu'il lui est impossible de chasser les Anglais de l'Iroise à moins de risquer un combat suicidaire : « *Les Anglais détruiront l'escadre par division* [...]. *Il faut se préserver pour la grande sortie, l'opération décisive.* » [(135)] Ravi de l'opportunité d'éliminer un de ses successeurs potentiels, Decrès écrit rageusement en marge de la lettre : « *Cet officier général n'entend rien à rien et même je suppose que dans cette réponse il n'est pas* *de bonne foi.* » Le 5 juin, Truguet insiste, « *Sire, on vous a trompé, l'ennemi est là tout entier* » [136]. Alors qu'il avait fini par recevoir le 4 mars la commission d'amiral avec une allocation de 5 000 francs par an pour les dépenses extraordinaires [137], il est démonté de son commandement. Pour faire bonne mesure, il est radié de l'ordre de la Légion d'honneur ce qu'il apprend par un aide de camp le jour même de la cérémonie de remise des insignes sur le Champ-de-Mars. Truguet paie au prix fort son acte de loyauté républicaine. Bien que rappelé au service en 1809, Truguet parvint à passer pour un martyr de Napoléon auprès des Bourbons* et gagna ainsi une place de choix dans le *Dictionnaire des girouettes.*

Napoléon continue à utiliser l'art de la propagande pour galvaniser la France. Il en appelle à Jeanne d'Arc – sa statue est érigée à Orléans – et à Guillaume le Conquérant, avec l'exposition de la Tapisserie de Bayeux à Paris. Il a la faiblesse de faire frapper « *à Londres* » une médaille commémorative de la « *descente en Angleterre* » où sur une des faces Zeus terrasse le dieu de la mer Neptune. Outre-Manche, la menace d'invasion n'est pas prise à la légère. La contre-flottille se renforce, des fortifications sont édifiées pour défendre les points sensibles du littoral, une forteresse est bâtie dans les Midlands pour y abriter le roi et le gouvernement en cas d'occupation de Londres, un effort de recrutement sans précédent doit aboutir en 1805 à l'enrôlement de 590 000 hommes. Pour une majorité de l'opinion, il est « *impossible d'assurer qu'à la faveur d'une brume, d'un calme, d'une longue nuit, les Français ne débarquent pas* ». En mai, la crise politique a ramené au pouvoir William Pitt, déterminé à livrer une lutte à mort contre le perturbateur français et prêt à ranimer une nouvelle coalition anti-française grâce à la cavalerie de Saint-George. Bonaparte est conscient que le retour inopiné au pouvoir de Pitt risque de se traduire par le réveil de la guerre continentale. Le temps presse. La descente devient la priorité absolue. *Delenda Britannia.*

---

*Fait comte (1814), Grand-Croix de Saint-Louis (1818), pair de France (1819), il se voit conférer par Louis-Philippe la dignité d'amiral assimilé à celle de maréchal de France (19 novembre 1831).

DE L'INTERVENTION DE L'ESCADRE DE TOULON

Napoléon fait accélérer l'armement des escadres pour qu'elles soient dans les trois mois prêtes à appareiller, à raison de vingt vaisseaux à Brest, dix à Toulon, cinq au Ferrol et cinq à Rochefort [(138)]. Il reprend les idées débattues durant l'hiver et, contre l'avis de Decrès, abandonne le principe d'une opération coloniale pour réintégrer l'escadre toulonnaise dans son projet de descente. Au vu des rapports du général Rapp sur la façon dont La Touche-Tréville a repris en main l'escadre de Toulon, Napoléon est convaincu qu'il tient enfin le marin susceptible de mettre en œuvre ses combinaisons allant à l'encontre des « *vieilles routines de la marine* ». Le 25 mai, il lui expose son plan, explicité par un projet d'instructions figurant dans les archives de la guerre dont La Touche n'a peut-être pas eu connaissance [(139)]. L'escadre de Toulon devrait sortir « *sans être obligée d'engager aucun combat, dans le courant de messidor* [20 juin au 19 juillet 1804] », débloquer le vaisseau *Aigle* à Cadix, gagner l'Atlantique, doubler très au large le cap Finisterre pour faire sa jonction avec la division de Rochefort, ce qui porterait ses forces à seize vaisseaux et dix frégates. Dans la deuxième phase, l'escadre établirait une croisière sur un « *point convenable d'où vous puissiez, à la faveur d'un bon vent, vous porter rapidement dans la Manche, avec la presque certitude d'éviter l'escadre de lord Cornwallis* », laquelle serait obligée de serrer la côte pour s'opposer à la sortie de l'escadre de Brest simulant un départ pour l'Irlande. Elle entrerait dans la Manche en passant à douze lieues des Sorlingues et dix-huit d'Ouessant en s'arrangeant pour franchir de nuit la ligne Cork-Ouessant. Au cas où les vents tourneraient à l'est, La Touche ne devrait pas insister et regagnerait sa croisière pour attendre une période favorable : « *Vos vaisseaux étant approvisionnés suffisamment, il n'y a nul inconvénient à ce qu'ils tiennent la mer un mois de plus que le temps présumé nécessaire pour cette expédition.* » Comme La Touche-Tréville est un homme qui a moins besoin d'éperon que de bride, il lui est prescrit d'agir sans précipitation pour ne pas perdre l'effet de surprise : « *Le pire de tous les inconvénients serait une impatience malentendue qui pourrait compromettre le succès de cette expérience.* » L'escadre parvenue dans les atterrages de Boulogne chasserait la croisière anglaise surclassée, sans combattre, et assurerait la protection de la flottille. Napoléon se contente d'interroger La Touche-Tréville sur la possibilité d'échapper à Nelson à la faveur d'un coup de mistral. La question appelle une réponse positive. La Touche a le bon ton de la faire enthousiaste. Estimant à dix vaisseaux le volume minimal de l'escadre de Toulon, Napoléon insiste pour que le *Berwick* et l'*Atlas* soient armés, malgré leur mauvais état : « *Faites travailler au flambeau* » martèle-t-il.

En fin de compte, Napoléon retient le schéma général de la manœuvre préconisée cinq mois plus tôt par Ganteaume, sans en respecter l'esprit. Or la crédibilité de la manœuvre reposait sur la constitution d'une escadre légère composée des « *meilleurs marcheurs* » de Toulon et de Rochefort, capable de surgir par surprise grâce à sa furtivité et à sa rapidité. Faute de quoi, les Anglais, alertés par la levée de deux blocus, opposeraient la concentration de leurs forces à l'ouvert de la Manche, conformément aux instructions pérennes de l'Amirauté depuis le XVIIe siècle, et fondraient sur l'escadre dangereusement "emmanchée". Comme le craignait Ganteaume, Napoléon est trop militaire pour ne pas raisonner en terme de gros bataillons et cherche de façon obsessionnelle à aligner le plus grand nombre de vaisseaux possible, même au prix de non-valeurs navales. C'est la pierre d'achoppement de toutes ses combinaisons navales. Le plan du 25 mai marque incontestablement un tournant. Napoléon confirme son intention d'abandonner la tactique de Forfait et se range à l'avis dominant de ses amiraux sur la nécessaire intervention de la flotte de haut bord. Mais il se contente d'une maîtrise temporaire du pas de Calais obtenue « *par surprise* », sans livrer bataille, par une escadre hétérogène. Une fois les "hommes spéciaux" consultés, Napoléon a tendance à se juger suffisamment informé et tombe dans le travers de l'auto-expertise, en ne retenant que l'idée générale exposée par les experts, sans s'embarrasser des "détails", or le diable est dans les détails.

À ce stade, le plan de Napoléon repose sur des forces virtuelles. Le déficit en équipages, aggravé par l'armement de la flottille grande consommatrice de personnels, prend des proportions alarmantes. Pour sortir de cette impasse, il n'a d'autre alternative que de réactualiser le séculaire expédient, employé sans succès au XVIIIe siècle, d'amariner des soldats pour compléter les équipages. Il prétend constituer un corps de soldats-marins pour obtenir cette armée « *permanente et à double fin* », déjà préconisée par Forfait. Le 11 mai, il affirme sans ambages : « *Dites aux amiraux qui les commandent que les soldats sont capables de tout, que, quand on leur aura appris à gouverner un canot avec un seul timonier, il faut aussi apprendre aux plus lestes à monter sur les mâts.* » (140) Quinze jours plus tard, il précise sa pensée : « *Un soldat qui a passé deux mois en rade, et constamment exercé dans des canots, chaloupes et aux manœuvres basses de vaisseau, doit être bon à quelque chose* » (141), et assène péremptoire : « *J'ai vu, dans la dernière guerre, des escadres assez belles avoir la moitié des équipages de soldats et manœuvrer passablement.* » Cette curieuse assertion correspond sans doute au souvenir enjolivé de la traversée vers l'Égypte, effectuée sans rencontrer l'ennemi et sans combattre, où Bonaparte s'était amusé à exercer lui-même les soldats aux "manœuvres basses". En tout cas, Napoléon prescrit l'intégration de soldats dans les équipages dans la proportion d'un tiers, au lieu du cinquième ou sixième, ce qui permettrait de compléter les équipages de l'escadre de Brest, d'armer un vaisseau supplémentaire à Rochefort et deux à Toulon. Dans la pratique, les soldats sont employés au service de l'artillerie, ce qui est censé libérer plus de 3 000 marins sur un effectif de 11 000 correspondant aux vingt vaisseaux de l'escadre de Brest. Decrès met en garde Napoléon : seuls trois quarts des équipages sont constitués d'hommes expérimentés à Toulon, la proportion tombe aux deux cinquièmes à Brest (142). Les escadres risquent de perdre toute valeur opérationnelle.

L'occupation de l'Iroise par l'*Inshore Squadron* compromet le passage des fractions de la flottille construites dans les ports de l'Atlantique, qui lors de leur migration vers la Manche ne parviennent pas à la pointe du Raz. Napoléon attribue cet échec à l'inactivité de l'escadre de Brest. Aussi réclame-t-il pour remplacer Truguet « *un officier actif, qui ait l'habitude des mouvements, qui soit allé depuis peu à la mer, et qui sache que la perte de plusieurs mois passés dans l'oisiveté est irréparable* » (143). L'heureux élu est Ganteaume, son homme-lige. Sa mission est de faire « *harceler journellement l'ennemi par des escadres légères* » pour dégager l'entrée du goulet et protéger le cabotage tout en entraînant les équipages. Ganteaume ne tarde pas à déchanter. Dès le 12 juin, il reprend à l'identique les doléances de Truguet. Les instructions de Napoléon s'avèrent inexécutables sans courir le risque de livrer bataille à des forces supérieures. Sa description de l'escadre est atterrante. Elle est incapable d'appareiller au premier signal en raison du « *déficit de 2 800 hommes plus 1 069 hommes dans les hôpitaux et 400 hommes à réformer* » (144). L'armée a fourni des soldats en majorité « *réformés des corps militaires pour invalidité* », âgés de 45 ans et plus, « *sans volonté, sans force et sans courage* ». Ganteaume se fait fort d'instruire 4 000 conscrits à la condition expresse qu'ils ne soient pas contaminés par un passage dans les régiments. Soucieux de donner satisfaction à l'Empereur, une escadre de sept vaisseaux (*Alexandre*, *Vengeur*, *Impétueux*, *Foudroyant*, *Cassard*, *Jean-Bart*, *Éole*) reçoit l'ordre, le 22 juin, de se tenir prête à mouiller en dehors du goulet, entre Bertheaume et le Toulinguet. En fait, Ganteaume se risque, pour la première fois dans l'Iroise avec une division légère de cinq vaisseaux et deux frégates, le 25 juillet. Cet essai provoque la réaction immédiate de l'*Inshore Squadron*. Ganteaume est contraint de faire demi-tour et retourne s'enfermer dans la petite rade. Napoléon, qui attend de ses escadres qu'elles tiennent en haleine l'ennemi, lui décerne un satisfecit (145). Ce sera la seule sortie de l'année.

À Toulon, le « *jeu de barres* » continue avec ses épisodes picrocholins. Le 14 juin, deux frégates en surveillance des îles d'Hyères sont menacées par la croisière de Nelson. « *Vers midi* [les Anglais] *détachèrent deux frégates et un vaisseau qui entrèrent par la grande passe avec l'intention de les attaquer au mouillage. L'amiral Nelson laissa arriver avec quatre vaisseaux sur la petite passe dans l'intention de couper la retraite de nos frégates. Du moment que je m'aperçus de sa manœuvre, je fis signal d'appareiller à toute l'escadre ; ce qui fut exécuté. En quatorze minutes tout était sous voiles, et je fis porter sur l'ennemi pour lui couper le chemin de la petite passe et dans le dessein de l'y suivre s'il avait tenté d'y passer ; mais l'amiral anglais ne tarda pas à renoncer à son projet, rappela son vaisseau et ses deux frégates engagées dans les îles et prit chasse. Je l'ai poursuivi jusqu'à la nuit; il courrait au sud-est. Ce matin au jour je n'en ai eu aucune connaissance.* » (146) Les deux adversaires n'ont pas cherché l'affrontement dans le énième épisode du « *jeu de barres* ». Mais l'occasion est trop belle d'égratigner la réputation du héros du peuple anglais. Napoléon ne résiste pas au plaisir de faire publier le rapport de La Touche-Tréville dans le Moniteur, pimenté de commentaires désagréables suggérant que Nelson a tout simplement pris la fuite. Fou de rage, Nelson prend au premier degré cette attaque relevant de la guerre psychologique et écrit à son frère : « *Vous avez sans doute lu le récit de Latouche, la chasse qu'il m'a donnée et ma fuite devant lui. Je garde avec moi ce document précieux et, si je prends jamais le fanfaron qui l'a rédigé, je jure Dieu qu'il l'avalera.* » Même l'annonce de la mort de La Touche ne devait pas apaiser sa colère : « *Il est parti, et ses mensonges avec lui.* » (147)

Les bâtiments de la flottille en provenance de Hollande poursuivent leur concentration au prix d'une succession de petits exploits encouragés par Napoléon. Lorsque les 16-18 mai, le contre-amiral hollandais Verhuell, conduisant une division de la flottille batave, est engagé par la croisière anglaise, qu'il perd un bateau-canonnier et parvient à sauver *in extremis* la prame *Ville d'Anvers*, Napoléon n'hésite pas à le comparer à Tromp et Ruyter (148). Les bâtiments construits dans les ports de l'Atlantique se heurtent toujours à la croisière anglaise au raz de Sein. De rares bateaux plats parviennent à franchir le barrage grâce au vent de nord-est qui éloigne les Anglais et à rallier péniblement Brest. Il leur reste encore un long chemin à parcourir semé d'embûches. Sur les 231 bâtiments construits, 197 ne parviendront jamais à destination. Leur transfert sera définitivement interrompu à l'automne. Ils sont désarmés, là où ils sont parvenus.

Dans les premiers jours du mois de juillet, l'Empereur paraît décider à passer à l'action. Le 2 juillet, dans une nouvelle lettre adressée à La Touche-Tréville, il reprend les modalités d'exécution du plan du 25 mai (149). L'important reste de tromper Nelson qui « *ira en Sicile, ou en Égypte, ou au Ferrol* ». Les phases suivantes sont inchangées – déblocage du vaisseau *Aigle* à Cadix, entrée dans l'Atlantique, passage très au large loin des terres, jonction avec la division de Rochefort, gesticulation de l'escadre de Brest pour fixer Cornwallis et laisser libre l'accès de la Manche. Ensuite, La Touche devrait « *sans mouiller, sans perdre un instant, soit en doublant l'Irlande très au large, soit en exécutant le premier projet, arriver devant Boulogne* ». Son seul objectif est formulé comme une prière : « *Que nous soyons maîtres du détroit six heures et nous sommes maîtres du monde !* » L'opération devrait avoir lieu à l'automne : « *En supposant que vous puissiez partir avant le 10 thermidor* [29 juillet] *il est probable que vous arriviez devant Boulogne que dans le courant de septembre, moment où les nuits sont déjà raisonnablement longues et où les temps ne sont pas longtemps mauvais.* » Pour stimuler son zèle, l'Empereur a nommé La Touche-Tréville grand officier de l'Empire avec le titre d'inspecteur des côtes de la Méditerranée. Le 3 juillet (150), Napoléon arrête un nouveau plan d'organisation des flottilles de guerre et de transport*. La flottille française comprenant 900 bâtiments devrait se répartir entre l'aile gauche partant d'Étaples (180 bâtiments), le centre de Boulogne (540 bâtiments) et la réserve de Wimereux (180 bâtiments). L'aile droite devrait être formée par la flottille batave réunie à Ambleteuse, quant à la flottille de transport elle serait disséminée entre Étaples, Boulogne, Wimereux, Ambleteuse et Calais. Napoléon pose encore de curieuses questions à Bruix, comme de savoir si tous ces bâtiments peuvent sortir de ces ports en deux marées, alors qu'il connaît la réponse négative depuis l'année précédente. La mise au point de l'organisation de la flottille n'en finit pas.

Les Anglais continuent à harceler le dispositif français. Le 17 juillet, ils bombardent Le Havre sans causer de grands dommages. Deux jours plus tard, Napoléon arrive en trombe à Boulogne. Le lendemain, il ordonne la revue générale de la ligne d'embossage. La tempête s'annonce. Bruix refuse de mettre en danger les chaloupes. Napoléon s'emporte et va jusqu'à dire que « *la marine avait toujours ses baromètres et leurs fâcheux pronostics à mettre en avant pour ne pas exécuter ses volontés* » (151). Le refus d'obéir de Bruix

---

*270 chaloupes-canonnières, 540 bateaux-canonniers, 396 péniches, 403 bâtiments écuries, 162 bateaux de transport, 60 bâtiments pour le matériel de l'artillerie, soit au total 1 831 bâtiments.

manque de tourner au drame. Constant, le valet de Napoléon, est le seul à raconter l'incident durant lequel les deux hommes se seraient affrontés, Napoléon la cravache à la main et Bruix la main sur le pommeau de son épée. « *Monsieur l'amiral, dit l'empereur d'une voix altérée, pourquoi n'avez-vous point fait exécuter mes ordres ? – Sire, répondit avec une fermeté respectueuse l'amiral Bruix, une horrible tempête se prépare... Votre Majesté peut le voir comme moi : veut-elle donc exposer inutilement la vie de tant de braves gens ? [...] Monsieur, répond l'Empereur de plus en plus irrité, j'ai donné des ordres ; encore une fois, pourquoi ne les avez-vous point exécutés ? Les conséquences me regardent seul. Obéissez ! – Sire, je n'obéirai pas. – Monsieur, vous êtes un insolent ! Et l'Empereur, qui tenait encore sa cravache à la main, s'avança sur l'amiral en faisant un geste menaçant. L'amiral Bruix recula d'un pas, et mettant la main sur la garde de son épée : – Sire ! dit-il en pâlissant, prenez garde ! Tous les assistants étaient glacés d'effroi. L'Empereur, quelque temps immobile, la main levée, attachait ses yeux sur l'amiral, qui, de son côté, conservait sa terrible attitude. Enfin, l'Empereur jeta sa cravache à terre, M. Bruix lâcha le pommeau de son épée, et, la tête découverte, il attendit en silence le résultat de cette horrible scène* » [(152)]. Vraie ou fausse anecdote qu'importe, le contre-amiral Magon exécute la manœuvre. Le vent se déchaîne et broie les chaloupes ou les drosse à la côte. Les sauveteurs accourent sur le rivage pour lancer des filins et des bouées aux naufragés. Napoléon est le premier à se jeter dans la mer pour réparer sa faute. Le sauvetage se prolonge jusqu'au matin. Le bilan est sévère. Pour un caprice, douze bâtiments sont détruits, dix-huit échoués et trente et un hommes noyés. L'historiographie présente cet incident comme un tournant. Napoléon aurait pris conscience de l'infaisabilité de la descente. Pourtant rien dans sa correspondance ne le laisse supposer, au contraire. Dans une lettre superbement écrite à Joséphine, il sublime même son échec en tordant la vérité : « *Le vent avait beaucoup fraîchi cette nuit, une de nos canonnières qui était en rade a chassé et s'est engagée sur les rochers, à une lieue de Boulogne ; j'ai tout cru perdre, corps et biens, mais nous sommes parvenus à tout sauver. Ce spectacle était grand : des coups d'alarme, le rivage couvert de feux, la mer en fureur et mugissante, toute la nuit dans l'anxiété de sauver ou de voir périr ces malheureux ! L'âme était entre l'éternité, l'océan et la nuit. À 5 heures du matin, tout était éclairci, tout a été sauvé, et je me suis couché avec la sensation d'un rêve romanesque et épique.* » [153] Outre-Manche, l'incident monté en épingle est présenté avec délectation comme une catastrophe ayant fait 400 victimes. L'*Admiral Register* persifle : « *Napoléon a pu voir que les boulets et les navires de l'Angleterre n'étaient pas tout ce qu'il aurait à redouter le jour où il ferait franchir le canal à son immense armada.* » [154] Le 25 juillet, le beau temps revenu, Napoléon poursuit imperturbable l'inspection des flottilles de canonnières à Boulogne, Wimereux et Ambleteuse. Il affiche une détermination sans faille et brosse au maréchal Brune un tableau idyllique : « *J'ai ici autour de moi plus de 120 000 hommes et 3 000 péniches et chaloupes qui n'attendent qu'un vent favorable pour porter l'aigle impériale sur la Tour de Londres.* » [155] Le chiffre de 3 000 est hautement fantaisiste, bien dans sa manie « *d'affirmer des chiffres en l'air* » (Bainville). Plusieurs divisions n'ont toujours pas rejoint leurs ports de ralliement. Le 2 août, Napoléon est contraint de reporter d'un mois le départ de l'escadre de Toulon pour les attendre. L'incident du 20 juillet ne joue aucun rôle dans cette décision. Après avoir spéculé pour une descente au printemps et en été, Napoléon se donne pour objectif d'en finir avec l'Angleterre avant son sacre. La Touche-Tréville est sommé de profiter de ce délai « *pour joindre à l'escadre le vaisseau le* Berwick, [parce] *qu'un vaisseau de plus ou de moins n'est pas à dédaigner, ce qui me mettra à même de pouvoir porter l'escadre réunie à 18 vaisseaux* » [156]. Toujours la quête obsessionnelle de la quantité.

Napoléon passe en revue la flottille batave à Ostende avant de redescendre à Boulogne pour procéder, le 16 août, à la deuxième distribution de croix de la Légion d'honneur. La cérémonie grandiose, organisée par Vivant Denon, vise à sceller l'alliance entre l'armée et son chef. Dans la vallée de Terlincthun, en forme d'amphithéâtre, en bordure de mer, quelque 60 000 soldats disposés en demi-cercle font face à l'Angleterre et à l'Empereur, installé sur un fauteuil passant pour le trône du roi Dagobert. Il distribue 2 000 croix placées dans un casque et un bouclier attribués, pour la circonstance, à du Guesclin et à Bayard. « *Cette magnifique cérémonie dont le seul défaut fut de durer près de huit heures, fut favorisée par un beau temps.* »[157] Napoléon est enchanté : « *Le coup d'œil était nouveau et imposant. On a trouvé rarement autant de baïonnettes réunies.* »[158]

Le 26 août, une nouvelle escarmouche conforte Napoléon dans ses certitudes sur la valeur militaire de la flottille. Une division anglaise d'une vingtaine de voiles se dirige vers la ligne d'embossage. Napoléon s'embarque aussitôt sur sa péniche avec les maréchaux Berthier, Soult, Mortier, les amiraux Bruix et Decrès. Il fait force de rames pour assister de près au combat. La flottille gesticule, les batteries terrestres ouvrent le feu. Les deux bâtiments anglais qui se sont le plus approchés, la frégate *Immortalité* et le brick *Cruiser*, finissent par gagner le large. De l'engagement, Napoléon déduit que la flottille peut affronter des bâtiments de haut bord. Il est inconscient du très faible rendement militaire de l'escarmouche où cinquante-quatre bâtiments de flottille et plusieurs batteries terrestres ont dû intervenir pour refouler un brick et une frégate. La lecture des journaux achève de le conforter dans ses convictions, comme il le confie au maréchal Soult le 8 septembre : « *Le petit combat* [...] *a fait un effet immense en Angleterre. Il y a produit une véritable alarme* [...]. *Les obusiers qui sont à bord des canonnières ont fait un bon effet.* »[159] Preuve s'il en est que l'incident du 20 juillet n'a pas laissé de réminiscence. Des gravures, des lithographies et autres imageries populaires célèbrent à l'envi les événements de ce mois d'août, que ce soit la cérémonie du 16 ou l'escarmouche du 26, montrant au premier plan, Napoléon debout à l'arrière de sa péniche, entourée d'une foultitude de bâtiments à rames portant en chasse une pièce d'artillerie tirant contre une frégate sous voile. La gravure, en faisant apparaître toute la vulnérabilité de la flottille, constitue en soi un véritable réquisitoire et alimente les pitreries de l'acteur comique Brunet, vedette du théâtre des variétés, qui fait rire les Parisiens en faisant voguer des coquilles de noix sur une cuvette remplie d'eau, à l'imitation de Napoléon, ce qui lui vaut un séjour à la case "prison".

Mais le destin a déjà frappé. Le 19 août, La Touche-Tréville meurt sur le *Bucentaure*, en rade de Toulon, des suites des fièvres contractées aux Antilles. Selon la très pertinente formule de Thierry Lentz, La Touche-Tréville gagne « *le Panthéon des marins dont on se plaît à dire qu'ils auraient pu sauver les projets maritimes de Napoléon* » [(160)]. Napoléon perd assurément son meilleur atout pour réussir la descente. La nouvelle lui parvient le 28 août à Saint-Omer alors qu'il est en route pour les pays rhénans. Il charge Decrès de trouver un remplaçant et avance trois noms : « *Bruix, Villeneuve ou Rosily.* » Son choix est limité. Le sommet de la hiérarchie de la marine présente la singularité d'être très rétréci avec 24 officiers généraux susceptibles de commander une armée navale, ce qui contraste de façon saisissante avec le vivier potentiel dont dispose la Royal Navy avec 45 amiraux, 36 vice-amiraux et 51 contre-amiraux. La marine française manque cruellement de chefs. Sur les neuf inscrits sur la liste de 1804, certains sont hors jeu d'office : Thévenard, âgé de 70 ans, est préfet de Lorient et à la recherche des dimensions de l'arche de Noé ; Truguet, en disgrâce ; Villaret de Joyeuse, capitaine général de la Martinique ; Martin, préfet de Rochefort et haï par Décrès ; Ganteaume, commandant de l'escadre de Brest. Decrès procède par élimination. Rosily « *est vieux et je crains qu'il ne se trouve bientôt en dessous de la tâche que son zèle lui ferait accepter* » [(161)]. Bruix pressenti a refusé : « *Je ne serais pas 24 heures à bord d'un vaisseau de ligne qu'un crachement de sang me tuerait, je ne puis plus songer à aller à la mer.* » [(162)] Decrès met deux candidats en concurrence : Pierre-Charles-Jean-Baptiste-Sylvestre de Villeneuve et Édouard-Thomas de Burgues de Missiessy. Les deux hommes âgés respectivement de 41 et 48 ans appartiennent tous deux à la vieille noblesse provençale et à une longue lignée d'officiers de marine. Issus du Grand-Corps, ils se sont illustrés pendant la guerre d'Amérique et ont connu une accélération de carrière au moment de la Révolution tout en en subissant les contrecoups. Capitaine de vaisseau en janvier 1793, Missiessy, en conflit d'intérêt avec sa famille lorsque Toulon est livré aux Anglais la même année, s'est réfugié en Italie jusqu'en 1795, d'où le jugement de Napoléon à Sainte-Hélène : « *Un homme peu sûr ; sa famille avait livré*

Toulon » [163]. Attaché au Dépôt des cartes et plans de la marine, il gravite dans l'orbite d'un autre Provençal auquel il est allié, le vice-amiral Truguet, dont il est le chef d'état-major (1801), le commandant en second à Brest (1803). Decrès, qui le déteste tout comme Ganteaume, ne sait que lui reprocher : « *Il s'était distingué dans l'ancienne marine par une application rare, beaucoup d'aptitude à la science nautique, une activité infatigable et une ambition qui lui faisait des ennemis* [...]. *Il n'a rien de piquant dans l'esprit, mais il pousse les idées d'ordre jusqu'aux plus petits détails, et aucun détail ne lui échappe. J'ai cru cependant apercevoir que son système de discipline est plus dans les formes que dans la vigueur réelle.* » [164] Villeneuve promu contre-amiral en 1796, à moins de 33 ans, n'a d'autre action d'éclat à son actif que d'avoir conduit de Toulon à Brest une division de cinq vaisseaux, qui arrive trop tard pour participer à l'expédition d'Irlande sous Hoche. Après la bataille d'Aboukir où son inactivité demeure une tache indélébile sur sa réputation, il gagne Malte où il est fait prisonnier lors de la capitulation sans avoir l'occasion de combattre (1800) ; il commande ensuite la marine à Tarente (1801), la division des Antilles (1802-1803), l'escadre de Rochefort (juin 1804). Decrès conclut que « *le meilleur choix est Villeneuve* » tout en reconnaissant que « *nos amiraux sont rares, vieux, et il faut dire le mot, un peu attiédis* » [165]. Il propose de confier l'escadre de Toulon à Villeneuve et celle de Rochefort à Missiessy. Le 3 septembre, Napoléon avalise ces propositions et lui ordonne de faire venir les deux nouveaux commandants à Paris pour les informer de leurs missions. « *Il faut aussi causer avec Villeneuve sur le grand projet auquel est destinée l'escadre.* » [166]

Napoléon n'est pas franchement satisfait de ses choix imposés par les circonstances et les contraintes d'un vivier d'amiraux très restreint. Il se plaint à Ganteaume : « *Je n'ai plus de généraux de marine. Je désirerais faire quelques contre-amiraux, mais je voudrais choisir ce qui pourrait m'offrir le plus d'espérances, sans considération d'ancienneté. Envoyez-moi une liste d'une douzaine d'officiers propres à faire des contre-amiraux, ayant les qualités nécessaires pour mériter la préférence, et surtout des hommes dans la force de l'âge.* » [167] Ganteaume fournit six noms, deux seront promus en

1805 : Willaumez et Gourdon. Le 17 septembre, Decrès donne à Napoléon un compte-rendu circonstancié des deux entretiens qu'il a eus avec les deux candidats au remplacement de La Touche. La lettre très célèbre vaut d'être transcrite presque intégralement : « *Sire. Le vice-amiral Villeneuve et le contre-amiral Missiessy sont ici. J'ai entretenu le premier du grand projet. Il l'a entendu froidement et a gardé le silence quelques moments. Puis, avec un sourire très calme, il m'a dit : "Je m'attendais à quelque chose de semblable ; mais, pour être approuvés, de semblables projets ont besoin d'être achevés."* Je me permets de vous transcrire littéralement sa réponse dans une conversation particulière, parce qu'elle vous peindra mieux que je ne pourrais le faire, l'effet qu'a produit sur lui cette ouverture. Il a ajouté : "Je ne perdrai pas quatre heures pour rallier le premier ; avec cinq autres et les miens, je serai assez fort. Il faut être heureux et, pour savoir jusqu'à quel point je le suis, il faut entreprendre". Nous avons parlé de la route. Il en juge comme Votre Majesté. Il ne s'est arrêté aux chances défavorables qu'autant qu'il le fallait pour me faire voir qu'il ne s'étourdissait pas. Rien enfin de tout cela n'a fait pâlir son courage. La place de grand officier, celle de vice-amiral, en ont fait un homme tout nouveau. L'idée des dangers est effacée par l'espérance de la gloire et il a fini par me dire : "Je me livre tout entier", et cela avec le ton et le geste d'une décision froide et positive.* » (168) L'entretien avec Missiessy est présenté de façon tendancieuse : « *Le contre-amiral Missiessy est plus réservé avec moi. Il demande à rester ici huit jours. Il a une grande froideur, mais qui se définit moins. On m'a dit qu'il était fâché que Votre Majesté ne lui eût pas donné l'escadre de la Méditerranée. Il l'est de ne pas être vice-amiral. Son grand raisonnement près de ses familiers est que, n'ayant rien fait pendant la guerre, il a au moins l'honneur de n'avoir point eu d'échecs.* » Une exécution à la Decrès, cruelle et spirituelle. La tonalité artificielle et affectée de l'entretien avec Villeneuve est en soi inquiétante. Villeneuve donne l'impression de prendre la pose comme s'il était déjà dépassé par sa mission avant même d'avoir quitté le bureau de Decrès.

---

*En référence aux vers de Racine dans *Mithridate* (III, 1) : « *Et pour être approuvés / De semblables projets veulent être achevés.* »

Il est difficile de croire que Villeneuve soit depuis sa promotion *« un homme tout nouveau »*, lui qui est demeuré *« spectateur oisif »* à l'arrière-garde durant la bataille d'Aboukir. Il est vrai qu'en 1798 son attitude pour le moins critiquable lui avait valu les félicitations de Bonaparte : *« Vous avez rendu dans cette circonstance, comme dans tant d'autres, un service essentiel à la République en sauvant une partie de l'escadre »* (169), à savoir les deux vaisseaux et deux frégates avec lesquels il avait quitté le champ de bataille pour gagner Malte. De ces déconvenues, Villeneuve a acquis paradoxalement la réputation d'être un *« homme heureux »*. Or Napoléon est sensible au don de la "chance" au point de le retenir comme critère de sélection. De toute façon, Napoléon n'a pas le choix. Le temps presse. Le plan de La Touche-Tréville est toujours d'actualité. *Delenda Britannia.*

COMBINAISONS STRATÉGIQUES

Napoléon arrive le 2 septembre à Aix-la-Chapelle où il apprend que le chargé d'affaires russe, Oubril, a quitté Paris. Même si le comte de Cobenzl, ambassadeur d'Autriche, est venu rassurer Napoléon sur les intentions de l'empereur François, les risques que Pitt parvienne à ses fins en formant une troisième coalition anti-française sont élevés. Le 4 septembre 1804, Napoléon tire dans l'urgence les conséquences de la rupture des pourparlers avec le tsar et écrit à Decrès : *« Il est incalculable ce qui peut arriver d'ici à deux ou trois mois. Contremandez toutes nos affaires du Nord et mettez à l'abri tout ce que vous pourrez. »* (170) Le plan d'invasion de l'Angleterre est ajourné *sine die*. Napoléon s'en va inspecter la ligne du Rhin. Ajournement ne signifie pas abandon. Pour simplifier les rouages administratifs et réduire de façon drastique les dépenses du camp de Boulogne, la flottille est réorganisée en sept escadrilles de 108 bâtiments (171). Elle change de statut, d'*« expéditionnaire »* elle devient un établissement naval et militaire *« permanent »*, censé être immédiatement disponible pour s'intégrer dans les combinaisons impériales.

Napoléon reprend le plan d'une expédition en Irlande. L'escadre de Brest est *« enfin dans la position de faire quelque chose »* (172) alors que celles de Toulon et de Rochefort sont hors jeu en l'absence de chefs. Le 6 septembre, Napoléon interroge Ganteaume pour savoir s'il peut « *porter en Brumaire* [23 octobre-21 novembre] *16 000 hommes et 500 chevaux en Irlande, le résultat en serait funeste à nos ennemis* » (173). Ganteaume répond par l'affirmative et se fait fort d'aligner vingt et un vaisseaux et quatre frégates. Decrès est moins enthousiaste. Il préférerait que l'escadre se contente de simuler son départ pour tenir en haleine la croisière anglaise. Il est conscient que ces conseils de prudence peuvent agacer Napoléon : « *Je sais que ce système de temporisation contraste peut-être trop avec l'éclat du génie de Votre Majesté pour pouvoir le conserver.* » (174) Du bout des lèvres, il concède que l'expédition d'Irlande « *est la plus conforme à ses conceptions* » et conseille même plusieurs sites de débarquement comme les baies de Loch Sully et de Galloway. Croit-il vraiment que Napoléon va passer à l'acte ? En tout cas, il est inquiet de la qualité de l'armement et juge « *l'expédition trop faible en marins* » (175). Ganteaume se dit satisfait des 3 000 conscrits des 24e et 37e régiments de ligne dépêchés sur ordre exprès de Napoléon (176) : « *Ils se portent avec zèle aux manœuvres et dans nos embarcations.* » (177) Napoléon ne parvient pas à admettre le tarissement du recrutement de la marine : « *Il y a encore des matelots en France.* » D'ailleurs, la preuve : Davout en promet 800 (178). Ils proviennent de la batellerie et Decrès a beau jeu de s'interroger sur la valeur d'hommes qui n'ont jamais vu la mer, dont le recrutement risque de semer l'« *épouvante* » dans la navigation intérieure et de suspendre les approvisionnements en munitions navales. Le 11 septembre, Decrès lance un véritable cri d'alarme : « *Sa Majesté n'est pas assez informée de l'impossibilité où je suis de trouver des marins.* » (179) Il finit par avoir gain de cause. Napoléon accepte « *avec répugnance* » le désarmement de plus d'une soixantaine de bâtiments de la flottille pour envoyer les équipages à Brest (180). Mais l'escadre souffre de bien d'autres maux : sur les vingt et un vaisseaux, deux de 110 canons (*Républicain* et *Invincible*) et quatre de 74 canons, extrêmement vieux, sont hors d'état de tenir longtemps la mer en hiver ; les vivres – pour la plupart à bord depuis plus d'un an – sont de très mauvaise qualité, voire avariés ; le paiement de la solde accuse un retard de quatre mois ; 838 hommes ont déserté sur un effectif de 11 000 (181).

Le projet d'expédition remet à l'ordre du jour la question épineuse de l'artillerie. Napoléon répète comme un leitmotiv : « *Nos vaisseaux ne sont pas assez armés.* » (182) L'escarmouche du 26 août et les performances supposées des chaloupes-canonnières ont achevé de le convaincre que les obusiers constituent l'arme absolue contre les murailles en bois. Il entend en généraliser l'installation sur tous les vaisseaux à raison de six ou dix obusiers de 8 pouces : « *À 300 toises, ils pourraient les tirer dans le bois, et même avoir quelques coups de mitraille ; mais je conçois le principal avantage en les tirant en bombes ; ils équivalent à des pièces de 72* », soit le double du plus gros calibre en service. Il tente de convaincre Ganteaume que ces pièces ne pesant que 1 100 livres, peuvent être installées n'importe où sur le pont (183). Il avait déjà fait la même démarche auprès de La Touche et conseillé de les charger « *de roche à feu* »*, justement le genre de matière inflammable, très dangereuse, que les marins se gardent d'employer par crainte d'incendies intempestifs (184). Ganteaume, embarrassé, se contente d'indiquer que ce type d'artillerie est trop risqué. En matière d'obus explosif, Napoléon a raison trop tôt, il ne dispose pas du matériel adéquat. Il faudra attendre la mise au point de canon-obusier par le général Henri-Joseph Paixhans dans la décennie 1820 pour démontrer que l'obus en explosant dans la muraille rend obsolète tous les bâtiments en bois et voir la généralisation de cette innovation, première étape de la révolution maritime du XIXe siècle.

Napoléon continue à tourmenter Ganteaume, comme il le faisait avec Truguet, sur l'inactivité de l'escadre : « *Je ne comprends pas pourquoi vos vaisseaux n'appareilleraient pas chaque jour pour faire bordée dans la rade. Quelle espèce de danger y a-t-il à faire cela ? Les mirliflores de l'escadre pourront en rire et se moquer de ces grandes expéditions ; il n'en serait pas moins vrai que, dans ces continuels exercices, vous donneriez à votre escadre une tenue et une expérience bien précieuses.* » (185) À cette occasion, Napoléon expose sa

---

*La roche à feu est une matière incendiaire composée d'un mélange de suif de mouton, de térébenthine, de colophane, de soufre, d'antimoine et de salpêtre, qui est censée ne pas s'éteindre dans l'eau.

philosophie à l'égard d'un instrument dont il a dû assumer l'héritage : « *Il ne faut pas chercher ce qui nous manque ; je ne puis faire des miracles ; mais il faut faire tout ce qui est possible.* » Cette phrase constitue sans aucun doute une clé pour comprendre son attitude à l'égard de la marine tout au long de son règne. Ganteaume tente d'expliquer ses difficultés à manœuvrer en rade avec le même insuccès que Truguet, mais conformément aux ordres de Napoléon « *les exercices au branle-bas, la police et la discipline, les exercices au canon, la tenue et la propreté de l'escadre, sont poussés à un point où ils n'ont jamais été sous l'Ancien Régime* »(186), une bien singulière référence. L'escadre de Brest se prépare à passer à l'action.

Des nouvelles de la division de Linois en croisière dans l'océan Indien interfèrent sur le mode indirect dans les plans impériaux. En février, Linois s'apprêtait à intercepter la flotte du thé de l'*East India Company*, à l'entrée du détroit de Malacca, lorsque au lieu des vingt-quatre voiles attendues en surgissent vingt-sept. Il crut que trois vaisseaux escortaient le convoi, d'autant que le commodore Nathaniel Dance disposa ses navires en formation de combat. En fait, il bluffait et essayait de tirer parti de la ressemblance entre les *Indiamen* et les vaisseaux de 74 canons anglais pour intimider le Français. La ruse réussit. Linois se contenta d'une canonnade à grande distance, avant de s'esquiver heureux « *d'avoir pu éviter les suites d'un combat inégal* ». Dance eut l'insolence d'ordonner la chasse générale et, pendant deux heures, s'offrit le spectacle ahurissant de navires de commerce poursuivant des bâtiments de guerre. Aussitôt la nouvelle connue à Londres, la presse se déchaîne et brocarde le vainqueur d'Algésiras. Napoléon est fou de rage : « *Toutes les expéditions sur mer qui ont été entreprises depuis que je suis à la tête du gouvernement ont manqué parce que les amiraux voient double, et ont trouvé, je ne sais où, qu'on peut faire la guerre sans courir aucune chance.* » (187) Il en profite pour préciser sa perception de la guerre sur mer : « *Des vaisseaux de guerre ne sont pas des vaisseaux marchands. C'est l'honneur que je veux qu'on conserve, et non quelques morceaux de bois et quelques hommes* [...]. *Je voudrais pour beaucoup que ce malheureux événement ne fût jamais arrivé ; je préférerais avoir perdu trois vaisseaux.* » (188) L'incident "Linois" est en soi anodin – une grossière bévue –, mais il renforce malencontreusement les préjugés de Napoléon sur la pusillanimité de ses amiraux.

Le 27 septembre à Mayence, Napoléon prévient Berthier : « *Mon cousin, l'expédition d'Irlande est résolue.* »(189) Le corps expéditionnaire de 18000 hommes aux ordres d'Augereau serait prélevé sur les 25000 soldats du général Marmont et embarqué à bord de l'escadre de Brest à partir du 22 octobre. Compte tenu des renseignements fournis par les Irlandais exilés en France et les espions sur place, « *une grande quantité d'Irlandais se rangeront sous ses drapeaux* ; [Augereau] *marchera droit à Dublin* ». Toujours les mêmes chimères. Cette expédition est le premier acte d'une attaque tous azimuts contre l'Angleterre. « *La grande armée de Boulogne sera pendant le même temps embarquée et fera tout ce qui est possible pour pénétrer dans le comté de Kent.* » À Decrès médusé, il déclare sans ambages, « *nous avons trois expéditions à faire* »(190) confiées aux escadres de Rochefort et de Toulon : la première expédition a pour objectif de s'emparer de la Dominique et de Sainte-Lucie tout en protégeant la Guadeloupe et la Martinique ; la deuxième doit s'emparer de Sainte-Hélène après avoir porté des secours au Sénégal ; la troisième reprendra le Surinam et les autres colonies hollandaises et portera des renforts à Saint-Domingue. Au bout de soixante jours, les deux escadres opéreront leur retour sur Le Ferrol, débloqueront les cinq vaisseaux français avant de rallier Rochefort. « *Les Anglais se trouveront en même temps attaqués en Asie, en Afrique et en Amérique ; et, accoutumés comme ils sont depuis longtemps à ne pas se ressentir de la guerre, ces secousses successives sur les points de leur commerce leur feront sentir l'évidence de leur faiblesse.* » Dans une nouvelle lettre du 29 septembre, Napoléon précise l'articulation entre ces opérations contre les possessions anglaises outre-mer, l'Irlande voire l'Angleterre(191). Une fois le débarquement en Irlande réussi dans la baie de Loch Sully, l'escadre de Brest renforcée de six transports pourrait foncer sur Boulogne et favoriser le passage de la flottille sur laquelle seraient embarqués 120000 hommes. En cas de vents défavorables, elle poursuivrait jusqu'au Texel où elle trouverait sept vaisseaux hollandais et 25000 hommes embarqués, les prendrait sous son escorte et les conduirait en Irlande. Napoléon écrit de même : « *Une des deux opérations doit réussir* ;

et alors, soit j'ai 30 000 à 40 000 hommes en Irlande, soit que je sois en Angleterre et en Irlande, le gain de la guerre est à nous. » (192) Napoléon prévoit d'échelonner les départs entre le 12 octobre, le 1er novembre et le 22 décembre pour les escadres de Toulon, de Rochefort et de Brest. La fin des opérations est programmée pour avril 1805.

Une des retombées de la mort de La Touche-Tréville est l'abandon du plan où l'escadre de Méditerranée jouait le rôle principal, lequel est dévolu à Ganteaume. Napoléon reprend dans ses grandes lignes le projet conçu à la fin de l'Ancien Régime par De Broglie, reposant sur une série de diversions pour disperser les forces anglaises, et l'intervention de l'escadre de Brest pour protéger le passage de la flottille. Les idées se bousculent dans la tête de Napoléon. Il avoue lui-même penser « *politiquement* » et non « *nautiquement* » : une autre clé pour comprendre le mode de fonctionnement de Napoléon qui a tendance à raisonner en terme de stratégie générale sans tenir compte des contingences maritimes tout en donnant des instructions très précises relevant de l'opérationnel, une autre manifestation de l'auto-expertise. Des historiens comme René Maine avancent l'idée que Napoléon, conscient de l'infériorité de sa flotte, cherche à brouiller les cartes et à se donner du temps pour améliorer sa position stratégique dans l'attente d'« *événements imprévisibles* ». En tout cas, les dépêches décrivant le programme des expéditions et les cartes disparaissent mystérieusement. Napoléon y voit la main de l'ennemi (193). Il fait surseoir à l'embarquement de l'artillerie du corps expéditionnaire d'Irlande. Decrès partage la même crainte : « *J'aperçois quelque chose d'étranger à tout cela.* » (194) Finalement, les dépêches égarées réapparaissent au bout de dix jours après avoir changé d'empaquetage et suivi un itinéraire suspect. Les expéditions sont reportées *sine die*.

Or des « *événements imprévisibles* » tant espérés par Napoléon modifient soudainement la donne stratégique. Le 5 octobre 1804, quatre frégates espagnoles en provenance de Montevideo, transportant le trésor des mines américaines d'une valeur estimée à 12 milliards de piastres, sous les ordres du contre-amiral Bustamente, sont interceptées au large de Cadix par la division anglaise de Moore, sans déclaration de guerre préalable. La Grande-Bretagne considère que le versement d'un subside mensuel de six millions de francs par Madrid à la France est une atteinte au principe même de la neutralité et décide de s'emparer de l'or et de l'argent d'Amérique du Sud avant qu'ils n'alimentent les caisses du trésor français. Devant le refus de Bustamente de se laisser arraisonner, les Anglais ouvrent le feu : une des frégates explose au bout de quelques minutes et les trois autres, faiblement armées, sont contraintes d'amener leur pavillon. Petite parenthèse, cet acte qu'il faut bien qualifier de piraterie rapporte 13 000 £ en part de prise à Nelson en raison de ses fonctions de commandant en chef de l'escadre de Méditerranée. L'Espagne ne peut laisser cette agression impunie. L'ambassadeur de France à Madrid, le général Beurnonville constate que si « *le sentiment général est peu favorable à la France* », toute réserve est balayée par « *l'indignation soulevée par l'agression anglaise* ». Après bien des tergiversations, le 8 décembre Madrid se résout à déclarer la guerre à l'Angleterre.

Pendant ce temps, la flottille subit à Boulogne l'attaque préventive de l'escadre de l'amiral Keith qui utilise des brûlots, toujours redoutables contre une force au mouillage. Le 1er octobre à 21h30, une dizaine de petits voiliers anglais remorquant de « *grandes caisses remplies d'artifices et de matières incendiaires* »[(195)] avancent vers la ligne d'embossage pour « *une répétition de la rue Saint-Nicaise* » pour reprendre la description de Decrès[(196)]. Chaque caisse « *portait, dans ses flancs, un mécanisme à ressort qui, au premier choc extérieur, devait faire jouer une batterie de fusils et mettre le feu aux poudres* ». Les canonnières manœuvrent habilement pour ouvrir le passage aux bâtiments ennemis, lesquels, entraînés par le vent et le courant, s'échouent sur la grève où ils explosent. L'ingénieur Tupinier assiste avec le tout Boulogne au « *feu d'artifice admirable dont l'ennemi faisait les frais* ». Les pertes françaises se limitent à la perte d'une péniche et de neuf hommes. Le 7 octobre 1804, Napoléon enchanté du fiasco anglais félicite Bruix : « *J'ai lu avec grand plaisir le détail des événements qui ont eu lieu, et qui, par les bonnes dispositions que vous avez prises, ont tourné à la honte des Anglais.* »[(197)]

Le prélèvement d'équipages de la flottille pour renforcer l'escadre de Brest alimente les rumeurs. Forfait signale que

« *l'armée ne croit plus à la descente* » [198]. Profitant de la nouvelle conjoncture, il revient sur son plan initial d'emploi de la flottille autonome et réfute l'intervention de vingt vaisseaux, reprenant sans le savoir les arguments que Ganteaume avait avancés en décembre 1803. Dans une *Note sur la flotte protectrice de la flottille*, il propose une nouvelle panacée : dix à douze forts flottants, armés de soixante canons de 36 ou de 24 et quarante caronades, ayant une muraille épaisse de 16 centimètres, naviguant à la voile « *très mal, il est vrai* », qui protégeraient la traversée de six heures et l'atterrissage de la flottille avec le concours des prames et des canonnières. Il avance son sempiternel argument financier : « *Vingt-cinq vaisseaux trop faibles (coûtent 30 millions de francs)* [...]. *10-12 forts plus forts ne coûteront pas 5-6 millions.* » Les forts pourraient être construits en cent jours, « *tous les matériaux existant dans les deux premiers arrondissements* » et prêts à intervenir en avril. Cette fois, la toquade de Forfait laisse de marbre Napoléon qui ne demande pas d'expertise sur sa faisabilité, au grand soulagement de Decrès.

À l'automne, presque tous les travaux de la flottille sont suspendus de Bruges à Montreuil et le convoyage des bateaux plats le long des côtes est quasiment interrompu. La flottille s'apprête à hiverner. Le 9 novembre, une grande cérémonie est organisée pour la pose de la première pierre de la « *colonne Napoléon* » par Soult et Bruix. Les discussions entourant le projet auraient suscité un incident particulièrement cocasse, selon la comtesse de Boigne, cousine de Bruix : « *Dans une réunion des grands dignitaires qui voulaient élever une statue au nouvel empereur, on discutait sur le costume ; l'amiral, impatienté des flagorneries qu'il écoutait depuis deux heures, s'écria :* "Faites-le tout nu ; vous aurez plus de facilité à lui baiser le derrière." *On était accoutumé à ses boutades, mais celle-ci fut rapportée et déplut extrêmement.* » [199] Quoi qu'il en soit, la cérémonie atteint pleinement son but en commémorant la communion de l'armée et de son chef* lors de la distribution des croix de la Légion d'honneur du 16 août.

---

*Financée par l'armée – à raison d'un jour de solde par officier et d'une demi-journée par soldat ou matelot – la « colonne Napoléon » haute de 50 m sera finalement surmontée d'une statue de l'Empereur, en tenue de sacre. Elle ne sera inaugurée qu'après le retour des Cendres.

La cérémonie du sacre du 2 décembre a la plus grande ambition de sceller le destin de la nation avec Napoléon et sa famille. Decrès reçoit des instructions très vagues concernant la représentation de la marine : « *Faites ce que vous voudrez pour les détachements qui doivent être envoyés au couronnement. Qu'il y ait des individus de la marine, voilà le principal, le plus ou moins grand nombre n'y fait rien.* » (200) Le décret du 26 octobre fixe les invitations au couronnement auquel sont conviés d'office les vice-amiraux Decrès, Bruix, Ganteaume, les préfets maritimes (201), supposés « *dans cette auguste circonstance, rassembler en un seul point l'universalité des citoyens qui composent la nation française* ». Decrès complète cette liste (202) en ajoutant le vice-amiral Rosily et quinze capitaines de vaisseau*. Les projets réels de Napoléon apparaissent en creux. La présence de Bruix et de Ganteaume confirme l'ajournement de la descente en Angleterre et de l'expédition d'Irlande, d'autant que Bruix est accompagné de trois de ses commandants d'escadrille et que Ganteaume est venu avec dix des commandants de l'escadre de Brest sur les vingt et un vaisseaux armés. De même, l'absence des officiers des escadres de Rochefort et de Toulon laisse supposer leur engagement prochain. Napoléon veut être sacré – mais non couronné – par le Pape comme l'avaient été les Carolingiens. La cérémonie du sacre, très kitch, indispose certains généraux qui affichent une attitude provocante, outrés par cette « *capucinade* ». Decrès, très à l'aise en habit de cour, donne un bal somptueux à son ministère dont la façade est illuminée. Le 5 décembre, Napoléon procède sur le Champ-de-Mars

---

*Liste des quinze capitaines de vaisseau : Boissauveur (sous-chef des mouvements du port de Brest), Jean-Joseph Castagnier (Rochefort), André-Hector Maureau, Pierre-Nicolas Robin et Claude-Vincent Polony (tous trois commandants d'escadrilles de la flottille à Boulogne) ; dix commandants de l'escadre de Brest : Jean-Mathieu-Adrien Lhermitte (*Vengeur*), Pierre-Élie Garreau (*Foudroyant*), Armand-François Le Bigot (*Républicain*), Louis Lhéritier (*Invincible*), André-Joseph Segond (*Alexandre*), Louis-Marie Coudé (*Brave*), Gilbert-Amable Faure (*Cassard*), Louis-Marie Le Gouardun (*Jean Bart*), Claude-Jean Martin (*Conquérant*), Joseph-Hyacinthe-Isodore Krohm (*Patriote*).

à la distribution solennelle des Aigles*, nouvel emblème de l'Empire, aux régiments et à toutes les unités de la marine en remplacement des drapeaux républicains [203].

À Toulon, la nomination de Villeneuve mécontente l'escadre, où le souvenir de son inaction à Aboukir a laissé beaucoup de ressentiment, voire de colère. Prendre la succession d'un chef charismatique comme La Touche-Tréville n'est jamais aisé, mais la personnalité de Villeneuve ne va pas tarder à consommer le divorce entre lui et l'escadre. Le 26 octobre 1804, Villeneuve hisse sa marque sur le *Bucentaure*. Il commence par être favorablement impressionné par l'instrument légué par La Touche-Tréville : « *Je ne puis me taire de vous dire, Monseigneur, combien j'ai été très satisfait de tout ce que j'ai vu de l'escadre. Le vaisseau le* Bucentaure, *le seul que j'aie encore pu visiter, est dans l'état le plus brillant de tenue à l'intérieur comme à l'extérieur, et son équipage, par sa discipline, la promptitude et l'ordre dans tous ses mouvements, ne laisse rien à envier aux équipages de la marine anglaise.* » [204] Villeneuve fait procéder à l'embarquement des troupes, des munitions et des vivres pour être en mesure de prendre la mer au premier signal. Ses instructions définitives lui parviennent le 19 décembre. Le nouveau plan est une version simplifiée du projet initial du 29 septembre, ramené à deux expéditions contre les possessions anglaises des Indes occidentales [205]. La mission de Villeneuve est de « *soumettre à notre domination les colonies de Surinam, Berbice, Demerara, Essequibo, la Trinité, la Dominique et Sainte-Lucie,*

---

*L'Aigle éployée dite « foudroyante », car tenant un foudre dans ses serres, est d'une hauteur de 20 cm sur 22 de large. Elle est fabriquée par le bronzier Pierre-Philippe Thomire (1751-1843) d'après une sculpture d'Antoine-Denis Chaudet (1763-1810). Les vaisseaux de 74, 80 et 100 canons en service reçurent le nouveau pavillon à arborer en sus du pavillon de poupe tricolore défini par la Convention en 1794. La seule Aigle rescapée est celle de l'*Atlas*, figurant dans les collections du musée naval de Madrid : soie tricolore en bandes verticales, le bleu à la hampe, au milieu de la bande blanche débordant sur les autres bandes, un cartouche bleu entouré de feuillages d'or, portant en or l'inscription « *L'Empereur des Français / au vaisseau /* l'Atlas. » D'après les morceaux subsistant, le pavillon aurait un peu plus d'un mètre de côté.

occupées par l'ennemi, de mettre hors d'atteinte nos îles de la Martinique et de la Guadeloupe, et de porter des renforts à Santo-Domingo ». Villeneuve doit sortir avec son escadre de Toulon sans combattre, rallier à Cadix l'*Aigle* et deux corvettes, et se rendre en route directe à Cayenne où il embarquera un renfort de 800 hommes fournis par Victor Hugues : « *Ces opérations ne devront retenir l'escadre devant Cayenne plus de vingt-quatre heures.* » Dans les huit jours, Villeneuve doit scinder en deux ses forces pour attaquer le Surinam et instaurer le blocus de Demerara et Berbice. Les troupes commandées par Lauriston et Victor Hugues devront occuper les deux rives du Surinam avant de s'emparer de Paramaribo. Berbice et Essequibo tomberont d'elles-mêmes. Villeneuve devra lever 20 matelots blancs ou noirs pour chaque vaisseau, et s'approvisionner en riz. Le Surinam occupé, il devra déposer dans les vingt-quatre heures le « *général Reille avec les 1 500 ou 1 800 hommes qui sont sous ses ordres, et qui prendront possession de Demerara* ». Ensuite, Villeneuve doit gagner la Martinique pour faire sa jonction avec le contre-amiral Missiessy. « *Vous séjournerez quelque temps dans ces parages, croisant devant les îles anglaises, interceptant leur commerce et ravageant leurs rades* » avant de porter un renfort de 1 000 hommes à Saint-Domingue. Toutes ces opérations constituent un raid et ne doivent pas se prolonger au-delà de soixante jours. Ensuite, les deux escadres réunies devront regagner l'Europe, en faisant un détour par Le Ferrol pour débloquer les cinq vaisseaux et les deux frégates de la division de Gourdon, avant de rentrer à Rochefort. Le 23 décembre, Missiessy reçoit ses instructions tout aussi détaillées qui lui ordonnent de soumettre la Dominique et Sainte-Lucie, après avoir fait route avec ses cinq vaisseaux entre les Açores et les Canaries (206). Maître de la mer aux Antilles pendant un mois, il doit en profiter pour « *surprendre et réduire plusieurs colonies de l'ennemi, insulter celles de ses rades qui sont susceptibles de l'être, telles qu'Antigoa, Montserrat, Saint-Christophe,* etc., *et faire un très grand ravage dans son commerce* » avant de faire sa jonction avec Villeneuve. En cas d'échec de cette jonction, il doit regagner seul Rochefort par la route la plus propre à « *nuire davantage à l'ennemi* ». Dans ces instructions, il n'est fait aucune allusion directe ou indirecte à la descente en Angleterre, totalement dissociée de ces deux expéditions "coloniales".

L'imagination de Napoléon s'est manifestement emballée à la rédaction de ces instructions « indicatives », pondère-t-il, proprement inexécutables en raison de la démesure des missions à accomplir dans des délais aussi courts et avec d'aussi faibles moyens. Persuadé d'être le maître incontesté de l'art militaire sur terre comme sur mer, Napoléon s'imagine pouvoir manœuvrer les escadres comme il dirige ses divisions sur les champs de bataille d'Europe. À moins que sans grandes illusions, il ne fixe des objectifs délibérément exorbitants pour secouer ses amiraux et les contraindre à l'action dans un cadre rigide, chronométré, détaillé, objectifs qu'ils ne pourront exécuter *in extenso* mais qui leur donnera des ambitions et un fil directeur pour nuire gravement aux intérêts anglais. En tous cas, des instructions aussi précises, traditionnelles dans la marine française même sous l'Ancien Régime, ont pour effet pervers de désorienter les exécutants qui ne savent plus où donner de la tête et de les inciter à obéir passivement pour démontrer le caractère insensé des ordres reçus et leur bonne volonté. Elles finissent par tuer l'initiative. D'autant qu'elles correspondent à une méfiance viscérale de Napoléon à l'égard de ses subordonnés marins, incapables de "grande chose". La preuve : il adresse en aparté des instructions au commandant du corps expéditionnaire, le général Lauriston, son aide de camp, où il le somme de mettre sous voile dans les plus brefs délais : « *La saison est déjà trop avancée ; partez sans retard ; arborez mes drapeaux sur ce beau continent.* » (207) Une injonction de nature à brouiller les rapports déjà malaisés entre autorités militaires et navales dans le cadre des opérations combinées. Mais Lauriston, petit-neveu du financier Law, son condisciple à Brienne, artilleur comme lui, a sa confiance contrairement à Villeneuve, et se voit investi du rôle occulte de *missi dominici* d'un Napoléon prêt à doubler la chaîne de commandement pour tout savoir, tout contrôler, tout régenter.

Villeneuve continue ses préparatifs. Le 21 décembre, il fait distribuer aux commandants de son escadre une circulaire calquée sur celle élaborée par Bruix dans les années 1799-1801. Un modèle de lucidité et de finesse. Villeneuve commence par poser l'axiome de la marine : « *Je ne propose point d'aller chercher l'ennemi, je veux l'éviter pour me rendre à ma destination.* » (208)

Mais en cas de rencontre, « *point de manœuvres honteuses, elles décourageraient nos équipages et entraîneraient notre défaite* ». Si l'ennemi est sous le vent, l'escadre doit passer à l'offensive et arriver « *tous à la fois* » ; si l'ennemi se présente au vent, la seule riposte est de serrer la ligne et de fondre sur les ennemis isolés et désemparés. Villeneuve prévient que la tactique de l'ennemi sera de rompre la ligne et d'attaquer l'arrière-garde. Comme ses pairs, il sait comment il va être vaincu, mais il ne sait comment l'éviter. Pour encourager ses marins démoralisés par le complexe d'infériorité qu'ils se sont construits face à la Royal Navy, il n'hésite pas à affirmer que « *rien ne doit nous étonner dans la vue d'une escadre anglaise ; leurs vaisseaux de 74 n'ont pas 500 hommes à bord ; ils sont harassés par une croisière de deux ans, ils ne sont pas plus braves que nous, et ont infiniment moins de motifs d'enthousiasme et d'amour de la patrie. Ils sont habiles à les manœuvrer, dans un mois nous le serons autant* ». Reste à passer aux actes.

Maintenant que Villeneuve connaît l'ampleur et la difficulté de sa mission, il est franchement inquiet. Le 24 décembre, dans une lettre adressée à Decrès portant la mention « *à vous seul* », il révèle la véritable situation de l'escadre hors rapports officiels : « *On suppose à Paris que l'escadre de Toulon est la plus belle escadre que l'on puisse mettre en mer, qu'elle est parfaitement équipée, complétée en équipage, au courant de la solde et animée du meilleur esprit. Combien le véritable état de choses est différent de cette supposition.* »[209] Les désertions atteignent un seuil préoccupant. L'état d'esprit général est exécrable. Les hommes se livrent « *une petite guerre* » entre ceux qui veulent déserter et les autres. Les rôles d'équipage accusent un déficit de 1 000 matelots. Fort des directives de Napoléon, Lauriston commence à s'ingérer dans les affaires navales à la grande exaspération de Villeneuve : « *Il paraît vouloir me pousser comme si j'en avais besoin, il me fait sentir combien est affreux le métier d'amiral dans ces circonstances, comparé à l'état d'un officier général de l'armée de terre.* » Napoléon harcèle Decrès pour faire appareiller les deux escadres : « *Faites-les partir le plus tôt possible. La saison est déjà bien avancée, et toute heure perdue est irréparable.* »[210] Manifestement il n'envisage pas une intervention en Europe avant le retour des deux expéditions "coloniales".

En parallèle, Napoléon joue de la stratégie indirecte pour amener à résipiscence l'Angleterre et improvise une théâtrale proposition de paix adressée, le 2 janvier 1805 [211], au roi George III : « *Le monde est assez grand pour que nos deux nations puissent vivre, et la raison a assez de puissance pour qu'on trouve les moyens de tout concilier, si, de part et d'autre, on en a la volonté.* » Le 17 janvier, Napoléon fait une curieuse déclaration devant le Conseil d'État à propos du camp de Boulogne : « *Pour pouvoir, en temps de paix, rassembler tant de forces, pour avoir 20 000 chevaux d'artillerie, des équipages entiers, il fallait trouver un prétexte de les créer et de les réunir, sans que les puissances continentales pussent s'en alarmer : et ce prétexte nous a été fourni par le projet de descente en Angleterre. Je sais bien qu'en temps de paix entretenir tous ces chevaux d'artillerie, c'est jeter 30 millions à l'eau, mais aujourd'hui j'ai vingt journées d'avance sur tous mes ennemis, et je serai depuis un mois en campagne, avant que l'Autriche ait acheté ses premiers chevaux d'artillerie* [...]. *J'aurais pu vous dire cela il y a deux ans et c'était cela cependant mon unique but.* » [212] Cette déclaration est de nature à jeter le trouble dans les esprits. Miot de Melito y voit la preuve que Napoléon n'a jamais eu l'intention d'envahir l'Angleterre. Le camp de Boulogne ne serait qu'une vaste opération de déception. Mais Napoléon attend à cette date la réponse du roi George III et ses propos "publics" sont peut-être tout simplement destinés à induire en erreur les espions à la solde de l'Angleterre. George III ne daigne pas répondre. C'est le cabinet qui s'en charge et refuse d'ouvrir les négociations proposées par le « *chef du gouvernement français* ». Napoléon se hâte de publier sa lettre à George III et la réponse anglaise, faisant porter sur l'Angleterre la responsabilité de la poursuite de la guerre, et remporte une nouvelle manche de la guerre psychologique.

À Rochefort et à Toulon, les escadres sont prêtes à appareiller dans l'attente de mauvaises conditions météorologiques, seules susceptibles de tenir éloignées les divisions anglaises de blocus. Cette opportunité intervient le 11 janvier à Rochefort. Une forte brise d'est et des bourrasques de neige contraignent la division anglaise à se réfugier dans les parages de Belle-Île. Missiessy qui a mis sa marque sur le trois-ponts de 120 canons, le *Majestueux*, quitte la rade de l'île d'Aix avec cinq vaisseaux, trois frégates et un corps expéditionnaire de 3 400 hommes aux ordres du général Lagrange. Dès le lendemain, le vent tourne et souffle du sud-ouest avec de plus en plus de violence. La mer se creuse, malmenant l'escadre. Des mâts et des vergues se cassent, des voiles se déchirent, les bâtiments encombrés de soldats ont du mal à manœuvrer et à rester groupés. Pendant treize jours l'escadre lutte contre des vents contraires dans le golfe de Gascogne. Après des réparations de fortune, elle finit par faire voile vers la Martinique où elle parvient le 20 février après quarante jours de navigation éprouvante.

À Toulon, la tension monte. Villeneuve affiche une inquiétude grandissante. Le 31 décembre, il est persuadé que le plan est éventé : « *Toute la Méditerranée sait que l'escadre est sur son départ. Nelson ne l'ignore pas non plus et il ne sera pas facile d'échapper à sa surveillance.* » (213) À l'aube du 18 janvier, une brise du nord-ouest se lève. Villeneuve donne le signal d'appareillage. Il s'attend à voir surgir Nelson à tout instant, mais rien ne se passe comme il le craignait. Son escadre se compose de onze vaisseaux, sept frégates et deux bricks, avec à leur bord 6 333 soldats aux ordres de Lauriston. Villeneuve a mis sa marque sur le *Bucentaure*, Dumanoir Le Pelley sur le *Formidable*. Les deux frégates anglaises postées au large observent la sortie de l'escadre. Tandis qu'elles suivent à distance les vingt voiles qui filent vers le sud, elles sont prises en chasse par les frégates *Hortense* et *Incorruptible*. Elles font demi-tour et filent vers l'est pour alerter Nelson. Le coup de vent du départ se transforme en tempête et les vents déferlant du golfe du Lion atteignent de plein fouet l'escadre qui est incapable de naviguer de conserve et se disperse dans une pagaille indescriptible. Les marins « *pas exercés aux tempêtes* » manœuvrent mal. Les soldats sont « *malades à la mer* ». Terrorisés, ils quittent les batteries devenues irrespirables et encombrent les ponts. Le désarroi est total. Les avaries se multiplient, aggravées par l'état défectueux des gréements. Le vaisseau *Indomptable* perd ses deux mâts de hune et disparaît à l'horizon. Une voie d'eau se déclare sur l'*Annibal* (214), dont la vergue de misaine se brise. Les marins dépassés par les événements ne parlent que de rentrer au port. Villeneuve, craignant de voir Nelson surgir sur ses arrières, ne sait quel parti prendre. Enfermé dans sa cabine, il hésite. À l'issue d'un entretien avec Lauriston, il finit par se décider à faire demi-tour et se laisse porter vent arrière sur Toulon. Le 21 janvier, l'escadre pénètre dans le port, aussi désemparée que si elle avait effectué une circumnavigation. L'*Indomptable*, l'*Intrépide* et trois frégates manquent à l'appel.

Villeneuve est atterré par le spectacle de son escadre vaincue par la tempête. Contrairement à ses plus sombres pronostics, il n'a pas été pris en chasse par Nelson pour la bonne raison que sans l'avoir fait exprès, il a dupé l'amiral anglais. Nelson est en train de se ravitailler à La Maddalena lorsque le 19 janvier à 15 heures, les deux frégates accourant à treize nœuds, poussées par un violent mistral, lui annoncent le départ de Villeneuve avec des troupes embarquées. Depuis des mois Nelson ronge son frein dans l'attente de cette sortie. Les frégates lui ayant confirmé que l'escadre française fait route au sud, il en déduit que sa destination est l'Égypte comme Napoléon l'avait prévu dès décembre 1803. Il est curieux que Napoléon ait eu la prescience de la quête obsessionnelle de Nelson. Il a monté une opération de désinformation pour faire croire à une réédition de l'expédition d'Égypte, mais cela n'explique pas tout. Il parie sur le traumatisme de Nelson qui, en 1798, avait précédé de deux jours l'arrivée de l'armada française à Alexandrie et erré pendant soixante-dix jours en Méditerranée avant de trouver au mouillage l'armée navale française à Aboukir et la détruire, le 2 août. Aveuglé par son idée fixe, Nelson met sous voile à seize heures trente et passe en mer Tyrrhénienne pour barrer la route de l'Égypte. Le 20 janvier, l'ouragan se déchaîne. L'escadre anglaise à la cape étale sans dommage à la grande différence des bâtiments français, preuve que le manque d'expérience et les mauvaises manœuvres sont responsables de la débandade de Villeneuve. Les vaisseaux anglais en permanence à la mer, avec des équipages et des officiers rompus à la navigation par tous temps, sortent indemnes de la même tempête qui a ravagé l'escadre française. Nelson a raison lorsqu'il pontifie : « *Ces messieurs* [les marins français] *ne sont pas habitués à ces ouragans que nous avons défiés pendant vingt et un mois sans y perdre un mât ou une vergue.* » La tempête ne s'apaise que le 26 janvier. Nelson apprend alors que l'*Indomptable*, fort avarié, a rallié Ajaccio. L'absence de nouvelles de Villeneuve ne le détourne pas de son idée fixe : « *Bien sûr, ce que j'ai fait il a dû le faire : si donc il n'a pas péri en mer, il est en Égypte.* » Il file vers Malte. Ce n'est que le 14 février qu'il apprend le retour de Villeneuve à Toulon. Il écrit aussitôt à l'Amirauté : « *Je n'ai consulté personne et l'erreur de jugement n'est imputable qu'à moi seul* [...] *Mais en ce moment de chagrin, je sens que j'ai eu raison* » (sic).

Le bilan de la sortie du 18 janvier est lourd. Le vaisseau *Indomptable* réfugié à Ajaccio rentre à Toulon, le 17 février, et la dernière des trois frégates, le 18 mars. L'*Annibal* est désarmé et doit être remplacé par le *Pluton*, un vaisseau de 74 canons en cours d'achèvement. Les frégates *Incorruptible* et *Uranie* sont remplacées par l'*Hermione*. Trois vaisseaux présentent de sérieuses avaries : « *Le* Swiftsure *fait de l'eau en rade, l'*Atlas *est cloué et chevillé en fer* ; *on ignore l'époque de sa dernière carène. L'*Intrépide *s'est délié sensiblement dans la dernière sortie, mais il ne fait pas d'eau.* » [215] L'arsenal travaille nuit et jour pour les réparer. Mais les répercussions de l'échec de Villeneuve sont d'ordre moral et psychologique. L'escadre de la Méditerranée a perdu le peu de confiance qu'elle avait en elle-même et en son chef. L'entraînement sur rade a fait long feu. Comme en témoigne Gicquel des Touches : « *L'enthousiasme se refroidit, l'activité diminua ; il sembla qu'on eût perdu en quelques semaines toute chance de vaincre.* » [216] Villeneuve est totalement démoralisé. Il relate à Decrès ses déboires mais il n'a de cesse de lui démontrer qu'il demeure « *un homme heureux* » : « *La fortune ne m'a pas abandonné dans cette circonstance ; car si j'eusse été aperçu par l'escadre anglaise, il m'eût été impossible de lui échapper, et même avec des forces inférieures elle nous eût mis dans une déconfiture complète*. » [217] Une superstition inquiétante puisqu'elle va souvent de pair avec l'incompétence militaire. Villeneuve brosse un tableau accablant : « *L'escadre de Toulon paraissait fort belle sur la rade, les équipages bien vêtus, faisant bien l'exercice. Mais dès que la tempête est venue, les choses ont bien changé ; ils n'étaient pas exercés aux tempêtes ; le peu de matelots confondus parmi les soldats ne se trouvaient plus.* » Il est désormais convaincu que « *l'ennemi nous battrait avec des forces même inférieures d'un tiers* », un très mauvais présage pour l'avenir. D'autant que Villeneuve pronostique l'échec de toute opération future avec un instrument aussi décevant : « *Je vous le déclare, Monseigneur, des vaisseaux équipés ainsi, faibles en matelots, encombrés de troupes, ayant des gréements vieux et de mauvaise qualité, qui, au moindre vent, cassent leurs mâts et déchirent leurs voiles, qui, quand il fait beau, passent leur temps à réparer les avaries occasionnées par le vent, par la faiblesse ou l'inexpérience de leurs marins, ces vaisseaux, dis-je, sont hors d'état de rien entreprendre.* »[218] Après un diagnostic aussi défaitiste, dans une lettre « *particulière* » Villeneuve en tire les conclusions et présente très logiquement sa démission : « *Je verrais avec bien du plaisir que l'Empereur me donnât un successeur dans ce commandement, soit qu'il fût destiné à rester dans le port, soit qu'il dût retourner à la mer.* »[219] Oubliant sans doute qu'il a réclamé le grade de vice-amiral, il affiche un manque d'ambition ahurissant, « *je n'ai pas désiré le commandement de cette escadre* [...], *bien plus, j'avais ambitionné une carrière utile, au lieu d'une carrière glorieuse* ». Soucieux de sa réputation, il ajoute qu'il ne voudrait pas « *à quelque prix que ce fût, devenir la fable de l'Europe, par l'histoire de nouveaux désastres* ». Rien ne prouve que Decrès ait communiqué cette lettre « *particulière* » à Napoléon.

De toute façon, elle n'est pas prise en compte. Une erreur selon l'historiographie qui connaît l'épilogue tragique. Mais était-il sérieux d'envisager la démission d'un vice-amiral au premier incident météorologique ? Decrès connaît bien Villeneuve, son professionnalisme, son intégrité, mais aussi son pessimisme noir à la méditerranéenne qui a tendance à ne voir que le mauvais aspect des choses. Il ne s'inquiète pas outre mesure, et le 28 janvier se contente de l'inviter à se ressaisir : « *Je présume trop de votre caractère pour croire que vous conserviez l'impression, trop fâcheuse, qu'a faite sur vous cette sortie.* »[220] Évidemment la nouvelle du faux départ de Villeneuve renforce les préventions de Napoléon à l'égard des amiraux, incapables d'exécuter ses desseins. Le 1er février, Napoléon fait part à Lauriston de son désappointement : « *Je crois que votre amiral a manqué de décision. La séparation des vaisseaux n'était rien. Il faudrait renoncer à naviguer, même dans la même belle saison, si une opération pouvait être contrariée par la séparation de quelques vaisseaux.* » [221] Il ajoute péremptoire que « *quelques mâts de hune cassés, quelques désordres dans une tempête qui accompagne une escadre sortant sont, pour un homme de caractère, des événements de nature fort ordinaire* ». Dans l'ignorance des choses de la mer, Napoléon ne peut admettre que la dispersion d'une escadre n'est pas un épiphénomène, un vaisseau avarié et isolé pouvant devenir une proie facile s'il est attaqué par des forces supérieures. Il lui est inconcevable que le bris de gréements puisse compromettre une expédition, alors que le passage d'un corps d'armée ne sera jamais entravé par un accident de charroi ou la rupture d'un essieu. En même temps, Napoléon n'a pas tout à fait tort comme le démontre Missiessy qui ne rebrousse pas chemin en dépit de sérieuses avaries. Napoléon conclut avec justesse que « *le grand mal de notre marine est que les hommes qui la commandent sont neufs dans toutes les chances du commandement* ». Nelson partage son point de vue : « *Je savais que les ordres donnés par Bonaparte sur les bords de la Seine, ne prendraient en considération ni le temps, ni les vents. Dans mon opinion, y eût-il trois ou quatre vaisseaux français désemparés, ce n'était pas une raison suffisante pour arrêter une expédition importante.* »

Le 16 janvier, perdant patience, Napoléon a déjà élaboré un plan de rechange : une expédition aux Indes, opportunément suggérée par Decaen, qui mettrait en œuvre les trois escadres de Brest, de Rochefort et du Ferrol, regroupant trente-trois vaisseaux, pour projeter un corps expéditionnaire de 23 000 hommes [222]. L'appareillage des escadres de Rochefort et de Toulon annule *de facto* ce plan imaginé au pied levé en désespoir de cause. Decrès n'en a pas fini avec l'expédition des Indes dont il devra concevoir plusieurs variantes tout au long de l'Empire, tant ce mirage alimente l'imaginaire de Napoléon et ses regrets éternels jusqu'à Sainte-Hélène. Il n'en reste pas moins qu'à la mi-janvier Napoléon donne la curieuse impression d'hésiter sur la zone à attaquer. Il cherche fébrilement à sortir de l'impasse stratégique où il est enfermé depuis la rupture de la paix d'Amiens. Ses buts de guerre sont bien évidemment inchangés, *Delenda Britannia*. Mais Napoléon continue à hésiter sur le *modus operandi*. La conjoncture lui paraît pourtant propice pour « *frapper de grands coups* » [223]. En premier lieu, l'échec de Pitt à nouer la troisième coalition anti-française lui donne les mains libres pour prendre d'assaut l'Angleterre sans avoir à se préoccuper d'une attaque de revers venant du continent. En second lieu, l'entrée en guerre de l'Espagne apporte le renfort de sa flotte dont Napoléon attend des merveilles. L'Espagne du roi Charles IV, un faible et un incapable manipulé par *Godoy, Prince de la Paix* et amant de la reine Marie-Louise de Bourbon-Parme, ne peut rien lui refuser. Par l'accord naval franco-espagnol du 8 janvier 1805, l'Espagne s'engage à mettre à la disposition de la France vingt-cinq à vingt-neuf vaisseaux, approvisionnés pour six mois de vivres, 4 700 hommes et de l'artillerie, à l'échéance du 1er mars [(224)]. En contrepartie, la France doit garantir les « *possessions espagnoles dans les deux mondes* ». L'alliance franco-espagnole tant attendue permet de rééquilibrer en théorie le rapport des forces dans les eaux européennes où les Franco-Espagnols peuvent désormais opposer soixante-dix vaisseaux aux soixante-quinze déployés par la Royal Navy. Un calcul tout mathématique qui ne prend pas en compte la valeur réelle des vaisseaux. Troisième élément conjoncturel, l'escadre de Missiessy est prépositionnée aux Antilles, prête à toute opération.

Quelle que soit l'impatience de Napoléon, il lui faut attendre que la flotte espagnole soit prête. De toute façon, l'hiver dicte une pause aux opérations navales. L'escadre de Toulon est en train de réparer les dommages de sa fausse sortie et attend l'achèvement du vaisseau de 74 canons, le *Pluton*, prévu opportunément pour le mois de mars. De son côté, l'escadre de Brest subit « *une sorte d'ouragan* » et ne compte plus ses avaries [(225)]. À Boulogne, les infrastructures ont souffert des intempéries et Sganzin doit procéder aux réparations les plus urgentes pour reconstruire les forts de l'Heurt et de La Crèche, en partie démolis, ainsi que les quais du port et les remblais du bassin semi-circulaire qui se sont éboulés. Le canal de sortie du port doit être désensablé. Des travaux du même ordre doivent être entrepris dans les ports voisins. Le 27 janvier, le capitaine de vaisseau Bonnefoux, préfet maritime de Boulogne, préconise rien moins que le désarmement de la moitié des bâtiments de la flottille en raison du délitement de l'instrument : « *Lorsque le voile politique qui couvre une grande opération laisse voir à découvert un ajournement d'évidence et qui est connu de tout le monde, il ne peut y avoir d'inconvénient à prendre les mesures que prescrit une sage économie.* » [226]

Sans forces navales immédiatement disponibles, Napoléon renforce son système politique. Le 30 janvier, il ajoute à la hiérarchie de la Légion d'honneur « *la grande décoration ou grand cordon* », pour achever de se calquer sur les grands ordres européens. Lors de la première distribution des « *grands aigles* », le 10 février, la marine est honorée par le truchement de quatre vice-amiraux : Decrès, Bruix, Ganteaume et Villaret de Joyeuse. Decrès est également nommé inspecteur général des côtes de la Méditerranée. Le 1er février, Napoléon complète la nomination de ses dignitaires et ne résiste pas au ridicule de rétablir pour son beau-frère, le maréchal Murat, avec rang et titre de prince français, la charge de grand-amiral de France, créée en 1270 par Saint Louis et supprimée par la Révolution. Napoléon s'est donné jusqu'au mois de ventôse pour trouver un plan, original, infaillible, intégrant les nouvelles données stratégiques et mettant en œuvre toutes ses forces navales. *Delenda Britannia.*

Acte II

Le grand dessein

Un plan « divin »[227]

Les cogitations de Napoléon aboutissent dans les délais qu'il s'était imparti. Le 2 mars, il dévoile son grand dessein, d'une simplicité diabolique. La manœuvre stratégique de grande envergure consiste à concentrer les forces navales franco-espagnoles aux Antilles sur les arrières de l'ennemi, pour l'y attirer, et à les rabattre par surprise sur la Manche pour appuyer le passage de la flottille à travers le pas de Calais, durant l'été, et permettre le débarquement en Angleterre de l'armée de 120 000 hommes rassemblée sur le littoral de la Manche de Flessingue à Boulogne. Les épithètes ne vont pas manquer sous la plume des contemporains comme des exégètes – « *divin* », « *génial* », « *grandiose* », « *brillant* », « *original* » – pour qualifier ce plan que Napoléon, très satisfait de lui, juge imparable. Sa force de persuasion entraîne l'adhésion de Decrès, le sceptique.

Les modalités d'exécution de la manœuvre sont fixées dans les instructions du 2 mars avec toujours le même luxe de détails et adressées aux deux principaux protagonistes : Ganteaume et Villeneuve. La conduite générale de la manœuvre revient à Ganteaume. Il devra sortir de Brest « *dans le plus court délai* » avec vingt et un vaisseaux, six frégates, deux flûtes, 3 600 hommes de troupes et vingt bouches à feu*[228]. Il se rendra au Ferrol où « *il attaquera et prendra* » la croisière anglaise avant de libérer

*Quatre pièces de 12, quatre de 8, huit de 4, quatre obusiers de 6 pouces (tous approvisionnés de 300 cartouches à balles et à boulets), 500 000 cartouches, 5 000 fusils, 2 000 outils de pionniers. Composition des vaisseaux : trois de 118 et 110 canons, deux de 80 et seize de 74. Troupes embarquées à raison de 150 hommes par vaisseau et 80 par frégate.

l'escadre du contre-amiral Gourdon (cinq vaisseaux et deux frégates) et les vaisseaux espagnols disponibles. Renforcé de ces deux escadres, il rejoindra « *par le plus court chemin* » la Martinique, pour faire sa jonction avec les escadres de Toulon et de Rochefort. La concentration réalisée, Ganteaume prendra le commandement général des forces navales qui « *nous l'espérons, avec l'aide de Dieu, se monteront à plus de quarante vaisseaux de ligne* ». Il déposera 1 200 hommes dans l'île des Antilles la plus menacée. Les 2 400 hommes du corps expéditionnaire restant passeront sous les ordres du général Lauriston, qui prendra place à son bord au moment de la jonction. « *Sans perdre un instant, vous opérerez votre retour en Europe, vous éloignant le plus possible de la route ordinaire, et ne reconnaissant aucune terre.* » Parvenu à l'ouvert de la Manche, il livrera bataille aux forces anglaises qui pourraient l'y attendre et se dirigera, entre le 10 juin et le 10 juillet, « *en droite ligne sur Boulogne, où nous serons de notre personne* ». Au cas où Villeneuve ne rallierait pas, il l'attendra trente jours avant d'effectuer le même mouvement avec l'escadre de Rochefort à la condition de disposer de plus de vingt-cinq vaisseaux. S'il aligne moins de vingt-cinq vaisseaux, il se dirigera sur Le Ferrol pour rallier tous les vaisseaux alliés disponibles. S'il pense pouvoir se présenter dans la Manche « *avec quelque succès* », il se dirigera « *droit sur Boulogne* » en reconnaissant Cherbourg où il trouvera des renseignements sur la situation des croisières ennemies devant Boulogne. Les deux flûtes seront chargées d'autant de vivres que possibles, principalement du biscuit, pour approvisionner l'escadre du Ferrol. Au total l'armée de terre doit lui fournir 8 768 hommes « *comme garnison, comme supplément d'équipages, destinés à être débarqués aux îles et à être ramenés sur l'escadre.* »[(229)]

Quant à Villeneuve, avec son escadre et 3 100 hommes de troupes, il devra rallier à Cadix l'*Aigle*, les six vaisseaux espagnols du lieutenant général Gravina et gagner la Martinique[(230)]. S'il trouve l'escadre de Missiessy, il la rangera sous son pavillon. En cas de jonction avec Ganteaume, il passera sous son commandement et débarquera 1 300 hommes du corps expéditionnaire dans une des îles choisies en concertation avec Lauriston. En cas d'atterrissage avant Ganteaume, « *vous vous tiendrez prêt à répondre aux signaux*

LES POSITIONS EN MARS 1805

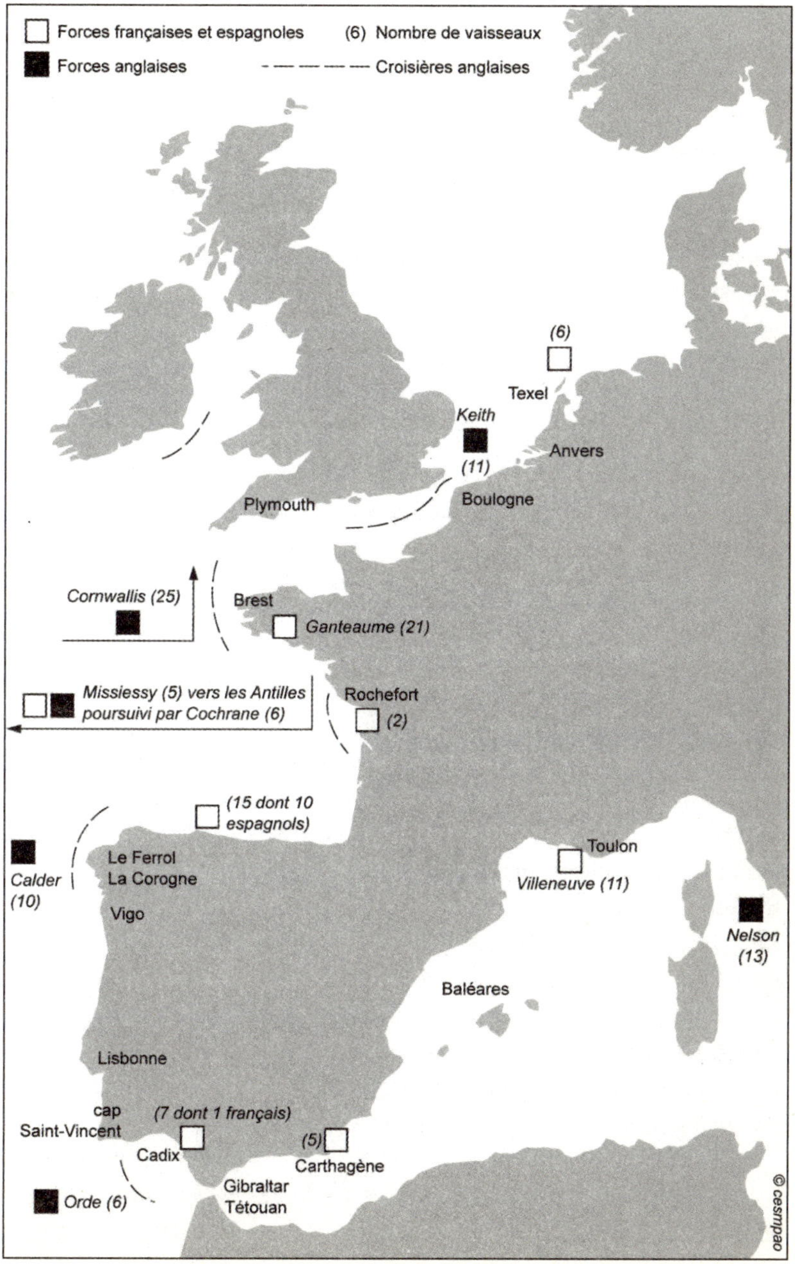

de ralliement qu'il vous fera, car il est probable qu'il ne mouillera point, et que, sa jonction faite avec vous, il suivra, sans s'arrêter, sa destination ». Villeneuve devra attendre quarante jours l'escadre de Brest. Passé ce délai, il débarquera toutes ses troupes aux Petites Antilles et à Saint-Domingue, et « *en faisant tout le mal possible à l'ennemi* » prendra le chemin du retour en effectuant un crochet par les îles São Tiago – îles du Cap-Vert et non des Cap-Vert, comme indiqué par erreur dans les instructions de Napoléon pourtant revues par Decrès. Il établira « *une croisière dans ces parages pour intercepter tous les convois allant et venant des Indes en Angleterre* ». Il attendra pendant vingt jours l'escadre de Brest. Curieusement ce crochet par les Canaries ne figure pas dans les instructions de Ganteaume. En cas de non-ralliement, Villeneuve regagnera Cadix où il recevra de nouvelles instructions. Sa consigne générale est de se faire « *nourrir à la Martinique par les magasins de la colonie, pour ménager vos vivres, afin qu'à votre arrivée à Cadix vous en ayez au moins un mois, et que vous puissiez vous porter à Toulon ou à Rochefort, selon les circonstances* ».

Dans les jours précédant l'envoi de ces instructions, les autres acteurs de la manœuvre sont pré-alertés. Un brick part de Lorient le 27 février porter le contrordre destiné à Missiessy. Celui-ci doit impérativement attendre aux Antilles, jusqu'à la fin de juin, les forces « *qui pourraient se rendre dans ces parages* », au lieu de rentrer en France comme ordonné dans les instructions précédentes qui avaient été envoyées, le 1er février, après le faux départ de Villeneuve. Le 27, Decrès informe Gourdon au Ferrol « *qu'une escadre française est prête à partir vous débloquer ; cette escadre ne mouillera point* »[231] et qu'il doit l'attendre à La Corogne. Le même jour, Napoléon demande à Soult de lui faire un rapport très détaillé sur l'état des infrastructures de Boulogne et des ports annexes, sur la situation des divisions de la flottille – « *quelle espèce de difficultés on pourrait éprouver pour les mettre à la mer* » –, sur l'artillerie et l'armée du camp de Boulogne en général « *car le temps n'est pas éloigné où nous commencerons enfin nos opérations* »[232].

Le canevas général du grand dessein est une synthèse entre les idées débattues depuis plusieurs mois, les expéditions d'outremer de décembre 1804 et la prise en compte des deux nouveaux

Plan du 2 mars 1805

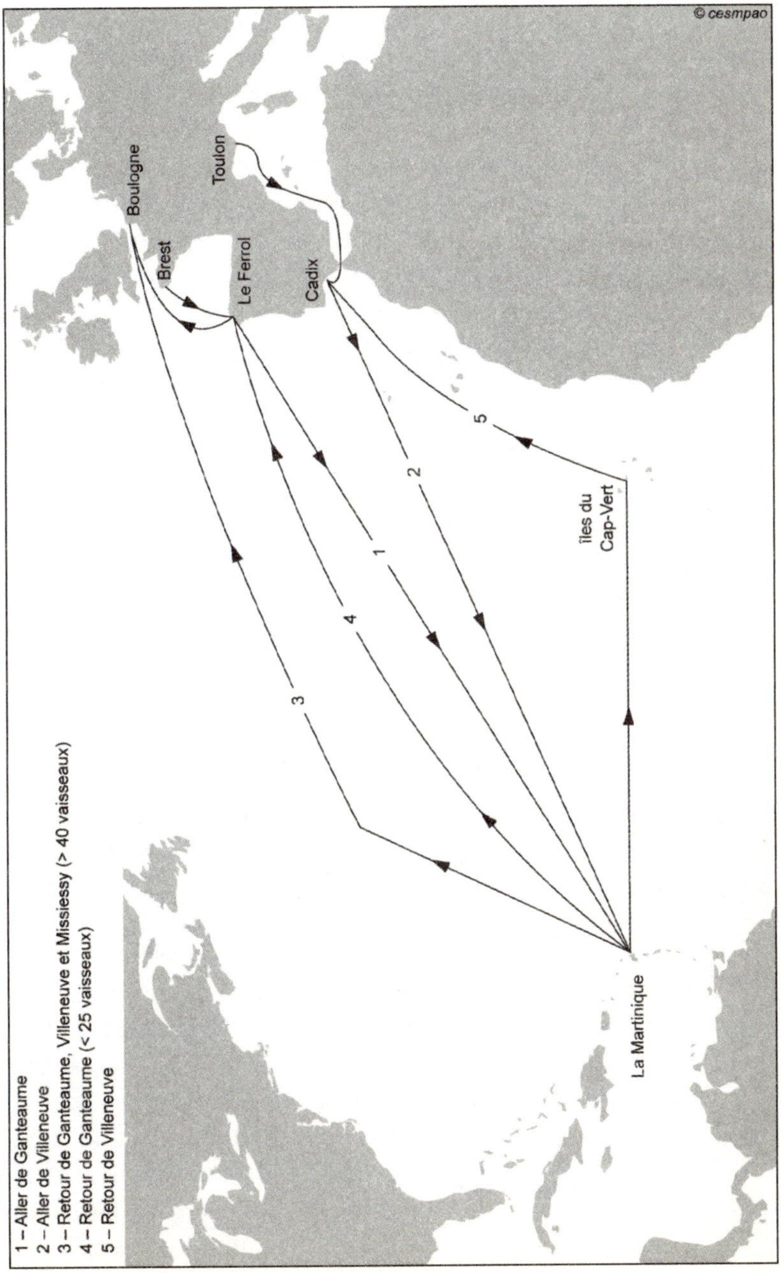

paramètres: l'alliance espagnole et la présence de Missiessy aux Antilles. Cette manœuvre est napoléonienne en diable. Elle intègre les principes qui réussissent si bien à Napoléon sur les champs de bataille terrestres – initiative de l'attaque, concentration sur les arrières de l'ennemi, vitesse, mobilité, surprise, attaque du fort au faible.

Par rapport aux moutures précédentes, Napoléon engage la totalité de ses forces navales augmentées de celles de l'Espagne. Cette concentration est supposée lui donner les quarante vaisseaux – par une curieuse rémanence de l'Histoire chiffre fétiche de Richelieu – avec lesquels tout lui paraît possible, en l'occurrence affronter une quelconque concentration ennemie à l'ouvert de la Manche et obtenir pour quelques jours la maîtrise temporaire du théâtre principal – le pas de Calais –, préalable à la traversée de la flottille transportant la Grande Armée. Napoléon entend ainsi retourner contre la Royal Navy son avantage de la supériorité numérique et appliquer au point décisif la stratégie du fort au faible contre ses forces dispersées.

Napoléon a définitivement tranché en faveur de l'escadre de Brest pour tenir le rôle principal dans la manœuvre. Ce choix accroît sensiblement l'incertitude du résultat, puisque la principale escadre française est aussi la plus surveillée par les Anglais. Napoléon connaît toutes les tentatives avortées de Ganteaume pour sortir des rades de Bertheaume et Camaret, mais il parie sur les vents d'équinoxe qui sont censés déchaîner une tempête providentielle, disperser la croisière anglaise et libérer le goulet. Une fois l'escadre de Brest débloquée, les trois autres forcements de blocus ne devraient pas poser de grandes difficultés : Villeneuve devrait duper une nouvelle fois Nelson, trop éloigné pour empêcher sa sortie ; les croisières anglaises de Cadix et du Ferrol devraient tomber comme des dominos, voire être capturées comme au Ferrol. Le dispositif anglais désarticulé, Napoléon mise sur le désarroi que devraient susciter l'inconnu des mouvements français, la perte de l'initiative des opérations et le raid inattendu aux Antilles. L'élément nouveau dû à l'introduction de Missiessy dans le grand dessein est précisément la concentration aux Antilles. Elle participe de l'effet de surprise escompté par Napoléon, mais elle crée une prise de risque supplémentaire. Elle se situe sur les arrières de l'ennemi comme il sied en stratégie, mais elle présente l'inconvénient d'être trop éloignée du centre de gravité de la manœuvre en Manche. Napoléon parie sur l'"intérêt du sucre", si puissant au Parlement britannique, pour provoquer la dispersion des forces anglaises qui devraient se lancer aux trousses des escadres françaises chargées de troupes, ce qui prolongerait leur dispersion et permettrait de porter le coup décisif.

Or la reprise de l'idée d'embarquer un corps expéditionnaire pour désorienter les Anglais tout en renforçant les garnisons antillaises constitue justement un handicap dans la mesure où les vaisseaux encombrés de troupes non amarinées ne sont plus tout à fait des bâtiments de guerre tant ils perdent en qualités opérationnelles. De plus, la synchronisation des déplacements et la jonction de trois escadres constituent une véritable gageure au regard des conditions techniques de l'époque, des grandes distances et de la lenteur des communications. La durée des traversées très aléatoire contraint Napoléon à introduire des délais d'attente. Ces "battements" risquent de se transformer en gaspillage de temps et constituer « *une violation constante du principe de l'activité* » qui est au cœur de la manœuvre napoléonienne. La question se pose de l'utilité de l'envoi de Ganteaume aux Antilles, alors que Napoléon sait que certains de ses vaisseaux sont en si mauvais état que ce voyage pourrait être leur dernier. Villeneuve et Missiessy ne pouvaient-ils constituer une masse de manœuvre suffisante comme dans la version de 1804 ? Obnubilé par la loi des grands nombres, Napoléon entend attaquer du fort au faible avec la totalité de ses forces disponibles. Constante de ses combinaisons depuis décembre 1803, il recherche l'effet de surprise grâce à l'irruption en Manche de forces que les Anglais n'attendent pas alors qu'il a de fortes probabilités de « *se heurter à une riposte simple, facile et applicable à tous les cas* » [(233)], servie par la géographie. Le retour offensif est le seul moyen de contrer les atouts des Anglais.

Napoléon pense se jouer d'eux et leur donner une leçon de stratégie en allant à l'encontre des « *vieilles routines* ». Le problème est que son plan n'est pas une nouveauté. Il s'inscrit dans la continuité de tous les plans de descente du XVIIIe siècle visant à obtenir la dispersion des forces anglaises grâce à des diversions pour faire baisser la pression en Manche et tenter de desserrer l'étau du blocus rapproché. L'Amirauté n'est pas dupe de la finalité des diversions montées par la marine française et a institué, depuis le XVIIe siècle, la consigne générale et permanente du ralliement sous Ouessant à toutes ses escadres qui perdraient le contact avec des forces ennemies. Cette parade est mise en exergue par les historiens et présentée comme une faute de conception du plan de Napoléon qui n'aurait pas tenu compte de cette évidence stratégique. En fait, la consigne n'est pas toujours exécutée avec automatisme. Les événements vont d'ailleurs démontrer que Napoléon n'a pas tout à fait tort de tabler sur les fautes de l'ennemi et sur sa nervosité. De toute façon, étranger aux choses de la mer, il ne peut se laisser paralyser par la stratégie défensive anglaise comme le sont les marins français. Son plan est conforme à sa manœuvre sur terre, consistant à marcher « *droit au but sans se préoccuper en rien du plan stratégique de l'ennemi* » (Clausewitz). Mais sur les champs de bataille, la présence de Napoléon galvanise les troupes – selon Wellington, elle équivalait à celle de 40 000 hommes supplémentaires – et pallie les hésitations de ses maréchaux. Qu'en sera-t-il en mer avec des marins tétanisés par la riposte prévisible des Anglais ? En tout cas, Napoléon juge qu'il convient de courir le risque et que l'enjeu concernant les destinées de la France en vaut la peine.

Dernière nouveauté du grand dessein, Napoléon admet la nécessité de livrer bataille, une première fois pour capturer les forces anglaises devant Le Ferrol et la seconde comme point d'orgue de la manœuvre, Ganteaume devant « *attaquer les navires anglais qui pourraient l'attendre* » à l'ouvert de la Manche. En 1803, Napoléon pensait que la flottille pourrait franchir le détroit grâce à sa propre valeur combative, sans l'appui des escadres. En 1804, il admettait l'obligation de ce soutien, mais pensait qu'il pourrait être apporté sur les lieux mêmes de la traversée tout en évitant une rencontre avec les forces adverses. En 1805, il a pris conscience que rien n'est possible sans que la Manche soit balayée par un acte de force, qu'il faudra presque sûrement combattre avant d'arriver à Boulogne. Il se résout à prévoir ce choc, ainsi qu'il le fait sur terre.

Napoléon est censé connaître le dispositif anglais dont il entend se jouer. De façon régulière, Decrès lui fournit des états de la Royal Navy, élaborés à partir de la presse anglaise, des correspondances, des documents officiels ou saisis, des informations collectées par les bâtiments de guerre, des rapports des commissaires des relations commerciales en poste dans les ports étrangers et de la 5e division du ministère de la marine procédant aux interrogatoires des prisonniers ou des déserteurs. Un rédacteur de la 2e division du ministère de la marine (Opérations, Constructions navales, Travaux portuaires) – « *un homme habitué qui connaît parfaitement les localités, les vaisseaux eux-mêmes et jusqu'aux responsables qui les commandent* » (234) – est plus spécifiquement chargé de tenir à jour, par divers recoupements, l'état précis des vaisseaux de chaque escadre et du nom de leurs commandants. Il semblerait que des agents du ministère des relations extérieures soient également affectés à la collecte et au recoupement des informations sur les mouvements des forces navales anglaises, transmises à Napoléon dans « *une boîte à compartiments* » portative (235).

Le premier à être informé de la teneur du grand dessein a été le Premier ministre espagnol, Manuel de Godoy y Álvarez de Faria (1767-1851), surnommé le Prince de la Paix suite à la signature du traité de Bâle de 1795. Napoléon s'inquiète du retard pris par les préparatifs espagnols et dépêche à Madrid un *missi dominici*, son aide de camp le général Junot, pour les accélérer (236). Il exige la mise à disposition entre le 20 et 30 mars de six vaisseaux de ligne et de deux ou trois frégates à Cadix, commandés par l'amiral Gravina, et autant de bâtiments au Ferrol, sous les ordres d'un amiral « *sûr* ». Paradoxalement, le maillon faible du plan est l'alliance espagnole qui a suscité sa conception. Les marins français y sont très hostiles. De Broglie, le concepteur du projet de descente sous Louis XV, préconisait des diversions séparées pour chacune des deux flottes. Forfait, lui-même, pourtant jamais en mal de propositions déraisonnables, déconseille vivement l'amalgame avec la flotte espagnole : « *C'est un désavantage inappréciable que la réunion de plusieurs langues et de plusieurs pavillons.* » La solution de l'intégration des forces espagnoles a échoué sous Louis XVI, lors de la guerre d'Amérique. Elle s'est avérée tout aussi calamiteuse en 1796, même si Napoléon en fait porter la responsabilité sur l'amiral Mazarredo qui *« n'a ni le génie ni le cœur à la guerre »* [237]. Sans tirer de leçons du passé, Napoléon prévoit l'amalgame des escadres françaises et espagnoles. Il pense détenir un atout majeur en la personne de l'amiral espagnol, le duc Federico Carlos de Gravina. Né en 1756, celui-ci passe pour le bâtard du roi Charles III. Élevé à l'Académie des gardes de la marine de Carthagène, il fit ses débuts en luttant contre les Barbaresques, puis défendit Toulon en 1793 contre les forces républicaines françaises, ce qui lui valut d'être promu contre-amiral. En 1797, il accompagna Mazarredo à Brest et gagna la confiance de Bonaparte. En mai 1804, il fut envoyé à Paris comme ambassadeur de la reine d'Étrurie et en cette qualité assista au sacre de Napoléon. Il est son interlocuteur privilégié pour les questions relevant de la marine espagnole. Or s'il partage la croyance de Napoléon dans la dispersion des forces britanniques au cas où des *« forces considérables, décisives et supérieures »* [238] seraient expédiées aux Antilles, il est par contre très sceptique sur les capacités des arsenaux espagnols à armer plus de vingt-cinq vaisseaux à l'échéance de mars 1805. Fortement endettés, les Espagnols ont massivement désarmé en 1802 et amarré par quatre leurs vaisseaux en rade où ils pourrissent. Napoléon aurait dû être échaudé par le mauvais état des cinq vaisseaux de 74 canons, livrés par l'Espagne en vertu du traité secret de San Ildefonso d'octobre 1800, qui avait révélé la déliquescence de la marine espagnole. D'autant qu'il est régulièrement informé des carences des arsenaux du Ferrol ou de Cadix. Mais Napoléon est inaccessible à tous les arguments démontrant le caractère asymétrique, voire dangereux de l'alliance espagnole et ne voit que le renfort impromptu de vaisseaux dans ses *« calculs hypothétiques »*.

La faille la plus grave du grand dessein est sans doute l'obsession de Napoléon pour le nombre, sa croyance dans la puissance de la masse indépendamment de critères qualitatifs. Sur le papier, la flotte combinée franco-espagnole rétablit sans conteste l'équilibre des forces avec les escadres anglaises déployées dans les eaux européennes. Mais dans la réalité, un abîme qualitatif sépare les deux adversaires. La flotte espagnole souffre des mêmes maux que la marine française. Des architectes comme don José Romero

y Landa ont hissé les constructions navales espagnoles au meilleur rang. Les constructions en bois de très bonne qualité sont très solides, au point qu'il leur a été reproché l'emploi du teck, bois imputrescible mais très lourd, qui expliquerait la « lenteur espagnole » dans certaines opérations de la guerre d'Amérique. Mais les arsenaux sont ensuite incapables d'armer et d'entretenir correctement ces bâtiments. L'Espagne, au bord de la banqueroute, ne s'est pas relevée de la guerre contre la France de 1793 à 1795 et contre l'Angleterre de 1796 à 1802. La disette sévit. Contrecoup du blocus anglais, les munitions navales manquent cruellement au détriment de la qualité des mâtures, filins et toiles à voile qui laissent franchement à désirer et se brisent ou se déchirent au moindre vent. Depuis 1792, l'Espagne n'a pas fondu un seul canon de marine. Les défauts du matériel sont aggravés par les carences en ressources humaines. La fièvre jaune en ravageant les côtes d'Andalousie et de la province de Murcie a opéré des coupes claires dans les populations maritimes et aggravé sensiblement le déficit chronique en matelots. Les Espagnols sont contraints d'improviser des équipages en recourant à l'expédient de la presse, pourvoyeuse de marginaux sans qualification.

Refusant de prendre en compte les signes de la déliquescence de la flotte espagnole, Napoléon attend monts et merveilles de l'accord naval du 8 janvier dont l'exécution est confiée à Gravina, en dépit des réticences de la cour de Madrid. Avisé du départ prochain de l'escadre, Gourdon multiplie les dépêches alarmantes. Le 17 mars, il indique qu'au Ferrol, cinq vaisseaux espagnols sont « *matériellement prêts et quoi qu'ayant des équipages tout neufs et mal formés* » [(239)], que l'amiral Grandellana déploie une grande activité, mais que les vivres font défaut. L'escadre espagnole est approvisionnée à cinq jours de biscuits. « *On ne peut compter sur aucun espagnol pour une prompte sortie* » conclut-il. En fait d'allié, la marine française voit son fardeau singulièrement alourdi.

Par ailleurs, le mode de commandement de Napoléon complique singulièrement l'exécution du grand dessein. Par crainte naturelle de l'espionnage ennemi, Napoléon entoure ses projets du plus grand secret. Comme il l'avait fait précédemment pour l'expédition d'Égypte, il ne met pas dans la confidence ses grands exécutants. En 1798, l'amiral Brueys n'avait appris sa destination finale qu'une fois arrivé en haute mer, ce qui était désagréable sur le plan humain, mais sans conséquence sur le plan stratégique, puisque le commandant en chef de l'expédition était à bord de la flotte. En 1805, le culte du secret risque de contrecarrer le bon déroulement de la manœuvre. C'est une tradition bien française que personne, à l'exception de quelques privilégiés triés sur le volet, ne puisse pénétrer les desseins du grand homme. Un mystère destiné à accroître son prestige. Le seul des exécutants à être informé des intentions de Napoléon est Ganteaume, qui, ironie de l'histoire, restera arrimé à Brest. Aux Villeneuve, Missiessy et Gourdon, commandants en sous-ordre, ne sont adressés que des renseignements fragmentaires et cloisonnés. Dans l'ignorance du schéma général, ils sont incapables de prendre une quelconque initiative qui pourrait favoriser le déroulement de la manœuvre ; *a contrario*, ils peuvent même contribuer puissamment à son échec. La petite phrase sibylline qui conclut les instructions de Napoléon, « *les destinées de l'armée navale auront une grande influence sur les destinées du monde* », met la puce à l'oreille de Villeneuve, lequel réclame auprès de Decrès des précisions pour fixer les points de rendez-vous en cas de séparation : « *Le second rendez-vous paraîtrait devoir être à la Martinique ; mais (je ne sais si je me trompe) malgré que votre lettre soit positive à ce sujet, je soupçonne que la Martinique n'est pas le véritable point de ma destination.* » (240) Il n'en saura pas plus. Ce n'est qu'à la Martinique, quatre-vingt-quatre jours plus tard, qu'il connaîtra sa destination finale ! Pourtant lors de son entretien avec Decrès, au moment de sa nomination au commandement de l'escadre, il a été mis dans le secret du plan de La Touche-Tréville et son avis requis. Or le grand dessein n'est qu'une variante de plus grande envergure du plan de 1804. Mais qu'importe, Villeneuve n'est pas La Touche-Tréville et Napoléon n'a décidément pas confiance dans ses grands subordonnés marins. D'ailleurs, comble du comble, le seul homme de l'escadre toulonnaise à être mis dans la confidence est le général Lauriston, par une dépêche à décacheter au large de Cadix, dans laquelle celui-ci apprend qu'il est « *destiné à faire partie de la Grande Armée* » (241) et à prendre le commandement du corps expéditionnaire une fois la jonction réussie.

Il est tenu au secret le plus absolu même à l'égard de Villeneuve ce qui ne se justifie nullement une fois la jonction faite avec Gravina à Cadix. Ces cachotteries ridicules assoient le pouvoir de Lauriston sur Villeneuve. Le 16 mars, Napoléon lui a transmis d'ailleurs de bien curieuses instructions : « *Vous redonnerez constamment de l'énergie et de la décision à nos amiraux pour aller droit au but, sans se laisser intimider aussi facilement qu'ils ont l'habitude de le faire.* » (242) Lauriston va s'investir pleinement dans ce rôle de mouche du coche à la grande exaspération de Villeneuve.

Pour épaissir le mystère autour de ses intentions, Napoléon recourt à l'habituel stratagème de la désinformation et fait courir la rumeur du départ d'une expédition aux Indes. Villeneuve embarque des cartes – « *dix Neptunes orientaux de D'Après* » – pour accréditer son appareillage pour les Indes. À Toulon, les rumeurs vont bon train : « *On croit généralement que les vaisseaux en bon état sont destinés pour l'Inde, et que les vieux et les mauvais sont pour se réunir à une escadre combinée qui doit se former à Cadix.* » (243). En creux, une rumeur bien instructive sur l'état réel de l'escadre toulonnaise.

Avec le retour des opérations, Napoléon revient, comme un leitmotiv, sur l'insuffisant armement des vaisseaux. Cette fois, il se focalise sur les caronades (244) : « *Dans cette guerre, les Anglais sont les premiers qui se soient servis de caronades, et partout ils nous font grand mal. Il faut se dépêcher de perfectionner leur système, car le raisonnement est tout entier, à la mer, pour le système des gros calibres, et il faudrait mettre des calibres de plus de 36, si ce n'était la difficulté de lever le boulet.* »*. Decrès tente pour la énième fois de justifier l'incapacité technique des fonderies à fabriquer de telles pièces. Ce n'est que de la négligence, lui répond un Napoléon excédé, « *les excuses sont vaines ; ce n'est point avec des excuses qu'on gagne des batailles. Les vaisseaux, frégates, bricks, doivent tous être armés de caronades de 36* » (245). C'est toujours plus facile à dire qu'à faire. Il est à noter que les caronades réclamées à cor et à cri par Napoléon seront installées en 1806, après Trafalgar !

---

*Le boulet de 36 était jugé le poids le plus élevé qui puisse être manié par la force musculaire d'un homme pendant plusieurs heures de combat.

Une fois la décision prise, Napoléon exige une application foudroyante, sans délais. Il met sous pression Ganteaume, « *nous voilà le 15 mars ; il n'y a pas un moment à perdre. Ne perdez pas de vue les grandes destinées que vous tenez dans les mains* » [(246)]. De Toulon parvient une nouvelle préoccupante. Le *Pluton*, frais sorti de l'arsenal, est à peine mis sur rade le 16 mars qu'il casse son mât d'artimon [(247)]. Une défectuosité inouïe sur un vaisseau neuf qui révèle les négligences de l'arsenal et ses difficultés d'approvisionnement en pins de bonne qualité. Le mât doit être remplacé dans l'urgence. Villeneuve se ronge d'inquiétude. Une dépêche de Napoléon du 22 mars le prévient qu'il « *attend avec impatience son départ* » dans quatre jours au plus tard [(248)]. Le même jour, Napoléon double sa dépêche de directives à l'intention de Lauriston, ce qui démontre que l'affaire Linois comme le faux départ de Villeneuve ont accru ses préjugés à l'égard des marins : « *Nos amiraux ont besoin de hardiesse pour ne point prendre des frégates pour des vaisseaux de guerre et des vaisseaux marchands pour des flottes. Il faut de la décision dans les délibérations, et, l'escadre une fois sortie, aller droit au but, et non relâcher dans les ports ou revenir.* » [(249)]

Dans le même temps, Napoléon reporte son attention sourcilleuse sur la flottille. Celle-ci perd son commandant en chef. Venu à Paris pour le sacre, Bruix n'en est plus reparti et y meurt le 18 mars. Selon sa cousine, la comtesse de Boigne : « *Il professait l'athéisme comme un philosophe du dix-huitième siècle ; sa femme, dans les mêmes principes, n'avait pas voulu laisser approcher un prêtre ; il mourut dans la nuit.* » [(250)] Sa mort ne provoque pas de vacance du commandement puisque depuis novembre, son cousin, le contre-amiral Lacrosse, assurait son intérim. Celui-ci lui succède tout naturellement. Pendant l'hiver, l'armée est demeurée l'arme au pied dans les camps échelonnés de Bruges à Montreuil. Dans son rapport général du 8 mars, Soult affiche un optimisme de bon aloi : « *La situation de l'armée est très satisfaisante, l'esprit en est très bon, le dévouement sans exemple, la désertion presque nulle, la discipline sévère.* » La réalité est plus nuancée. L'armée a des états d'âme et commence à trouver pesante son inaction. Signes révélateurs du mauvais moral de la troupe, la proportion des malades dépasse le seuil inquiétant de cinq pour cent des effectifs et les conseils de guerre siègent en permanence pour régler des délits divers (désertions, actes de pillage, etc.). Dans la flottille, marins et officiers sont punis quotidiennement pour être allés à terre sans permission. Les infrastructures endommagées durant l'hiver doivent être remises en état par Sganzin. Napoléon juge qu'il est temps de remobiliser Boulogne et la flottille : *« Il n'y a plus un moment à perdre, pour faire travailler au nettoyage des ports de Boulogne et d'Ambleteuse. »* (251) Comme l'aménagement du port d'Ambleteuse a coûté la bagatelle de 4 millions de travaux en deux ans et demi, ce qui n'empêche pas son ensablement constant, Decrès ne manque pas une occasion de vilipender les travaux de Sganzin et de se plaindre de ce *« tonneau des Danaïdes »* (252). Le mauvais temps persistant interdit le déploiement de la ligne d'embossage devant Boulogne. Le 8 avril, Napoléon s'agace de la lente mobilisation de la flottille et s'en prend à son chef : *« On m'avait tant vanté Lacrosse ! Il paraît qu'il dort. Ordonnez à ce préfet maritime de visiter lui-même, et faites-lui connaître que je le rendrai responsable de tous les abus que je trouverai à Boulogne. »* (253) Les opérations de concentration de la flottille reprennent sous les coups conjugués des divisions anglaises et des intempéries. En avril, sur les trente-sept bâtiments amenés du Havre par Hamelin, vingt et un sont jetés à la côte à l'entrée du port. Le 11, Napoléon donne l'ordre au vice-amiral Verhuell de déclencher la concentration de la flottille batave à Ambleteuse : *« L'heure de la gloire n'est peut-être pas éloignée de sonner ; cela dépend, au reste, de quelques chances et de quelques événements. »* (254)

Au moment où Napoléon remet en ordre de bataille son dispositif sur la Manche et taraude ses escadres pour appareiller, il ne croit pas si bien dire. Le sort a déjà plombé son grand dessein. Napoléon avait calculé que le contrordre destiné à Missiessy, parti le 27 février, lui parviendrait vers la fin mars-début avril, c'est-à-dire avant son départ des Antilles. Mal lui en a pris, il a trop tardé pour envoyer son contrordre, pourtant crucial pour la manœuvre future. Missiessy a fait diligence et quitte les Antilles le 28 mars sans l'avoir reçu. *« Premier grain de sable dans les rouages de l'énorme machine que le génie de l'Empereur avait remise en mouvement. »* (255) Mais comme aimait à le répéter Napoléon, *« l'art de la guerre est un art tout simple et tout d'exécution »*, or cette exécution revient aux amiraux.

LE LANCEMENT DU GRAND DESSEIN ET LA RÉACTION ANGLAISE

Les préparatifs des escadres sont achevés. La campagne peut commencer. Le 24 mars, Ganteaume télégraphie que « *l'armée navale est prête et peut mettre sous voiles demain soir ; mais il y a dans l'Iroise quinze vaisseaux anglais et il est impossible de sortir sans risquer le combat. Le succès n'est pas douteux. J'attends les ordres de Votre Majesté* » [256]. La réponse de Napoléon est catégorique : « *Une victoire navale dans cette circonstance ne conduirait à rien. N'ayez qu'un seul but, celui de remplir votre mission. Sortez sans combat. Ce qui doit vous rejoindre est parti.* » [257] Un créneau vient d'être irrévocablement perdu selon l'historiographie, prompte à voir dans la décision impériale « *les germes de tous les déboires successifs* » [258], d'autant que quatre jours auparavant Cornwallis, malade, est rentré en Angleterre. En tout cas, Ganteaume voit sa tâche singulièrement compliquée. Dans ses instructions du 2 mars, Napoléon a omis de rappeler l'axiome d'une sortie sans combat, présent dans toutes les moutures du plan, tant il est évident pour lui. Son avis est inchangé sur les risques encourus par ses forces navales en cas de bataille rangée, tout au plus s'est-il résolu à admettre un combat en fin de campagne pour s'assurer la maîtrise de la Manche. Pour lui, il est hors de question de compromettre son escadre lors d'une sortie de vive force de Brest. Ganteaume est contraint d'attendre une nuit sans lune pour s'échapper ou des conditions atmosphériques exécrables qui chasseraient la croisière anglaise et lui ouvriraient la route des Antilles, à l'exclusion de tout autres solutions.

Le 26, il profite de la brume pour hisser le signal d'appareillage. L'escadre s'engage dans le goulet. L'avant-garde parvient à hauteur de Bertheaume lorsque, la brume se dissipant, l'*Inshore Squadron* donne l'alerte. Les vigies françaises annoncent non plus quinze vaisseaux ennemis comme le 24, mais dix-huit qui se profilent à l'horizon. Dans l'espoir d'un coup de vent salvateur, Ganteaume jette l'ancre sous la protection des forts. Les Anglais se rapprochent, l'ordre est donné de se tenir prêt à « *couper les câbles et à se mettre en ligne* ». La canonnade commence à grande distance, quand les Français médusés voient l'escadre anglaise faire demi-tour.

Elle se maintient hors de portée de canon toute la journée. Dangereusement exposé, Ganteaume attend à chaque instant une attaque. Celle-ci ne se produit pas, empêchée par un vent faible et variable. Le 27 au matin, le temps est menaçant. L'ennemi reste en vue, sans serrer la terre, sauf l'*Inshore Squadron* aux aguets à quelques milles des Français. Le mouillage est intenable. Ganteaume se résout à regagner Brest. Il informe aussitôt Decrès de ses déconvenues: «*Je viens, mon ami, de passer deux jours affreux sur la rade de Bertheaume* [...]. *L'ennemi pouvait nous attaquer: il avait dix-huit vaisseaux, un dix-neuvième était au sud et pouvait se rallier aux autres; nous avons vu huit vaisseaux à trois ponts; ses équipages étaient, sans contredit, beaucoup mieux instruits et organisés que les nôtres.*» [(259)] Il ne donne pas l'impression d'un homme frustré de sa chance: «*Je ne sais quelle eût été l'issue d'un pareil combat, mais, dans tous les cas, que de reproches n'eût-on pas été en droit de me faire de n'avoir pas su l'éviter.*» Finalement, Napoléon avait vu juste. Commence pour Ganteaume une pénible attente où ses nerfs vont être mis à rude épreuve. Le grand dessein est sérieusement compromis par ce deuxième mécompte qui s'ajoute au retour inopiné de Missiessy.

Pour compliquer la donne, Napoléon quitte Fontainebleau le 2 avril pour l'Italie au grand désespoir de Decrès, qui voit le délai de transmission des dépêches s'allonger au fur et à mesure de l'éloignement de l'Empereur. Napoléon pense «*donner le change*» aux Anglais et leur voiler ses véritables intentions en allant se faire couronner roi d'Italie. À l'annonce du retour de l'armée navale, il est supposé revenir en cinq jours à Boulogne et fondre sur l'Angleterre alors qu'on le croirait encore au-delà des Alpes. Un stratagème qui n'aura d'autre effet que de porter à dix jours le délai de transmission aller-retour des dépêches avec son ministre de la marine.

Comme prévu, Villeneuve est sorti sans difficultés de Toulon. Dès qu'une brise d'ouest se lève le 30 mars à 16 heures, il donne l'ordre d'appareillage à son escadre composée de onze vaisseaux (dont quatre de 80 canons), cinq frégates, une corvette, un brick et 3411 hommes de troupes [(260)]. D'après le préfet maritime Émeriau, ses équipages sont au complet – 10 608 hommes – grâce aux

150 matelots fournis par la presse et le désarmement partiel de plusieurs frégates, ce qui a « *épuisé dans le quartier toutes nos ressources en gens de mer, il ne reste plus de moyens pour pourvoir au complet des bâtiments de l'arrondissement* » [(261)]. Mais qu'importe, la mission principale est exécutée. Comme lors de la sortie ratée de janvier, Villeneuve a hissé sa marque sur le *Bucentaure* et Dumanoir sur le *Formidable*. Une lettre « *particulière* » adressée à Decrès prouve que son moral ne s'est pas relevé depuis sa fausse-sortie et qu'il croit déjà ses chances compromises : « *Je pars, mon cher général ; Dieu veuille que la fortune me continue ses faveurs, car j'en ai, je crois, bien besoin.* » [(262)] Deux frégates anglaises en croisière surveillent de loin la progression de l'escadre française qui met cap au sud. Elles renouvellent l'erreur de janvier et abandonnent toutes deux en même temps le contact pour aller prévenir Nelson qui croise dans le golfe de Palmas où il a convenu d'un rendez-vous avec un bâtiment ravitailleur.

Villeneuve profite du vent d'est pour serrer la côte d'Espagne. Il se présente le 7 avril devant Carthagène où, contretemps malencontreux, il tente en vain d'entraîner le contre-amiral Salcedo et ses six vaisseaux : « *Le commandant des vaisseaux ne se crut pas autorisé à mettre sous voiles avant d'avoir reçu les ordres et les instructions qu'il attendait d'un jour à l'autre.* » [(263)] Manifestement les Espagnols ne sont pas prêts. Refusant à juste titre d'attendre, Villeneuve met le cap sur Gibraltar. Il est tout étonné d'avoir déjoué Nelson, mais sa progression est sérieusement ralentie par l'*Atlas* qui « *marche horriblement mal, mais je le fais remorquer par le* Neptune » [(264)] écrit-il à Decrès. En marge de cette lettre, Decrès annote rageusement : « *Ce vaisseau là sera très incommode et va casser le* Neptune. » Une annotation destinée à Napoléon, seul responsable de cet armement insensé en dépit de toutes les mises en garde. Mais d'autres déboires sont à prévoir comme le laisse présager le rapport de Lauriston : « *Nous partirons avec plusieurs grèements neufs, c'est un malheur, car les chanvres sont très mauvais. Nos dernières avaries ne proviennent que de la mauvaise qualité des cordages.* » [(265)] Le 9, à 9 heures, Villeneuve franchit le détroit de Gibraltar, sous les salves des batteries de la forteresse. Il se présente au crépuscule devant Cadix d'où il chasse les cinq vaisseaux de la division de blocus du vice-amiral Orde. Conformément à ses instructions, il n'entre pas dans le port et attend sous voiles la sortie de Gravina. L'escadre espagnole composée de deux vaisseaux de 80 canons (*Argonauta*, *San Rafael*), d'un de 74 canons (*Terrible*), de deux de 64 canons (*América*, *España*) et d'une frégate (*Santa Magdalena*) doit appareiller de conserve avec le vaisseau français l'*Aigle*, la corvette *Torche* et le brick *Argus*. Villeneuve repart à 2 heures du matin, avec l'assentiment de Gravina : « [Il] *me fit répondre qu'il partageait mon impatience, que je pouvais faire le signal d'appareiller et qu'il allait le répéter à son escadre.* » L'escadre française est rejointe par l'*Aigle* et l'*Argonauta*, portant la marque de Gravina, et le lendemain par l'*América*.

Mais le départ s'est fait dans une telle précipitation que quatre vaisseaux espagnols manquent à l'appel et vont gagner la Martinique comme ils peuvent. Le général Reille est médusé par un tel empressement qui prend des allures de panique : « *Le sort de ces vaisseaux se trouve compromis et ils peuvent assurer le succès de l'expédition ; il ne fallait pour cela qu'attendre deux ou trois heures.* » (266) En dépit des assurances de Gravina sur la « *meilleure union et intelligence avec les Français* », les Espagnols éprouvent du ressentiment à l'égard de Villeneuve, un chef manquant de sang-froid et dont l'inconséquence aurait pu tourner au drame si Orde avait fondu sur les bâtiments isolés. Dans l'ignorance du grand dessein, Villeneuve se contente de l'exécution ponctuelle et empressée du mouvement prescrit vers les Antilles. Il se lance dans l'Atlantique comme s'il avait le diable aux trousses. « *Commença cette interminable traversée, où mal commandés, retardés par des navires d'une marche inférieure, nous parcourûmes les mers, comme hantés par le spectre de Nelson* » (267), rapporte Gicquel des Touches.

Or ce n'est pas le cas. Nelson s'est fourvoyé une nouvelle fois. Après le faux départ de Villeneuve en janvier, Nelson a fini par faire voile vers Toulon où il a pu constater l'embarquement de troupes, annonciateur d'un appareillage imminent. Convaincu que la destination probable du Français était l'Égypte, Nelson est retourné prendre position dans le golfe de Palmas, d'où il peut couvrir Naples et la Sicile tout en barrant la principale route maritime vers l'Égypte. C'est là qu'il apprend, le 4 avril, le départ de Villeneuve faisant route au sud. Il fait parvenir cette nouvelle à l'Amirauté, en précisant: «*Je pars pour l'Égypte.*» Comme s'il était condamné à revivre à l'infini la course-poursuite de 1798, il s'enferre dans son idée fixe. Il se porte le 7 sur l'île d'Ustica, dans le nord de Palerme. Ce même jour, Villeneuve se trouve au large de Carthagène. Napoléon ne se trompait pas en pariant sur l'obsession égyptienne de Nelson pour faciliter sa manœuvre. Tacticien hardi et imaginatif, Nelson s'avère un médiocre stratège dans la mesure où il n'a jamais réussi à comprendre que la stratégie est une science, sinon exacte, du moins fondée sur des faits et non des intuitions. Il n'a pas conscience qu'en 1805 le problème stratégique de l'Angleterre est la menace d'invasion que fait peser Napoléon, qu'en conséquence le centre de gravité stratégique se trouve en Manche, et non au large de la Sardaigne ou à l'embouchure du Nil. Niant la menace de la flottille –sans doute à juste raison– qu'il avait toutefois affrontée sans succès en 1801, il a les yeux fixés sur la Méditerranée– il est vrai son aire de commandement–, et c'est ainsi que Villeneuve réussit, à deux reprises sans le vouloir, à le déjouer.

De son côté, Orde une fois chassé de devant Cadix file vers le nord renforcer le gros des forces anglaises. Lui, que Nelson décria en termes désobligeants, a une vision autrement plus clairvoyante de la situation stratégique que le plus illustre des chefs anglais: «*Je suis persuadé que l'ennemi ne restera pas longtemps à Cadix, et, à mon avis, il y a de fortes chances pour qu'il se dirige vers l'ouest, où, en concentrant rapidement plusieurs détachements, Bonaparte peut espérer avoir pour quelque temps la supériorité dans la Manche, qui lui permettrait de frapper son ennemi d'un coup mortel.*» [(268)] Contrairement aux calculs de Napoléon, il réagit avec méthode et applique la consigne générale de l'Amirauté. La barrière constituée des escadres de Gardner – Intérim de Cornwallis–, Orde et de Calder risque d'être infranchissable. Orde laisse le capitaine de vaisseau Sutton avec trois frégates au cap Saint-Vincent pour observer les mouvements de l'ennemi. Mais Sutton perd le contact, et annonce même le 22 avril que les Franco-Espagnols n'ont pas quitté Cadix!

Comme Villeneuve n'apparaît pas en mer Tyrrhénienne, Nelson quitte Ustica pour le golfe de Palmas. Il commence à douter du bien-fondé de son hypothèse. Le 10 avril, il est démoralisé : « *Toutes mes frégates sont en course et je ne sais rien.* » Il veut remonter vers Toulon, mais les vents contraires le fixent au sud de la Sardaigne du 11 au 15, sans qu'il puisse progresser d'un mille. Le 16, un navire de commerce lui apprend que l'escadre de Villeneuve a été vue le 7 au cap de Gata sur la côte d'Espagne. Le 18, Nelson informe l'Amirauté que, grâce « *à sa vigilance* » l'ennemi a jugé « *impossible d'entreprendre une expédition dans la Méditerranée* » (*sic*). Le lendemain, prévenu par une frégate en provenance de Gibraltar que les Français ont franchi le détroit le 9, il finit par admettre qu'il s'est fourvoyé et s'élance vers l'ouest, non sans laisser des frégates entre la Sardaigne et la côte d'Afrique. Le 19, de nouveau freiné par le vent, Nelson sombre dans le désespoir alors qu'il n'a parcouru qu'une vingtaine de milles depuis la veille : « *Ma bonne fortune semble envolée. Je ne puis avoir un vent qui ne soit contraire.* » En filigrane de ces sautes d'humeur, Nelson révèle son caractère : un esprit inquiet, cyclothymique voire maniaco-dépressif qui contraste singulièrement avec le chef déterminé et rapide dans ses décisions. En fait, les deux faces d'une même médaille pour un homme prenant sans cesse des risques. Le départ de Villeneuve a provoqué une crise stratégique. Nelson se perd en conjectures sur sa destination : les Antilles, le Brésil, Le Ferrol, Brest ou l'Irlande ? Il écarte les deux premières hypothèses pour retenir les deux dernières qui s'accompagneraient du déblocage du Ferrol. Nelson compte trouver dans les parages du cap Saint-Vincent la frégate *Amazon* envoyée en mission de renseignements. Si tel n'était pas le cas, il irait prendre position à cinquante lieues à l'ouest des îles Scilly et l'annonce à l'Amirauté. Il est à noter que ce positionnement n'est pas une application stricte de la consigne générale, mais une variante selon les vues personnelles de Nelson qui a l'habitude de se donner quelque latitude pour interpréter les instructions. Retardé par le mauvais temps, Nelson mouille à Tétouan le 5 mai, sans nouvelle de l'ennemi. « *Je crois que ma mauvaise chance va encore durer longtemps* [...]. *Je ne puis pourtant pas aller aux Antilles sur de simples suppositions et, d'autre part, si je tarde, la Jamaïque peut être perdue.* » Cruel dilemme pour un Nelson qui se sent coupable d'avoir laissé échapper Villeneuve.

À Londres, Pitt, sous la pression des parlementaires, nomme Premier lord de la mer un vieillard âgé de près de quatre-vingts ans, sir Charles Middleton, futur lord Barham, ancien *comptroller* de la Royal Navy de 1778 à 1790. Celui-ci n'a presque jamais commandé à la mer, mais il a une connaissance exceptionnelle de tous les rouages de la marine britannique et, depuis plus d'un quart de siècle, il est considéré comme « *l'âme de l'Amirauté et le pivot du service.* » Barham a pour tâche de deviner les intentions de Napoléon et de les contrecarrer : un adversaire inattendu. Les Anglais ont perdu l'initiative stratégique. Londres bruit des rumeurs les plus folles. Un agent anglais opérant à Paris donne une piste le 23 avril : « *On ne sait pas positivement la destination de l'escadre de Toulon qui est ressortie de Cadix ; on s'accorde après à l'envoyer aux Antilles* », pour ravager la Jamaïque précise le « *fils de l'Ami* », l'espion des Bourbons installé aux Tuileries[(269)]. Le 27, l'Amirauté donne l'ordre à Gardner de former sous le commandement du vice-amiral Collingwood un détachement composé de la division chassée de Cadix et de dix vaisseaux de l'escadre de la Manche pour courir aux Antilles si « *lord Nelson n'est pas à la poursuite de l'ennemi* ». Craignant d'affaiblir sa croisière au point de ne pouvoir retenir Ganteaume, Gardner, fidèle à la consigne générale oubliée par l'Amirauté, prend sur lui de suspendre le départ des deux divisions « *jusqu'à nouvel ordre et jusqu'à nouvel avis sur les mouvements de l'ennemi* ».

De son côté, Napoléon entend bien conserver son avantage stratégique. Il croit dur comme fer à la sortie de Ganteaume et à sa jonction avec l'escadre du Ferrol. Il lui prodigue des conseils comme s'il était un vieux loup de mer – « *le tout est de donner pour point de ralliement des parages où il n'y a point d'ennemis, et alors vous avez peu à craindre de sortir de nuit, n'ayant pas à redouter les séparations* »[(270)]. Les vents d'équinoxe sont si peu violents que la croisière anglaise se maintient en permanence dans l'Iroise. Ganteaume se morfond. Napoléon l'encourage : « *Si les vents ne vous ont pas encore permis de sortir, en vous tenant prêt à profiter de la première occasion, elle ne tardera pas à se présenter. Vous tenez dans vos mains les destinées du monde.* » [271] Mais il commence à douter. Or il apprend coup sur coup la jonction probable de Villeneuve et Gravina à Cadix, l'émoi suscité à Londres par la tentative de sortie de Ganteaume, les succès de Missiessy aux Antilles anglaises et le départ de l'amiral Cochrane à sa poursuite. Ces informations fournies par les journaux de Londres lui démontrent la faiblesse du dispositif anglais et aiguisent ses appétits : « *Il paraît qu'il n'y avait en effet que 500 hommes de troupes de ligne à la Dominique ; il n'y en a pas 1 000 à la Trinité. Il faut avouer que ces gens-là sont maîtres du monde à bon marché.* » [272] Napoléon revoit de fond en comble son plan d'opérations pour parer le probable non-départ de Ganteaume, immobilisé en rade de Brest par des calmes inhabituels à cette époque de l'année.

L'idée nouvelle est de confier à Villeneuve l'opération dévolue à Ganteaume, de procéder à la concentration au Ferrol et de débloquer de vive force Brest. Émoustillé par la campagne de Missiessy dramatisée par la presse anglaise avide de nouvelles à sensation, Napoléon entend profiter de la présence des troupes transportées aux Antilles pour étendre le domaine colonial français. Dans ses nouvelles instructions du 14 avril que le contre-amiral Magon doit lui porter avec deux vaisseaux, Napoléon annonce à Villeneuve qu'il devra attendre trente-cinq jours Ganteaume. Faute de quoi, il déposera ses troupes pour préserver les îles et opérera son retour « *directement et par le plus court chemin sur Le Ferrol* » où il débloquera les quinze vaisseaux franco-espagnols. Avec ses trente-cinq vaisseaux, il se présentera devant Brest et opérera sa jonction avec les vingt et un de Ganteaume, « *dans cette circonstance, notre intention est que vous ayez le commandement de toute l'armée navale* » [273]. À la tête de celle-ci, il foncera sur Boulogne. Les instructions de Decrès du 17 avril explicitent la pensée impériale [274]. En cas de jonction avec Ganteaume à la Martinique, les instructions du 2 mars sont « *maintenues dans leur intégralité* ». Mais durant la période d'attente de trente-cinq jours, Villeneuve attaquera une île anglaise, autre que la Dominique et Sainte-Lucie qui doivent déjà être en son pouvoir. Pour son retour sur Le Ferrol, Villeneuve doit s'attendre à livrer bataille à la croisière anglaise : « *Je ne puis que m'en référer à l'habileté et à la combinaison de vos manœuvres, pour tâcher*

Plan du 14 avril 1805

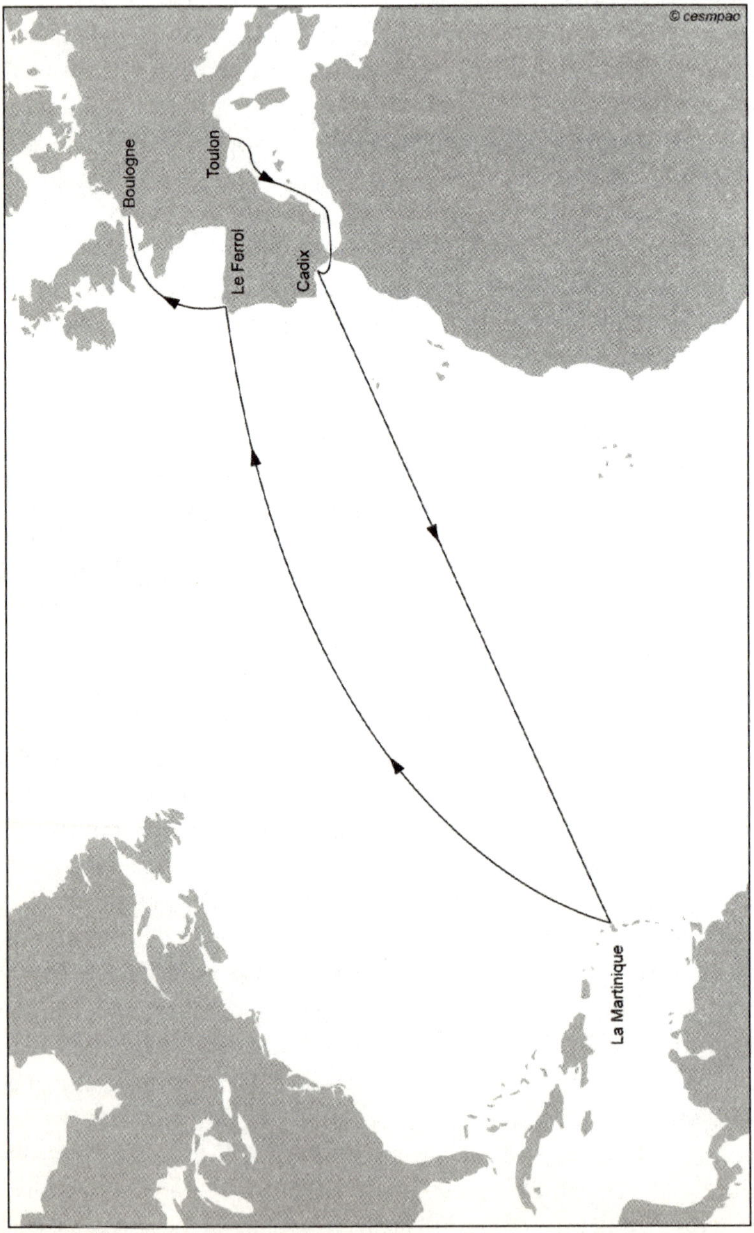

de la surprendre et la détruire.» Un second combat l'attend devant Brest où « *vous trouverez probablement dix-huit à dix-neuf vaisseaux anglais sous Ouessant ; vous les détruirez autant qu'il sera possible* ». Sans doute emporté par la grandeur de la manœuvre qui doit s'illustrer par deux batailles à livrer aux meilleures unités de la Royal Navy, Decrès ponctue avec emphase : « *Du succès de votre arrivée devant Boulogne dépendent les destinées du monde. Heureux l'amiral qui aura la gloire d'attacher son nom à un événement aussi mémorable.* » Le 23 avril, Napoléon, sur sa lancée, charge la barque du malheureux Villeneuve : « *Qu'on prenne Saint-Vincent, Antigua, la Grenade et pourquoi ne prendrait-on la Barbade ?* »[(275)] et, pour faire bonne mesure, ajoute la reprise de Tobago et de la Trinité ! Le 29 avril, de nouvelles instructions de Decrès tentent de canaliser les prescriptions extravagantes de l'Empereur[(276)]. « *Sa Majesté regarde comme très possible d'expulser les Anglais de toutes leurs colonies des îles du Vent* », mais il suffirait de démanteler les forts, de détruire les munitions, de lever une contribution sur les habitants et de prélever la moitié des cultivateurs noirs qui seraient vendus aux Antilles françaises pour causer des dommages aux intérêts anglais qui équivaudraient à une conquête. Decrès joint une notice sur la Trinité dont la reprise serait « *une chose singulièrement agréable à nous, à nos alliés et nuisible à l'ennemi* », mais il rappelle le fil conducteur : « *Toutes ces entreprises doivent être subordonnées au grand objet de l'opération qui doit couronner les armes de Sa Majesté.* » Magon appareille de Rochefort, le 1er mai, avec deux vaisseaux de 74 canons tout neufs, l'*Algésiras* et l'*Achille*, et 861 hommes de troupes. Il est porteur de la lettre du 14 avril de Napoléon et des instructions du 17 de Decrès. Le départ de Magon est assorti d'une campagne de désinformation dans la presse étrangère pour faire accroire la présence à son bord d'un ancien prisonnier de Sainte-Hélène (*sic*). Napoléon ordonne d'« *accidenter la carrière militaire de Magon, et dire que ce qu'il connaît spécialement ce sont les Indes orientales* »[(277)]. En doublon, la frégate *Didon* quitte Lorient le 3 mai avec les instructions de Decrès du 29 avril, ainsi qu'avec le duplicata de celles confiées à Magon.

Le remaniement du grand dessein pervertit le raisonnement stratégique qui le sous-tendait. Pour reprendre la formule de Castex, il constitue une « *déviation* » de la manœuvre et obère son exécution dans la mesure où la concentration ne se réalise plus sur les arrières de l'ennemi, mais au milieu de son dispositif, dans le triangle – Brest, Rochefort, Le Ferrol – placé sous la surveillance permanente du gros de la Royal Navy. Il est à noter que le 30 avril, après avoir relu les instructions, Napoléon n'est pas très satisfait : *« Il est certain que je préfère à tout la réunion à la Martinique ; que je préfère même la réunion de São Tiago* [aux îles du Cap-Vert] *au déblocus de Brest, afin d'éviter toute espèce de combat. »* (278) Le détour par Le Ferrol ne consomme-t-il pas l'échec de la manœuvre ? Le dispositif anglais très étiré entre Brest, Le Ferrol, Cadix et Carthagène, peut être dangereusement atteint par la masse de manœuvre revenant des Antilles qui pourrait agir comme un bélier. Napoléon n'aurait-il pas dû s'interroger sur quel point faire levier ? Vers la Manche où les Franco-Espagnols pourraient passer par surprise, comme dans le plan du 2 mars, et surgir à Boulogne pour protéger la traversée de la flottille. Sur Brest, en vue d'une jonction avec Ganteaume, avec une bataille inévitable avec Cornwallis à laquelle le bloqué risque d'être évincé. Logiquement, la solution la plus appropriée n'est-elle pas de porter le coup le plus au nord, à l'entrée de la Manche, où ne serait impliquée qu'une partie des forces ennemies ; les autres, prépositionnées dans le sud, étant alors hors jeu, loin du théâtre d'opérations principal ? *A contrario*, plus le coup est porté au sud, plus l'alarme risque d'être donnée prématurément et plus les escadres anglaises auront le temps d'effectuer leur jonction à l'entrée de la Manche. Les escadres du Ferrol et de Rochefort ne pourraient-elles pas jouer un rôle stratégique en fixant les forces anglaises dans le sud alors que l'attaque principale se dirigerait vers le nord ? Ce scénario n'est envisagé par Napoléon que plus tardivement dans la dernière semaine de juillet.

D'autre part, le plan renforce le volet colonial de la manœuvre. Alors que les troupes embarquées étaient vouées à la défense des Antilles françaises et *« à égarer les idées de l'ennemi sur leur destination »*, elles doivent désormais s'emparer d'îles anglaises au détriment de l'objectif principal. Napoléon donne l'impression de courir deux lièvres à la fois. Enfin, l'opération ne prend pas en compte les facteurs du milieu naturel comme le régime des vents. Ainsi Villeneuve remontant du Ferrol ne pourra parvenir sur la côte bretonne que grâce à des vents de sud-ouest, lesquels chasseront vraisemblablement l'escadre du blocus anglaise au nord d'Ouessant, mais interdiront la sortie de Ganteaume. *A contrario*, les vents de nord ou d'est, qui favoriseraient l'appareillage de l'escadre de Brest, s'opposeraient à l'arrivée de Villeneuve sans pour autant déloger la croisière britannique. En somme, la quadrature du cercle.

Éloigné géographiquement de Napoléon, Decrès est contraint de traduire en instructions techniques des idées bouillonnantes de celui-ci sans pouvoir infléchir leur cours. Moins que jamais il n'a prise sur l'Empereur. Le 18 avril, il préconise le retour de Villeneuve sur Cadix au lieu du Ferrol, et critique le nouveau plan sur le mode indirect : « *Sur le tout, Sire, je me repose sur les inspirations de votre génie, et si notre escadre revenant de la Martinique en Europe, sans avoir eu d'événement dans ces mers, atterrit sur l'Espagne sans en éprouver (fût-ce même ceux d'un succès), s'il se trouve en état, sans relâche et sans réparations, d'entrer subitement dans la Manche, après avoir dispersé ou pris les ennemis qui sont en présence de Ganteaume, je dirai tout cela était possible, tout cela avait été calculé, mais j'y vois le doigt de dieu, et, Sire, il s'est montré tant de fois dans les actes de Votre Majesté que je compte fermement le voir encore se manifester dans cette affaire.* » [279] Cette description de la campagne est une mise en garde sur l'infaisabilité d'un plan qui réclame pour réussir une conjonction de circonstances relevant du miracle, comme le laisse entendre l'allusion au « *doigt de dieu* ». Propos de courtisan diront certains. Napoléon a souvent mis en scène sa "bonne étoile" et ses fidèles n'hésitent pas à le flatter sur ce sujet. Mais Decrès est trop habile pour critiquer ouvertement Napoléon, il se contente de pointer du doigt sa manie d'élaborer une stratégie « *sans voir le sentiment exact des difficultés maritimes* ». Il n'est pas sûr que Napoléon ait perçu l'avertissement sous-jacent. En tout cas, il ne voit pas malice dans l'opinion de son ministre, plutôt un encouragement.

À son arrivée en Italie, le 20 avril, Napoléon apprend que Nelson s'est enferré une nouvelle fois dans l'erreur égyptienne : « *Je commence donc à n'avoir presque plus d'inquiétude pour l'escadre de Toulon.* » [280] Le 23, des nouvelles d'Espagne lui annoncent la réussite de la jonction de Cadix. Pour achever de désorienter l'ennemi, il fait publier des informations fausses dans les journaux hollandais et de Francfort sur le débarquement de Villeneuve en Égypte[281]. Napoléon ne parvient pas à se résoudre à abandonner l'introduction de l'escadre de Brest dans son grand jeu et presse encore Ganteaume de sortir : « *Je vous exprimerais difficilement toute l'impatience que j'éprouve.* »[282] Mais cloué par l'absence de mauvais temps susceptible de disperser les trois lignes de blocus de Cornwallis et par l'ordre absolu de sortir « *sans combat* », « *Ganteaume est sur les épines* », incapable de satisfaire l'impatience impériale.

À partir du 23 avril, Napoléon n'a plus aucune information fiable sur Villeneuve. Le réseau d'officiers et d'agents dans les ports français et espagnols devient inopérant une fois la jonction de Cadix réalisée. Le fiasco du service de renseignements français en Angleterre est total. Tout au long de la crise ouverte par le départ de Villeneuve, il se révèle incapable de fournir une quelconque information utile sur la position des escadres anglaises. Decrès n'a d'autre ressource que de faire éplucher la presse anglaise pour tenter de la deviner. Cette absence de renseignements n'empêche pas Napoléon de réajuster en permanence ses plans. Au contraire, elle le pousse à extrapoler ses calculs à partir d'hypothèses sur les mouvements de Villeneuve, ses délais de navigation, les opérations que celui-ci peut entreprendre, etc., au risque de se trouver en constant décalage avec la position réelle des escadres tant françaises qu'anglaises. Napoléon pâtit d'une discordance de rythme entre le court terme événementiel et le moyen terme des mouvements des escadres. Sa frénétique course contre la montre correspond à un trait de caractère, à un mode de commandement, mais également à sa condition de challenger, contraint de jouer la carte de l'offensive pour contrecarrer la position défensive anglaise quasi-inexpugnable. Comme sur les champs de bataille terrestres, il entend pouvoir exploiter tout nouveau renseignement ce qui suppose une ligne de communication ininterrompue entre les possessions françaises outre-mer, les escadres et la métropole. Aussi exige-t-il l'envoi régulier de frégates, bricks ou goélettes tous les huit jours. Pour leur armement, qu'on fasse appel au ban et à l'arrière-ban, tonne-t-il. Decrès est bien incapable de satisfaire cette exigence faute de matelots, de bâtiments légers en nombre suffisant sans compter que « *ce n'est plus la saison, les jours sont trop longs* »[283].

Le 23 avril, Decrès a la très désagréable surprise de constater que les salons parisiens ont percé à jour le grand dessein depuis que la jonction entre Villeneuve et Gravina est connue : « *Tout Paris a les yeux sur l'Océan. Le tribun Péré* (284) *me racontait hier soir qu'on n'a qu'une opinion. C'est que le résultat de ces réunions est d'entrer en force dans la Manche, de se présenter devant Boulogne et de faire apparaître la flotte pour opérer la descente sous la protection de l'armée navale, qui serait supérieure à ce que pourraient lui opposer les Anglais.* » (285) Sidéré, Decrès se contente d'éconduire son interlocuteur. Il est très inquiet.

Envisageant le possible échec du grand dessein, le 29, Napoléon charge Decrès d'organiser pour le mois de septembre une expédition aux Indes qui mettrait en œuvre les escadres de Brest et du Ferrol (286). L'habituel plan de rechange qui rejoindra la cohorte des expéditions mort-nées. Le 30, Napoléon jongle avec les dates, les délais pour prendre en compte les départs probable de Magon et possible de Ganteaume, le retour prochain de Missiessy qui vient de lui être annoncé (287). Il est prêt à modifier les instructions de Villeneuve pour le faire revenir au plus tard le 20 juin, ordonner la concentration aux îles du Cap-Vert et interdire à Ganteaume de sortir après le 25 mai. C'est trop tard. Magon est parti. Cette fois, Decrès critique ouvertement le nouveau plan : « *Dans tout cela, je vois quelques chances désavantageuses si les escadres ennemies de Cadix et du Ferrol ont ordre de se replier sur Ouessant. Villeneuve trouvera fort à faire en s'y présentant et il faudra bien de la prestesse à l'amiral Ganteaume pour qu'il arrive à temps pour lui éviter le désavantage du premier choc.* » (288) Didactique, il tente d'expliquer à Napoléon que sur mer – en raison des aléas des vents et des courants – il est impossible de convertir les distances en journées comme il le fait à terre, d'après le nombre des étapes. Il reprend tous les calculs basés sur des traversées moyennes de trente jours (289) et lui rappelle les fondamentaux : la traversée de France aux Antilles varie depuis dix-sept jours « *par miracle* » jusqu'à quarante-cinq ou cinquante jours « *par contrariétés* » ; les retours oscillent de trente à quarante-cinq jours, mais « *lorsqu'il s'agit d'une escadre on doit calculer sur quarante à quarante-deux jours* ». Il lui démontre que Villeneuve risque d'être à court de vivres, que son séjour doit être abrégé pour tabler sur un retour aux alentours des 29 juillet - 3 août, et que Ganteaume ne doit plus appareiller après le 21 mai et non le 25 comme le préconise Napoléon, sinon il risque de rater Villeneuve aux Antilles. Decrès, qui vient de recevoir une lettre de Ganteaume portant la mention « *au ministre seul* », sait que la sortie de ce dernier est définitivement ajournée : « *Je te jure* [souligné plusieurs fois] *que pour résister à la vive impatience qui me dévore, il faut bien que je n'aie vu pour nous aucune chance lorsqu'elles me paraissent toutes en faveur de l'ennemi.* »[(290)]

Decrès a les yeux fixés sur Ouessant à l'affût du moindre signe de dispersion de la croisière anglaise. Or c'est le contraire qui se produit : « *L'ennemi a porté à trente vaisseaux la flotte de blocus, il en avait encore huit sur Le Ferrol le 7 de ce mois* [27 avril] *parmi lesquels un trois-ponts. Il est bien positif qu'il craint le plus fort, comme plus probable en soi, soit comme plus redoutable pour lui, c'est la réunion sur Brest, et que c'est contre cette réunion que jusqu'à ce jour il a dirigé toutes ses précautions.* »[(291)] À la nouvelle du départ de Magon, Napoléon rédige encore le 8 mai deux types d'instructions destinées à Villeneuve où il s'embrouille dans toutes les solutions possibles, donnant l'impression de ne plus très bien maîtriser ses idées[(292)]. Leur contenu n'a d'ailleurs pas grande importance dans la mesure où ces instructions manqueront Villeneuve, déjà en haute mer lorsqu'elles arriveront aux Antilles. Ce n'est pourtant pas faute d'avoir essayé de les lui faire parvenir avant son départ. La frégate *Topaze* quitte Nantes le 15 mai avec les instructions de Napoléon datées du 30 avril et du 8 mai. Ayant confirmation le 21 mai au matin que Ganteaume n'a pas quitté Brest avant l'expiration du délai convenu, Decrès dépêche le brick *Néarque* et la frégate *Le Président*, de Lorient, pour prévenir Villeneuve de hâter son retour. Deux jours plus tard, Decrès, avisé que Missiessy est arrivé à Rochefort le 20 mai, expédie à Villeneuve un quatrième émissaire, la frégate *Département-des-Landes*, de Rochefort, pour confirmer le message du 21 mai et annoncer le retour de Missiessy[(293)]. À la mi-mai, Napoléon pense avoir gagné la première manche et une certaine euphorie le gagne : « *Ces Anglais si vantés, qui prétendent être instruits de tout, qui ont des agents partout, des courriers bottés partout, ne savaient rien. Cela nous fait grand bien, car l'expédition secrète est partie.* » [294]

À Londres, le départ de Villeneuve et sa jonction avec Gravina ont ouvert une crise stratégique grave. Malgré son réseau d'agents en France et les indications fournies par les frégates maillant les approches européennes, l'Amirauté attend des renseignements fiables sur les mouvements français pour comprendre la manœuvre générale. La presse retient l'hypothèse d'une attaque contre la Jamaïque. Dès le 9 mai, le *Morning Chronicle* révèle que « *de toutes les conjectures qui ont été formées sur la destination de la flotte de Toulon, celle qui a fait le plus d'impression et causé le plus d'inquiétudes est que cette flotte, après avoir dégagé les escadres de Cadix et du Ferrol et balayé tous les blocus, pourrait se joindre à la flotte de Brest pour venir ensuite occuper la Manche, tandis que la flottille de Boulogne amènerait en Angleterre une armée de 100 000 hommes* ». Le *Sun* du 16 mai reprend la théorie que l'expédition des Antilles ne serait qu'une feinte. Le grand dessein est percé à jour. Mais pouvait-il en être autrement alors que le camp de Boulogne est l'arme au pied depuis plus d'une année, que la propagande annonce sans cesse que le drapeau français va flotter sur la Tour de Londres, que la flottille se renforce, que l'escadre de Brest est sous voiles, que l'escadre du Ferrol s'active ? Le grand dessein ne serait-il qu'un secret de polichinelle ? Fallait-il être un grand stratège pour deviner les intentions de Napoléon comme le prouve la perspicacité des salons parisiens, à peine connue la jonction franco-espagnole à Cadix ? L'opinion accuse d'impéritie ses dirigeants et ses chefs militaires. L'article du *Morning Chronicle* du 9 mai est sans concession : « *Pendant les huit jours qui viennent de s'écouler, personne n'a dormi tranquille. Qu'on juge de la situation où les ministres nous ont mis, puisqu'ils nous ont réduits à désirer que les Français se contentent d'aller conquérir nos possessions coloniales.* » L'atmosphère est pesante. Nelson subit le contrecoup des alarmes de l'opinion. N'est-il pas le seul fautif de l'échappée de Villeneuve ? Le héros a failli. Il pourrait apprendre à ses dépens que la roche Tarpéienne est près du Capitole. Le 13 mai, lord Radstock s'émeut : « *Je crains fort pour Nelson ; la clameur publique s'élève contre lui, et si nous perdons la Jamaïque, ce sera assez pour faire oublier tous les services qu'il a rendus.* »

Nelson n'a pas besoin de connaître l'état d'esprit régnant en Angleterre pour être sur les charbons ardents. Il n'atteint Gibraltar que le 7 mai. Il a presque un mois de retard sur Villeneuve. Après recoupement de divers renseignements lui confirmant le départ de Villeneuve, il prend le 10 la célèbre décision de se lancer à sa poursuite : « *Le sort en est jeté, je pars pour les Antilles. Bien que je sois en retard, la Fortune aura peut-être donné à l'ennemi une mauvaise traversée et m'en donnera peut-être une bonne.* » Après avoir détaché un de ses vaisseaux, commandé par sir Richard Bickerton, pour appuyer le passage d'un convoi vers Malte, à 19 heures il s'élance avec dix vaisseaux, toutes voiles dehors, vers l'ouest. Villeneuve se trouve à trois jours de distance de Fort-de-France.

L'Amirauté revient sur son ordre du 27 avril d'envoyer Collingwood à la poursuite de Villeneuve. Cette fois Gardner, qui a reçu des renforts, lève son embargo. Collingwood avec onze vaisseaux descend sur le Portugal. Dans les parages du cap Finisterre, le 27 mai, il croise Bickerton qui lui apprend le départ de Nelson. Il abandonne aussitôt la traque, évitant que la chasse anglaise ne s'élève à vingt et un vaisseaux. La chance tourne contre Napoléon qui attend en vain la dispersion des forces anglaises. Le 5 juin, l'Amirauté approuve la décision prise par Nelson de courir aux Antilles. Collingwood remplace Orde devant Cadix, prêt à barrer l'accès de la Méditerranée ou épauler Calder, devant Le Ferrol, si nécessaire.

La consigne générale du ralliement sous Ouessant n'a pas été appliquée avec automatisme. L'Amirauté a failli faire le jeu de Napoléon. Cherchant frénétiquement à reprendre l'initiative sous la pression de l'opinion publique, elle était prête à diviser ses forces. Gardner s'est érigé en gardien de l'orthodoxie de la sacro-sainte consigne générale en s'opposant au détachement des deux divisions comme le voulait l'Amirauté, pour organiser « *de façon un peu décousue des parades dans les deux directions menacées* » (295), les Antilles et la Manche. Après s'être lourdement trompé et avoir longuement hésité, Nelson anticipe les ordres de l'Amirauté pour entreprendre une poursuite acharnée contre l'adversaire qui lui a échappé. Vexé de s'être laissé duper, il est parti en chasse sans autorisation pour reprendre l'initiative des opérations par n'importe quel moyen.

Son attitude offensive est en symbiose avec l'état d'esprit dominant dans la Royal Navy, une des manifestations de sa suprématie. Une culture.

Le mouvement de Nelson, impulsif, passionnel et combatif a été célébré à l'envi par les commentateurs et présenté comme un modèle de l'esprit offensif qui devrait habiter tout officier de marine britannique. Si sa réaction participe de sa légende, elle n'a toutefois pas fait l'unanimité. Certains n'ont pas manqué de s'interroger sur la rationalité de cette décision. Ne risquait-elle pas d'aggraver sa posture et de faire le jeu de l'ennemi ? Alors que l'armée d'Angleterre se prépare ostensiblement à Boulogne, Nelson aurait dû comprendre que les mouvements de Villeneuve avaient un rapport avec la projection de cette armée à travers la Manche. Quelle qu'ait été sa destination, Villeneuve avait un mois d'avance sur Nelson et si, comme il aurait été sage et prudent de le supposer, la flotte franco-espagnole opérait une feinte pour attirer les escadres anglaises loin de la Manche, cette flotte de diversion, qui avait disparu en direction de l'ouest ou du sud-ouest depuis si longtemps, pouvait avoir amorcé son retour, vers sa destination finale et réelle. Ce n'est pas parce qu'aucune trace de Villeneuve n'avait été décelée sur les côtes d'Europe entre Gibraltar et Ouessant, que l'amiral français se trouvait forcément de l'autre côté de l'Atlantique. Celui-ci aurait très bien pu croiser au large et s'être déjà rabattu vers la Manche comme dans le plan de mai-juillet 1804. Dans ce cas, Nelson s'enferrait et courait le risque d'être hors jeu, éloigné du théâtre principal pendant les deux mois cruciaux pour la sûreté de l'Angleterre. Nelson n'a pas pris en compte que l'Amirauté avait reçu sa dépêche du 19 avril lui annonçant son intention de gagner les îles Scilly, et, qu'informée des mouvements de Villeneuve, elle avait pris des dispositions pour organiser la poursuite. Il risquait de provoquer un fâcheux doublon, ce qui a failli se produire. La réaction de Nelson célébrée par les exégètes n'est pas exempte de réels dangers. Dans des circonstances aussi incertaines, Nelson aurait mieux fait d'exécuter la consigne générale et de remonter sur Brest pour participer à la concentration des forces anglaises, seul moyen de contrecarrer toute menace pesant sur le sanctuaire national. Mais Nelson a le réflexe du prédateur, reste à savoir si la proie va se laisser prendre.

COURSE-POURSUITE AUX ANTILLES ET EN ATLANTIQUE

Villeneuve atterrit à Fort-de-France le 14 mai. La veille, il a trouvé trois vaisseaux espagnols (*Firme*, *Terrible*, *España*) et la frégate *Santa Magdalena* en train de louvoyer pour entrer dans le port martiniquais. Le *San Rafael* rallie dans la journée du 16. La jonction cafouilleuse de Cadix s'achève heureusement, mais non sans ressentiment dans le camp espagnol. L'armée combinée se trouve pour la première fois au complet. Villeneuve ne peut que constater le départ de Missiessy remontant déjà à plus de six semaines. Conformément à ses instructions du 2 mars, il doit attendre Ganteaume à Fort-de-France pendant quarante jours, c'est-à-dire jusqu'au 22 juin, pour ensuite rejoindre le second lieu de rendez-vous à São Tiago, une des îles du Cap-Vert et non des Canaries comme indiqué par erreur dans les instructions. Villeneuve a rectifié de lui-même non sans une pointe d'ironie.

L'esprit chagrin et pessimiste de Villeneuve a trouvé matière à se rembrunir pendant la traversée. Au lieu de se réjouir de son appareillage sans encombre, de sa jonction avec Gravina et de l'égarement de Nelson, il ne retient que les contrariétés. Sa correspondance est une longue litanie de ses avanies. La traversée s'est déroulée avec une lenteur exaspérante – quarante-cinq jours depuis le départ de Toulon – à cause de trois vaisseaux mauvais marcheurs, le *Formidable*, l'*Intrépide* et l'*Atlas*, qui dut être remorqué. Le *Pluton* flambant neuf cumule les vices de construction : « *Un vaisseau très médiocre*, déplore Villeneuve. *Il marche bien vent arrière, mais au plus près il dérive beaucoup. Il porte mal la voile. Tous les fers qui ont été employés sur ce vaisseau sont de la plus mauvaise qualité.* » [296] Le nombre des malades est préoccupant. L'armée combinée compte déjà 542 malades et 10 morts* [297]. L'entraînement des équipages laisse toujours à désirer après presque sept semaines en mer, alors que dans sa circulaire de décembre 1804 Villeneuve avait prédit qu'il suffirait d'un mois pour que les équipages soient aussi

*Les Français comptent parmi les malades 129 matelots (dont 6 morts) et 45 soldats (dont un mort) ; les Espagnols 149 matelots et 229 soldats (dont 3 morts).

habiles à la manœuvre que les marins de Nelson. La présence de troupes passagères pléthoriques ne suffit pas à dédouaner l'impéritie du commandement. Autre inquiétude, les vivres fondent à vue d'œil justement à cause du grand nombre de troupes passagères. La consigne de Villeneuve, élaborée dans les bureaux parisiens, est bien de « *se nourrir dans les magasins de la colonie* », mais elle est en totale discordance avec les ressources dont dispose Fort-de-France, une vraie fausse base, incapable d'avitailler l'escadre. Apparaît le point faible de toute entreprise outre-mer de la France qui achoppe sur l'absence d'un réseau de bases et d'un système logistique dont dispose au contraire la Royal Navy. Là encore une question de culture.

Villeneuve est désorienté par ses instructions qui lui interdisent de s'écarter de Fort-de-France dans l'attente de Ganteaume. « *La terreur est dans toutes les îles anglaises, la loi martiale y a été proclamée. Il n'y a rien de si pénible que l'inaction dans laquelle me retient la nature de ma mission.* » Faisant preuve d'initiative, il médite la conquête de la Dominique. À cette fin, Lauriston est envoyé avec deux frégates chercher des renforts à la Guadeloupe. Mais Villeneuve ne tarde à apprendre la présence d'une puissante escadre anglaise dans les eaux de Porto Rico et de Saint-Domingue. Il s'agit en réalité des six vaisseaux de la division de Cochrane, envoyée à la recherche de Missiessy, qui fait route vers la Jamaïque. Villeneuve craint d'être pris au piège. Le 25, Lauriston de retour de la Guadeloupe n'a fait aucune mauvaise rencontre, par contre la Dominique est « *à l'abri de toute insulte en ce moment* ». Les cartes du Dépôt des cartes et plans de la marine, vieilles de vingt ans, sont périmées : une confirmation de renseignements recueillis par Missiessy quelques semaines plus tôt. Pourquoi le capitaine général de la Martinique Villaret de Joyeuse ne l'en a-t-il pas averti ? Le 27, Villeneuve envoie trois frégates croiser au vent des îles anglaises. Il se justifie longuement : « *Ici il n'arrive rien, et je ne sais absolument rien de ce qui se passe.* »(298) Par parenthèse, ces justifications révèlent les limites d'un mode de commandement centralisé. Au moment où les amiraux anglais ont une certaine latitude pour prendre des initiatives à l'instar de Nelson qui décide de traverser l'Atlantique, Villeneuve se croit obligé de se justifier pour avoir détaché trois frégates. Une décision picrocholine à l'origine d'un long rapport circonstancié.

Lorsque débute la troisième semaine depuis l'arrivée de l'armée navale, Villeneuve refuse de s'écarter des parages de Fort-de-France. Il reste sourd aux requêtes de Gravina qui insiste pour reprendre la Trinité [299]. Tout au plus se résout-il à satisfaire la demande de Villaret de Joyeuse, qui le tarabuste depuis son arrivée pour chasser les Anglais de l'îlot du Diamant, mission qu'avait refusée d'exécuter Missiessy. Sur ce pain de sucre de 200 mètres de haut, isolé près de la côte sud-ouest de la Martinique, les Anglais sont parvenus à hisser deux canons de 24 et trois de 18, avec lesquels une petite garnison de 130 hommes harcèle les navires qui se rendent à Fort-de-France. Le 30, l'élimination de cette nuisance est confiée au capitaine de vaisseau Cosmao avec deux vaisseaux (*Pluton*, *Berwick*), la frégate *Sirène*, deux bricks, quatre chaloupes, quatre canots et 240 soldats de la colonie. Gravina insiste pour être associé au raid et fournit deux chaloupes et trois canots. C'est d'ailleurs un canot espagnol qui aborde le premier sur l'îlot. Trois jours sont nécessaires pour exécuter cette opération mineure. La propagande en fera son miel. Des gravures et autres lithographies célébreront à l'envi ce fait d'armes mineur, le seul succès de la campagne de Villeneuve aux Antilles. Toutefois lorsque le Diamant est enlevé au prix de 30 hommes tués ou blessés, d'un canot du *Mont-Blanc* coulé et de la capture de la garnison anglaise [300], la situation stratégique de l'armée combinée a radicalement changé.

Le 30 mai, la *Didon* fait son entrée à Fort-de-France après une traversée de vingt-sept jours. Tout d'un coup, Villeneuve prend connaissance des instructions des 14, 17 et 29 avril. Le ciel lui tombe sur la tête. Le plan général lui est exposé pour la première fois ainsi que son rôle improvisé de pivot de la manœuvre. Le 1er juin dans une première lettre adressée à Decrès, Villeneuve se déclare *« au désespoir du retard qu'éprouve l'arrivée de M. l'amiral Ganteaume »* [301]. Ce n'est pas une formule de convention. L'arrivée de Ganteaume le sortirait de ce cauchemar et le ravalerait au rang de sous-ordre dans l'invasion de l'Angleterre, alors que sa non-venue lui conférerait la lourde responsabilité d'être le principal exécutant de ladite invasion. Pour l'heure, il pinaille les détails de ses instructions et fait part à Decrès de son « *étonnement* » en apprenant qu'il aurait dû attaquer les colonies anglaises tout en demeurant immobile à Fort-de-France dans l'attente de Ganteaume. Ses nouvelles instructions le plongent dans un abîme de perplexité : « *Je vous proteste que je ne sais par où commencer.* » Il se décide pour une attaque contre Antigua ou Barbuda. Dans un second courrier le même jour, il juge ses instructions inexécutables : elles sont trop tardives « *l'ennemi est sur ses gardes* » (302) ; elles ne tiennent pas compte du niveau de ses vivres grevés par la « *vétusté* », les troupes passagères et l'incapacité de Villaret de Joyeuse de le réapprovisionner. « *Il aura beaucoup de peine à me réunir la valeur d'un mois de vivres pour toute l'escadre* », d'autant que l'escadre espagnole souffre de la même pénurie, « *depuis son arrivée à la Martinique, l'amiral Gravina a réduit la ration d'un quart qu'il paye en argent comptant à ses équipages* » (303). Le 4 juin, survient Magon avec l'*Achille* et l'*Algésiras* en provenance de Rochefort, ce qui porte la date du retour en Europe au 9 juillet et l'armée combinée à vingt vaisseaux. Le même jour, Nelson jette l'ancre à la Barbade. La course-poursuite pourrait s'achever plus tôt que prévu.

Ne laissant pas le temps à Magon et aux deux vaisseaux rochefortais de s'avitailler en vivres frais – une décision lourde de conséquences pour les personnels qui vont être décimés par le scorbut – Villeneuve appareille toutes affaires cessantes le 5 pour attaquer Barbuda, avec 798 soldats empruntés à Villaret de Joyeuse. Il relâche le lendemain à la Guadeloupe, où il embarque 600 hommes supplémentaires rassemblés par Lauriston, parti en éclaireur. Le corps expéditionnaire compte désormais plus de 8 000 hommes. Villeneuve repart pour débouquer entre Montserrat et Antigua. Dans le nord de cette dernière île, il capture, le 8, un convoi de quatorze voiles chargé de denrées coloniales. Villeneuve a la très mauvaise surprise d'apprendre l'arrivée de l'escadre anglaise de Méditerranée « *forte de douze à quatorze vaisseaux* [...] *dont plusieurs sont à trois-ponts* » (304). Il s'estime immédiatement surclassé par la jonction de Nelson et de Cochrane qui n'ont en réalité à lui opposer que douze vaisseaux, et refuse de courir la chance d'une rencontre avec eux, sans moyens de réparer après le combat. S'il reste sur zone jusqu'au 9 juillet conformément à ses instructions, il ne voit d'autre possibilité que d'aller s'enfermer à la Martinique et de rester à la charge de la colonie sans ressources.

COURSE-POURSUITE EN ATLANTIQUE

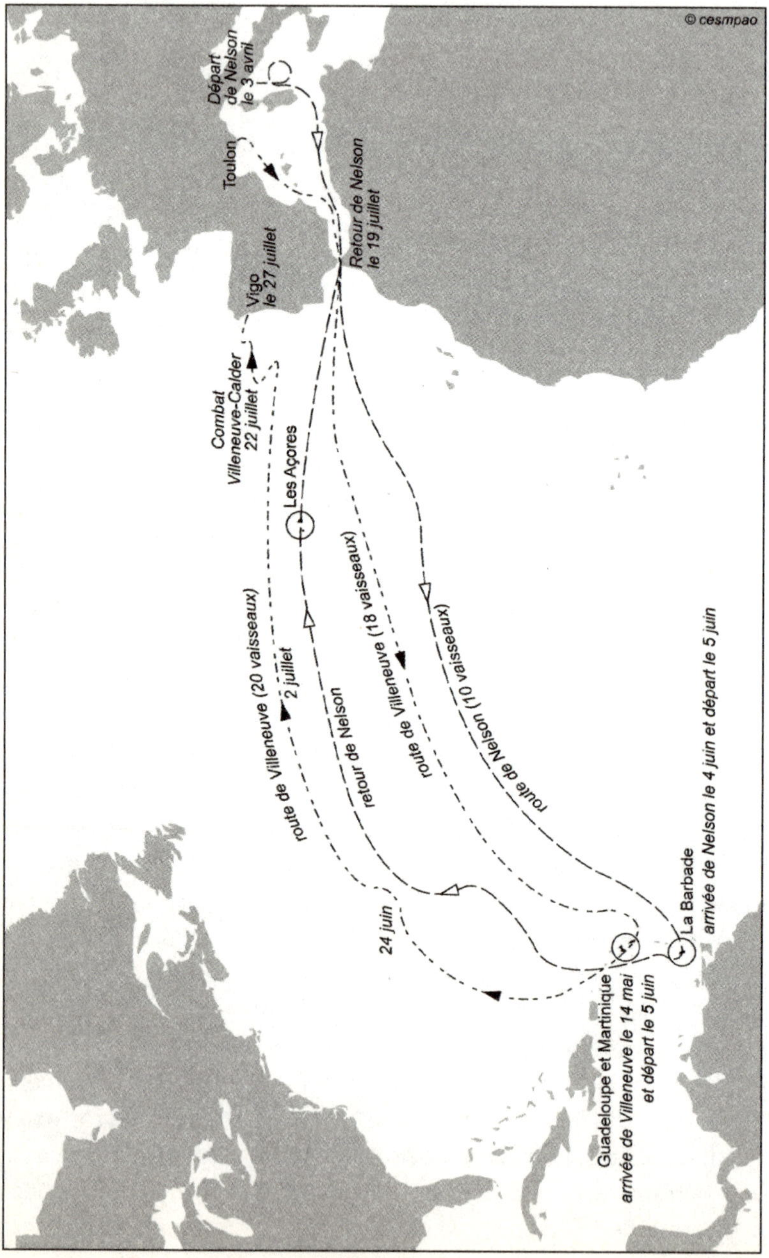

Dans ces conditions il abandonne l'idée d'attaquer Barbuda pour préserver la mission principale de l'armée combinée. Gravina, « *particulièrement excité* » (305) par la faiblesse de ses équipages minés par la maladie et la désertion, partage son point de vue. Villeneuve omet de faire état de l'opposition de Lauriston, persuadé au contraire qu'il « *fallait marcher contre Nelson, le chercher, le combattre et que nous illustrions par-là notre expédition* » (306). Ce point de vue de soldat, inconscient de la valeur réelle de la flotte, est jugé « *contradictoire* » par le vaincu d'Aboukir. Le 9 juin, Villeneuve décide de quitter séance tenante les Antilles : « *Je me suis déterminé donc, pour le plus grand intérêt de l'État, à faire route pour l'Europe.* » (307) Pour une fois, il ne se laisse pas paralyser par le mode de commandement centralisé de Napoléon. Connaissant le plan général de l'opération, il fait preuve d'une heureuse initiative quoi qu'en pense Lauriston. Les méchantes langues allèguent qu'il a pris la fuite devant Nelson. En fait, sans le savoir, Villeneuve n'a fait qu'anticiper les instructions de Napoléon du 30 avril qui ne lui parviendront jamais. Son départ hors délai rompt la ligne de communications le reliant à la métropole, mais personne ne le lui reprochera.

Nelson a traversé l'Atlantique en vingt-quatre jours, à la vitesse remarquable pour l'époque de 5 à 6 nœuds, avec des pointes de 9 nœuds. Cette vitesse corrige le retard initial de trente et un jours. Durant la traversée, Nelson se perd en conjectures. Il est persuadé que l'objectif des Franco-Espagnols est la Jamaïque, mais il envisage d'autres hypothèses : Surinam, la Trinité, Saint-Domingue. À la Barbade, il apprend que l'escadre franco-espagnole forte de vingt-huit voiles aurait été vue à Sainte-Lucie. Nelson en déduit derechef : « *Il n'y a pas de doute, ni pour les généraux, ni pour les amiraux, que l'ennemi va attaquer Tobago ou la Trinité.* » En fait l'information est fausse, ce sont sans doute les trois frégates détachées par Villeneuve qui ont été aperçues. Quoi qu'il en soit, Nelson prend une route opposée à celle empruntée par Villeneuve. Il embarque 2 000 hommes de la Barbade et part en chasse vers la Trinité qu'il atteint le 7 juin. Il scrute rageusement les îles et fait montre d'une inlassable activité. Il cherche à reprendre l'initiative des opérations qu'il a perdue. Le lendemain, il est informé de la prise de l'îlot du Diamant et de l'arrivée d'un prétendu renfort de quatorze vaisseaux en provenance du Ferrol. Nelson juge la nouvelle invraisemblable. Mais rien ne l'arrête dans sa chasse impitoyable. Il fonce vers le nord à la recherche d'une force numériquement supérieure : « *Si forts qu'ils puissent être, ils ne feront pas impunément de grandes attaques. Mes forces sont compactes ; les leurs, peu maniables. C'est un joli violon, mais je doute que Villeneuve et Gravina sachent en jouer.* » Le 9, à la Grenade, il apprend que Villeneuve est passé trois jours plus tôt devant la Dominique. Le 10, l'escadre anglaise rate de peu les frégates françaises transportant les troupes vers la Guadeloupe. Le 12, Nelson mouille à Antigua, où l'ennemi n'a pas paru. Il a le pressentiment que Villeneuve est retourné en Europe. A-t-il une perception claire de la situation ? Apparemment non. Il croit que les Alliés se sont séparés : « *Mon opinion est que les Espagnols vont à La Havane et les Français à Cadix ou à Toulon. Je donne ma préférence au second de ces points, car ils se figurent peut-être qu'ils arriveront en Égypte sans être inquiétés.* » Repris par son idée fixe d'une expédition en Égypte, Nelson décide le 13 de poursuivre Villeneuve en Méditerranée.

Six jours après l'arrivée de l'armée combinée à Fort-de-France, Missiessy atterrit, le 20 mai, à l'île d'Aix, sur le *Majestueux* (110 canons), avec son escadre et quelque 4 724 hommes. Il n'a pas échappé au sort de 331 d'entre eux et souffre du scorbut. Son retour est le signe de l'échec de la première jonction prévue aux Antilles qui était à l'origine du grand dessein. Il est attendu avec impatience depuis plus de trois semaines par Napoléon qui a déjà concocté plusieurs plans pour intégrer dans ses combinaisons cette escadre arrivant de façon inopinée sur l'échiquier de l'Atlantique. Napoléon entend le renvoyer illico aux Antilles rejoindre Villeneuve « *pour achever sa campagne* » (308). Mais il se heurte à un obstacle tout à fait inattendu, Missiessy refuse de reprendre la mer : « *Ma santé est tellement délabrée que je ne puis espérer d'y trouver les mêmes ressources dans des circonstances semblables.* » (309) Épuisé par quatre mois de campagne, il est surtout furieux d'être blâmé.

Arrivé le 20 février à Fort-de-France, il avait déposé les soldats du général Lagrange à la Dominique. Mais les cartes et plans fournis par le Dépôt de la marine étaient périmés depuis vingt ans.

Le fort Rupert, situé loin de la côte, s'avéra imprenable faute de matériel de siège. Lagrange dut se contenter de détruire les autres ouvrages défensifs avant de rembarquer. Missiessy leva une contribution de 192 060 francs sur Saint-Christophe, de 49 025 francs sur Nevis et de 43 821 francs sur Montserrat. Il captura ou brûla trente-huit navires représentant une valeur de 886 384 francs, et fit 134 prisonniers. De retour à Fort-de-France, il trouva le brick le *Palinure*, parti de Lorient le 1er février pour lui annoncer le faux départ de Villeneuve, la « *jonction annulée* » et l'ordre de rallier promptement Rochefort. Missiessy en déduisit qu'il n'avait pas de temps à perdre. Les Anglais avaient dû lancer une de leurs escadres à sa poursuite – une hypothèse exacte. Villaret de Joyeuse exigea alors de lui qu'il déloge les Anglais de l'îlot du Diamant. Missiessy considéra qu'il n'avait plus le temps d'éradiquer cette nuisance que Villaret aurait dû lui signaler dès son arrivée. S'en suivit les 18 et 19 mars un échange de lettres aigre-doux entre les deux hommes. Missiessy ne céda pas et le 22 mars appareilla de Fort-de-France pour se rendre à Saint-Domingue y déposer un renfort de 500 hommes, des munitions et des vivres. Le 28 mars, il faisait route vers Rochefort. Il rata de deux jours le contrordre lui prescrivant de rester aux Antilles jusqu'à la fin de juin.

Le voyage de retour se prolongea pendant cinquante-trois jours, rythmé par des périodes de vents contraires ou de calmes. Le bilan de Missiessy est honorable, mais très éloigné des rêves de Napoléon qui, intoxiqué par les nouvelles alarmistes de la presse anglaise, croyait la Dominique et Sainte-Lucie en son pouvoir. Decrès jette de l'huile sur le feu en présentant de façon tendancieuse la maladie de Missiessy et sa demande de réparer dans l'arsenal plusieurs de ses bâtiments : « *Missiessy a envie de venir à Paris* [...] *il a probablement présenté l'état de son escadre avec exagération.* » (310) La réponse est catégorique, Missiessy est interdit de séjour à Paris et les réparations se feront sur rade. À sa grande stupéfaction, il lui est reproché de n'avoir pas exécuté des ordres qu'il n'a pas reçus. Toute sa campagne est passée au crible : « *J'ai étouffé d'indignation en lisant qu'il n'avait pas pris le Diamant,* écrit Napoléon à Decrès le 27 mai. *J'aurais préféré perdre un vaisseau de guerre et qu'il m'eût ôté cette bosse de la Martinique.* » (311) Missiessy se défend point par point.

Il « *répond d'une manière pitoyable* » décrète Napoléon. Vexé et découragé, Missiessy continue à réclamer son remplacement pour raisons de santé. Au fond, Napoléon est conscient qu'il a été injuste. À son frère Jérôme il écrit le 2 juin : « *Ce n'est pas que je sois mécontent de cet officier ; mais c'est la volonté, le caractère, l'application et l'audace qui m'ont fait ce que je suis.* » (312) Il tente par tous les moyens d'amadouer Missiessy et envisage même de faire intervenir son épouse, « *une femme raisonnable, qui a un peu d'ambition* » (313). Mais madame Missiessy ne peut se déplacer en raison de l'« *indisposition d'un nourrisson* ». Decrès finit par reconnaître qu'il a médit de Missiessy : « *Ce n'est pas impunément que cette escadre a bravé la tempête par laquelle elle est sortie ; il nous en coûte 63 mâts pour la réparer, dont la plupart de dimensions rares et 13 seulement au-dessus de 18 palmes* jusqu'à 12 .*» (314) Mais Missiessy s'obstine à réclamer un congé de deux mois, loin de la mer, pour se rétablir. Decrès, qui le déteste, dénigre son caractère « *sec et froid* » tout en poussant son candidat, le capitaine de vaisseau Zacharie Allemand. Le 25 juin, il obtient gain de cause. Allemand remplace Missiessy à la tête de l'escadre. Quoi qu'en pense Decrès, Napoléon vient de perdre un excellent officier général en plein grand dessein, pour une question d'amour-propre. Napoléon a finalement dû s'incliner devant la volonté de Missiessy qui s'est permis de lui tenir tête alors que la guerre maritime fait rage avec l'Angleterre. Une situation étonnante, sanctionnée par une mesquinerie – l'envoi de Missiessy pour se soigner à Bordeaux, ville du milieu des terres comme tout un chacun le sait – et des congés-disgrâce qui vont se prolonger jusqu'en 1808.

Pendant que se déroule le bras de fer avec Missiessy, Napoléon est fort occupé par la cérémonie de son couronnement comme roi d'Italie à Milan le 26 mai, par la constitution du royaume d'Italie et le grand jeu diplomatique qui agite le continent avec la formation de la troisième coalition anti-française, amorcée par l'accord anglo-russe du 11 avril. Napoléon est toujours sûr de la

---

*La palme est une mesure usitée dans la marine pour évaluer le diamètre des mâts, et valant 29 mm.

pertinence de son plan et continue à parier sur la nervosité des Anglais qui les poussera à disperser leurs forces navales : « *Ils ont eu peur un moment pour Londres ; bientôt ils enverront des escadres aux deux Indes.* »[315] Prenant ses désirs pour la réalité, il calcule que si les Anglais détachent vingt vaisseaux à la recherche de Villeneuve, ils seront dans l'impossibilité de réunir quarante vaisseaux à l'ouvert de la Manche[316]. Mais le séjour italien de Napoléon en Italie gêne la conduite de la « *grande entreprise* ». Decrès ponctue tous ses courriers par des vœux pour son prompt retour. Napoléon feint de ne pas comprendre l'inquiétude de son ministre de la marine : « *Je ne sais pourquoi vous désirez tant mon retour à Paris. Rien n'est plus propre que mon voyage à cacher mes projets et à donner le change aux ennemis.* »[317] Il n'a pu ou voulu choisir entre deux priorités stratégiques. Mais diriger le grand dessein depuis l'Italie n'est pas raisonnable.

Decrès commence à être sérieusement inquiet de la tournure que prennent les événements. Le 1er juin, il fait le point dans un long rapport sur la situation navale avec l'intention manifeste de préparer Napoléon au pire. Comme pour exorciser la menace que représente Nelson, il en brosse un portrait persifleur : « *Sa forfanterie égale sa "sottise", mais il a une qualité éminente, c'est de n'avoir, avec ses capitaines, de prétention que celle de la bravoure et du bonheur, d'où il résulte qu'il est accessible à des conseils et que, dans les occasions difficiles, s'il commande nominalement, c'est un autre qui dirige réellement.* » Decrès n'a manifestement pas compris la *Nelson Touch*. Il pronostique que si Nelson est aux trousses de Villeneuve, « *d'ici à quinze jours, le dieu des batailles aura prononcé* », que si Villeneuve échappe à cette rencontre, une autre aura fatalement lieu « *à la hauteur de Brest, à l'ouest d'Ouessant et de la chaussée de Sein* », à laquelle Ganteaume pourra difficilement prendre part. Il craint que Villeneuve ne puisse amener devant Brest, pour affronter les quarante ou cinquante vaisseaux anglais, que quarante-neuf vaisseaux – au mieux – parmi lesquels « *il y a dix-neuf vaisseaux espagnols sortant du port pour la première fois, commandés par des capitaines peu exercés, médiocrement armés* ». Cette volée de bois vert à l'encontre des vaisseaux espagnols est étayée par les informations alarmantes et concordantes en provenance des ports d'Espagne. L'adage du roi espagnol Philippe V (1683-1746), *« al mar la madera »*, est toujours d'actualité. Cela se traduit par le lancement de tout ce qui peut flotter. Le 26 avril, Decrès met en garde contre cette frénésie d'autant que les armements ne suivent pas, *« les équipages sont incomplets, et la presse a procuré une racaille épouvantable »* (318). Il est atterré d'apprendre qu'à Carthagène, l'amiral Salcedo est revenu à deux reprises avec un vaisseau avarié après deux jours de mer, par beau temps (319). Le commissaire Le Roy en poste à Cadix dresse un tableau général accablant : *« La confiance est nulle depuis 1795, le matériel de la marine espagnole a été en décroissant et le personnel en se désorganisant. »* (320) Il témoigne que le commandant du *Glorioso « aurait dit à ses amis qu'avec ce mauvais vaisseau et son mauvais équipage, il n'avait de ressource que dans un boulet »*. Napoléon toujours obsédé par la quantité est imperméable à tous ces avertissements et, apprenant que Grandellana dispose de sept vaisseaux au Ferrol, il exige de Godoy l'armement de dix (321) ! Decrès a de quoi s'inquiéter.

Début juin, Napoléon et Decrès sont toujours à l'affût de tous les signes d'une dispersion des forces anglaises. Ils sont littéralement obsédés par la localisation des escadres de Nelson et de Collingwood dont la trace a été perdue dans les atterrages européens. Pendant plus de trois semaines, Decrès et Napoléon s'échangent des courriers pour savoir où sont passés les deux amiraux anglais. Il est pathétique que Decrès en soit réduit à chercher des renseignements dans la presse anglaise. Il approuve le projet de Napoléon d'envoyer l'escadre de Rochefort en Irlande avec l'espoir de desserrer l'étau du blocus de Brest. Pour tenir compte du régime des vents dominants, il préconise de faire atterrir Villeneuve à La Corogne et non au Ferrol (322). Il se résout à révéler le défaut de conception du plan du 14 avril : *« Les vents qui porteront l'armée combinée sur Brest sont précisément ceux qui empêchent l'amiral Ganteaume de sortir »*, en conséquence de quoi la jonction entre Ganteaume et Villeneuve – pierre de touche du plan de Napoléon – est inexécutable. Pire, *« le combat de l'armée combinée peut même se livrer à telle distance que Ganteaume en entende à peine le canon »*. Decrès ne voit que deux solutions à cette impasse : *« Villeneuve écrase assez l'ennemi pour que Ganteaume soit le maître dans la Manche tandis que Villeneuve sera à se réparer et que l'ennemi aura été forcé de rentrer dans ses ports. Ou Ganteaume lui-même mettra l'ennemi hors d'état de s'opposer à Villeneuve.* » Autant dire que la partie est loin d'être gagnée.

Napoléon poursuit ses « *calculs hypothétiques* » et reproche à Decrès sa lettre pessimiste du 1er juin : « *Il me semble que vous n'avez pas l'esprit assez exclusif pour une grande opération. C'est un défaut dont il faut vous corriger, car c'est là l'art des grands succès et des grandes affaires.* » [(323)] Il n'est nullement convaincu que son plan génial soit éventé : « *Votre défaut est que vous calculez comme si les Anglais étaient dans le secret ; il faut calculer comme doit le faire l'Amirauté.* » [(324)] Non sans candeur, Napoléon se met à sa place et lui prête ses propres calculs ! Persuadé de la supériorité du pouvoir personnel et centralisé, Napoléon critique sans vergogne le système décisionnel britannique, « *un gouvernement collectif a des idées moins simples, il est plus long à se décider* » [(325)]. Il énonce des jugements définitifs sur la Grande-Bretagne dont le peuple lui paraît trop « *énervé* » au sens propre, pour opposer la moindre résistance à un débarquement. « *Il est trop ami du luxe et des agréments de la vie pour brûler le théâtre de sa civilisation.* » En fait, Napoléon est trop militaire pour comprendre que la sécurité anglaise repose sur la pression silencieuse des « *murailles de bois* » des escadres, « *une nation est bien folle lorsqu'elle n'a point de fortifications, point d'armée de terre, de se mettre dans le cas de voir arriver dans son sein une armée de 100 000 hommes d'élite et aguerris* » [(326)]. Il s'auto-congratule du bien-fondé de son plan de descente : « *Voilà le chef-d'œuvre de la flottille ! Elle coûte de l'argent, mais il ne faut être maître de la mer que six heures pour que l'Angleterre cesse d'exister.* »

En dépit des incertitudes présidant aux destinées de Villeneuve, Napoléon fixe, le 9 juin, le plan de campagne de l'escadre de Rochefort [(327)]. Entre le 4 et le 9 juillet, après avoir piqué vers l'ouest, celle-ci reconnaîtra les côtes d'Irlande et pendant huit ou neuf jours ravagera l'embouchure du Shannon, les îles Clare ou toute autre baie. Puis du 29 juillet au 3 août, revenue au sud, elle devra attendre Villeneuve à 40 lieues à l'ouest du Ferrol, par 43° 32' de latitude N. et 13° 22' de longitude O., et se placera sous son pavillon. Si le 3 août, ce premier rendez-vous est manqué, elle ira attendre l'armée combinée, par 46° 55' N. et 9° 30' O., sur la route de Brest, jusqu'au 13 août. Passé ce délai, elle se rendra devant Vigo pour recevoir de nouvelles instructions. Si elle n'en trouvait pas, l'escadre finirait de consommer ses vivres en croisant dans les parages avec la consigne permanente de faire « *le plus de mal à l'ennemi* », et rallierait Rochefort six mois après son départ. Comme à l'ordinaire, le calendrier est trop précis et élaboré à partir de paramètres inconnus : la marche réelle de Villeneuve ; la date de la levée du blocus anglais pour des raisons météorologiques ou autres ; la durée des travaux de réparation de l'escadre. Decrès exige un droit de regard : « *Votre Majesté y établit un mode de réunion avec Villeneuve qui n'a d'autre inconvénient que d'être toujours hypothétique et incertain.* » (328) Un euphémisme. Il est difficile de comprendre l'obstination de Napoléon à faire dépendre son grand dessein d'une réunion de forces aussi aléatoire, comme s'il voulait faire plier les éléments maritimes à sa volonté sans tenir compte des conditions techniques de l'époque où les durées et les itinéraires sont incertains, les contacts permanents avec les unités à la mer ainsi qu'entre elles hasardeux faute de transmissions régulières. Le facteur "chance" devient dans ces conditions déterminant.

Même sans nouvelles de Collingwood et de Nelson, Decrès ne croit plus à la dispersion des forces ennemies : « *Il ne faut pas se flatter, il est clair que c'est sur l'Angleterre qu'on fixe à Londres le retour de l'armée combinée. C'est là où elle est attendue.* » (329) Napoléon continue à prendre ses désirs pour la réalité : « *Je ne sais pas où est Nelson. Je le crois retourné en Angleterre ou dans la Méditerranée. Ses vaisseaux sont hors d'état de faire de grandes expéditions, et ses équipages sont extraordinairement fatigués.* » (330) Un bel exemple de prescience, avec toutefois une erreur sur la personne, dans la mesure où sa description convient parfaitement à Villeneuve ! Alors qu'il ignore tout de la situation de Villeneuve, il extrapole et prévoit le calendrier des opérations futures : « *Je ne compte* [sur lui] *que du 1er au 10 thermidor* [20 au 29 juillet] *devant Le Ferrol, du 10 au 20* [29 juillet au 8 août] *devant Brest, et du 20 au 30* [8 au 18 août] *devant Boulogne.* » (331) Napoléon est décidément un incurable optimiste.

Le 10 juin, Villeneuve est remonté chercher au large des Bermudes les alizés. Il a envoyé ses frégates (*Hortense*, *Hermione*,

Didon, *Thémis*) ramener aux îles leurs garnisons avec pour consigne de le rallier aux Açores, ce qu'elles font le 30. Deux jours plus tard, elles s'emparent d'un corsaire anglais et de sa prise espagnole chargée de 420 000 piastres ainsi que de caisses de quinquina, cacao, cuivre, étain et vigogne d'une valeur de 5 à 6 millions de francs. Mais dès le 4 juillet, la brise faiblit et un fort vent de nord-est contraint l'armée combinée de louvoyer. Pendant dix-neuf jours, elle est refoulée par des vents contraires dans lesquels la division espagnole – à l'exception du vaisseau-amiral *Argonauta* – et l'*Atlas* ne peuvent s'élever. Chaque matin, Villeneuve doit les faire chercher à quatre lieues*, « *quoique la plupart des vaisseaux fussent la nuit sans voiles* » [332]. Deux violents coups de vent de nord-est avarient la flotte « *parce que nous avons de mauvais mâts, de mauvaises voiles et de mauvais gréements, de mauvais officiers et de mauvais matelots* » se désole Villeneuve. L'*Indomptable* perd son grand mât de hune. Des vergues sont cassées et des voiles emportées. La santé se dégrade inexorablement à bord de la flotte vouée au surplace. Villeneuve qui espérait traverser l'Atlantique d'un trait pour surprendre la croisière anglaise du Ferrol avant que l'alerte ne soit donnée, se ronge d'angoisse. Il se doute bien que quarante-deux jours de traversée sont rédhibitoires alors que Nelson a dû se lancer à sa poursuite. Mais il ignore que le sort s'est acharné contre lui et a frappé neuf jours après son départ.

Le 13 juin, Nelson a quitté à son tour les Antilles. Aveuglé par son idée fixe, il commet l'erreur de prendre une route plus au sud que Villeneuve pour donner dans la Méditerranée. À son départ, Nelson détache le brick le *Curieux*, commandé par le capitaine Betsworth, pour informer l'Amirauté de son retour. Or le destin veut que le 19 juin le *Curieux* aperçoive l'armée combinée sur une route trop au nord pour se diriger vers la Méditerranée. Il en déduit que Villeneuve a mis le cap sur le golfe de Gascogne. Il ne rétrocède vers Nelson, mais au contraire fonce vers Plymouth qu'il atteint le 7 juillet au matin. Le lendemain à 23 heures, l'Amirauté est prévenue, mais l'officier de service n'ose pas réveiller l'octogénaire

*Une lieue marine équivaut à 3 milles, à 5,556 km.

Premier lord. Furieux de n'avoir pas été averti, Barham n'est informé que le 9 à 7 heures du matin. Il s'empresse d'envoyer des dépêches pour recomposer le dispositif anglais dans les atterrages européens. Le temps des incertitudes est terminé. L'adage est confirmé selon lequel le hasard ne favorise que les esprits bien préparés. Barham lit désormais à livre ouvert dans le jeu français. Pour le contrecarrer, Stirling doit quitter le blocus de Rochefort pour renforcer Calder, lequel doit « *gagner sans perdre de temps le cap Finisterre d'où il croiserait à la recherche de l'ennemi à une distance de trente ou quarante lieues à l'ouest, pendant six ou sept jours* ». Cornwallis doit établir un deuxième barrage au sud de Penmarch. Dès le 11, Cornwallis est informé sous Ouessant. Le 15, Calder et Stirling font leur jonction devant Le Ferrol et avec leurs quinze vaisseaux, se portent à 100 milles du cap Finisterre pour y attendre le choc et couper la route aux Franco-Espagnols. Les divisions de quatre vaisseaux de Collingwood et de Bickerton continuent leur surveillance devant Cadix et Carthagène.

Ainsi, une fois le *Curieux* arrivé en Angleterre, huit jours ont suffi à l'Amirauté pour réaménager son dispositif, très élastique, et concentrer des moyens pour intercepter Villeneuve au moment et au lieu convenables. Napoléon sera très étonné de la rapidité du réajustement des Anglais. Obnubilé par ses préjugés sur la manière de gouverner de l'Angleterre, il ne conçoit pas que l'Amirauté puisse avoir la même prescience de l'échiquier naval que lui à terre, lorsqu'il décide de façon fulgurante de déplacer ses armées. Or l'Amirauté a l'avantage d'avoir une stratégie linéaire résolument défensive, de surcroît servie par la personnalité même du Premier lord de la mer, Barham, peu familier du travail d'équipe, qui centralise les décisions en matière opérationnelle, d'où sa grande réactivité en cas de crise.

Pendant ce temps, Nelson continue sa fausse manœuvre. Du 1er au 8 juillet, il est retenu par des calmes aux Açores. Le 18, il reconnaît le cap Spartel. Il est très étonné d'apprendre qu'aucun vaisseau français n'a été aperçu dans les parages. Qu'est devenue la flotte qu'il poursuivait ? L'a-t-elle devancé en Europe comme autrefois la flotte de Brueys en Égypte ? Villeneuve se dérobant par une fausse manœuvre, s'est-il jeté sur la Jamaïque, tandis qu'il le croyait en plein océan et cinglant vers Cadix ? Collingwood qui tient le blocus de Cadix lui fait part de ses vues sur la nouvelle situation stratégique : « *Je crois que la flotte combinée va libérer l'escadre du Ferrol malgré Calder, faire le tour du golfe et, emmenant avec elle les gens de Rochefort, apparaître au large d'Ouessant, avec 34 vaisseaux peut-être, qu'en rejoindraient vingt autres.* » Contrairement à Nelson, Collingwood a compris que le centre de gravité stratégique se trouve en Manche sans pour autant envisager l'impensable : l'invasion de l'Angleterre. Nelson n'est nullement ébranlé dans ses certitudes. Le 19, il jette l'ancre à Gibraltar et descend à terre le lendemain, « *pour la première fois depuis le 16 juin 1803* ». Son escadre a souffert de sa folle équipée et des trente-six jours de traversée qui s'ajoutent au séjour aux Antilles et à la traversée de l'Atlantique, un total de soixante-neuf jours. Faute de vivres frais et de citrons, ses équipages subissent la règle implacable de la vie en mer et souffrent du scorbut. Il écrit le jour même à lord Barham que si des frégates russes ne remplacent celles de Collingwood « *les Français* [vont], *quand il leur plaira, transporter une armée en Sardaigne, en Sicile, en Morée ou en Égypte* ». Les courriers de Collingwood n'ont servi à rien. Nelson persiste dans l'erreur. Parti trois jours après Villeneuve, il l'a précédé en Europe : une performance inutile dans la mesure où il est hors jeu, loin du probable théâtre d'opérations.

Dans le même temps, l'organisation matérielle de la descente est en voie d'achèvement. Les marins français et hollandais persévèrent dans l'organisation périlleuse des opérations de concentration de la flottille qu'harcèlent en permanence les croisières anglaises. Le franchissement du cap Gris-Nez demeure un point sensible en dépit de la couverture offerte par la batterie de cinquante-cinq canons installée par le général Lariboisière. Le passage de chaque convoi donne lieu à escarmouche plus ou moins vive où le capitaine de vaisseau Hamelin continue de s'illustrer. Parti du Havre le 10 juin avec un convoi, composé de deux corvettes canonnières, quatre chaloupes-canonnières, huit péniches et quatorze transports, Hamelin parvient à repousser pendant deux heures, devant Étretat, avec l'appui des batteries côtières, l'attaque d'une division anglaise comprenant la frégate *Chiffonne* (ex-française) et trois bâtiments légers. Après avoir essuyé de lourdes pertes, il trouve refuge à Fécamp. Le 20, Napoléon se déclare « *enchanté de la petite affaire* *du capitaine Hamelin: cela fait bien voir ce qu'il est possible de faire avec nos canonnières. On dira ce qu'on voudra, c'est avec des hommes et du canon qu'on se bat, et, quelque avantage qu'on ait pour les marches par une meilleure position, il y a cependant une pratique à admettre et des avantages qui sont aussi propres aux chaloupes-canonnières.* » (333) Il n'hésite pas à appuyer sa démonstration sur un curieux calcul selon lequel durant l'engagement douze canons français auraient tenu tête à plus de cent pièces anglaises. Il imagine un improbable combat d'escadres devant Boulogne, où « *une vingtaine de prames et deux cents chaloupes-canonnières se mettraient en tirailleurs entre les combattants, ce seraient des mouches, qui feraient de terribles piqûres aux escadres anglaises* ». Decrès a dû être surpris par sa conclusion, « *vous voyez que les canonnières reçoivent des boulets dans le corps, dans la mâture, et qu'elles ne coulent pas* » (*sic*) ! L'escarmouche rappelle à Napoléon la faiblesse structurelle de la flotte : « *Mais, pour dieu ! Qu'on me mette des caronades. Ce n'est qu'avec des canons qu'on arme des vaisseaux, et pour les vaisseaux il n'y a que des canons de gros calibre.* » (334) Mise à part l'allusion récurrente aux caronades que Decrès est bien en peine de satisfaire, Napoléon demeure manifestement sous l'influence du père spirituel de la flottille, Forfait, et de ses idées. Il vient pourtant de l'éloigner de la Manche, le 29 mai, en le nommant préfet de Gênes (335), au grand soulagement de Decrès qui ne parvenait plus à le contrôler et œuvrait depuis trois mois à sa neutralisation en signalant l'agiotage de son beau-père dans les fournitures de la flottille (336). Il est à noter qu'à Sainte-Hélène Napoléon ne devait faire aucune allusion à celui qui fut son maître à penser*. Le 27 juin, Decrès tente pour la énième fois de détromper Napoléon sur la valeur de la “poussière navale” construite à grand frais : « *Il m'est pénible, Sire, de conserver une opinion qui n'est pas celle de Votre Majesté. Mais l'affaire de M. Hamelin ne change rien à celle que j'ai sur les canonnières. Deux cents canonnières à la voile se disperseront, s'acculeront et ne parviendront point à prendre part à un combat d'armée.* » (337) À Boulogne, rares sont les

*Forfait mourut en 1807 dans une grande détresse morale et matérielle après que Decrès eut profité de la construction manquée d'une frégate pour le faire révoquer.

marins qui croient encore à la faisabilité de la descente. La Grande Armée n'en attend pas moins l'arme au pied l'arrivée de l'escadre.

Le 11 juillet au soir, Napoléon rentre clandestinement à Fontainebleau où il prend connaissance des dépêches de Villeneuve, portées par le *Lynx*, lui relatant son arrivée à Fort-de-France. Ces premières lettres reçues depuis le 11 avril ne lui révèlent rien des intentions de son auteur. Napoléon gagne Paris le 13 juillet. Godoy a prévenu Decrès que le plan du retour de la flotte combinée en Europe n'est plus un secret pour personne. Decrès relance Napoléon à plusieurs reprises pour connaître ses intentions. Le 16, Napoléon se décide à expédier à Villeneuve de nouvelles instructions que complète Decrès (338). Elles confirment le plan de manœuvre antérieur en laissant en même temps à Villeneuve une grande latitude de décision. Après la jonction de la flotte combinée et des escadres du Ferrol, « *vous manœuvrerez de manière à vous rendre maîtres du pas de Calais, ne fût-ce que pendant quatre ou cinq jours* ». Pour y parvenir plusieurs scénarios sont possibles, soit il se réunit avec l'escadre de Rochefort et débloque Brest, soit il assure seul le déblocus de Brest, soit il n'est rallié que par l'escadre de Rochefort et double avec elle l'Irlande et l'Écosse pour faire sa jonction avec l'escadre du Texel. Decrès précise que « *l'intention de l'Empereur serait que vous parvinssiez à entrer à Bertheaume sans combat* » (339). Autant dire une chimère. En cas de combat, il faudrait que celui-ci intervienne au plus près de Brest « *afin que l'amiral Ganteaume en soit prévenu et puisse vous secourir* ». Heureusement que Decrès a longuement expliqué que le régime des vents à Brest empêcherait une telle manœuvre ! Comme à l'ordinaire, Napoléon envisage tous les cas de figure – selon le principe que gouverner c'est prévoir –, y compris l'échec du grand dessein : « *Si par l'effet de combats que vous auriez essuyés, de quelques opérations considérables, ou d'autres événements que nous n'aurions pas prévus, votre situation se trouvait considérablement changée* [...]. *Dans ce cas, qui, avec l'aide de Dieu, n'arrivera pas, nous désirons qu'après avoir débloqué nos escadres de Rochefort et du Ferrol vous mouilliez de préférence dans le port de Cadix.* » Le repli sur Cadix était déjà prévu dans les instructions du 2 mars en cas de non-jonction avec Ganteaume aux Antilles et aux îles du Cap-Vert. Mais dans le nouveau contexte, il constitue une dangereuse porte de sortie pour un Villeneuve prêt à s'exagérer les empêchements.

À Brest, Ganteaume vit très mal son enfermement en rade de Brest. « *Tourmenté, tracassé, affecté depuis un mois, il a la goutte sur la poitrine et souffre horriblement* » [(340)], et crache le sang signale Decrès. Mais Ganteaume est surtout très inquiet du sort de Villeneuve dont il se sent en partie responsable en raison de son non-départ : « *J'aimerai mieux moi-même être exposé à un revers que d'apprendre quelque chose de fâcheux sur son compte.* » Il réclame la liberté de sortir si l'occasion se présente. Decrès commence par être très réservé [(341)]. Napoléon est tout aussi réticent : « *À quoi bon la sortie de Ganteaume. Je trouve quelque inconvénient aux sorties de Ganteaume. Mon intention serait d'endormir les Anglais le plus possible sur l'escadre de Brest, sans affectation cependant, et diriger le tout vers le Texel.* » [(342)] Mais lorsque au début de juillet le nombre de vaisseaux de la croisière anglaise diminue, Decrès change d'avis et envisage de donner l'escadre de Brest « *à outrance* » vers le 25 juillet [(343)]. Une fois la croisière anglaise neutralisée, battue ou évincée, il préconise un plan encore plus alambiqué que ceux de Napoléon, qui consiste à envoyer Ganteaume débloquer Rochefort et Le Ferrol, à lui faire attendre Villeneuve à la voile ou selon l'état de ses forces à le faire remonter dans la Manche. « *La partie deviendra un peu mêlée, mais j'aime mieux cela que de courir la chance bien pénible de voir Villeneuve battu avant d'avoir rallié.* » Mis au pied du mur, Ganteaume n'est plus aussi enthousiaste. Il justifie ses appréhensions par l'inexpérience de ses commandants : « *Je pense que ce serait peut-être trop se hasarder que de répondre de leur coup d'œil et de leur jugement dans les grandes évolutions qui peuvent être nécessaires à une armée comme la nôtre ayant à combattre des vaisseaux dont les chefs sont réputés les premiers manœuvriers de l'Europe.* » [(344)] D'autant plus que les soldats remplaçant les matelots, que Ganteaume appelait de ses vœux lorsqu'il prit le commandement de l'escadre en juin 1804, constituent d'excellents canonniers par « *belle mer* », mais leurs performances ne résistent pas à la houle même avec « *très peu de vent* ». Dans ces conditions, il affiche un scepticisme absolu : « *Battre complètement dix-huit vaisseaux anglais avec les vingt et un qui sont sous mes ordres, comme vous le*

René-Théodore Berthon, *Le vice-amiral Denis Decrès, ministre de la Marine*, Château de Versailles (© RMN - Gérard Blot).

Vue du camp de Boulogne en juillet 1804, Paris, Bibliothèque du Ministère des Armées (© Bridgeman - Archives Charmet).

Gilles-Louis Chrétien d'après Edme Queneday, *Le vice-amiral Pierre-Charles de Villeneuve*, Paris, Bibliothèque Nationale (© Bridgeman - Giraudon).

Louis Dodd, *Arrivée de Nelson et du "Victory" à Antigua le 12 juin 1805*, coll. AKG (© AKG).

Thomas Buttersworth, *"Euryalus", "Thunderer" et "Ajax" quittant Plymouth en 1805*, Londres, Bonhams (© Bridgeman).

Paulin-Guérin, *L'amiral Eustache Bruix*, Château de Versailles (© Collection Roger-Viollet).

L'amiral Horatio Nelson en grande tenue, coll. Tallandier
(© Rue des Archives - Tal).

Nicholas Pocock, *Début de la bataille de Trafalgar*
le 21 octobre 1805, Greenwich, National Maritim Museum
(© Rue des Archives - Tal).

John Francis Sartorius, *Le "Neptune" au cœur des combats*, coll. part. (© Bridgeman).

Lieutenant Robert Strickland Thomas, *Reddition de la "Santissima Trinidad" au "Neptune"*, coll. part. (© Bridgeman).

Nicholas Pocock, *Mort de l'amiral Nelson*, Greenwich, National Maritim Museum (© Rue des Archives - Tal).

William Turner, *La bataille de Trafalgar*, Greenwich, Hospital Collection (© AKG-images).

William Lionel Wyllie, *Le "Belleisle" à Trafalgar*,
Londres, Army and Navy Club (© Bridgeman).

Nicholas Pocock, *Fin de la bataille de Trafalgar le 21 octobre 1805*, Greenwich, National Maritim Museum (© Rue des Archives - Tal).

Leslie Arthur Wilcox, *La bataille de Trafalgar*, coll. part. (© Bridgeman).

James Gillray, *Mort de l'amiral Nelson à l'instant de la victoire*, Oxford, New College (© Bridgeman).

demandez, est un objet dont je ne pourrais répondre », d'autant que les Britanniques avec huit vaisseaux à trois-ponts, équivalant à onze ou douze vaisseaux de 74, disposent de la supériorité du feu. Napoléon est très déçu par la réserve de son homme-lige : « *Je ne puis comprendre l'immobilité de Ganteaume ; comment est-il possible, lui qui est au fait de mes projets, qu'il laisse paraître l'ennemi sans faire aucun mouvement ?* » [(345)] Pour lui, il ne fait aucun doute que la relâche de la surveillance de Cornwallis est le signe qu'une escadre anglaise est partie intercepter Villeneuve. Le départ de l'escadre de Rochefort le 19 juillet l'incite à demander à Ganteaume, sous réserve que l'ennemi aligne moins de seize vaisseaux, de sortir de vive force, « *nous sommes fondés à espérer du succès* » [(346)] et « *si l'ennemi n'est pas en vue* », d'entrer en Manche et de venir devant Boulogne. Ordre confirmé à Decrès, qu'il « *aille droit au but* » [(347)]. Mais c'est une vue de l'esprit, Cornwallis dispose de vingt-deux vaisseaux dans l'Iroise prêts à fondre sur l'escadre française. Ganteaume ne sortira pas. Le capitaine de vaisseau Allemand, nouveau commandant de l'escadre de Rochefort composée de cinq vaisseaux, deux frégates et deux corvettes, prend connaissance au large de ses instructions. Sa première mission consistant à reconnaître les côtes d'Irlande du 4 au 9 juillet, il passe directement à la deuxième phase. Mais il est en avance et, pendant une dizaine de jours avant son rendez-vous prévu entre le 29 juillet et le 3 août, il s'enfonce dans l'ouest pour passer le temps loin de la côte. L'escadre française la plus aguerrie est pour la seconde fois hors jeu tout comme Ganteaume bloqué dans la nasse de Brest. Seul, Villeneuve a le redoutable privilège d'affronter les Anglais.

La bataille des « Quinze-Vingt » du 22 juillet 1805

Conformément aux calculs de l'Amirauté, les divisions bloquant Le Ferrol et Rochefort sont prépositionnées sous les ordres du vice-amiral Calder pour intercepter Villeneuve lorsqu'il se présente le 22 juillet à 25 lieues dans le nord-ouest du cap Finisterre où, fâcheux précédent, l'escadre anglaise d'Anson avait vaincu le Français de La Jonquière en 1747. La rencontre prend en Grande-Bretagne l'appellation géographique de cap Finisterre, tandis qu'en

France l'opinion impose par dérision un jeu de mots –bataille des Quinze-Vingt– faisant allusion au nombre des vaisseaux engagés– quinze anglais contre vingt franco-espagnols– et à l'hospice des Quinze-Vingts, fondé par Louis IX en faveur des aveugles, pour évoquer l'absence de visibilité dans laquelle s'est déroulée la bataille en raison de la densité du brouillard.

Les deux commandants en chef éprouvent une mauvaise surprise réciproque. Villeneuve est évidemment atterré que son retard l'oblige à affronter le comité d'accueil organisé par l'Amirauté, sans compter qu'il est vexé que les Anglais osent l'attaquer avec des forces numériquement inférieures. Calder est très désagréablement surpris puisqu'il s'attendait à une armée franco-espagnole d'une quinzaine de vaisseaux, de force équivalente à son escadre et qu'il doit en affronter vingt qui le surclassent en puissance. Calder a certes l'avantage d'être pourvu de quatre trois-ponts, type de vaisseau que n'a pas Villeneuve, mais il n'aligne que 1 192 canons contre 1 496 canons aux Franco-Espagnols, soit une puissance de feu inférieure de 20% à celle de ses adversaires.

Le 22 juillet, par temps brumeux, les Franco-Espagnols, démoralisés par près de trois semaines de vents défavorables, progressent en trois colonnes, les Espagnols tenant la droite. Le brouillard est si dense qu'ils auraient très bien pu croiser leurs adversaires sans les voir. Mais telle n'est pas leur destinée. À la faveur d'une éclaircie à midi, l'*Algésiras* signale trois voiles suspectes au nord-nord-est. À 13 heures, une dizaine de voiles se profilent à l'horizon. Une des frégates anglaise repère dans le même temps l'armée franco-espagnole. Les deux flottes s'avancent l'une vers l'autre. Les Alliés ont l'avantage du vent d'ouest. Villeneuve fait passer l'armée combinée de l'ordre des trois colonnes à la ligne de bataille, bâbord amures, gouvernant au nord. Gravina répète le même signal et ordonne à l'escadre espagnole de faire route à l'avant-garde. Il se place en chef de file de son escadre. Dans son Journal, Villeneuve laisse sous-entendre qu'il s'agit d'une initiative de l'amiral espagnol, prise sans concertation préalable. L'escadre légère rétrograde en arrière-garde.

En dépit du mauvais temps, Calder venant amures opposées, engage le combat et manœuvre pour attaquer le centre adverse.

ESCADRE ANGLAISE

NOMBRE DES CANONS	NOM DES BÂTIMENTS	NOMS DES COMMANDANTS
98	*Prince of Wales*	VA sir Robert CALDER/ CV William CUMING
98	*Glory*	CA Charles STIRLING/ CV Samuel WARREN
98	*Barfleur*	CV George MARTIN
98	*Windsor Castle*	CV Charles BOYLES
80	*Malta*	CV Edward BULLER
74	*Ajax*	CV William BROWN
74	*Defiance*	cap. hon. Philipp Charles DURHAM
74	*Dragon*	CV Edward GRIFFITH
74	*Hero*	cap. hon. Alan Hyde GARDNER
74	*Repulse*	cap. hon. Arthur Kaye LEGGE
74	*Thunderer*	CV William LECHMERE
74	*Triumph*	CV Henry INMAN
74	*Warrior*	CV Samuel Hood LINZEE
64	*Agamemnon*	CV John HARVEY
64	*Raisonnable*	CV Josias ROWLEY
frégate	*Égyptienne*	cap. hon. Charles Elphinstone FLEMING
frégate	*Sirius*	CV William PROWSE
lougre	*Nil*	LV John FENNELL
cutter	*Frisk*	LV James NICHOLSON

ORDRE DE BATAILLE DES ESCADRES FRANCO-ESPAGNOLES (348)

NOMBRE DES CANONS	NOM DES BÂTIMENTS	NOMS DES COMMANDANTS
ESCADRE ESPAGNOLE		
80	*Argonauta*	L^{t} g^{al} D. Federico GRAVINA /Chef esc. D. Antonio ESCAÑO /CV D. Rafael de HORE
74	*Terrible*	CV D. Francisco MONDRAGON
64	*América*	CV D. Juan DARRAC
64	*España*	CV D. Bernado MUÑOZ
80	*San Rafael*	Brigadier D. Francisco MONTES
74	*Firme*	CV D. Rafael VILLAVICENCIO
brick	*Argus*	LV Yves-François TAILLARD
ESCADRE FRANÇAISE		
74	*Pluton*	CV Julien-Marie COSMAO-KERJULIEN
74	*Mont-Blanc*	CV Guillaume-Jean-Noël DE LAVILLESGRIS
74	*Atlas*	CV Pierre-Nicolas ROLLAND
74	*Berwick*	CV Jean-Gilles FILHOL DE CAMAS
80	*Neptune*	CV Esprit-Tranquille MAISTRAL
80	*Bucentaure*	VA Pierre-Charles DE VILLENEUVE/CV Jean-Jacques MAGENDIE

80	*Formidable*	CA Pierre-René-Marie-Étienne DUMANOIR LE PELLEY / CV Jean-Marie LETELLIER
74	*Intrépide*	CV Léonore DE PERONNE
74	*Swiftsure*	CV Charles-Eusèbe LHOSPITALIER DE LA VILLEMADRIN
74	*Scipion*	CV Charles BERRENGER
80	*Indomptable*	CV Jean-Joseph HUBERT
74	*Aigle*	CV Pierre-Paulin GOURREGE
frégate	*Cornélie*	CV André-Jules-François DE MARTINENG
frégate	*Hortense*	CV Louis-Charles-Auguste DELAMARE DE LAMELLERIE
frégate	*Rhin*	CV Louis-Antoine-Cyprien INFERNET
frégate	*Sirène*	CF Victor CHABERT
frégate	*Thémis*	CV Nicolas-Joseph-Pierre JUGAN
brick	*Furet*	LV Pierre-Antoine-Toussaint DEMAY

ESCADRE LÉGÈRE

74	*Algésiras*	CA Charles MAGON/ CV Gabriel-Auguste BROUARD
74	*Achille*	CV Louis-Gabriel DENIEPORT
frégate	*Didon*	CF Pierre-Bernard MILIUS
frégate	*Hermione*	CF Jean-Michel MAHE

Il manque son coup et se trouve à la hauteur de l'arrière-garde franco-espagnole. Craignant l'enveloppement, Villeneuve donne l'ordre de « *virer lof pour lof par la contre-marche* ». Selon un exégète de la bataille, « *c'est le seul mouvement utile et convenable qu'il fit comme amiral dans toute sa carrière maritime. Sans doute, à cette manœuvre, il épuise son génie* » [(349)] car il se contente ensuite de subir un très classique combat en ligne de file. La brume s'épaissit. Gravina amorce le mouvement de contre-marche. Il est suivi de toute la ligne. Calder a également viré de bord. Le brouillard a masqué aux vaisseaux anglais le mouvement de l'armée combinée et Calder ne parvient pas à revenir vers le centre. Il vire de nouveau, tant et si bien qu'au milieu de l'après-midi les deux flottes sont en position de se prolonger en lignes parallèles, à demi-portée de canon, pour engager une canonnade de vaisseau à vaisseau « *où la tactique brille par son absence* ». À 16h45, l'*Argonauta* ouvre le feu. La canonnade s'étend successivement jusqu'au centre de la ligne franco-espagnole. La bataille tourne au cauchemar dans un brouillard à couper au couteau. En l'absence de visibilité, elle devient incontrôlable. Les tirs se font au jugé. Avec la fumée des canons, une véritable purée de pois entoure les combattants au point que les vaisseaux ne voient plus leurs matelots d'avant et d'arrière et qu'ils guident leur tir, non sur les éclairs des bouches à feu, mais au bruit des détonations. Villeneuve ne parvient même pas à distinguer si l'ennemi attaque par bâbord ou tribord. Ce n'est que lorsque les boulets passent au-dessus de ses mâts qu'il peut détecter la présence d'un vaisseau ennemi sous le vent et participer au long duel d'artillerie qui caractérise cette bataille livrée à l'aveuglette dans laquelle toute la ligne franco-espagnole est engagée. À 18h30, une éclaircie sous le vent permet à Villeneuve d'apercevoir deux vaisseaux anglais maltraités, un démâté de son grand mât et de son mât d'artimon, remorqué par une frégate et un second trois-ponts ayant cassé son petit mât de hune. Il découvre également par le travers sous le vent et à faible distance, le *San Rafael* en mauvaise posture sous ses voiles basses. Villeneuve croit qu'il va rallier la queue de la ligne où la plupart des vaisseaux sont en panne et ne combattent plus faute d'ennemis par leur travers. Mais la brume, la fumée et la nuit happent le vaisseau espagnol avant que ses ordres de le prendre en remorque soient exécutés. Des exégètes reprochent à Magon, serre-file de l'armée, sa passivité durant les combats, de n'avoir esquissé aucune manœuvre pour tenter de prendre en tenaille la ligne ennemie (350). Cosmao est le seul à tenter de sauver les Espagnols désemparés. En dépit de la brume, il a remarqué que ses matelots d'avant, en fait la moitié de l'escadre espagnole, sont tombés sous le vent et risquent de dériver sous la ligne ennemie. Pour parer ce danger, il entraîne avec le *Pluton*, le *Mont-Blanc* et l'*Atlas*. Il parvient à ramener dans la ligne l'*España*, mais il perd de vue le *Firme* et le *San Rafael*. L'*Atlas*, malmené, dérive à son tour dangereusement, il est sauvé par le *Neptune*. Les deux vaisseaux espagnols *Firme* et *San Rafael* entièrement démâtés, livrés à eux-mêmes, sont contraints d'amener leur pavillon vers 20 heures en toute ignorance de leurs acolytes franco-espagnols. Le combat se prolonge jusqu'à 21h30. Le reste de la nuit s'écoule sans incidents. L'obscurité est éclairée périodiquement par les fusées lancées par Villeneuve pour marquer sa position. À 21h45, une frégate lui ayant signalé que la ligne est distendue, Villeneuve fait signaler « *serrer la ligne* » et « *ordre au vaisseau de tête de diminuer la voile* ». Il répète ces signaux à 23h15. L'ennemi reste sous le vent, perceptible grâce à ses feux de reconnaissance. À minuit, Villeneuve le perd de vue. Les Anglais se sous-ventent peu à peu, et abandonnent les premiers le champ de bataille. Villeneuve envoie les frégates et les bricks parcourir la ligne pour la faire serrer.

Le lendemain, à l'aube, la ligne de bataille n'en est plus une. L'escadre combinée compte 82 tués, dont le capitaine de vaisseau Péronne, commandant l'*Intrépide*, et 179 blessés, dont le capitaine de vaisseau Rolland, commandant l'*Atlas**(351). Les vaisseaux ne comptent plus leurs avaries, les mâtures sont en piteux état. Mais rien d'irréparable. « *Nous nous flattions d'avoir remporté la victoire,*

*Les pertes françaises s'élèvent à 65 tués et 144 blessés ; les deux vaisseaux *Pluton* et *Atlas* enregistrent les plus fortes pertes avec 40% des tués et 60% des blessés. Les Espagnols comptent sur les quatre vaisseaux rescapés 17 morts et 35 blessés.

raconte Lauriston, *nous trouvant sur le champ de bataille et l'ennemi ayant plusieurs vaisseaux dégréés* » [352], lorsque soudainement l'armée a la très mauvaise surprise de constater avec « *douleur* » que le *Firme* et le *San Rafael* sont tombés aux mains de l'ennemi. Or celui-ci est justement en vue et court au bord opposé, vers le nord, sous le vent. Il s'éloigne avec à la remorque trois vaisseaux dont le trois-ponts démâté *Windsor Castle*, et dans son sillage le *Malta* – ex-*Guillaume Tell* avec lequel s'était illustré Decrès en 1800 dans les parages de Malte – qui, très avarié, se traîne derrière les invalides. Calder semble vouloir se contenter de la prise des deux trophées, tombés providentiellement dans ses rangs, et chercher son salut dans la fuite. Preuve s'il en est que tous les officiers généraux anglais de cette période ne sont pas tous de la trempe de Nelson.

Villeneuve s'escrime pendant toute la matinée à reformer la ligne de bataille, bâbord amures, ordre renversé dans laquelle l'escadre légère devient l'avant-garde et Gravina prend la place de serre-file. Le vent est mou et la mer grosse. Villeneuve transfère son pavillon sur la frégate *Hortense*, à la demande expresse de Lauriston, pour mieux diriger la conduite des opérations. Depuis 8 heures du matin, Lauriston insiste auprès de Villeneuve pour « *porter sur l'ennemi. Sa seule réponse était que la ligne n'est pas assez formée, or l'ennemi pliait* ». Le général Reille confirme l'état d'esprit régnant dans l'armée : « *Tout le monde brûlait du désir de tomber dessus.* » [353] Ce n'est qu'à 14 heures que Villeneuve décide la chasse générale, décision accueillie avec « *joie* » par tous : « *Chacun croyait aller à une victoire sur ce d'autant plus qu'il faisait un temps clair.* » Les Anglais ont pris une grande avance que l'armée rattrape peu à peu. Mais à 16h15, le vent mollit. L'ennemi encore à six lieues de distance paraît sur le point de se former en ligne. Mais convaincu que Calder ne peut être rejoint avant le crépuscule, et craignant les aléas d'un combat de nuit, Villeneuve reporte l'action au lendemain. Le contrordre produit « *découragement et consternation* » selon le témoignage de Lauriston rapporté par le général de Ségur, et la rage du contre-amiral Magon qui « *fut saisi d'un tel transport d'indignation, qu'il écuma, trépigna, se mit à courir furieux sur son vaisseau et que, voyant passer en retraite celui de son amiral, il l'apostropha, lui lança dans sa rage inexprimable tout ce qu'il trouva sous sa main, sa lunette, sa perruque même, qui tombèrent à la mer »* [354]. Une colère aussi démonstrative a dû être du plus bel effet sur l'équipage ! Ce témoignage indirect émane du cercle d'amis de Magon, convaincus qu'il aurait mieux réussi que Villeneuve, que « *la descente aurait été effectuée et la face du monde changée* ». Un autre candidat pour le Panthéon des marins qui aurait pu sauver les projets maritimes de Napoléon, de surcroît une victime de Decrès à qui il déplaisait !

Pendant la nuit du 23 au 24, le vent tombe. La ligne se déforme. À 23h45, Villeneuve signale avec des feux et des coups de canons de « *virer lof pour lof tous à la fois* ». Au lever du jour, l'ennemi de plus en plus éloigné court dans l'est. Villeneuve fait former la ligne de bataille bâbord amures. Il fait porter pour tenter de se rapprocher de Calder. Mais le vent, ayant tourné au nord-est, favorise l'Anglais obstiné à fuir avec ses prises. Manifestement il refuse tout nouvel engagement pour causes d'avaries, voire, grande crainte de Villeneuve, pour attirer les Franco-Espagnols au devant de renforts. Villeneuve renonce à poursuivre la chasse et fait route au sud-est. Au soir, le temps se gâte. L'horizon est couvert de brume. Le 25 au matin, le vent, toujours du nord-est, a beaucoup fraîchi, la mer est devenue très grosse et l'ennemi a disparu. L'*España* a cassé la barre de son gouvernail et tombe sous le vent avec l'*Atlas*. Plusieurs vaisseaux ont leurs voiles emportées. Faible compensation, l'*Hermione* prend et coule un lougre de commerce ennemi qui traversait par inadvertance l'armée combinée. À midi, la *Didon* signale la terre et le cap Finisterre à 5 lieues. Mais le vent du nord-est grand frais et la mer très grosse interdisent de gagner Le Ferrol dans les heures à venir alors que l'armée, harassée par cinquante jours de mer depuis son départ de la Martinique et un combat frustrant, est dans le plus grand désordre. Le *Neptune* signale une avarie à son grand mât. À 16h15, « *craignant à chaque instant de voir démâter quelque vaisseau* » et que les mauvais voiliers, sous le vent, ne soient séparés de l'armée en tenant la cape la nuit, Villeneuve décide, en concertation avec Gravina, de mettre le cap sur Cadix. Décision singulière dans une situation où tout l'appelle au nord, mais conforme aux instructions du 2 mars.

L'armée combinée reprend sa formation en trois colonnes. Elle court sur Cadix. Mais à 20 heures le vent tombe, la mer se transforme en un lac de plomb. Un violent orage s'abat sur l'armée et la foudre tombe sur le mât de misaine du *Bucentaure*. Lorsque l'orage s'apaise, se lève vers 23 heures une petite brise du sud. Villeneuve renonce à la route de Cadix et reprend celle du Ferrol. Mais le sort s'acharne. Le 26 juillet, les vents changent sans cesse de direction. Les conditions sanitaires se dégradent inexorablement à bord de l'armée. Les rapports émanant de l'*Algésiras*, l'*Achille*, l'*Indomptable*, l'*Aigle* « *sont très affligeants* ». Les blessés accroissent la détresse des vaisseaux encombrés de malades, souffrant principalement de dysenterie et de scorbut, le binôme infernal, l'un favorisant l'autre. « *Le commandant de l'*Achille *m'écrivit, par l'intermédiaire du général Magon, qu'il avait 200 hommes sur les cadres, qu'il avait fait démolir toutes les cloisons et galeries du faux-pont pour y placer ses malades, qu'il n'avait que cinq jours d'eau. Le général Magon sur l'*Algésiras *me fit connaître qu'il était dans la même situation.* L'Indomptable, l'Intrépide, l'Aigle, *avaient chacun plus de 110 malades sur les cadres ; tous les vaisseaux en avaient 60 à 120, sans aucune espèce de secours à leur donner.* »*[355] Villeneuve aurait pu ajouter à cette liste l' *Atlas* et ses 175 hommes hors service. Au total, l'armée compte 1 585 blessés ou « fiévreux », dont un tiers de marins[356]. Elle dispose tout au plus d'un mois de vivres. Le 27, Villeneuve poussé par une « *nécessité impérieuse et irrésistible* » décide de rallier le port le plus proche. À la tombée de la nuit, après avoir tiré d'innombrables bordées, l'armée combinée jette l'ancre en baie de Vigo !

Eu égard à l'enjeu de la rencontre, la déception est grande pour les deux protagonistes. La bataille livrée dans des conditions météorologiques exécrables, à tâtons, n'a pas donné lieu à une grande inspiration tactique. Pour une fois, les Anglais n'ont pas bénéficié de l'avantage du vent. Comme ils ont raté la rupture de la ligne des Franco-Espagnols et l'enveloppement de leur arrière-garde, la bataille s'est déroulée selon le schéma classique de deux lignes de file parallèles se canonnant à demi-portée. Rien de

---

*L'*Achille* débarquera à Vigo 221 de ses hommes les plus atteints (dont 8 blessés) ; l'*Algésiras* 142 (dont 8 blessés) ; l'*Indomptable* 136 (dont 5 blessés) ; l'*Intrépide* 107 (dont 2 blessés) ; l'*Aigle* 114.

décisif, comme l'indiquent les dommages réciproques réparables, les pertes humaines minimes. La bataille ressemble à s'y méprendre aux combats qui caractérisèrent la guerre d'Indépendance américaine. Or l'ère de ces batailles en demi-teinte, sans vainqueur ni vaincu, est close. La prise des deux vaisseaux espagnols est une aubaine due plus à l'impéritie des Espagnols qu'à un combat acharné et glorieux. Elle ne restera pas dans les annales maritimes comme un haut fait de guerre. Calder s'est cru quitte en s'esquivant avec ses deux prises. Mal lui en prend. Il n'a pas compris que l'Amirauté attendait de lui qu'il sacrifie jusqu'à son dernier vaisseau pour obtenir la destruction ou la neutralisation de Villeneuve, ce qui ferait échouer la grande manœuvre napoléonienne visant l'invasion de l'Angleterre et éradiquerait toute menace pesant sur le sanctuaire national. Pour ne pas l'avoir compris, Calder passera en décembre devant une commission d'enquête et se verra adresser une sévère réprimande. Il ne servira plus jamais à la mer. Les temps nouveaux sont à la guerre totale.

En comparaison, Napoléon et Decrès sont plus indulgents à l'égard de Villeneuve que l'Amirauté vis-à-vis Calder. Il est vrai que Villeneuve tire mieux son épingle du jeu, bien qu'ayant été incapable d'exploiter sa supériorité numérique. Il reste maître du champ de bataille et a le mérite d'avoir contrecarré la manœuvre d'enveloppement anglais visant son arrière-garde. Mais ses initiatives tactiques s'arrêtent à ce point. Villeneuve a été dans l'incapacité de conduire les opérations pour la bonne raison qu'il ne distinguait rien, que ses signaux n'étaient pas visibles et qu'il ne pouvait donner d'ordre qu'à la voix. Cela ne l'empêche pas de dénoncer l'indigence tactique de l'engagement et d'avoir l'inélégance d'en faire porter la responsabilité sur les commandants de son armée : « *Peu exercé aux combats et aux manœuvres d'escadre chaque capitaine, dans la brume, n'a suivi d'autre règle que de suivre son matelot d'avant, et nous voici la fable de l'Europe.* » [(357)] Les Espagnols sont mortifiés d'avoir perdu un tiers de leur effectif sans avoir jamais eu la possibilité de le récupérer. La cohésion entre Alliés est sérieusement altérée en dépit de la temporisation de Gravina qui remercie publiquement Cosmao pour avoir tenté de sauver les vaisseaux en perdition. Le ressentiment des Espagnols, déjà très vif depuis la jonction cafouilleuse de Cadix, est exacerbé jusqu'à accuser Villeneuve de les avoir abandonnés. En fait, toute l'armée est déçue par l'attitude de son chef : « *Deux braves contre-amiraux m'en ont parlé avec des larmes dans les yeux* » [358] rapporte Lauriston. Le divorce est consommé entre Villeneuve et ses hommes qui n'ont jamais oublié La Touche-Tréville « *dont le nom est dans la bouche de nos marins et dont ils évoquent l'ombre pour les diriger* ». Reille résume le moral de l'armée : « *Je ne sais ce que nous ferons, mais je dois dire franchement que je doute que nous puissions faire quelque chose de bon.* » [359]

Au camp de Boulogne, la nouvelle provoque « *un tollé général, l'humiliation de la marine fut complète* » [360], témoigne le jeune Grivel. Informé le 8 août, Napoléon doit se contenter de cette bataille navale si confuse et indécise qu'elle peut prendre aux yeux de l'Europe des airs de victoire : « *Je pense qu'on peut considérer cette affaire comme un succès* » [361] déclare-t-il à Cambacérès. Il la juge « *assez bien* » et fait porter la responsabilité de la médiocrité des résultats sur « *la maladresse des Espagnols* » [362] comme il l'explique à Barbé-Marbois. Habituel volet de la guerre psychologique, Fouché est chargé de réécrire la bataille à l'avantage des Alliés : « *Comme tout ceci sera assez désagréable pour les Espagnols, faites l'éloge de Gravina et faites mille conjectures sur le sort des Espagnols ; qu'on ne sait s'ils sont pris véritablement. Cependant, en mon particulier, je pense qu'ils se sont fait pincer. L'escadre, au reste, a fait à l'ennemi pour une vingtaine de millions de dommages. Trois vaisseaux anglais sont bien certainement démâtés ; un a coulé bas.* » [363] Il n'y a aucune raison que la relation d'une bataille navale ne soit pas aussi mensongère que les futurs bulletins de la Grande Armée ! En fait, le sentiment dominant est le soulagement. Napoléon est désappointé que Villeneuve ait été intercepté. C'est une très mauvaise surprise. La bataille s'est déroulée dans des conditions moins bonnes qu'il ne l'avait espéré, mais aussi meilleures qu'il ne l'avait craint. D'ailleurs, les journaux anglais « *louent la manœuvre faite par Villeneuve qui a viré en gardant le vent* » [364].

Pour jauger de la bataille, Napoléon dispose essentiellement des comptes rendus de Lauriston, à charge contre Villeneuve, où il dénonce son incompétence et son défaitisme : « *Il lui faut toujours deux heures pour se décider* [...]. *Il a été jusqu'à dire qu'avec vingt vaisseaux il n'oserait en attaquer quatorze anglais.* » [365] La grande révélation de la bataille est Gravina. « *Cette bête de Gravina n'est que génie et décision au combat* » constate Napoléon. Lauriston, si critique, ne tarit pas d'éloges. Decrès n'est pas en reste de compliments : « *Gravina n'est point un homme aussi borné qu'il l'a paru dans la diplomatie, je lui ai trouvé dans tous mes rapports avec lui une candeur sans exemple, un caractère élevé et chevaleresque, une sensibilité exquise et beaucoup de sens.* » [366] Alors que Villeneuve supporte mal la comparaison, Decrès s'évertue à le défendre bec et ongles : « *La lenteur à prendre un parti dépend du peu d'habitude d'avoir à le prendre.* » [367] Il ne décolère pas contre Lauriston lequel révèle qu'il aurait invité Villeneuve à « *tempérer l'audace par la prudence* ». « *Je ne comprends pas comment le ministre qui a servi avec l'amiral peut lui demander de la prudence,* ajoutait perfidement Lauriston, *avec Latouche cela se comprendrait.* » Napoléon adresse une lettre de félicitations en demi-teinte à Villeneuve le 13 août, jour du départ de celui-ci de La Corogne : « *J'ai vu avec plaisir, par le combat du 22 juillet, que plusieurs de mes vaisseaux se sont comportés avec la bravoure que je devais en attendre. Je vous saurais gré de la belle manœuvre que vous avez faite au commencement de l'action et qui a dérouté les projets de l'ennemi. J'aurais désiré que vous eussiez employé ce grand nombre de vos frégates pour secourir les vaisseaux espagnols qui, se trouvant les premiers engagés, devaient nécessairement en avoir le plus besoin.* » [368] L'incident est clos.

Quoi qu'en dise Decrès, la lecture du Journal de Villeneuve est surprenante et accrédite les jugements à l'emporte-pièce de Lauriston. Abstraction faite du caractère technique de ce type de document, il n'y est question que de détails, de la recherche obsessionnelle de la formation de la ligne de file jamais assez « serrée » à son gré. Ce Journal est symptomatique d'un homme en proie à une forte tension, écrasé par ses responsabilités, indécis. Villeneuve semble cumuler les caractéristiques psychologiques de l'incompétent militaire décrit par Norman Nixon, y compris dans son inquiétude pour les conditions sanitaires et sa compassion paralysante pour les malades de son armée [369]. Son mentor et ami Decrès en convient en partie dans ses commentaires de la bataille, livrés à Napoléon plus d'un mois et demi après son déroulement.

Il est contraint de condamner le formalisme de Villeneuve, qui a perdu toute la matinée du 23 juillet à obtenir de ses commandants une ligne de bataille conforme aux manuels tactiques qu'ils étaient incapables d'exécuter alors que l'ennemi s'éloignait à l'horizon : « *Ici on est fâché qu'on se soit attaché à un ordre de bataille donné. Il fallait arriver tous à la fois sans ordre, et former la ligne de vitesse* [souligné par Decrès] *lorsqu'on eut été à une demi-lieue de l'ennemi.* » Decrès explique ce comportement par « *l'inhabitude du commandement et le défaut de résolution* », il devrait ajouter l'inaptitude à commander ce qui suppose une adaptation aux événements et à surmonter les obstacles. Seul l'amiral Jurien de la Gravière excuse Villeneuve qui aurait sacrifié sa chance de vaincre « *à l'espoir d'accomplir sa mission* » [(370)], ce qui n'est pas tout à fait faux. Après tout un second engagement avec Calder aurait pu tourner au désastre. Quoi qu'il en soit, *in fine*, Decrès désavoue Villeneuve : « *Il fallait chercher à perdre le vent. Il fallait ne pas perdre sept ou huit heures de la matinée du* [23 juillet] *à se former en ligne. Il fallait approcher l'ennemi d'aussi près que possible dans la soirée de ce même jour, et se déterminer à le combattre selon l'heure où l'on eut été assez près. Il fallait peut-être dans la soirée du* [22 juillet] *envoyer à l'arrière-garde, l'ordre de quitter son poste et de se porter au feu en attaquant sous le vent l'arrière-garde de l'ennemi.* » [(371)] Jugeant *a posteriori* depuis ses bureaux parisiens, le ministre de la marine a l'honnêteté de reconnaître que si la critique est aisée, l'art est difficile.

L'acte deux du drame se termine sur cette bataille indécise. Tout à son idée fixe, Napoléon juge que celle-ci ne consomme pas l'échec du grand dessein : « *J'espère que Villeneuve aura continué sa mission. Il serait trop déshonorant pour les escadres impériales qu'une échauffourée de trois heures et un engagement avec quatorze vaisseaux fassent manquer de si grands projets.* » [(372)] En tout cas, le crochet imprévu à Vigo n'est pas de nature à contribuer à son succès. *Perseverare diabolicum* [(373)].

ACTE III

L'ÉCHEC DU GRAND DESSEIN

LA PHASE CRITIQUE

L'atterrissage de Villeneuve à Vigo est présumé signifier le rééquilibrage des forces navales au profit des Franco-Espagnols conformément aux calculs de Napoléon. Avec les vingt-deux vaisseaux de Brest, les quatorze du Ferrol (dont neuf espagnols), les cinq en croisière au large de ce port (division Allemand), les dix-huit à Vigo, les douze espagnols à Cadix et Carthagène, les Alliés alignent entre Ouessant et la Méditerranée soixante et onze vaisseaux contre cinquante-quatre aux Anglais. En théorie, il suffirait d'une concentration réussie, en un point quelconque et d'un succès, même partiel, pour que l'équilibre soit définitivement rompu et que la maîtrise de la mer échappe aux Anglais. En pratique, la bataille des Quinze-Vingt a mis en alerte les Anglais qui sont en mesure d'opposer une contre-concentration défensive sous Ouessant. Mais l'ennemi peut toujours commettre une erreur. Dans ses *Souvenirs*, Gicquel des Touches, jeune enseigne à bord de l'*Intrépide*, stigmatise Villeneuve qui, selon lui, aurait commis une faute en mettant le cap sur Le Ferrol – *« ce qui n'avait aucun sens »* [(374)] – au lieu de foncer sur l'entrée de la Manche. Son grade inférieur ne lui a pas permis d'être dans le secret des instructions impériales, et manifestement, longtemps après les événements, il continua à ignorer que Villeneuve n'avait fait qu'obéir aux ordres de Napoléon. La méprise de Gicquel des Touches amène à s'interroger sur ce qui se serait passé si Villeneuve avait désobéi et s'était présenté contre toute attente à l'entrée de la Manche. La face du monde en aurait peut-être été changée. Mais Villeneuve n'a jamais eu l'intention de désobéir.

Pour l'heure, il se sent très mal à l'aise de faire escale – de sa propre initiative – à Vigo : « *Je me regarde ici comme à la mer* écrit-il à Decrès pour le rassurer sur la courte durée de son escale. *Ce port n'offre aucune ressource, ni aucune défense. Dès que j'aurai fait un peu d'eau et mis les malades les plus embarrassants à terre, je mettrai sous voiles.* » [(375)] En cas de vents contraires, il prévoit de ne pas s'obstiner et de se replier sur Cadix comme prévu dans les instructions du 2 mars. « *Je n'ai pas un mois complet de vivres. Enfin notre situation est extrêmement fâcheuse.* » Villeneuve se réapprovisionne en eau et décide de laisser à Vigo ses trois plus mauvais marcheurs – *España*, *América*, *Atlas* – qui « *ne sont pas des vaisseaux navigables en escadre et sont faits pour tout compromettre* » [(376)]. Il débarque les 70 blessés et 1 515 « *fiévreux* », dont un tiers de marins [(377)]. L'*Atlas* est transformé en navire-hôpital pour 1 000 d'entre eux tandis que les autres sont hospitalisés à terre. Il est à noter que plus de 15% des 1 585 hommes débarqués ne survivront pas à leur débarquement ou à leur séjour espagnol, victimes d'une épidémie. Par mesure préventive, le chirurgien-major Fournier du *Pluton* a d'ailleurs préféré conserver à bord ses blessés et n'en débarquer que trois plus gravement touchés. Pour remonter le moral de l'armée navale, Villeneuve fait payer un mois de solde et de traitement sur la prise espagnole *Minerva*, récupérée sur l'ennemi. Certains équipages n'ont pas été payés depuis plus d'un an comme celui du *Fougueux*. Il appréhende de rallier Le Ferrol où Calder doit être embusqué : « *Puisse une nouvelle rencontre être plus heureuse que la première.* »

Le jour où Villeneuve atterrit à Vigo, le capitaine de vaisseau Allemand à la tête de l'escadre de Rochefort parvient sur le lieu du premier rendez-vous, fixé à 120 milles dans l'ouest du Ferrol. Sans le savoir, il a manqué Villeneuve et évité Calder en passant dans le nord des deux. Le 31 juillet, Allemand apprend que Calder a été vu très éloigné du Ferrol, mais il n'en exécute pas moins au pied de la lettre ses instructions et attend sur sa zone de rendez-vous jusqu'au 3 août avant de partir sur le second point de ralliement, sans même reconnaître Le Ferrol, où, à cette date, il aurait trouvé Villeneuve et apporté le renfort appréciable de ses cinq vaisseaux. Un nouvel exemple d'absence d'initiative qui amplifie les effets négatifs d'ordres trop stricts, élaborés sept semaines auparavant d'après de simples extrapolations.

Le 31 juillet, l'armée combinée reprend la mer. Très perturbé par le déroulement de la bataille des Quinze-Vingt, Villeneuve fait porter la responsabilité de tous ses déboires sur les Espagnols : « *Plût à Dieu que jamais l'escadre espagnole* (l'Argonauta *excepté) et le vaisseau l'*Atlas *n'eussent fait partie de cette escadre. Ces vaisseaux ne sont absolument propres qu'à tout compromettre, ainsi qu'ils l'ont fait. C'est eux qui nous ont conduits au dernier degré du malheur.* » [378] Le 2 août au matin, l'armée combinée se présente au large de la presqu'île de La Corogne. Les deux vaisseaux espagnols sont engagés dans le goulet qui conduit au Ferrol, lorsqu'un canot venu de terre apporte l'ordre inattendu de Napoléon du 16 juillet de jeter l'ancre à La Corogne. Villeneuve obtempère. « *Je m'attendais à avoir un combat à livrer avant d'entrer, mais je n'ai rien vu* » [379] constate-t-il sans joie excessive.

Gravina est « *inconsolable* » d'être entré dans Le Ferrol contre l'avis de Napoléon. Villeneuve est, par contre, furieux d'avoir été contraint de mouiller à La Corogne et s'en plaint auprès de Decrès, qu'il ignore être le responsable de cet ordre censé tenir compte du régime des vents et faciliter l'appareillage vers le nord. Il prend connaissance de sa correspondance – les premiers courriers depuis soixante jours – notamment les cruciales instructions du 16 juillet, sur les suites de la manœuvre qui l'invitent à remonter immédiatement vers Brest, la Manche, Boulogne en voie directe ou en passant par le nord des îles Britanniques, mais lui laissent la possibilité d'un repli sur Cadix.

Villeneuve a perdu toute confiance en son armée et en lui-même. Son moral est au plus bas. Le 3 août, il écrit à Decrès : « *Je n'entreprendrai pas, Monseigneur, de vous dépeindre mon état ; il est affreux. Lorsque Sa Majesté m'honore d'une grande confiance, qu'elle met à ma disposition toutes ses forces navales et celles de ses alliés, je me trouve empêché par les circonstances les plus fatales ; tout est contre moi, jusqu'au ciel.* » Au lieu de rebondir sur la réussite de la jonction, il dresse un inventaire détaillé de ses malheurs : la foudre tombée sur le *Bucentaure* pénétrant dans le faux-pont ; Gourdon « *très dangereusement malade* » ; le ralliement de l'escadre de Cadix,

« on ne mit jamais en mer d'aussi misérables bâtiments ». Plus grave, son "ami" et soutien dans l'adversité, Gravina a lui aussi perdu tout espoir : *« Le plan d'opération ne pouvait paraître mieux conçu, qu'il était divin »* (380) écrit celui-ci à Decrès, le 3 août. Mais soixante jours après le départ de la Martinique, le plan est éventé, la surprise perdue. D'après le témoignage de Lauriston, avant même d'avoir rallié Le Ferrol, Villeneuve et Gravina *« paraissent porter, soit à aller à Cadix soit à rester au Ferrol, prétendant qu'il y aurait une trop grande réunion de vaisseaux anglais devant Brest »* (381).

Le même 3 août, Villeneuve paraît déterminé à passer à l'action. Il en avise Decrès : *« Si le temps me sert, je tâcherai d'entrer à Brest ou de tromper la surveillance de l'ennemi et de donner dans la Manche en serrant le cap Lizard, si j'y vois quelque apparence de succès. »* (382) Mais au cas où la remontée vers le nord lui paraîtrait *« impraticable »*, il se rabattra sur Cadix comme les instructions du 16 juillet lui en laissent latitude. Pour l'heure, *« l'escadre ennemie a été signalée avant-hier et hier. On la dit de quatorze vaisseaux dont quatre à trois ponts »*. Voilà bien une information – en fait fallacieuse – de nature à effrayer Villeneuve, prompt à prendre pour argent comptant toute nouvelle annonçant la concentration ennemie, laquelle est toujours virtuelle.

À l'issue de la bataille du cap Finisterre, Calder est irrésolu. Les prisonniers espagnols lui ont révélé que la destination de Villeneuve est Le Ferrol. Dès le 26 juillet, il a l'intention de reconnaître ce port pour voir si la jonction est réalisée. Revenu en station du 29 au 31 juillet, il constate que la situation est inchangée. Il détache Stirling avec quatre vaisseaux pour reconnaître Rochefort, une curieuse décision dans la mesure où il a tout à craindre d'une jonction de Villeneuve avec Gourdon, mais qui s'explique dans la mesure où il n'a pas l'intention de s'opposer à ce mouvement en dépit des rodomontades de la presse anglaise, annonçant qu'il attaquera et détruira l'armée combinée. Dès le 31 juillet, Calder se replie vers le nord pour remonter sous Ouessant et rallier Cornwallis. Il laisse ainsi la voie libre à Villeneuve qui peut entrer sans encombre à La Corogne. Avant son départ, Calder détache dans l'ouest du Ferrol une croisière d'observation composée de deux vaisseaux et de trois frégates.

Nelson comme attiré par une force centrifuge continue à être hors jeu. Le 22 juillet, jour de la bataille du cap Finisterre, il appareille à destination de Tétouan pour compléter ses approvisionnements. Le lendemain, il y apprend par le cotre *Termagant* la découverte faite par le *Curieux* cinq semaines plus tôt. Cette nouvelle lui dessille enfin les yeux : « *Je ne perdrai pas un moment pour aller au Nord, soit sur Le Ferrol ou Ouessant, suivant les circonstances.* » Comme le commente Castex, il était grand temps, voire trop tard s'il avait eu affaire à un adversaire combatif et énergique. Dans ce cas, Nelson courrait le risque que son escadre soit la seule des escadres anglaises à être éloignée de la zone de confrontation. Conformément aux ordres permanents, il file vers l'entrée de la Manche. Le 25, il progresse par 60 milles dans l'ouest du cap Saint-Vincent. Des vents de nord et de nord-est retardent sa remontée et l'obligent à s'éloigner de la terre. Le 3 août, il se trouve à la latitude de Lisbonne, très au large. Il ne fait aucune rencontre amie ou ennemie. Il l'ignore encore, mais ce même jour l'Amirauté lui ordonne d'effectuer le mouvement qu'il est en train d'exécuter : « *Nous invitons Votre Seigneurie, sans perdre de temps, à se porter avec son escadre sous Ouessant et à se mettre sous les ordres de l'amiral Cornwallis.* » Débarrassé de son idée fixe de la réédition de l'expédition d'Égypte, Nelson a retrouvé la raison et anticipé les ordres de Londres dans le cadre d'instructions permanentes. Son journal de bord traduit encore ses incertitudes : « *3 août. Brise du nord. Je suis bien attristé de ce vent contraire, mais je me fie à la Providence* [...]. *12 août. Brise fraîche du Nord. Si cela continue, il faudra renoncer à l'Irlande. 13 août. Pas de renseignements. Où peuvent être les flottes combinées ? Je suis peu à mon aise.* » Le 15 août, il fait sa jonction avec Cornwallis. Pendant vingt-cinq jours, il s'est senti inefficace, impuissant, exclu du centre de gravité où se jouait le sort de l'Angleterre. La concentration prévue par l'Amirauté est enfin réalisée : Stirling a rallié, le 12, avec la nouvelle de la sortie de l'escadre de Rochefort, il a été suivi par Calder, le 13. Cette concentration de quarante vaisseaux annule – en théorie – le bénéfice de la jonction de Villeneuve avec Gourdon et ruine la manœuvre de Napoléon.

Mais est-ce vrai dans la semaine précédant la concentration anglaise ? Selon Castex, une phase critique aurait existé lorsque Nelson était encore « *égaré* ». Si Villeneuve avait déployé une grande activité et réalisé sa jonction avec Gourdon comme il avait procédé avec Gravina à Cadix, il serait reparti de La Corogne dès le 3 août avec vingt-neuf vaisseaux, sans compter l'escadre de Rochefort dont le ralliement entrait dans l'ordre du possible. Sous Ouessant, il aurait rencontré Cornwallis qui, en mettant les choses au pire, n'aurait pu lui opposer que ses dix-sept vaisseaux, les huit de Calder et les quatre de Stirling, soit un total de vingt-neuf. L'égalité numérique aurait été toute théorique en raison de la présence de nombreux trois-ponts anglais, mais en cas de bataille, même des pertes importantes auraient pu être compensées par l'entrée en jeu possible de Ganteaume, libre de sortir de Brest. Malgré l'erreur de l'atterrissage du Ferrol, la manœuvre aurait pu rebondir à la faveur de l'"éloignement" de Nelson dans le sud, encore à la hauteur de Lisbonne le 3 août. Dans ces conditions, rien n'aurait pu empêcher l'exécution du grand dessein, d'autant que Napoléon s'était justement installé à Boulogne ce même 3 août. Avec des *si*... En théorie, une fenêtre de vulnérabilité dans le dispositif anglais a existé dans la seconde semaine d'août, mais il faut reconnaître qu'en pratique la démonstration ne résiste pas à une analyse fine, parce qu'elle ne prend pas en compte les facteurs matériels. Villeneuve ne pouvait rattraper le temps pour la bonne raison qu'en dépit de son escale à Vigo il n'a pu compléter ses approvisionnements en vivres. Il lui est matériellement impossible d'éviter la relâche à La Corogne et de perdre encore du temps dans cette seconde escale en Galice.

L'ÉCHEC DU GRAND DESSEIN

Villeneuve se débat dans d'inextricables difficultés pour s'approvisionner en vivres. Même Lauriston, qui ne peut être soupçonné de complaisance, le reconnaît : « *Nous sommes dans un pays où les approvisionnements sont malheureusement difficiles.* » [383] Le mouillage en baie de La Corogne aggrave encore les embarras pour acheminer l'avitaillement, réparer les avaries de combat, évacuer les malades et communiquer avec la division mouillée au Ferrol. « *On n'éprouva jamais plus de contrariétés !* » se plaint amèrement Villeneuve [384]. Son autre grande préoccupation est de réaliser sa jonction avec la division d'Allemand. Le premier rendez-vous étant manqué, il expédie le 6 août la *Didon* sur le second lieu de rendez-vous avec les instructions suivantes : « *Si votre réunion ne peut se faire devant Le Ferrol et que vous soyez informé que les forces combinées en sont parties, vous vous dirigerez pour aller à Brest, en allant atterrir sur Penmarch et passer par le raz* [...]. *Dans le cas où j'éprouverais quelques contrariétés pour suivre cette route, ma destination définitive serait le port de Cadix, où vous devez également vous rendre.* » [385] Il omet de prendre en compte qu'Allemand doit se présenter devant Vigo après le 13, à moins que ce soit un oubli de Decrès, en tout cas ce dernier lui en porte grief dans un rapport postérieur à Trafalgar [386]. Ce n'est que le 8 que Villeneuve rectifie ses instructions et ordonne à la *Didon* de se rendre à Vigo chercher Allemand [387]. Vaine gesticulation, la frégate est partie depuis deux jours et nouveau coup du sort, interceptée par une frégate anglaise, elle est bien en peine de remplir sa mission.

Le 10, la *Didon* livre combat pendant trois heures à la frégate anglaise *Phœnix*, appartenant à la croisière laissée par Calder. « *J'aurais pu en profitant de l'avantage de ma marche éviter un engagement ; mais l'idée de fuir devant des forces égales ne pouvait sympathiser avec le désir ardent que j'avais de donner une preuve de mon dévouement à Sa Majesté* » [388] se justifie son commandant, le capitaine de frégate Pierre-Bernard Milius. Mal lui en prend. Tandis que les mâts français s'écroulent un à un, il constate avec amertume le « *peu de succès de* [son] *artillerie* » [389]. Pire, à plusieurs reprises la *Didon* rate l'opportunité d'asséner des tirs d'enfilade à son adversaire, pour une raison que Milius ne s'explique pas, les canonniers ne tirent pas ! Les deux bâtiments combattent de si près qu'ils finissent par s'accrocher par la hanche pendant trois quarts d'heure. Milius décide de tenter l'abordage et fait battre la charge. Mais matelots et soldats refusent de sauter sur la frégate anglaise en dépit de ses objurgations et des encouragements des officiers : « *Ils montaient d'un côté et descendaient de l'autre* » [390], témoigne l'enseigne de vaisseau Saint-Martin. Deux novices ramènent tout de même le pavillon de *Phœnix* qui parvient à se dégager et continue le combat. Démâtée, comptant 27 tués et 44 blessés, la *Didon* se résout à amener son pavillon. Milius explique les défaillances de son équipage par « *l'insouciance qui empoisonne et énerve l'âme de nos marins. On ne peut pas se dissimuler qu'ils ont perdu le sentiment de leur propre force.* » (391) Conformément à ses instructions, Allemand se rend au second point de rendez-vous, où il séjourne du 5 au 11 août.

Villeneuve est déchiré entre son sens du devoir mêlé de la crainte excessive de déplaire à Napoléon et son intime conviction, partagée par Gravina, que le grand dessein, connu par l'ennemi, a définitivement échoué et n'est plus exécutable à moins de risquer un désastre, d'où sa valse-hésitation : doit-il se rendre à Brest ou à Cadix ? Sous la pression de Lauriston, "*l'œil du maître*", il ne peut éliminer d'office la destination de Brest et de la Manche. Gicquel des Touches témoigne qu'« *à mesure que le dénouement approchait, les anxiétés de l'amiral semblaient s'accroître, et l'état moral des équipages en souffrait. Comprenant mal la grandeur de son rôle, ou plutôt écrasé par l'importance d'une mission qu'il ne se sentait pas à hauteur de remplir, il vivait dans des incertitudes perpétuelles, oscillait entre divers partis également raisonnables, et finissant le plus souvent par en prendre un autre qui ne l'était pas.* » (392) Pour Villeneuve, l'armée combinée n'est pas un instrument opérationnel susceptible d'affronter « *un ennemi manœuvrier, habile, entreprenant et plein de confiance* » (393). Il en dresse un tableau accablant : « *Nous manœuvrons mal ; nos vaisseaux sont pesants, nos cordages et nos gréements grossiers et en mauvais état.* » Or l'option quantitative choisie par Napoléon ne compense pas les carences qualitatives. Même avec vingt-neuf vaisseaux, Villeneuve se dit « *bien fâché d'en rencontrer vingt* ». Il est à noter que son estimation correspond à la règle des deux-tiers de la Royal Navy, selon laquelle deux de ses vaisseaux valent trois alliés. Villeneuve, qui n'a jamais cru au succès d'un quelconque plan depuis sa fausse sortie de janvier, n'a trouvé dans les vicissitudes de la campagne que confirmation de ses prédictions à la Cassandre. Il dit avoir perdu toute illusion lors de la jonction de Cadix, « *il a fallu désespérer de tout* », et enfonce même son "ami" Gravina qui aurait dû être blâmé « *pour avoir pris la mer avec des vaisseaux ainsi équipés et si mauvais par eux-mêmes».* La seule certitude de Villeneuve est qu'il doit sortir du port galicien au plus vite avant que sa situation n'empire : «*Je me résigne à cette destinée puisque j'y suis engagé.*»

Cette curieuse assertion appelle à s'interroger de savoir pourquoi Villeneuve, qui avait demandé à être relevé de son commandement après la fausse sortie de janvier, ne renouvelle-t-il pas sa démission ? Pourquoi ne suit-il pas l'exemple de Missiessy, qui a refusé de reprendre la mer ? Ultérieurement, Napoléon devait affirmer qu'un général en chef est «*criminel*» s'il accepte d'«*exécuter un plan qu'il trouve mauvais et désastreux*». Dans ce cas, «*il doit représenter, insister pour qu'il soit changé, enfin donner sa démission plutôt que d'être l'instrument de la ruine des siens*». Or Villeneuve subit l'enchaînement des événements avec fatalisme : «*Je ne puis prétendre à aucun succès, quelque parti que je prenne.*» Il a communiqué sa défiance à Gravina et les deux amiraux conjuguent leurs pessimismes. Il est à noter qu'à Paris, Decrès est parvenu aux mêmes conclusions qu'eux. Le 11 août, il supplie Napoléon de ne pas intégrer dans l'armée combinée les vaisseaux espagnols du Ferrol, et de «*laisser au Ferrol tout ce qui est mal armé, ou marche mal*».[(394)] Le 13, jour où Villeneuve appareille officiellement pour Brest, Decrès insiste auprès de Napoléon pour «*ordonner que les mouvements de l'armée combinée soient ajournés jusqu'à l'hiver (brumaire et frimaire)*»[(395)]. Vains conseils pour un Napoléon prêt à envahir l'Angleterre. *Delenda Britannia.*

Depuis le 6, Villeneuve s'escrime à sortir de La Corogne en se faisant touer. Quatre jours plus tard, il manque encore trois vaisseaux espagnols. L'armée mouille dans la baie d'Arès pour les attendre. Villeneuve est consterné : «*Tous les vaisseaux espagnols et français se sont abordés en mouillant.*»[(396)] Le 11, le vent d'est interdit toute sortie ; le 12, c'est le calme plat. Des malades de l'*Algésiras* (114) et de l'*Achille* (75) doivent être débarqués. «L'Indomptable *n'est pas mieux ; il a en outre perdu du monde par la désertion.*»[(397)] Les équipages des vaisseaux sont complétés grâce au prélèvement sur l'équipage de la frégate *Sirène*. Villeneuve est de plus en plus inquiet : «*On me menace de la réunion de Calder et de Nelson.*»[(398)] Le 13, un vent favorable permet aux trois vaisseaux espagnols de rallier. Le même jour, à 14 heures, le commissaire des relations commerciales françaises en Galice, Aillaud, annonce la nouvelle attendue avec impatience par Napoléon : « *L'armée est sous voile* » (399). Elle aligne vingt-neuf vaisseaux (dont dix-huit espagnols), six frégates (dont une espagnole) et quatre corvettes (dont une espagnole)*. Gourdon, malade – « *mourant* » aux dires de Villeneuve** –, a cédé son commandement à Dumanoir Le Pelley. Contrairement aux craintes de Villeneuve, « *il n'a été signalé aucun bâtiment ennemi* ».

L'armée franco-espagnole fait route sur Brest, cap au nord-ouest. Dans le crépuscule, elle aperçoit au vent, à l'horizon, des bâtiments de la croisière laissée par Calder, sans les identifier. Le 14, le vent passe au nord-est. À 14 heures, une frégate signale des voiles suspectes. Villeneuve, obsédé par la réunion fatidique de Nelson et de Calder, juge plus prudent de ne pas pousser la chasse. Erreur, il s'agit de la division d'Allemand, qui ayant cessé la croisière au second point de rendez-vous, redescend vers Vigo. Allemand, en dépit d'une information de source neutre sur la sortie de l'armée combinée, évite soigneusement de se rapprocher des voiles aperçues. Les deux forces se croisent de loin en se supposant toutes deux ennemies. Aucune d'entre elles ne tente de vérifier à quel « *ennemi présumé* » elle a affaire. Sérieux mécompte, la jonction a échoué faute d'activité investigatrice, une illustration de la philosophie générale de la marine impériale d'éviter toute rencontre avec l'ennemi. Allemand va devenir maître à ce jeu inutile, au point que son escadre recevra le surnom d'« *invisible* ». Le 15, le vent du nord-est forcit. Le vaisseau espagnol *San Francisco de Asís* perd son grand mât de hune. L'après-midi, une des frégates

*L'escadre espagnole du Ferrol : un vaisseau de 80 canons (*Neptuno*), six de 74 canons (*San Juan Nepomuceno*, *San Ildefonso*, *San Agustín*, *San Justo*, *Monarca*, *Montañés*), deux de 64 canons (*San Leandro*, *San Francisco de Asís*). Celle du contre-amiral Gourdon se compose de cinq vaisseaux de 74 canons (*Redoutable*, *Héros*, *Duguay-Trouin*, *Fougueux*, *Argonaute*).

**Il l'enterre un peu vite, Adrien-Louis comte de Gourdon ne mourra que le 28 juin 1833 !

signale trois bâtiments, sans les reconnaître. Un navire marchand danois prétend qu'ils constituent l'éclairage d'une flotte de vingt-cinq vaisseaux venant du nord. Le renseignement est volontairement mensonger, mais Villeneuve se laisse intoxiquer. En fait, il s'agit du vaisseau *Dragon* flanqué de la *Phœnix*, remorquant la *Didon*, dématée. Villeneuve qui se juge incapable de combattre vingt vaisseaux est accablé par la perspective d'en affronter vingt-cinq d'autant que les Espagnols remontent mal dans le vent contraire. Les mystérieuses apparitions des 13 et 14 août l'ont préparé à se croire surclassé. Pour éviter « *désastres, confusion et une vaine démonstration* » [400], Villeneuve donne l'ordre de mettre, le 15 au soir, cap au sud sur Cadix, comme les instructions du 16 juillet lui en laissaient la possibilité en cas d'« *événements qu'on ne peut calculer* ». Le 16, alors que l'armée navale navigue cap sur Cadix, Allemand atteint Vigo, et y trouve la lettre de Villeneuve lui annonçant son intention de gagner Brest et lui donnant rendez-vous sous Penmarch. Sans s'attarder, il reprend la mer. Le chassé-croisé continue, mais cette fois les deux protagonistes empruntent des routes diamétralement opposées. Leur jonction n'aura jamais lieu. Le 18, l'armée combinée atterrit sur le cap Saint-Vincent après deux jours de vents de nord-est grand frais durant lesquels le *San Ildefonso* a cassé son grand mât de hune par vent arrière, au grand étonnement de Villeneuve. Elle capture quelques navires marchands, et le 20, à l'aube, pénètre dans la baie de Cadix sous les regards de Collingwood. Le piège s'est refermé sur elle. Le projet de descente en Angleterre est réduit à néant ! Napoléon a définitivement perdu la partie.

Au moment même où Villeneuve jette le manche après la cognée, la concentration anglaise sous Ouessant, tant redoutée, se disperse. À peine arrivé, Nelson est envoyé en Angleterre avec deux vaisseaux, suivi par deux autres nécessitant des réparations en bassin. Cornwallis n'a plus que trente-six vaisseaux. Dès le lendemain, il détache à nouveau Calder avec une escadre de dix-huit vaisseaux pour lui faire reprendre sa croisière devant Le Ferrol avec les deux vaisseaux restés sur place. Le 19, Cornwallis est prévenu par une frégate de la sortie de Villeneuve du Ferrol. Bien que sans information sur la route suivie par les Franco-Espagnols, il

LES POSITIONS DU 15 AOÛT 1805

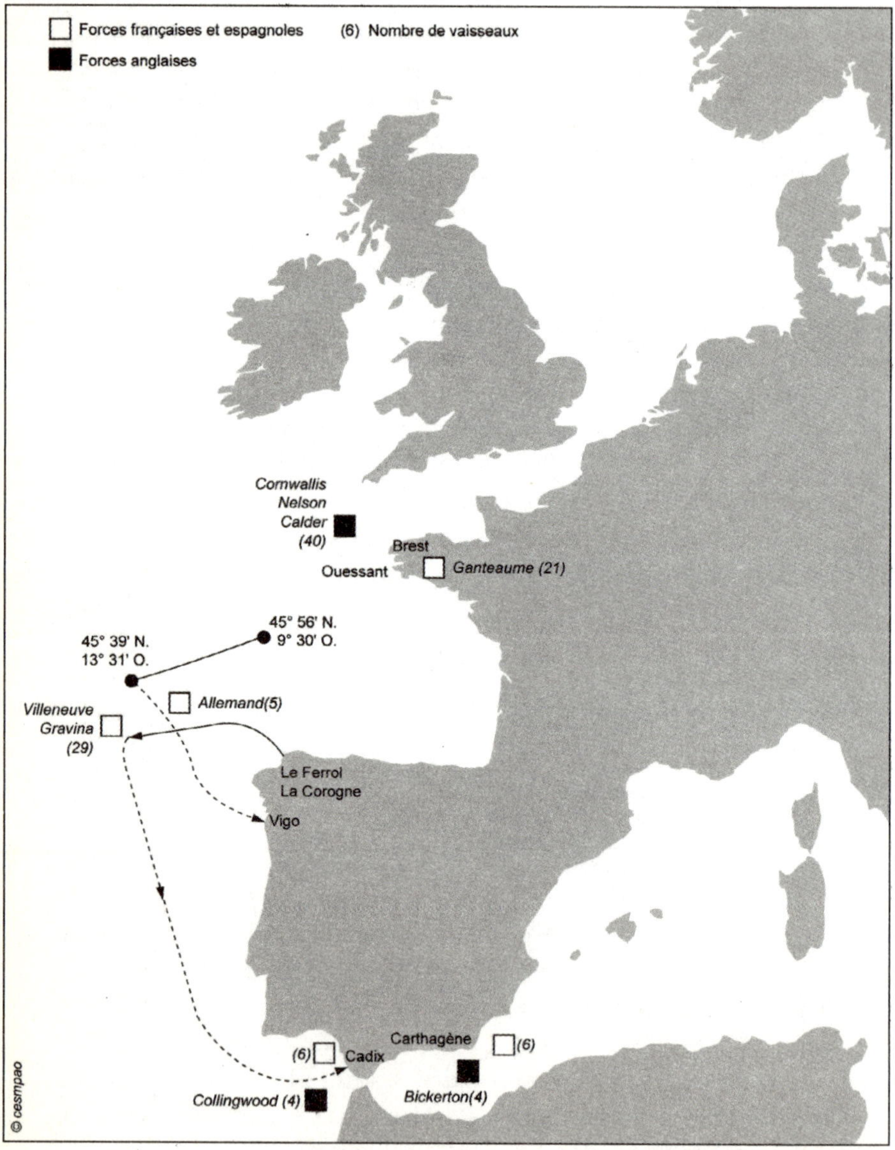

ne change pas d'avis et maintient la scission de ses forces.

Si Villeneuve avait continué sa marche vers le nord, aurait-il pu battre l'escadre de Calder, ou l'éviter et débloquer Brest ? Napoléon en est persuadé et traite d'« *insigne bêtise* » [(401)] la tactique de Cornwallis. Les Anglais sortent à peine d'une période de crise et Cornwallis en ouvre une nouvelle en divisant ses forces. Après le départ de Calder, Cornwallis dispose sous Ouessant de dix-huit vaisseaux, à vrai dire valorisés par la présence de dix trois-ponts. Les deux escadres de force égale sont censées pouvoir encaisser isolément le choc des Franco-Espagnols qui doivent avoir réuni une trentaine de vaisseaux. Cornwallis applique tout simplement la "règle des deux tiers". Il n'en disloque pas moins la masse qui s'est concentrée à grand mal, au risque de faire le jeu de l'ennemi. Cornwallis est conscient de la fragilité de son système, puisqu'il envisage le repli d'une partie des vaisseaux de Calder sur Ouessant. Prescription inutile si Villeneuve et Calder ne s'étaient pas rencontrés ce qui est possible, les vents dominants permettant à l'un la route directe et obligeant l'autre à tirer des bordées. L'infraction commise par Cornwallis à la fameuse consigne générale du ralliement sous Ouessant aurait pu lui être fatale, si la manœuvre française avait été conduite par un chef capable de tutoyer la gloire plutôt que d'être vaincu par la seule menace d'une concentration ennemie de forces supérieures. Napoléon n'a pas tort en regrettant que, par son repli prématuré sur Cadix, Villeneuve n'ait pu exploiter le faux mouvement du commandement anglais. « *Quelle chance a manqué là Villeneuve ! Il pouvait en arrivant sur Brest par le large, jouer aux barres avec l'escadre de Calder et venir tomber sur Cornwallis, ou avec ses trente vaisseaux, battre les vingt anglais et acquérir une prépondérance décidée. Voilà cependant ces Anglais dont on vante tant les manœuvres et les combinaisons !* » [(402)] Féroce, il ajoute : « *Quand la France aura deux ou trois amiraux qui veuillent mourir, ils deviendront bien petits.* » La consigne permanente de l'Amirauté, connue des marins franco-espagnols, a joué le rôle de dissuasion et paralysé l'action de Villeneuve. Étranger à la marine, Napoléon n'a pas imaginé que Villeneuve serait tétanisé par la simple menace d'une concentration anglaise. Une question de mentalité, lui qui fonce tout droit sans tenir compte de l'Autre.

En offrant un grand choix de scenarios – par souci obsessionnel de tout prévoir–, il a sans le vouloir donné une porte de sortie à un Villeneuve, dépassé par ses responsabilités avant même d'avoir quitté Toulon.

Le fléau de la balance des armes a hésité à la mi-août avant et après la concentration anglaise. Mais l'absence de prise de risques par Villeneuve consomme le ratage du grand dessein. Villeneuve avec son esprit chagrin, inquiet et sceptique n'était pas l'homme de la situation qui aurait réclamé un improvisateur, meneur d'hommes, capable de transcender les imperfections du matériel et des équipages. Mais existait-il un amiral de cette trempe dans la marine impériale ? « *C'était un officier de mérite, d'une instruction supérieure et de manières distinguées* » (403) à qui un tel commandement n'aurait jamais dû être confié, surtout par Decrès qui le connaissait de longue date. Il est vrai qu'initialement Villeneuve ne devait commander qu'en sous-ordre, Ganteaume étant le maître de la manœuvre. Pour expliquer le comportement de Villeneuve, Jurien de La Gravière reprit la célèbre formule de « *poltron de tête et non de cœur* », dont Seignelay avait qualifié le maréchal de Tourville en 1692 à la suite de sa défaite à La Hougue, laquelle fit abandonner à Louis XIV son projet d'envahir l'Angleterre. L'Histoire a de curieuses réminiscences. Placé devant le fait accompli, Napoléon va en faire la singulière expérience.

NAPOLÉON ENTRE RÊVE ET DÉSILLUSION

Pendant que se noue le drame, Napoléon s'installe le 3 août à Boulogne où il attend Villeneuve « *comme le messie* » (404). Le 4, il passe en revue sur la laisse de mer quelque 112 000 hommes d'infanterie : « *Les troupes sont très belles, et je suis extrêmement satisfait de tout ce que je vois ici.* » (405) Transporté par ce spectacle, il écrit à Decrès : « *Les Anglais ne savent pas ce qui leur pend à l'oreille. Tout est ici en bon train; et certes, si nous sommes maîtres douze heures de la traversée, l'Angleterre a vécu.* » (406) L'armée est prête. Elle se répartit en cinq corps : l'avant-garde (Lannes), à Wimereux ; l'aile droite (Davout), à Ambleteuse ; le centre (Soult), à Boulogne ; l'aile gauche (Ney) ; la réserve (prince Louis), à Calais, Dunkerque et

Ostende. Junot a le redoutable privilège de devoir mettre pied le premier en Angleterre. Galvanisé par la présence de Napoléon, les troupes multiplient les revues ainsi que les exercices d'embarquement et de débarquement, exécutés dans un ordre parfait et avec une habileté déconcertante. Grivel affirme que « *toute l'armée put être embarquée une fois dans une heure et demie. C'est prodigieux, mais c'est exact, et jamais, je crois, on n'avait fait jusque-là un pareil tour de force*. »[407] Même Napoléon est très impressionné : « *Il n'y a pas en Europe une plus belle armée que celle que j'ai aujourd'hui* »[408] déclare-t-il à Cambacérès. Il ne croit pas si bien dire, ce sera la meilleure armée de tout son règne. Le 7, il passe en revue la flottille qui totalise désormais quelque 2343 bâtiments, répartis en escadrilles stationnées du nord au sud à Ostende (370), Dunkerque (480), Calais (223), Ambleteuse (179), Wimereux (237), Boulogne (1 153) et Étaples (365). Sa capacité de transport s'élève en théorie à 167 590 hommes et 9 149 chevaux. Personne ne doute ouvertement de son efficacité et de sa mise en œuvre, même si Tupinier affirme que « *les opinions étaient fort partagées sur les probabilités du départ* »[409]. Selon Grivel, « *plusieurs marins affirmaient même qu'une telle réunion ne s'effectuerait pas sans perdre au moins la moitié des bâtiments, et c'était en général l'opinion des plus expérimentés* »[410]. L'attente devient fébrile, rythmée par les apparitions inopinées de l'Empereur.

Le temps presse. La situation internationale se dégrade inexorablement. Le 4, Talleyrand adresse une note menaçante à l'Autriche pour l'inciter à arrêter la concentration de ses troupes en Vénétie et au Tyrol. Cette puissance a longuement hésité avant de s'allier à l'Angleterre et la Russie qui ont signé l'accord de Saint-Pétersbourg du 11 avril. La politique italienne de Napoléon la décide à adhérer, le 9 août, à la troisième coalition, que la Suède a déjà rejointe. Seule la Prusse reste neutre, voulant faire payer son concours par la cession du Hanovre. Selon ces traités, la Russie doit mettre en campagne 180 000 hommes, l'Autriche 315 000, et la Suède 12 000, tandis que l'Angleterre paierait une contribution annuelle de 1 250 000 £ par 100 000 soldats, que ses alliés emploieraient contre la France et l'Espagne, jusqu'à concurrence de 400 000. Gouvion-Saint-Cyr signale la levée "en masse" de la milice napolitaine.

Le 13, jour du départ de Villeneuve de La Corogne, Napoléon conscient de courir le risque d'être attaqué à revers par l'Autriche entend obtenir son désarmement pour avoir les mains libres contre l'Angleterre comme il l'écrit à Talleyrand : « *Mon parti est pris. Je veux attaquer l'Autriche et être à Vienne avant le mois de novembre prochain pour faire face aux Russes s'ils se présentent, ou bien je veux* [...] *que les troupes de la maison d'Autriche se rendent en Bohême ou en Hongrie et qu'on me laisse faire tranquillement la guerre avec l'Angleterre* » (411). Il est convaincu que le grand dessein se déroule comme prévu. L'armée combinée forte d'une trentaine de vaisseaux peut affronter victorieusement Cornwallis, pris en tenaille par les vingt-deux vaisseaux de Ganteaume. Il tarabuste Decrès pour pousser Villeneuve à appareiller de La Corogne au plus vite : « *Témoignez à l'amiral mon mécontentement de ce qu'il perd un temps aussi important.* » (412) Ayant tiré des leçons de la bataille des Quinze-Vingt, de la faiblesse espagnole – « *en comptant deux vaisseaux espagnols que pour un* » – et du nombre inférieur en trois-ponts, il précise que Villeneuve doit livrer bataille « *s'il a moins de vingt-trois vaisseaux ennemis devant lui, ayant sous ses ordres dix-huit vaisseaux français et au moins dix vaisseaux espagnols* », ou en cas de jonction avec Allemand, si l'ennemi « *est inférieur à vingt-neuf vaisseaux* ». Dans ce cas, « *l'ordre de bataille* [...] *est d'entremêler les vaisseaux espagnols et les vaisseaux français, et de mettre près de chaque vaisseau espagnol des frégates pour les secourir dans le combat* » (413).

Napoléon est agacé par les plaintes de Villeneuve, sa campagne de la Martinique qu'il juge bâclée à cause de son « *épouvante* » de Nelson : « *Il ne devait ramener personne. Il a même ramené la moitié des troupes de Magon, voilà pourquoi autant de malades et si peu d'eau. Tout cela me prouve que Villeneuve est un pauvre homme, qui voit double, et qui a plus de perception que de caractère.* » (414) Linois avait reçu la même volée de bois vert. Décidément, les marins sont incapables de grandes choses, d'où l'habituelle sommation faite à Lauriston : « *Aidez et poussez l'amiral autant qu'il vous sera possible* [...]. *Nous sommes prêts partout. Une apparition de vingt-quatre heures suffirait.* » (415) Le 14, Napoléon résume sa pensée : « *Avec trente vaisseaux mes amiraux ne doivent pas en craindre vingt-quatre anglais, sans quoi il faudrait renoncer à avoir une marine.* » [(416)] Doute ou prémonition, il demande à Decrès de préparer comme plan de rechange, au cas où « *le peu d'énergie de mes amiraux laisse échapper les chances que m'offre la fortune et annule la campagne actuelle* » [(417)], une expédition contre un établissement anglais de la côte d'Afrique, dont le commandement serait confié à son frère Jérôme. Le 15, il ne ménage pas ses critiques – « *il est impossible d'avoir manœuvré plus mal que Villeneuve ne l'a fait* » –, mais il s'attend à ce que celui-ci balaye l'escadre anglaise avec ses trente vaisseaux [(418)]. En fait, Villeneuve n'avait aucune escadre anglaise à balayer. Ce même jour, il a fait demi-tour sur Cadix ! Le 16, Napoléon menace l'Autriche d'une invasion de la Bavière, si les concentrations des troupes au Tyrol ne cessent pas.

Le 20, ignorant qu'il a depuis cinq jours perdu la partie, Napoléon affiche un optimisme pathétique : « *Malgré tant de mauvais jeux et de circonstances défavorables, la nature du plan est au fond tellement bonne, que nous avons tous les avantages.* » [(419)] Il télégraphie à Ganteaume : « *Êtes-vous mouillé à Bertheaume ? J'espère que vous sentez l'importance du moment et que vous connaissez ce que j'ai le droit d'en attendre ?* » [(420)] Ganteaume met aussitôt à la voile et sort du goulet. Boulogne bruit de rumeurs sur l'arrivée imminente de Villeneuve. Le 21, la sonnerie de l'alerte générale retentit : c'est le grand départ. Tous les régiments se précipitent. Deux heures plus tard l'embarquement est achevé hormis celui des chevaux nettement plus laborieux. En fin de matinée, les soldats reçoivent l'ordre de rejoindre leurs cantonnements : ce n'était qu'un exercice.

Le 22, les événements s'accélèrent. À Brest, Ganteaume engage pendant trois heures Cornwallis, qui pourrait cacher Villeneuve. Mais ce n'est pas le cas, et pour cause. Cornwallis réagit vivement et s'approche à tel point qu'il est légèrement blessé à la poitrine par les batteries côtières de la pointe Saint-Mathieu. Le *Montagu* compte 3 morts et 6 blessés. Le blocus anglais est infranchissable. Les vaisseaux de l'escadre légère de Willaumez échangent quelques bordées avec l'*Inshore Squadron*. Ganteaume repasse définitivement le goulet. Il a été tenu en échec depuis le début de la campagne par Cornwallis. Même si l'historiographie oublie de lui rendre hommage, Cornwallis n'en est pas moins le principal responsable de l'échec du grand dessein en interdisant la sortie de Ganteaume qui devait en être le pivot. Les conditions météorologiques clémentes cette année-là l'ont certes aidé, mais, sans action d'éclat, il a tenu son rôle de gardien sans défaillir.

Ce même jour informé du départ de Villeneuve de La Corogne, Napoléon s'attend à le voir surgir à tout instant. Il croit Nelson aux Canaries, avec une escadre fatiguée, hors d'état de livrer un combat sérieux et continue à assimiler la situation de Ganteaume à Brest à celle d'une garnison qui tente une sortie au moment de l'arrivée d'une armée de secours. Il ordonne à Ganteaume d'être prêt à sortir de Brest pour que Villeneuve ne perde pas un jour. « *L'amiral Villeneuve vient à Brest avec l'intention d'y mouiller : ne le souffrez pas, mais partez tous ensemble pour votre destination. Il n'y a pas un moment à perdre.* »[421] Une lettre comminatoire destinée à Villeneuve est expédiée à Brest ! « *J'espère que vous êtes arrivé à Brest. Partez, ne perdez pas un moment, et avec mes escadres réunies, entrez dans la Manche. L'Angleterre est à nous ! Nous sommes tout prêts, tout est embarqué. Apparaissez avant quarante-huit heures et tout est terminé !* »[422] Napoléon, dévoré d'anxiété, envoie Duroc à Berlin pour obtenir de la Prusse une alliance immédiate contre la cession du Hanovre. Il prévient Talleyrand : « *Une fois que j'aurai levé mon camp de l'Océan, je ne puis plus m'arrêter ; mon projet de guerre maritime* [serait] *tout à fait manqué ; alors je ne gagnerai plus rien à donner le Hanovre à la Prusse. Il faut donc qu'elle se décide sur-le-champ.* »[423] Napoléon croit encore que l'invasion de l'Angleterre est possible et qu'elle pacifierait le continent européen en provoquant l'effondrement politique et moral de l'âme de la troisième coalition anti-française. *Delenda Britannia.*

Decrès, au vu des dépêches de Villeneuve des 10, 11 et 13 août, est persuadé du contraire. L'état d'esprit de Villeneuve lui laisse présager l'arrivée de l'armée combinée à Cadix plutôt qu'à Brest. Il a le redoutable privilège d'en prévenir Napoléon. Le suspense prend brutalement fin. La colère impériale est à l'aune de son rêve brisé : terrible. « *J'estime que Villeneuve n'a pas le caractère nécessaire pour commander une frégate. C'est un homme sans résolution et sans courage moral* [...] *qui n'a aucune habitude de la guerre et qui ne sait pas la faire.* »[424] Durant ces heures de grande intensité dramatique,

Decrès, de sa « *baraque* » surplombant le port de Boulogne, et Napoléon, de son quartier général du château de Pont-de-Briques, distant de quelques kilomètres, s'échangent force correspondances. Furieux, Napoléon tente de sauver les apparences et prescrit à Decrès, au cas où il se confirmerait que Villeneuve s'est rendu à Cadix, de le faire remonter vers la Manche, en le renforçant de la division des six vaisseaux espagnols de Cadix auxquels s'ajouteraient, si possible, les six autres de Carthagène, tous approvisionnés de deux mois de vivres. Decrès, consterné par ces prescriptions qui risquent de compromettre définitivement l'armée combinée, s'emploie à faire changer d'avis Napoléon en démontrant point par point les erreurs de son raisonnement.

En premier lieu, il dénonce les écueils de l'alliance navale avec l'Espagne, où l'armement de tout nouveau vaisseau ajoute un nouveau handicap ; alors que dire de l'addition de douze vaisseaux : « *Je me suis mis aux pieds* [(425)] *de Votre Majesté pour la supplier de ne pas associer aux opérations de ses escadres les vaisseaux espagnols. Loin d'avoir obtenu quelque chose à cet égard, Votre Majesté entend que cette association s'accroisse des vaisseaux de Cadix et ceux de Carthagène. Elle veut qu'avec une pareille agrégation, on entreprenne une chose très difficile en elle-même, et qui le devient davantage avec les éléments, dont l'armée se compose, avec l'inexpérience des chefs, leur inhabitude du commandement, et les circonstances.* » [(426)] Deuxième point, il juge suicidaire de faire remonter l'armée, à court de vivres, vers la Manche où le gros des forces anglaises est embusqué : « *Si son escadre est à Cadix, je la supplie de considérer cet événement comme un arrêt du destin, qui la réserve à d'autres opérations. Je la supplie de ne point la faire revenir de Cadix dans la Manche, parce que ce ne sera qu'avec des malheurs que s'en fera la tentative en ce moment.* » Son ton est délibérément alarmiste. Il refuse d'exécuter des ordres « *funestes selon moi au service de Votre Majesté* ». Decrès, désespéré de n'être pas écouté par Napoléon, lui reproche amèrement de pratiquer l'auto-expertise et reprend le conseil souvent donné de mettre en place une Amirauté sur le modèle britannique : « *En vérité, Sire, ma situation devient trop pénible. Je me reproche de ne savoir pas persuader Votre Majesté. Je doute qu'un homme seul y parvienne. Veuillez, sur les opérations de la mer, vous former un conseil, une amirauté ; tout ce qui pourra convenir à Votre Majesté. Mais pour moi, je sens qu'au lieu de me fortifier, je faiblis tous les jours.* » À court d'arguments pour convaincre Napoléon de modifier ses ordres, il avance la lettre de Gravina expédiée le 3 août dans laquelle l'amiral espagnol démontre l'échec du grand dessein. Il insiste, « *entrer dans la Manche dans les circonstances présentes, cette saison, ou tenter d'entrer à Brest, c'est tout perdu !* » [427] Ébranlé, Napoléon exige pour le lendemain un mémoire répondant à la question stratégique : « *Si l'amiral Villeneuve reste à Cadix, que faut-il faire ?* » [428] Dans sa réponse il l'invite à s'élever « *à la hauteur des circonstances et de la situation où se trouvent la France et l'Angleterre* », tout en lui intimant l'ordre de ne plus lui écrire « *de lettre comme celle que vous m'avez écrite, cela ne signifie rien. Pour moi, je n'ai qu'un besoin, celui de réussir.* »

Le 23, la tension monte à Boulogne. Que Villeneuve soit parti pour Brest ou Cadix, Napoléon doit être prêt à affronter une double possibilité : la descente immédiate en Angleterre, si Villeneuve pénètre en Manche, ou la guerre contre l'Autriche, si Villeneuve a gagné Cadix. Pour l'aider à se décider, Decrès confirme que sans équivoque possible Villeneuve a pris la route pour Cadix comme les instructions du 16 juillet l'y autorisaient : « *Je l'avais perdu de vue même dans la multiplicité des ordres qui ont été donnés dans cette affaire.* » [429] Il préconise d'ajourner la campagne et de la reporter au printemps où vingt des meilleurs marcheurs pourraient gagner Boulogne, en passant par le nord de l'Irlande et en prenant au passage au Texel les sept vaisseaux de la flotte batave. Une reprise des idées de Ganteaume en 1803. Sans équivoque, il réaffirme sa préférence pour la guerre de course : « *Sire, je ne le dissimule pas, voilà quelle serait la guerre selon mon cœur. Nous mettrions l'ennemi au désespoir ; nous lui ferions un mal incroyable, nous lui donnerions des inquiétudes mortelles, nous formerions des chefs d'escadre, parmi lesquels s'élèveraient peut-être des amiraux : les marins acquerraient l'audace que donnent l'expérience et le succès.* » [430] Il conseille d'employer les meilleurs marcheurs de l'armée (dix vaisseaux de Cadix, huit ou neuf de Brest) à des croisières, tandis que le reste des vaisseaux et la flottille joueraient le rôle d'"épouvantail", destiné à tromper l'ennemi ou à fixer ses forces en permanence. Napoléon griffonne au dos de la lettre un programme de sept croisières mettant en jeu trente et un vaisseaux, quatorze frégates et huit bricks. L'une avec un vaisseau, deux frégates et deux bricks opérerait sur la côte occidentale de l'Afrique. Les six autres composées de cinq vaisseaux, deux frégates et un brick chacune, auraient pour destination : Cayenne ; Sainte-Hélène d'où serait détachés un vaisseau et une frégate à l'île de France ; l'Irlande, l'Écosse et Terre Neuve ; les États-Unis et Saint-Domingue où serait porté un secours de 600 hommes ; les îles au Vent des Antilles.

Decrès exploite le contexte particulièrement favorable pour minimiser, voire éliminer la flottille, – la lubie de Forfait –, dispendieuse en hommes et en matériels. Il s'emploie à convaincre Napoléon d'abandonner la guerre d'escadre – la bataille des Quinze-Vingt l'a renforcé dans ses convictions qu'elle n'est plus à la portée de la marine impériale – et d'opter pour la guerre de course livrée par des divisions « *volantes* », sur le modèle de celle de Linois opérant dans l'océan Indien. Ce type de guerre est censé être une panacée pour redresser la situation de la marine caractérisée par « *des amiraux pleins d'honneur, mais affaissés par les contrariétés qu'ils ont éprouvées ; des équipages à rasséréner ; des vaisseaux de toute espèce, partis mal armés, mal équipés, mal commandés, de marche inégale* » [431]. Decrès se base sur les succès de la course qui ne sont pas négligeables. Ainsi de 1793 à 1801, elle a capturé 5 557 navires anglais. Mais elle n'a pu enrayer la croissance exponentielle du trafic britannique qui finit par atteindre 1 600 000 t et met en jeu, par an, 13 000 à 14 000 navires. En s'adjugeant 2 à 3% des navires anglais par année, elle constitue une nuisance, mais la ruine annoncée par Decrès risque d'être longue à obtenir. En fait, dans l'Histoire, la course n'a jamais joué de rôle décisif sur l'issue d'un conflit et pour être efficace elle doit être secondée par des opérations d'escadre, obligeant l'adversaire à tenir ses forces réunies, qui donnent ainsi aux corsaires une certaine liberté d'action et favorisent leurs prédations comme durant la guerre de la Ligue d'Augsbourg ou celle de l'Indépendance américaine. Privés de ce soutien, les corsaires sont voués à finir sur les pontons anglais ou au fond du vaste océan. Decrès ne l'ignore pas, mais il n'a d'autre alternative pour sauver ce qui reste de la flotte. Il en profite pour plaider la cause de Villeneuve, « *avec trente-six vaisseaux mal commandés, mal outillés et mauvais marcheurs, le meilleur amiral de l'Europe perdrait la tête en songeant aux chances d'un combat* ». Il ne conçoit pas ce qui peut lui être reproché et ignore qui pourrait le remplacer avantageusement pour commander cinquante vaisseaux : « *Votre Majesté connaissant comme moi le degré d'expérience de ses amiraux.* » (432)

Napoléon est toujours dans l'expectative. À toutes fins utiles, sans changer le dispositif en place sur le littoral pour l'invasion d'Albion, il prépare la campagne contre l'Autriche comme il en prévient Talleyrand : « *Mon parti est pris. Mon escadre est sortie le 26 thermidor* [14 août] *du Ferrol avec trente-quatre vaisseaux ; elle n'avait pas d'ennemis en vue. Si elle suit ses instructions, se joint à l'escadre de Brest et entre dans la Manche, il est encore temps : je suis le maître de l'Angleterre. Si, au contraire, mes amiraux hésitent, manœuvrent mal et ne remplissent pas leur but, je n'ai d'autre ressource que d'attendre l'hiver pour passer avec la flottille. L'opération est hasardeuse ; elle le serait davantage si, pressé par le temps, les événements politiques me mettaient dans l'obligation de passer d'ici au mois d'avril. Dans cet état de choses, je cours au plus pressé : je lève mes camps* [...] *et, au 1er vendémiaire* [23 septembre], *je me trouve avec 200 000 hommes en Allemagne et 25 000 hommes dans le royaume de Naples. Je marche sur Vienne, et ne pose les armes que je n'aie Naples et Venise* [...]. *La guerre est de fait déclarée* [...] *mon intention est de gagner quinze jours.* » (433) Au Texel, Marmont, sur le point d'embarquer avec son corps d'armée, est informé qu'il doit se tenir prêt à filer sur Mayence en cas d'ajournement de la descente à une autre année (434). Dejean doit faire confectionner, pour le 23 septembre, 500 000 rations de biscuit à Strasbourg et 200 000 à Mayence. Bernadotte doit acheminer en secret à partir du Hanovre l'artillerie et les gros bagages de son corps d'armée vers les têtes de routes conduisant en Allemagne centrale. Les places italiennes sont mises en alerte et, Gouvion-Saint-Cyr, prévenu qu'en cas de reprise des hostilités il doit s'emparer du royaume de Naples. Ces dispositions sont censées amener l'Autriche à résipiscence. Le 24 août, une partie de la cavalerie du camp de Boulogne fait mouvement vers le Rhin.

En fait de quinze jours, Napoléon ne reste accroché à son rêve de descente que pendant quarante-huit heures. Pathétique, de sa baraque il scrute la mer, se jette sur les rapports des officiers postés sur les points hauts le long de la côte, et fait mille suppositions. Villeneuve n'a-t-il pas couru très au large, pour tromper l'ennemi ? N'est-il pas aux prises avec des calmes ? N'a-t-il pas pris la route de l'Irlande pour déboucher par le nord ? Le 25, Decrès doit le détromper une nouvelle fois : « *Que Villeneuve tourne l'Irlande, je vois quatre-vingt-seize chances contre cent. J'en admets quatre pour, parce qu'il peut arriver qu'il ait tel événement qui le forçant de prendre le large, le mette contre son intention première dans le cas de se déterminer pour un parti qui lui a été désigné comme devant être agréable à Votre Majesté. Qu'il vienne à Brest : le calcul des chances devient plus incertain ; mais d'après toutes les données de la correspondance, du temps écoulé, des vents qui ont régné, j'admets quatre-vingts chances contre, sur vingt pour.* »[435] Cette fois, Napoléon se résout à abandonner son rêve de descente et en informe Talleyrand : « *Dès ce moment, je change de batteries* [...]. *Ils* [les Autrichiens] *ne s'attendent pas avec quelle rapidité je ferai pirouetter mes 200 000 hommes !* »[436] Il appelle Daru, l'Intendant général de sa Maison : « *Savez-vous, savez-vous où est Villeneuve ? À Cadix !* » Donnant librement cours à sa colère, il se livre pendant cinq minutes à un monologue furieux contre la marine, les marins qui ont saboté son plan, se plaignant de tout et de tous. Soudain, il s'arrête et, selon la légende, il dicte d'un trait avec une précision mathématique la campagne d'Allemagne qui doit amener les sept corps de la Grande Armée des rives de la Manche au cœur de l'Autriche.

Le 26, toutes les dispositions sont prises pour la conversion vers l'est de la Grande Armée et le signal de demi-tour peut être donné. Napoléon s'accorde un répit. D'après les journaux anglais, « *l'alarme est vive* [à Londres] *et la paix grandement souhaitée* »[437] annonce-t-il à Decrès, avec la petite satisfaction que « *l'escadre de Calder a souffert plus qu'on ne l'a dit ; la plupart de ses vaisseaux sont rentrés désemparés* ». Un pieux mensonge pour une campagne navale décevante. Le 27, Napoléon passe en revue le 3e corps d'armée de Davout à Ambleteuse, les yeux fixés sur l'horizon.

Quand le soleil se couche, sans que les voiles de Villeneuve n'apparaissent, il se résigne. À la nuit, les courriers partent porter ses instructions à Bernadotte et à Marmont. Les soldats du camp de Boulogne reçoivent l'ordre de faire leur sac pour partir le surlendemain à l'aube : « *Braves soldats du camp de Boulogne. Vous n'irez point en Angleterre. L'or des Anglais a séduit l'empereur d'Autriche qui vient de déclarer la guerre à la France. Son armée a rompu la ligne qu'elle devait garder : la Bavière est envahie. Soldats, de nouveaux lauriers vous attendent au-delà du Rhin : courons vaincre des ennemis que nous avons déjà vaincus !* » La nouvelle est accueillie par une joie sans mélange. Selon Grivel, « *à ce sentiment très réel se joignait le plaisir de changer de place, et peut-être, sans qu'on s'en rendît compte celui d'échapper au sabot. Les soldats se sentaient allégés de cette pensée de l'embarquement, qui les avaient toujours un peu préoccupés.* »(438) L'ingénieur Tupinier, hostile à la flottille qu'il a contribuée à construire, est persuadé que la volte-face napoléonienne a « *sauvé la plus belle armée de la France qu'une entreprise folle allait compromettre* »(439). Le 29, Napoléon enrage lorsqu'il apprend que Cornwallis a dispersé les quarante vaisseaux anglais concentrés sous Ouessant, l'« *insigne bêtise* » que Villeneuve n'a pu exploiter. L'exécution du grand dessein n'est décidément pour lui qu'une suite d'occasions manquées. Pourtant, de la flottille lui parviennent des informations préoccupantes : « *Les prames ne rentrent pas dans l'écluse trop étroite* », mais c'est finalement une bonne chose car leur « *échouage* [est] *incommode* »(440) à cause de l'artillerie qui « *écrase les bâtiments et accélère par son poids leur destruction comme elle accroît les dépenses d'entretien* ». Par ailleurs, Decrès déconseille de « *réunir à Brest la flottille batave composée d'étrangers extrêmement dangereux, en ce qu'ils n'ont point de patrie* ». Autant de renseignements instructifs sur l'état réel de la "poussière navale" et des relations entre "Alliés".

Le 1er septembre, un courrier d'Espagne confirme l'entrée de Villeneuve à Cadix, le 20 août, que Decrès avait pronostiquée. Napoléon n'a pas l'intention de laisser ses escadres périr « *d'inaction et de découragement* », bloquées par des forces inférieures, et souscrit à la guerre de course préconisée par Decrès. Il reprend le programme griffonné au dos de la lettre du 23 août. En sus de trois expéditions opérant à l'ouvert de la Baltique et sur les côtes d'Afrique, « *mon intention est d'établir trois autres croisières avec les bâtiments de l'escadre de Brest, quatre croisières avec l'escadre de Cadix; au total, huit croisières, employant au moins trente vaisseaux de guerre et onze frégates* » (441). Decrès est invité à lui préciser le nom des huit commandants des croisières, leur composition et leurs instructions. « *Je veux signer moi-même leurs ordres.* »

Le 2, Napoléon quitte Boulogne et parvient à la Malmaison le lendemain à 14 heures. Il reçoit le rapport de Villeneuve sur son demi-tour vers Cadix en même temps que le rapport de Lauriston du 21 août, véritable réquisitoire contre ledit Villeneuve: « *Je suis vraiment humilié de m'être trouvé présent à tant de manœuvres honteuses sans pouvoir faire la moindre chose pour les honneurs des armes de Votre Majesté. Nous naviguons comme une flotte marchande qui craint l'attaque de quatre ou cinq vaisseaux et c'est un homme qui est cause de tout* [...]. *La crainte de Nelson l'a emporté* [...]. *Les capitaines n'ont plus cœur à rien faire; on ne fait plus attention aux signaux qui restent deux ou trois heures au haut des mâts. La discipline est entièrement relâchée* [...]. *Cette escadre a besoin d'un homme et surtout d'un amiral qui possède la confiance et l'attachement.* » (442) Napoléon explose de colère: « *Villeneuve est un misérable qu'il faut chasser ignominieusement. Sans combinaisons, sans courage, sans intérêt général, il sacrifierait tout, pourvu qu'il sauve sa peau. Rien n'est comparable à l'ineptie de Villeneuve.* » (443) Le 6, Napoléon ne décolère pas contre Villeneuve. « *J'imagine que vous êtes aussi indigné que moi de la conduite infâme de Villeneuve.* » (444) Devant un tel flot de propos injurieux, Decrès tente de sauver l'honneur perdu de Villeneuve, un ami de vingt-cinq ans: « *L'affaire de Villeneuve est désespérante pour moi. Je la vois comme je dois le faire. Je ne crois point à la lâcheté mais bien à une tête perdue.* » (445) Napoléon est mortifié d'avoir cru jusqu'au bout l'arrivée de Villeneuve imminente et l'invasion possible. Sa fureur traduit son incommensurable déception et, à elle seule, prouve sa détermination à envahir l'Angleterre. Napoléon finit par soupçonner son ministre de la marine de lui avoir caché la vérité sur les intentions de Villeneuve de partir pour Cadix et de jouer double jeu: « *Après avoir lu les dépêches de Villeneuve, vous n'avez jamais dû penser qu'il vînt à Brest. Il vous écrivait:* "Je vais à Cadix"; *et*

Lauriston, qui a été trompé, qui m'écrivait le 26 thermidor [14 août] : "Nous allons enfin à Brest" *m'écrit de Cadix que la première chose que lui dit l'amiral en mettant à la voile fut* : "Nous allons décidément à Cadix, je l'ai écrit au ministre." *Je désirerais voir justifier Villeneuve.* » Le 9, Decrès se croit obligé de se disculper et fournit des extraits des lettres de Villeneuve pour démontrer sa bonne foi et « *y chercher le mot fatal. Il n'y est pas.* » (446)

Les partisans de la flottille tentent une dernière offensive. Le 11, le commissaire Lescallier préconise un plan consistant à envoyer la flottille attaquer, sans le secours des escadres, mais à la faveur d'une nuit d'hiver, les chantiers et établissements de la Tamise. « *L'Angleterre se croit affranchie, du moins pour un temps, de la crainte d'une invasion. C'est précisément le moment de frapper contre elle le grand coup.* » (447) La flottille pourrait incendier les ports de Chatham et de Sheerness, et « *si le vent se soutient et à la faveur de la marée se porter jusqu'à Londres et anéantir le quartier maritime* » avant de se retirer à la marée descendante. « *Sa réussite, même partielle, fera un tort incalculable à l'Angleterre.* » Ce plan dans le droit fil des idées de Forfait n'est plus à même de séduire Napoléon, comme le prouve la note du 13 où il expose à Decrès la version officielle de l'historique de la flottille de Boulogne et son devenir (448). Napoléon attribue l'échec du grand dessein à son principal exécutant : « *Ce projet a manqué de réussir. Si l'amiral Villeneuve, au lieu d'entrer au Ferrol, se fût contenté de rallier l'escadre espagnole et eût fait voile sur Brest pour s'y réunir à l'amiral Ganteaume, mon armée débarquait et c'en était fait de l'Angleterre.* » Il se désolidarise des idées de Forfait. Comme les affidés de celui-ci reconnaissent eux-mêmes que seule une flottille de cent à cent cinquante bâtiments transportant 15000 ou 16000 hommes « *pût trouver des chances de réussir* », il décide de réduire la flottille à cinq cents bâtiments, ayant la capacité de transporter un corps expéditionnaire de 40 à 50000 hommes et plusieurs milliers de chevaux, qui serait campée en permanence à Boulogne pour lutter aussi bien en Angleterre qu'en Allemagne. Ce nouveau plan, conceptualisant son dispositif « *à double fin* » imposé par les événements, est présumé forcer l'Angleterre à maintenir une armée permanente et à tenir en réserve, dans les Dunes ou dans la Tamise, une portion de ses escadres.

Napoléon affiche toujours la conviction que la flottille est le moyen « *le moins dispendieux pour la France et plus désastreux pour l'Angleterre* ». Cette note du 13 septembre, curieuse à bien des égards, pose en dogme l'infaillibilité du chef. Napoléon n'hésite pas à réécrire l'histoire pour justifier devant la postérité son ratage retentissant. La flottille de Boulogne, format réduit, se voit dévolu le rôle d'"épouvantail". Jusqu'à la fin de l'Empire, avec une opiniâtreté sans faille, Napoléon va continuer à échafauder des plans navals sensationnels où elle serait destinée à prendre à revers l'Angleterre, de plus en plus militairement impliquée sur le continent. En fait de peu « dispendieuse », la flottille a coûté la bagatelle de 47 millions de francs, représentant la construction et l'armement de trente vaisseaux de 74 canons, sans compter le coût des infrastructures routières et portuaires, de la solde et de l'entretien des équipages, de l'armée... des dépenses exorbitantes pour un simulacre qui montrent à l'envi que pour Napoléon ce n'en était pas un.

La question de la flottille réglée, Napoléon fixe, avant son départ pour la campagne d'Autriche, le sort de Villeneuve réfugié à Cadix. Dégrisé de ses rêves d'invasion, Napoléon intègre l'armée combinée dans ses plans méditerranéens. Il entend régler son compte à la reine Marie-Caroline, « *la coquine* », qui s'est déclarée contre lui et a pris le parti de l'Autriche. Les Bourbons de Naples doivent être éliminés. Les instructions du 14 septembre enjoignent Villeneuve de sortir de Cadix « *à la première occasion favorable* » avec deux mois et demi de vivres, d'entrer en Méditerranée, de faire sa jonction avec l'escadre de l'amiral Salcedo (six vaisseaux) à Carthagène et de déposer ses troupes passagères à Naples pour renforcer le corps d'armée de Gouvion-Saint-Cyr, de se livrer ensuite à la course « *pour faire le plus de mal possible à l'ennemi, et intercepter un convoi qu'il a le projet d'envoyer à Malte* », avant de rallier Toulon [(449)]. Considérant que Villeneuve fait partie des « *hommes qui ont plutôt besoin d'éperon que de bride* », il adopte un ton résolument offensif : « *Notre intention est que partout où vous trouverez l'ennemi en forces inférieures, vous l'attaquiez sans hésiter et ayiez avec lui une affaire décisive.* » Il lui prescrit de « *l'audace et la plus grande activité* ». Le contraste est saisissant entre l'ampleur de la manœuvre du grand dessein et la mission secondaire au profit de l'armée, sans intérêt stratégique, confiée à Villeneuve en Méditerranée, pour laquelle l'armée combinée est surdimensionnée ; mais également entre la prudence des précédentes instructions reposant sur l'axiome d'éviter le combat, et l'exhortation de sortir de Cadix à tout prix, même de vive force. Au moment où Napoléon rédige ses instructions, la croisière anglaise se limite à onze vaisseaux, mais il sait depuis le 29 août, que Calder a appareillé d'Ouessant avec près d'une vingtaine de vaisseaux pour le sud, – « *l'insigne bêtise de Cornwallis* » – et, donc qu'à la date où Villeneuve recevra les instructions celui-ci aurait de fortes probabilités d'être bloqué par des forces supérieures. Dans ces conditions, les risques seraient disproportionnés par rapport à l'objectif secondaire. Napoléon n'en tient pas compte. Ses instructions expriment un fort ressentiment à l'égard de Villeneuve et une volonté de le voir sortir et se battre à tout prix. Napoléon a perdu toute confiance en Villeneuve qu'il méprise. Il a d'ailleurs demandé à Decrès de lui trouver un remplaçant.

Par prudence ou humilité, Decrès décline le commandement de l'armée combinée, mais précise qu'il ne refuserait pas celui d'une division composée de cinq ou six vaisseaux de Cadix : « *Les grades sont venus prématurément* [...], *il est malheureux que dix-sept mois de séjour à Malte et quatre ans à Paris m'aient privé de l'expérience.* » (450) Decrès propose le choix entre les vice-amiraux Martin, Rosily et Villaret de Joyeuse. Le troisième, capitaine général de la Martinique, est *de facto* exclu pour un remplacement immédiat. Decrès indique que « *cette mission n'est désirée (à parler vrai) ni par l'un, ni par l'autre* [Rosily et Martin] ». Une affirmation gratuite, l'avis des deux impétrants n'ayant pas été sollicité. De Rosily, il dresse un portrait rien moins que flatteur : « [Il] *est bien vieux dans le fait quoiqu'il ne le soit pas par son âge. Il n'a commandé qu'une frégate, avec beaucoup de talent sans doute, mais c'est une école étroite pour un commandement aussi étendu que celui de l'armée combinée.* » Quant à Martin, actuel préfet maritime de Rochefort, Decrès, qui ne l'aime pas, lui reconnaît l'avantage d'avoir commandé une grande escadre, « *sous ce rapport seulement il satisfait d'avantage l'opinion de l'armée* ». Mais il ajoute non sans perfidie, « *au reste il a peu d'activité* ». Un défaut rédhibitoire pour

Napoléon. En 1815 lors de son départ en exil à Sainte-Hélène, Napoléon confiera à Martin qu'il avait voulu le nommer mais que Decrès l'en avait dissuadé (451). Decrès tente une nouvelle fois de sauver Villeneuve en faisant valoir que son rappel risque d'interférer fâcheusement avec les opérations. Mais Napoléon ne croit plus en Villeneuve. Il le démonte de son commandement le 15 septembre et choisit Rosily, qui reçoit une commission d'amiral comme Bruix et Truguet précédemment (452).

Âgé de 57 ans, François-Joseph de Rosily, comte de Mesros est issu du Grand-Corps. Ancien garde-marine (1762), il a accédé au grade de contre-amiral en 1793 à 45 ans sans avoir jamais commandé de force navale. Élu à l'Académie de marine (1785), spécialiste d'hydrographie, après les vicissitudes de la Terreur, il a été nommé directeur du Dépôt des cartes et plans de la marine et des colonies après sa réintégration en 1795 et promu vice-amiral l'année suivante. En avril 1805, il s'était rappelé au bon souvenir de Napoléon en réclamant d'être élevé au rang de grand officier de la Légion d'honneur. Passablement agacé par cette demande, Napoléon s'en était ouvert à Decrès : « *J'estime même que tout capitaine de vaisseau qui a fait la guerre et qui a quelque mérite, a plus de considération, à mes yeux, que M. Rosily.* » (453) Napoléon avait adressé à Rosily une réponse fort mal aimable : « *Je ne puis établir aucune parité d'ancienneté entre Bruix, Ganteaume, Decrès et vous. Ils ont navigué et vous n'avez pas navigué depuis dix ans. Ils ont à mes yeux le mérite bien grand de n'avoir pas désespéré de notre marine, d'avoir lutté souvent contre les forces supérieures, et d'avoir toujours soutenu l'honneur du pavillon. N'ayant pas navigué depuis longtemps, et vos talents et votre expérience de la mer m'étant connus, c'est le véritable tort qu'ont éprouvé nos forces navales* [...]. *Les amiraux anglais, qui passent constamment leur vie à la mer, sont plus âgés que vous.* » (454) Après un verdict aussi catégorique, Rosily aurait dû être éliminé de la course aux nominations. Mais cela n'a pas été le cas. Il a finalement attiré l'attention de Napoléon qui avança son nom quand il s'était agi de remplacer La Touche-Tréville ou Missiessy. Jusqu'alors Decrès est parvenu à l'écarter en arguant de sa « *décrépitude* », de son inexpérience, sans compter qu'« *il n'est pas préparé aux instruments qui nous restent, il n'y reconnaîtra pas ceux qu'il avait il y a quinze ans* » [455]. Mais cette fois Napoléon ne tient pas compte de son avis d'autant que Decrès perd en crédibilité en continuant à défendre Villeneuve contre tout bon sens. Le choix de Rosily se fait par défaut, faute d'autres candidats. Il est révélateur de la "stérilité" de la marine.

Le 17 septembre, Napoléon retient pour la campagne d'hiver un programme mirobolant de trois grandes croisières d'une durée de quatorze mois, « *bizarres et incalculables qui feront un très grand mal à l'ennemi* » [456], dont la plus importante mettrait en œuvre neuf vaisseaux et quatre à cinq frégates avec Le Cap et Sainte-Hélène pour destination, la seconde cinq à six vaisseaux pour Saint-Domingue tandis que le *Régulus* et des frégates ravageraient la côte d'Afrique. Dans la foulée, Rosily reçoit ses instructions. Elles sont identiques au mot près à celles du 14, y compris l'incitation à livrer bataille à toutes forces ennemies inférieures [457]. Le 18, Decrès tente dans ses instructions personnelles de les pondérer tout en prônant « *des faits d'armes audacieux et glorieux* » [458]. Il revient sur la prescription qu'une sortie de l'armée navale ne peut intervenir qu'en cas de supériorité numérique, « *si les circonstances vous opposaient des obstacles invincibles, Sa Majesté veut au moins que vous fassiez sortir ou toute l'armée ou plusieurs divisions, toutes les fois que le temps le permettra* » [459], pour entraîner les équipages et éviter un blocus par des forces inférieures. Il avertit Beurnonville à Madrid, ainsi que Le Roy à Cadix, de la promotion de Rosily. Comme celui-ci est sur le point de quitter Paris, il se résout à prévenir Villeneuve qu'il est démonté de son commandement : « *Sa Majesté l'Empereur et Roi vient de nommer M. le vice-amiral Rosily au commandement de l'armée navale réunie à Cadix et a ordonné que vous rentriez à Paris pour rendre compte de la campagne que vous venez de faire. Vous devrez donc, aussitôt que le vice-amiral Rosily vous aura remis cette dépêche, remettre le commandement de l'armée et il y sera reconnu en qualité d'amiral.* » [460] Le brouillon de la note de Decrès conservée aux archives confirme l'analyse de Jurien de La Gravière : « *Decrès, qui aimait sincèrement Villeneuve, rédigea ce dernier ordre d'une main tremblante. Il ratura, surchargea vingt fois les cinq ou six lignes par lesquelles il annonçait à ce malheureux officier son rappel et les intentions de l'Empereur.* » [461] Curieusement la lettre de Decrès ne parviendra jamais à son destinataire, alors que les courriers mettent entre Paris et Cadix de douze à quinze jours. Le 20, Decrès informe Napoléon que Rosily part dans la nuit. Il est persuadé que Villeneuve est sorti de Cadix, « *ainsi si la force de l'ennemi devant ce port n'a point augmenté, il serait très possible qu'aujourd'hui il y eut une bataille navale livrée à sa hauteur* » [462]. En tout cas, il l'espère compte tenu des instructions qu'il lui a fait parvenir sans que Napoléon en soit tenu informé. Dans cette configuration, la nomination de Rosily n'aurait plus lieu d'être. Mais Decrès se leurre sur la réactivité de Villeneuve.

Le piège de Cadix

À l'arrivée de Villeneuve à Cadix le 20 août, Collingwood ne dispose que de quatre vaisseaux. Le lendemain, il reçoit le renfort de sept supplémentaires – trois venus de Tanger et les quatre de Bickerton, qui a levé le blocus de Carthagène. À ce moment, Villeneuve a la possibilité de faire rallier les six vaisseaux espagnols de Carthagène et, avec ses meilleurs vaisseaux, de fondre sur les onze de Collingwood en le surclassant de moitié en nombre et de les vaincre, ce qui dégagerait la sortie du port andalou. Mais Villeneuve n'a pas le cran de prendre pareille initiative, comme il ne l'a eu de poursuivre Calder ou de rallier Allemand. Grâce à leur redéploiement relevant plus de l'intuition que de la stricte observance de la consigne permanente, les Anglais sont en mesure d'exploiter cette erreur à partir du 30 août, lorsque avec le ralliement de Calder devant Cadix, la force de blocus devient supérieure à l'armée combinée. Entre le 20 et le 30 août, Villeneuve a ainsi laissé passer une période propice où il aurait pu prendre le large ou desserrer le blocus de Cadix.

Villeneuve est tout simplement dans l'incapacité morale et physique d'agir. Deux jours après son atterrissage, le 22, il n'a de cesse de justifier longuement sa décision de faire voile vers Cadix. Il minimise sa propre responsabilité, arguant que l'armée combinée « *devait être inévitablement le jouet des vents, dans des mers absolument inconnues aux cinq sixièmes des marins qui montent ces vaisseaux* » [463], et revient sur son incapacité à affronter la concentration de l'ennemi, une fois le plan éventé, « *en sorte qu'un combat sur quelque point que ce fût du parage que j'avais à parcourir ne pouvait nous promettre ni succès, ni gloire, ni chances favorables à l'armée navale de Brest de terminer ce que nous aurions entrepris inconsidérablement* ». Dans une lettre « particulière », il fait part à Decrès de sa profonde détresse : « *Rien ne peut me relever de l'abîme de malheur dans lequel je suis tombé, mais j'y étais tout préparé à mon départ de Toulon, et je n'ai jamais rien pu entrevoir de bon dans la campagne que j'allais entreprendre.* » [(464)] La question se pose de savoir pourquoi Decrès maintient contre vents et marées Villeneuve dans ses fonctions. Aveuglement ? Solidarité avec un commandant en chef qui a agi comme il l'aurait fait lui-même ? Sous-estimation de la gravité de l'effondrement psychologique et moral de son ami de vingt-cinq ans ?

En tout cas, le séjour à Cadix n'améliore pas l'état d'esprit de Villeneuve très affaibli physiquement par une crise de « *coliques bilieuses* » [(465)]. Après quatre mois et demi de navigation et une bataille, les vaisseaux ont besoin de réparations, de rechanges en munitions navales et de compléter leurs approvisionnements au moins à trois mois. Villeneuve réclame « *cinquante à cinquante-cinq jours de vivres, plus le journalier sur le pied d'environ 17 000 hommes* ». Or l'arsenal espagnol, épuisé par l'armement de douze vaisseaux en moins de six mois, manque de tout : biscuits, cordages, et munitions navales même de mauvaise qualité. De surcroît, l'administration espagnole ne met aucun empressement à coopérer. Lauriston témoigne : « *Il faudrait de l'argent à l'escadre pour bien des objets et le commissaire Le Roy a bien de la peine à en procurer.* » [(466)] Les Espagnols refusent en effet d'escompter les traites de la marine française. Beurnonville doit intervenir sans cesse auprès de Godoy pour lever les obstacles, « *mais les résistances renaissaient à chaque pas et le temps se consumait en funestes lenteurs* » [(467)]. Le manque de fonds a du mal à être résolu en dépit du recours au financier Ouvrard pour soumissionner les subsistances de l'armée navale, le même Ouvrard qui a couvert les dépenses du camp de Boulogne, pourvu aux préparatifs de la descente, avancé au Trésor public 400 millions de francs pour la seule année 1805 et mis sur pied un vaste plan d'exploitation de l'Amérique du Sud pour recouvrer la dette espagnole, à l'origine de l'agression anglaise contre la «*flotte d'argent*» et de l'entrée en guerre de l'Espagne.

Sans doute contrecoup de la bataille des Quinze-Vingt, les Français ont failli perdre leur plus fidèle allié, Gravina, qui, mal aimé de la cour de Madrid, a appris en arrivant à Cadix que Godoy avait donné plein pouvoir à Grandellana. Gravina découragé, « *envisage de quitter le commandement*, rapporte Lauriston. *Sa retraite ferait le plus grand tort à l'escadre française et espagnole* [...]. *Selon des témoignages, l'amiral Grandellana nous déteste et a cherché à entraver les réparations des cinq vaisseaux français.* »[(468)] Finalement, tout rentre dans l'ordre et Gravina est nommé commandant général des forces navales espagnoles. « *Complet en tout même en bonne volonté* »[(469)] selon la formule de Beurnonville, il s'emploie à répondre aux besoins de Villeneuve et à ranimer les énergies, mais il ne peut empêcher que les relations se détériorent entre Français et Espagnols. Ces derniers excédés par l'arrogance de leurs alliés les ont surnommés « *Fransquillons* ». « *En général, Sire, on ne nous aime pas en Espagne* »[(470)] met en garde Lauriston. La mésentente s'est installée au sein de l'armée combinée. L'opinion publique espagnole gronde contre Villeneuve – surnommé « *Corneta* »* – qu'elle accuse d'avoir « *abandonné par lâcheté* » les Espagnols à la bataille des Quinze-Vingt et sacrifié deux de leurs vaisseaux. Les altercations entre les hommes des deux pays alliés se multiplient, avec une propension à dégénérer en rixes sanglantes. La situation devient de plus en plus critique au fur et à mesure que se prolonge le séjour à Cadix, générant ennui et malaise, et que le blocus anglais se resserre, accroissant la nervosité de l'armée navale. Le 27 août, Villeneuve, déprimé, malade, n'en finit pas de se justifier en faisant porter la responsabilité de ses déboires sur les Espagnols. Avec Gravina, il s'emploie tout de même à organiser la jonction avec la division de Carthagène sans y mettre une activité débridée, laissant le temps

*D'après le romancier espagnol Benito Pérez Galdós, ce sobriquet serait emprunté à une saynète jouée à cette époque à Cadix. Difficile de se faire une idée sur le type de personnage ainsi brocardé, mais la connotation péjorative du surnom ne fait aucun doute.

aux Anglais de renforcer leur dispositif.

Lorsque Calder avait amorcé sa marche vers le sud, il avait commencé par manquer les deux vaisseaux qui devaient le rejoindre à la hauteur du Ferrol. Sans nouvelle de Villeneuve, il avait appris par ses éclaireurs, le 21 août, l'appareillage de Vigo de l'escadre d'Allemand, qui, circonstance inquiétante, avait fait route vers le nord-ouest. L'amiral anglais n'en continue pas moins, à tout hasard, sa progression vers Cadix. Inquiet, il écrit à Cornwallis : « *Si l'ennemi n'est pas venu dans le sud, je pense que l'amiral Collingwood approuvera que je vous rejoigne sous Ouessant.* » Le 24, il apprend enfin par Lisbonne que les Franco-Espagnols ont été vus dans ces parages faisant route au sud. Il est rassuré. Il rallie Collingwood devant Cadix, le 30, avec ses dix-huit vaisseaux. La balance des forces s'est rééquilibrée en faveur des Anglais. Villeneuve est pris dans leurs rets.

De son côté, Cornwallis a eu quelques frayeurs. Alors qu'il ignorait la route prise par Villeneuve depuis qu'il avait appris le 19 août sa sortie du Ferrol, lui parvient le 30 un renseignement que Cadix serait la destination de l'armée franco-espagnole. Il doute de son exactitude dans la mesure où dans le même temps des vaisseaux français lui sont signalés dans les parages de Penmarch. Alarmé, il envoie Stirling en chasse. Ce n'est que le 5 septembre que Cornwallis est rasséréné par l'annonce de l'entrée des Franco-Espagnols à Cadix. La cause de l'émoi de Cornwallis est Allemand, qui, remonté de Vigo, est parvenu le 30 sous Penmarch sur le lieu de rendez-vous fixé par Villeneuve. Allemand attend jusqu'au 6 septembre. Apprenant ce jour-là que l'armée combinée n'a touché nulle part les côtes de France, il échappe à Stirling et remet le cap au sud pour gagner Cadix. Le 11, il apprend la présence sous Cadix d'une force anglaise estimée au minimum à vingt-six vaisseaux. Il renonce à rejoindre Villeneuve dans le piège espagnol. Conformément à ses instructions du 9 juin, lui prescrivant de se livrer à la guerre de course dans le cas où il ne pourrait rallier l'armée combinée, il s'éloigne dans l'ouest pour remonter vers l'ouvert de la Manche. Le 15 septembre, il intercepte le convoi des Indes et capture le *Calcutta* (54 canons), qui l'escorte, et dix navires marchands. Il continue sa remontée vers le nord, s'éloignant inexorablement du théâtre d'opérations. Mais ceci est une autre histoire.

Le 2 septembre, Blackwood apporte à l'Amirauté la nouvelle rassurante que Villeneuve est entré à Cadix. Toutes les incertitudes sont levées. La stratégie de Napoléon de concentrer ses forces pour frapper du fort au faible se retourne contre lui. La phase finale est enclenchée. Rien ne peut plus empêcher les Anglais de détruire l'armée combinée en mettant en lice leur meilleur amiral. Nelson est informé de la manœuvre des Franco-Espagnols presque en même temps que Napoléon. Le 15 août, à peine avait-il salué le pavillon de Cornwallis sous Ouessant qu'il avait reçu l'ordre de continuer jusqu'à Portsmouth, amorçant la dispersion du corps de bataille anglais que Napoléon se permit de critiquer. Nelson jeta l'ancre le 18 à Portsmouth. Il partagea ensuite son temps entre Londres et sa résidence de Merton. À Londres, il dut longuement expliquer aux sommités de la Royal Navy sa campagne aux Antilles. Nelson, qui, durant la traversée vers les Antilles, avait imaginé un plan de bataille en cas de rencontre avec Villeneuve – le fameux « *Mémorandum secret* » –, en peaufine la mise au point à Merton après en avoir discuté avec l'amiral Richard Keats. Nelson est sur le point de quitter le sol anglais.

Le 2 septembre, Villeneuve est loin de se douter du sort qui l'attend. Il croit encore que la croisière anglaise se limite à onze vaisseaux alors que Calder l'a ralliée depuis trois jours. Il a certes appris le passage de Calder faisant route au sud, mais il ne croit pas « *néanmoins à une réunion de forces si considérables dans ces parages, ou du moins, qu'elles puissent y rester longtemps* » [(471)]. Dès le lendemain, il est détrompé par les vigies qui décomptent les nouveaux arrivants. Gravina s'empresse d'annuler la jonction avec l'escadre de Carthagène « *jusqu'à nouvel ordre* » [(472)]. Villeneuve, qui s'est estimé contraint à l'immobilité en dépit de la trentaine de vaisseaux qu'il a sous ses ordres alors que la croisière anglaise lui était trois fois inférieure, n'a pas encore conscience de son erreur. Grâce à son inertie, les Anglais ont eu le temps de reconstituer leurs forces devant Cadix. La jonction Collingwood-Calder-Nelson, tant crainte, rentre dans l'ordre du possible au moment où Villeneuve n'y fait plus allusion. Concomitante de la levée du camp de Boulogne, la concentration anglaise s'inscrit dans une stratégie résolument défensive pour éliminer toute menace pesant sur le sanctuaire national. Elle vise à immobiliser la masse principale alliée, opportunément concentrée, pour lui interdire la réédition de l'évasion du type de celle de Toulon, à l'origine de toute l'affaire. Sa destruction est programmée si Villeneuve tente de sortir de Cadix, bel et bien cadenassé. « *La manœuvre est morte, et bien morte. Rien ne pouvait la ressusciter.* »

Pour l'heure, Villeneuve est très affecté par la lettre de Decrès du 1er septembre, qu'il vient de recevoir, contenant les réprimandes de Napoléon, pourtant très édulcorées par le ministre de la marine : « *Rien ne saurait me consoler jamais du malheur d'avoir encouru les reproches que Sa Majesté l'Empereur vous a chargé de m'adresser.* » [(473)] Decrès s'est attaché à exciter sa motivation en reprenant l'argumentaire avancé par Napoléon lors de l'incident Linois : « *Sa Majesté veut éteindre cette circonspection qu'elle reproche à sa marine, ce système défensif qui tue l'escadre et qui double celle de l'ennemi. Cette audace, elle la veut dans tous ses amiraux, ses capitaines, officiers et marins et, quelle qu'en soit l'issue, elle remet sa considération et ses grâces à ceux qui sauront la porter à l'excès, ne pas hésiter à attaquer des forces supérieures ou égales même, et avoir avec elles des combats d'extermination. Voilà ce que veut Sa Majesté ; elle compte pour rien la perte de ses vaisseaux, si elle les perd avec gloire, ne veut plus que ses escadres soient bloquées par un ennemi inférieur et s'il se présente de cette manière devant Cadix, elle vous recommande et vous ordonne de ne pas hésiter à l'attaquer.* » [(474)] Il conclut en promettant le retour en grâce auprès de Napoléon à « *la première action d'éclat qui signalera votre courage* ». Un encouragement lourd de conséquence. Decrès ignore bien évidemment que le jour où il lui expédie cette lettre Calder a déjà rallié l'avant-veille Collingwood. Toujours ce décalage entre l'appréciation de la situation stratégique et la réalité des faits. Cette fois, le manque de perspicacité ne peut être imputé à Napoléon ! C'est l'envoi de cette lettre qui explique la certitude de Decrès, le 20 septembre, que Villeneuve est sorti et qu'il est sur le point de livrer bataille, si ce n'est déjà fait. Cette lettre sera la seule trouvée dans le portefeuille de Villeneuve au moment de la reddition du *Bucentaure* et jetée à la mer. Cet épisode rapporté à Napoléon devait le faire douter du contenu des instructions envoyées par son ministre de la marine : « *Dieu sait les lettres particulières qu'ils se sont écrites et que je n'ai pu éclaircir ; car j'étais bien puissant, bien fureteur, et ne croyez pas pourtant que je vinsse à bout de tout vérifier tout ce que je voulais autour de moi.* » (475)

La prescription de Decrès de faire six mois de vivres plonge Villeneuve dans le désarroi. Même Lauriston, peu enclin à la clémence, signale que « *l'approvisionnement de quatre mois de vivres pour les vaisseaux n'est encore qu'à moitié. Ce qui retarde le plus ces approvisionnements, c'est le défaut de crédit.* » (476) Que faire si six mois sont exigés alors que la quantité des vivres avariés s'accroît ? * (477) Villeneuve finit par annoncer que les dix-huit vaisseaux français, dûment réparés, sont sur rade, sans leurs vivres au complet, ainsi que douze vaisseaux espagnols, bientôt portés à quinze. Mais Lauriston fait état de la rumeur sur l'imminence de l'arrivée de Nelson. La tension monte à Cadix. Le 16 septembre, Decrès renouvelle ses exhortations : « *Je ne puis trop, monsieur l'amiral, vous recommander de saisir la première occasion pour effectuer votre départ et je vous réitère mes vœux les plus ardents pour vos succès.* »

La correspondance de Villeneuve est une longue litanie sur la médiocrité des unités alliées. Il reconnaît que « *l'escadre espagnole s'améliore sensiblement par le changement des mauvais vaisseaux contre de meilleurs* » (478) et se félicite que Gravina porte son pavillon sur un trois-ponts, flambant neuf, le *Príncipe de Asturias*, réputé très bon. Un tiers de l'escadre espagnole en cours d'armement est jugé excellent. Il s'agit en sus du *Príncipe de Asturias* et de l'*Argonauta*, du *Santísima Trinitad*, un quatre-ponts, le plus grand vaisseau en service doté de 136 canons, de trente-six ans d'âge, mais très solide grâce à l'excellence des bois de construction de La Havane, du *Neptuno* de 80 canons et du *Monarca* de 74 canons. Le deuxième tiers est qualifié d'assez bon à médiocre, tous de 74 canons : *Bahama*, *Montañés*, *San Leandro*, *San Ildefonso* et *San Juan Nepomuceno*, en dépit de ses trente ans de service. Le dernier tiers est franchement

---

*Le *Redoutable* compte alors 497 tx de biscuit réduit en machemoure inconsommable, l'*Indomptable* 100 tx, l'*Achille* 51 tx ainsi que 95 tx de légumes, le *Neptune* 3360 tx de vin, etc.

mauvais : trois vaisseaux de 74 canons (*San Agustín*, *San Francisco de Asís*, *San Justo*) ; le *Rayo*, le plus vieux vaisseau de l'armée combinée – cinquante-six ans –, mauvais marcheur et surchargé de 100 canons ; le *Santa Ana*, un trois-ponts de 112 canons, dont l'équipage est « *novice et mal recruté* ». Le défaut majeur de l'escadre espagnole est son déficit en personnels qui a limité l'armement à quinze unités, comme le regrette Villeneuve : « *Il est bien pénible de voir des vaisseaux aussi beaux et aussi forts être armés par des pâtres et des mendiants, et n'avoir qu'un petit nombre de matelots.* » [(479)] Contraints d'improviser dans l'urgence des équipages, les Espagnols recourent massivement à la presse et recrutent tous ceux qui leur tombent sous la main, marginaux, droits communs, dénués de qualification maritime. Atterré, l'amiral Churruca observe que « *le trop plein des bagnes se vide par l'écoutille de nos vaisseaux* ». Selon l'amiral Auñon y Villalon, ce recrutement à la diable fournit « *des troupeaux humains destinés à boucher les trous et à provoquer des troubles, jusqu'au moment fatal de la mort dans le combat ou le naufrage* ». Retenus à bord de force, ces marins de la dernière heure ne laissent échapper aucune occasion de déserter. Les batteries se transforment en véritables cours des miracles où les gradés ne se déplacent qu'armés pour assurer leur propre sécurité. Ces équipages de bric et de broc sont complétés par des détachements d'infanterie, sans pratique de la mer. Ils proviennent en particulier de la garnison de Cadix, des *Regimento de Africa* et *Regimento de Soria*, héritiers des anciens *Tercio de Sicilia* et *Tercio de Soria*, qui, funeste antécédent, avaient servi dans l'Invincible Armada en 1588.

Dans un tel contexte, le commandement tient de la mission impossible. Or le corps des officiers espagnols ressemble à s'y méprendre à celui de la marine française d'Ancien Régime avec le même exclusivisme nobiliaire pour le recrutement et une formation théorique approfondie à base de mathématiques, dispensée dans les Académies de gardes-marines de Cadix, du Ferrol et de Carthagène, fondées sur le modèle français sous Charles III (1716-1788). Les dix-neuf officiers généraux et supérieurs de l'escadre de Trafalgar présentent des états de service remarquables. Âgés en moyenne de quarante-cinq ans, ils ont combattu au gré des inflexions de la politique espagnole aussi bien aux côtés que contre les Français. Officiers "savants" comme leurs homologues français du Grand-Corps, ils sont plus réputés pour leur contribution à la connaissance des océans que pour leurs exploits militaires. Ce n'est pas un hasard si plusieurs d'entre eux, dont Valdés et Galiano, ont fait partie du grand voyage d'exploration d'Alejandro Malaspina (1789-1795) qui reconnut les côtes pacifiques du cap Horn à l'Alaska avant de parcourir le Pacifique, entre Philippines, Mariannes et Nouvelle-Zélande, ou si les travaux hydrographiques de Churruca sur le détroit de Magellan ou les Antilles du Vent ont une renommée internationale. Tous rivalisent d'esprit chevaleresque, d'honneur et de bravoure, à l'instar d'Álava que Gravina a choisi pour second, un « *officier qui jouit d'une excellente réputation, qui a beaucoup navigué, s'est toujours battu d'une manière distinguée* » (480) selon Lauriston. Mais cela ne saurait suffire avec des équipages néophytes et des canonniers inexpérimentés. Par ailleurs, la tutelle française est mal supportée d'autant que les Français ne cachent pas toujours leur exaspération et une certaine condescendance devant la "lourdeur" espagnole. Les dissensions dépassent le cadre professionnel. Elles sont aussi d'ordre idéologique. La France et le régime impérial sont honnis en Espagne. Il suffit d'examiner la liste de l'escadre espagnole pour constater que la majorité des vaisseaux portent un nom religieux, laissant présupposer un état d'esprit radicalement différent de celui de certains officiers français affichant un athéisme bon teint. À tout cela s'ajoute un profond mécontentement provoqué par le paiement irrégulier des soldes –plus de quatre mois de retard à la veille de Trafalgar– conséquence de l'impéritie du gouvernement espagnol. Beaucoup de paramètres contribuent à obérer le caractère opérationnel de l'escadre espagnole. Malheureusement l'escadre française ne vaut guère mieux.

Sur ses dix-huit vaisseaux, Villeneuve considère que trois sont inaptes à faire une campagne d'hiver, « *le* Swiftsure *qui fait constamment six pouces d'eau à l'heure, l'*Intrépide *dont la membrure est très mauvaise, et le* Mont-Blanc *que l'on suppose aussi bien mauvais dans ses fonds* » (481), auxquels s'ajoute le *Fougueux*, le seul vaisseau de l'escadre construit sous l'ancienne monarchie, en 1784, qui devrait passer au bassin. Gicquel des Touches précise que l'*Intrépide* « *marchait mal* » au point qu'il est armé avec des canons de 24 et de 18 d'un calibre inférieur à son armement réglementaire de 36 et 24. Alors que l'escadre espagnole a en moyenne vingt-quatre ans d'ancienneté, avec un tiers de vaisseaux allant de trente-six à cinquante-six ans, les vaisseaux de construction française sont nettement plus récents, neuf ans en moyenne. La moitié a été construite après 1798. Un phénomène induit par les déboires de la marine française qui, tel un tonneau des Danaïdes, tente de compenser ses bâtiments détruits ou saisis par la Royal Navy. Villeneuve juge que la moitié de ses vaisseaux sont de bonne qualité [(482)] : cinq sont « *propres à toute mission* » (*Bucentaure*, *Neptune*, *Redoutable*, *Duguay-Trouin*, *Argonaute*) ; quatre sont obérés par leurs équipages « *faibles* », « *mauvais* » « *avec de nombreux malades* » (*Indomptable*, *Algésiras*, *Achille*, *Berwick*). Ledit *Berwick*, dont l'armement inquiétait tant Ganteaume, a dû être correctement réparé et armé puisque sa marche s'est améliorée par rapport aux campagnes précédentes, donnant raison *a posteriori* à l'insistance de Napoléon. Quatre vaisseaux marchent mal ou médiocrement en raison de l'ancienneté de l'arrimage et du doublage en cuivre vétuste ou de mauvaise qualité (*Héros*, *Formidable*, *Scipion*, *Aigle*). Enfin, le *Pluton* est un vaisseau raté. Il « *porte mal la voile, dérive au plus près et marche passablement vent arrière* ». Sur les cinq frégates, deux seulement sont « *propres à toute mission* » (*Hermione*, *Hortense*), les trois autres ont perdu en marche, leurs coques salies par des algues, des coquillages et autres concrétions marines.

En matière de personnels, les différences sont aussi contrastées que pour le matériel. Les déficits se sont accrus : « *Il me manque au complet 2 060 hommes, nous avons 1 731 hommes dans les hôpitaux et 311 déserteurs depuis le départ de Toulon.* » [(483)] La situation sanitaire reste préoccupante, même si le 28 septembre Villeneuve ne compte plus que 649 malades dans les hôpitaux de Cadix, « *dont peut-être un tiers sera susceptible d'embarquer au moment de mettre sous voiles. Les troupes expéditionnaires pourront combler ce déficit, mais elles ne sauraient suppléer au petit nombre de matelots qui nous reste.* » [(484)] Les deux vaisseaux qui comptent le plus de malades (*Algésiras*, *Achille*), faute de s'être approvisionnés en « *rafraîchissements* » à la Martinique, sont nettoyés de fond en comble. Les détachements d'infanterie n'ont pas acquis une once de sens marin après quatre mois et demi de navigation. La qualité des équipages est variable. Ceux des treize vaisseaux qui ont participé à la campagne des Antilles et à la bataille des Quinze-Vingt sont épuisés. Les Français donnent l'impression de s'user à la mer contrairement aux Anglais. Les cinq vaisseaux bloqués au Ferrol pendant deux ans n'ont pu s'exercer à la mer que pendant les sept jours de la traversée du Ferrol à Cadix. Villeneuve ne fait pas moins l'éloge des équipages servant sur les cinq vaisseaux meilleurs marcheurs (comprenant trois du Ferrol), le *Pluton* et l'*Aigle*. Gicquel des Touches juge de son côté que l'équipage de l'*Intrépide* est «*faible mais bon*». Les jugements à l'emporte-pièce sur la mauvaise qualité des équipages sont donc à nuancer. Les matelots comme la maistrance sont les mêmes qu'à l'époque de Suffren.

Villeneuve s'est plaint à plusieurs reprises de ses commandants, incapables selon lui de manœuvrer autrement qu'en ligne de file. Qui sont-ils? Les commandants des vaisseaux et frégates, présents aux batailles des Quinze-Vingt et/ou de Trafalgar, constituent un échantillon de vingt-neuf officiers très représentatif de la marine du Consulat et du début de l'Empire. Ils ont en moyenne quarante-quatre ans, dans la même fourchette que les Anglais et les Espagnols, signe que le rajeunissement des cadres voulu par Napoléon est une réalité. Ils sont originaires de la France littorale et plus particulièrement des départements animés par les ports de commerce (Dieppe, Rouen, Bordeaux) ou de guerre (Brest, Toulon, Cherbourg), correspondant aux bassins de recrutement traditionnels de la marine, à quelques exceptions près comme Jean-Baptiste Poulain, natif de Charleville-Mézières dans les Ardennes, une vocation familiale puisque son frère a disparu dans l'expédition de La Pérouse. Dans leur majorité, ces officiers sont fils de gentilhomme, d'officier de plume ou de robe, de capitaine de commerce, d'officier au service de la Compagnie des Indes, d'armateur ou de négociant, qui constituent une sorte d'"aristocratie" portuaire à laquelle Castries avait voulu étendre le recrutement en 1786. Certains sont d'extraction plus modeste comme Tourneur, fils de vitrier, Deniéport de cabaretier ou Chesneau de libraire. Dans ce dernier cas la profession du père n'empêche pas l'illettrisme du fils qui se présente comme « *marain depuis mon bazage* ». Leurs carrières varient à l'infini. Neuf d'entre eux ont obtenu le grade de sous-lieutenant de vaisseau, créé par Castries en 1786 pour donner aux volontaires – officiers bleus – l'accès aux grades supérieurs. Mais les critères se croisent. Un tiers des officiers a servi exclusivement dans la marine militaire, y compris dans la maistrance (Lucas) ; les autres en alternance entre la guerre et le commerce ou/et dans la Compagnie des Indes, voire exclusivement au commerce pour cinq d'entre eux. Près de la moitié sont d'anciens capitaines au long cours et cinq d'anciens corsaires. Question de génération, plus des deux tiers sont des vétérans de la guerre d'Amérique. Ce sont tous de solides professionnels de la mer, seul Deniéport « *n'a d'état de service que des certificats copiés et signés par lui* », ce qui ne retire rien au sérieux de ses compétences. Sans surprise, le malstrom de la Révolution leur a ouvert l'accès à la marine de guerre et/ou a été un accélérateur de carrière de 1792 à 1796. Hormis les officiers généraux, un seul des officiers a suivi la formation initiale traditionnelle du Grand-Corps comme élève en 1788 : Martineng, issu d'une vieille famille de la noblesse provençale, alliée aux Truguet et Colbert de Turgis. Cet espoir de la marine a été promu capitaine de vaisseau à 29 ans, rien d'extraordinaire en comparaison avec les carrières fulgurantes de Nelson ou de Cornwallis, promus à 21 ans. Tous les autres officiers, issus du rang, ont reçu une formation professionnelle par la pratique qui ne les a pas préparés à la guerre d'escadre, contrairement à ce qui se passe dans la Royal Navy où n'existe pas cette ligne de partage entre métier de la mer et commandement. Jugan (31 ans) et Mahé (29 ans) représentent la nouvelle génération d'officiers recrutés par concours passé devant l'illustre Monge, mais faute d'écoles ils n'ont pas non plus reçu une instruction théorique. Sur les vingt-trois capitaines de vaisseau de l'échantillon, dix viennent tout justement d'être promus en 1803 à la reprise des hostilités, ce qui limite *de facto* leur expérience dans la manœuvre en escadre. Villeneuve se plaint donc à juste titre de ses commandants puisqu'il exige d'eux des évolutions savantes, tout droit sorties des traités de tactique navale qu'ils n'ont jamais étudiés. Un constant malentendu, signe de son incompétence de chef à s'adapter à l'instrument humain dont il dispose.

Cercle vicieux, plus Villeneuve tarde à sortir, plus la croisière anglaise augmente et plus il doit attendre l'achèvement de l'armement des vaisseaux espagnols. Le 28 septembre, il reçoit les instructions impériales du 14, décalées par rapport à la réalité de la flotte prise au piège par des forces supérieures. Villeneuve s'engage toutefois à les exécuter au pied de la lettre avec un ton où perce le sarcasme : « *S'il ne manque à la marine impériale que du caractère et de l'audace, je crois pouvoir assurer Votre Excellence que la mission actuelle sera couronnée d'un brillant succès.* »[(485)] Le comportement de Villeneuve change du tout au tout. Le temps des jérémiades, du désarroi est achevé. Villeneuve est soudainement habité d'une froide détermination.

Le 28 à minuit, Villeneuve signale que « *l'escadre ennemie venait d'être ralliée par trois vaisseaux dont un à trois ponts venant de l'ouest. Voilà trente et un vaisseaux bien connus dans ce parage.* »[(486)] Il vient sans le savoir d'annoncer l'arrivée de Nelson. Celui-ci avait regagné Portsmouth le 14. Le lendemain, *Victory* accompagné d'*Euryalus* prend la mer. Le 18, au large du cap Lizard, il est rejoint par les vaisseaux *Ajax* et *Thunderer*. Le 25, il est passé au large de Lisbonne et a expédié une frégate pour avertir Collingwood de son arrivée et lui demander de s'abstenir des saluts réglementaires, afin de ne pas attirer l'attention de l'ennemi. Nelson, conscient de l'effet moral que son seul nom suscite chez ses adversaires, craint que sa présence ne les dissuade de sortir. Ses craintes sont infondées tant Villeneuve est déterminé à prouver sa bonne foi et recouvrer l'estime de Napoléon. D'ailleurs, le 2 octobre lorsque Villeneuve apprend quel parti il doit affronter, la nouvelle ne semble pas l'émouvoir outre mesure, singulier contraste avec le reste de la campagne : « *Les troupes sont embarquées ; tout le monde est à bord, et je n'attends qu'une circonstance favorable pour faire appareiller l'armée combinée.* »[(487)] Villeneuve parachève ses préparatifs. Il adresse à tous ses commandants un ordre général exposant ses plans de bataille[(488)] et prend des mesures défensives pour parer la menace de brûlots et autres bombardes.

Lorsque le 24, Napoléon quitte Saint-Cloud pour rejoindre la Grande Armée, les affaires navales sont réglées. La flottille a dû adopter sa posture de réserve, l'armée combinée quitter Cadix pour la Méditerranée et l'escadre de Brest, dispersée en plusieurs croisières, doit être sur le point d'entamer sa campagne d'hiver. Napoléon entre dans Strasbourg le 26 septembre à 17 heures. Decrès reprend son rôle de courroie de transmission entre la marine et l'Empereur, qui a l'esprit axé sur le déroulement de la campagne d'Autriche. Le 30, Napoléon reçoit une lettre de Decrès confirmant qu'aux dernières nouvelles – dépêche du 16 septembre – Villeneuve est bloqué par « *vingt-quatre ou vingt-cinq vaisseaux ennemis* », mais qu'il allait « *saisir la première occasion favorable pour faire une sortie avec toute l'armée* ». Decrès y croit encore. Il prépare la campagne d'hiver de l'escadre de Brest. Ganteaume en profite pour demander, le 19, à être relevé temporairement de ses fonctions pour raisons de santé [489]. Le 2 octobre, Decrès appuie sa démarche : « *L'amiral Ganteaume me mande qu'il est dans un état plus pitoyable que jamais. Sa goutte est remontée à l'estomac. Les médecins lui répètent qu'il faut qu'il change promptement d'air.* » [490] Il propose son remplacement par le contre-amiral Leissègues, ce qu'avalise Napoléon. Decrès doit gérer Jérôme, le jeune frère de Napoléon, affecté à Brest. Le 6, il signale que celui-ci « *eut désiré le commandement en chef de l'escadre* » et qu'il « *a des préventions personnelles contre le contre-amiral Willaumez, un très bon officier* » [491]. Comme Decrès aimerait bien se débarrasser d'un hôte aussi encombrant, semeur de troubles potentiels, il fait valoir que « *cette campagne* [est] *un grand sacrifice* » pour Jérôme « *toujours malade, à la mer, ce qui lui donne un grand éloignement pour ce métier* » (*sic*). Rien n'y fait. Jérôme, qui sera promu capitaine de vaisseau le 1er novembre, prendra le 23 le commandement du *Vétéran* dans l'escadre de Willaumez qu'il quittera prématurément comme le craignait Decrès. Le 10 octobre, Decrès résume dans leurs grandes lignes les trois lettres de Villeneuve datées du 28 septembre : « *Il croit avoir trente et un vaisseaux ennemis devant Cadix dont sept de trois-ponts* » [492] et peut leur opposer trente-trois vaisseaux dont quatre de trois ponts. Il est à noter que Decrès continue à pronostiquer la sortie prochaine de Villeneuve, sans émettre de réserve sur la bataille prévisible, bien que connaissant le rapport des forces en présence. Decrès fait activer les préparatifs des croisières devant partir de Brest, ce qui lui permet de faire assaut de courtisanerie : « *Votre Majesté a plutôt détruit des armées ennemies, que nous n'avons préparé quelques vaisseaux pour aller combattre une poignée de ses ennemis, c'est ce que j'écrivais hier à Brest pour presser les travaux des escadres.* » (493) Il transmet à Napoléon les informations contenues dans la dépêche de Villeneuve du 2 octobre, dont la présence de « *trente-deux vaisseaux aujourd'hui dans les parages quoiqu'ils ne soient pas tous en vue. L'amiral me mande qu'il est en appareillage et qu'il saisira la première occasion de sortir. Nelson est arrivé sur Cadix, il y a été accompagné d'une renommée de projets de descente, de bombardement et d'incendie.* » Le 2 novembre, la réponse de Napoléon, ayant déjà remporté plusieurs victoires dont celle d'Ulm et caracolant vers l'apogée de sa gloire militaire, est catégorique : « *Que rien n'arrête mes escadres, qu'elles partent. Je ne veux point que mon escadre reste à Cadix.* » (494)

Napoléon ignore que son ordre de sortir est, à cette date, déjà exécuté à la lettre, et que la mort et la destruction étaient au rendez-vous de l'armée combinée. Comme Decrès, il attend avec impatience la sortie de Villeneuve, voire de Rosily, en dépit de toutes les informations concordantes sur la supériorité de la croisière de blocus britannique. Aveuglement ? Perte de repères de la réalité stratégique ? Ressentiment à l'égard de Villeneuve au point de souhaiter que la manœuvre s'achève à tout prix, même d'un désastre ? Effet pervers du bras de fer engagé avec un Villeneuve trop sceptique et pusillanime pour mettre en œuvre les idées déconcertantes de Napoléon ? Optimisme habituel renforcé par l'ivresse des victoires remportées sur l'Autriche ? Napoléon commet une évidente erreur stratégique en maintenant la concentration de ses forces sur un point aussi excentré tout en exigeant leur sortie pour exécuter une mission secondaire en Méditerranée. Il se contente de repousser à la fin du mois de novembre la sortie de l'armée navale, « *sans quoi dispersez-la en croisières* » ordonne-t-il à Decrès. Une fois la descente abandonnée, cette option de la dispersion était la seule stratégie raisonnable que Napoléon aurait dû suivre dès la mi-septembre pour éviter le choc de la contre-concentration anglaise. Fasciné par la masse concentrée avec grande difficulté à Cadix, Napoléon a eu manifestement du mal à la démembrer pour exécuter des actions « *sporadiques* », selon la formule de Corbett pour qualifier la guerre de course, les attaques contre les convois, etc. Finalement la flotte franco-espagnole est dans la position stratégique aberrante de n'être ni concentrée pour un coup décisif, ni dispersée pour une action sporadique. Elle est condamnée à jouer le jeu des Anglais déterminés à la détruire pour éradiquer la menace pesant sur leur sanctuaire national.

Le lendemain de son arrivée, Nelson fête son quarante-septième anniversaire. « *La réception qui m'attendait quand j'ai rejoint la flotte m'a donné la plus douce joie de ma vie. Les officiers qui montaient à bord pour me souhaiter la bienvenue à l'occasion de mon retour oubliaient mon rang de commandant en chef dans la chaleur avec laquelle ils me félicitaient.* » Cette fois, la période où Nelson était refoulé par une sorte de force centrifuge est achevée. Il se trouve au cœur de l'action, au bon moment et au bon endroit. Comme à l'ordinaire pour inciter la sortie de l'ennemi, Nelson choisit pour son dispositif la tactique du blocus "éloigné" du port espagnol, laquelle en permettant l'échappement de Villeneuve en mars 1805 était à l'origine des malheurs de la Royal Navy depuis six mois. Mais un blocus rapproché comme celui de Cornwallis à Brest risque de neutraliser les Franco-Espagnols, or Nelson cherche la bataille de destruction à tout prix. Aussi tient-il cinq frégates en vedette en permanence à la sortie du port ; trois vaisseaux à 3-4 lieues de portée, en deuxième échelon ; le gros de l'armée, à 16-18 lieues à l'ouest de la côte. Le plan consiste à conserver constantes les distances pour éviter que les bâtiments ne soient entraînés trop au large à chaque coup de vent d'est et puissent au premier signal se mettre en ordre de bataille. Il prépositionne des frégates – souvenir de ses déboires en 1798, où faute de frégates, il avait erré en Méditerranée à la recherche de l'expédition d'Égypte – à tous les caps pour être en mesure de déceler tous les mouvements de Villeneuve. Le 6 octobre, Nelson escompte un dénouement rapide et décisif à la manœuvre amorcée six mois plus tôt, auquel il a le pressentiment de ne pas survivre : « *Il faudra, j'imagine, que le pays se mette bientôt en dépenses à mon occasion, soit qu'il s'agisse d'honneurs et de pensions, soit d'un monument à m'ériger, car je n'ai plus le moindre doute que, dans très peu de jours, peut-être dans très peu d'heures, nous n'ayons à livrer bataille.* » Le 9, *Royal Sovereign* (100 canons) arrive d'Angleterre et Collingwood, commandant en second de la flotte, y transfère son pavillon. Quatre jours plus tard, deux vaisseaux de 64 canons en provenance de Grande-Bretagne, *Agamemnon* et *Africa*, rallient à leur tour, le premier ayant échappé de justesse à la croisière d'Allemand, opérant au large de Porto. Le 13, Calder, vivement attaqué dans la presse, est autorisé à gagner la Grande-Bretagne pour justifier de sa conduite à la bataille du cap Finisterre. Pour ne pas joindre l'insulte à la blessure, Nelson le laisse quitter l'escadre avec *Prince of Wales*, un trois-ponts qui risque de manquer dans la prochaine bataille. Il signale son départ à Collingwood, « *en vérité, j'en suis enchanté* ». L'attente se prolonge dans la sérénité.

Le 7, l'armée franco-espagnole a donné un moment l'impression de s'apprêter à sortir : « *Dans l'impatience de remplir les ordres de l'Empereur, ne consultant ni la force de l'ennemi, ni la situation de la plupart des vaisseaux de l'armée combinée, je voulus profiter hier d'une brise de vent d'est qui pouvait faire sortir toute l'armée, et je fis le signal de se préparer à faire voiles ; mais le vent ayant soufflé grand frais de cette partie et devant être diamétralement contraire à la route que je devais faire, je ne pus exécuter mon dessein.* » (495) En fait, le vent n'explique pas tout, l'ordre d'appareillage donné sans concertation avec ses alliés a suscité de vives critiques comme le reconnaît Villeneuve : « *Je n'ai pu cependant fermer l'oreille aux observations qui me venaient de toutes parts sur l'infériorité de nos forces comparées à celles de l'ennemi qui se trouvent actuellement de trente et un à trente-trois vaisseaux de ligne dont huit à trois ponts et un grand nombre de frégates. On a taxé un départ dans une pareille circonstance comme un acte de désespoir qui ne convenait pas à la puissance des cours alliées.* » Le 8, Villeneuve convoque un conseil de guerre à bord du *Bucentaure*, composé de quatorze officiers pour moitié espagnols, pour se prononcer sur l'opportunité de la sortie de l'armée combinée. À cette réunion participent, pour l'escadre espagnole, les lieutenants généraux Gravina et Álava, les chefs d'escadre Escaño et Cisneros, les brigadiers Galiano, Macdonell et Rafael de Hore, et du côté français, le vice-amiral Villeneuve, les contre-amiraux Dumanoir et Magon, les capitaines de vaisseau Cosmao, Maistral et

Lavillesgris, le capitaine de frégate de Prigny, adjudant du chef d'état-major général de l'escadre française*. La réunion est houleuse. Villeneuve se garde bien dans son procès-verbal de faire étalage des dissensions et livre un relevé de décisions sans fioritures. Le procès-verbal espagnol aurait disparu des archives de Madrid. Plusieurs hypothèses ont été avancées : Murat s'en serait emparé ; il aurait été incendié en 1808 ; il aurait été détruit avant 1840 à moins que cela ne se soit produit lors de la révolution, le 15 janvier 1847, lorsque les papiers du ministre de la marine ont été dispersés. Quoi qu'il en soit, il n'est pas sûr que la version espagnole aurait été moins aseptisée que la française.

Les instructions de Napoléon soulèvent un tollé. « *Tous ont reconnu que les vaisseaux des deux nations alliées sont pour la plupart mal armés par la faiblesse des équipages ; que plusieurs de ces vaisseaux n'ont point encore pu exercer leur monde à la mer, et que les vaisseaux à trois ponts le* Santa Ana, *le* Rayo *et le* San Justo *de 74, armés avec précipitation et à peine sortis de l'arsenal, peuvent à la rigueur appareiller avec l'armée, mais qu'ils ne sont point en état de rendre les services militaires dont ils seront susceptibles lorsqu'ils seront complètement organisés.* » (496) D'autant que « *la flotte ennemie qui se trouve dans ces passes, est beaucoup plus forte que la nôtre qui se trouverait encore forcée de combattre au moment défavorable de sa sortie du port* ». Personne ne veut porter la responsabilité de refuser d'exécuter les instructions de Napoléon. Or les Espagnols ont la nette impression que l'état-major français veut leur faire porter le chapeau pour se dédouaner vis-à-vis de l'Empereur. Ils sont de surcroît ulcérés par la soudaine bellicosité des Français, qui se sont montrés si pusillanimes lorsqu'ils avaient l'occasion de combattre à la bataille des Quinze-Vingt. Dans une lettre à un ami, Escaño dévoile l'extrême tension dans laquelle s'est déroulé le conseil de guerre. Il aurait même déclenché un esclandre en demandant s'il est

*Villeneuve donne le grade de brigadier à Hore et Macdonell alors qu'ils ne seraient que capitaine de vaisseau. Il existe un désaccord sur la liste des présents, ainsi l'*Enciclopedia del mar* indique-t-elle la présence de Churruca sans mentionner celle de Macdonell et Hore.

« *préférable de maintenir vingt-cinq ou trente navires anglais devant Cadix ou bien doit-on préférer de sortir plutôt que de recevoir l'attaque au mouillage ?* », tout en ajoutant avec pertinence que « *des ordres supérieurs ne peuvent obliger à faire l'impossible et ne serviraient pas d'excuse en cas de désastre* ». Magon, de caractère emporté, « *réfute en termes vifs peu convenables* ». Une formule alambiquée pour signifier qu'il a proféré des accusations de lâcheté. Escaño témoigne que « *le délicat et pondéré Galiano voulut lui rétracter quelques expressions et l'on s'échauffa* ». Pour éviter une « *affaire d'honneur* », Gravina calme le jeu, avec tact, en proposant de passer directement au vote sans plus de discussion. Un consensus se dessine pour s'opposer à tout appareillage immédiat. Il est décidé à l'unanimité que la sortie ne peut être tentée qu'en cas d'« *occasion favorable* », causée par le mauvais temps ou la dispersion de l'ennemi, qui serait contraint de protéger son commerce en Méditerranée et ses convois menacés par les escadres de Carthagène et de Toulon. Dans l'esprit de certains, cela signifie à la "Saint-Glinglin". Pas pour Villeneuve, toujours aussi déterminé : « *Nonobstant, je mettrai à la voile à la première circonstance favorable ; un moyen de la faire naître eût été peut-être de faire partir l'escadre de Carthagène pour une croisière un peu éloignée – sur le cap Bon, par exemple –, ou de la faire diriger directement sur Toulon, pour obliger l'ennemi à diviser ses forces. Mais il m'a paru que l'autorité souveraine pouvait seule adopter une semblable disposition.* » (497) Il ne croit pas si bien dire : ce même jour, quatre des vaisseaux espagnols de Carthagène appareillent à l'annonce du passage d'un convoi d'une cinquantaine de bâtiments en provenance de Gibraltar. Pendant trois jours, ils vont faire des ronds dans l'eau, à six lieues de la terre, sans apercevoir ledit convoi, et regagner leur port d'attache pour n'en plus sortir (498). Décidément, Villeneuve ne peut attendre d'aide de personne.

Mais le pire est à venir. Le 15 octobre, Villeneuve informe Decrès que « *des lettres particulières de Bayonne nous annoncent l'arrivée du vice-amiral Rosily, chargé d'une mission pour Cadix* » (499). Comme il sait que Rosily n'a pas navigué depuis plus de douze ans, il en conclut, non sans candeur, que celui-ci est en mission administrative : « *Rien ne pouvait m'être plus agréable que cette nouvelle. Je suis au désespoir d'être toujours seul à correspondre avec Votre Excellence sur des objets aussi délicats. L'expérience et les lumières du vice-amiral Rosily viendront bien à propos à mon aide.* » Le 18, Nelson écrit dans son Journal : « *Beau temps, vent d'est ; la flotte alliée ne peut avoir meilleur temps pour prendre la mer.* » Villeneuve hésite. Des vedettes anglaises ont été aperçues à 2 milles au large. Villeneuve donne l'ordre à Magon d'appareiller le soir avec sept vaisseaux dont trois espagnols et la frégate l'*Hermione* pour s'emparer des frégates anglaises de surveillance et, de reconnaître « *si la position et le nombre des vaisseaux ennemis permettent de faire* [appareiller l'armée combinée] *avec quelque espoir de succès* ». Or le destin veut que Nelson décide l'envoi de cinq de ses vaisseaux – division du contre-amiral Thomas Louis – refaire le plein d'eau à Tétouan tandis qu'un sixième repart en Grande-Bretagne. Villeneuve n'est informé que tard dans la soirée, mais entre-temps il a appris le passage de Rosily à Madrid et, par la rumeur, son remplacement et son rappel : « *Je suis informé que le vice-amiral Rosily est arrivé à Madrid ; le bruit public est qu'il vient prendre le commandement de l'armée ; sans doute serai-je charmé de lui céder la première place s'il m'est réservé d'occuper la seconde ; elle est due à l'ancienneté de ses services et à ses lumières, mais ce serait trop affreux pour moi de perdre toute espérance d'avoir une occasion de montrer que j'étais digne d'une meilleure fortune.* » (500) Villeneuve est mortifié de n'avoir pas été prévenu par Decrès, dont la lettre s'est curieusement perdue. Il a la nette impression d'avoir été trahi : « *Quoi qu'il en soit, Monseigneur, je suis étonné de votre silence sur la destination de l'amiral Rosily.* » Son remplacement par le « *vieux* » Rosily, encalminé depuis dix ans au Dépôt des cartes et plans de la marine, doit être un affront insupportable. L'annonce de l'allègement du blocus vient à point nommé : « *Cette force de six vaisseaux diminuée de l'armée ennemie me paraît une occasion favorable pour appareiller. J'en ordonne le mouvement. Il fait calme plat. Si j'ai du vent dans la nuit ou dans la matinée, je serai sous voiles.* » (501) Villeneuve convoque Gravina pour lui communiquer ses intentions. Le *Bucentaure* signale à la flotte de se préparer à l'appareillage, de désaffourcher et d'embarquer les chaloupes.

L'opportunité offerte par Nelson renforce la détermination de

Villeneuve, ce qui revient à agir avant l'arrivée de son remplaçant, lequel a quitté Madrid le 14, retardé par un accident de voiture. Mais dix jours sont nécessaires pour atteindre Cadix avec une forte escorte, tant les routes sont mauvaises et infestées de brigands. Beurnonville s'est bien gardé d'intervenir dans le psychodrame qui se joue : « *Je n'ai pas cru devoir me permettre d'informer M. Villeneuve de l'arrivée de M. Rosily à Madrid.* »(502) Les commentateurs n'ont pas manqué de souligner le télescopage entre l'allègement du dispositif anglais et la nouvelle de l'arrivée de Rosily. De là à en conclure que Villeneuve, blessé dans son amour-propre, a compromis l'existence de l'armée combinée dans une sortie aventureuse, par dépit devant les blâmes de Napoléon et les silences insultants de Decrès, pour laver son honneur dans le sang d'une bataille, le pas a été vite franchi par les contemporains comme par les historiens. Beurnonville est le premier à avoir interprété la sortie de Villeneuve comme « *un coup de tête* »(503), suite à son remplacement par Rosily qui lui aurait déplu. L'historien britannique Jenkins juge qu'il est « *probable que ce point de vue est une injustice de plus à son égard* »(504).

Après tout Villeneuve n'a fait qu'exécuter à la lettre les instructions de Napoléon de ne pas se laisser bloquer par des forces inférieures et de leur livrer bataille en cas de rencontre. En théorie, le rapport de forces est en sa faveur, en nombre et en puissance de feu. N'aligne-t-il pas trente-trois vaisseaux, sept frégates, 2 632 canons de bordée et 30 000 hommes, contre vingt-sept vaisseaux, quatre frégates, 2 148 canons et 20 000 hommes ? Le corps de bataille franco-espagnol comprend un vaisseau de quatre-ponts de 136 canons, trois trois-ponts (deux de 112 canons, un de 100 canons), six de 80 canons, vingt-deux de 74 canons et un de 64 canons ; l'armée britannique se compose de sept trois-ponts (trois de 100 canons, quatre de 98 canons), un de 80 canons, seize de 74 canons et trois de 64 canons. En fait, sa supériorité est un leurre. Selon la règle des deux tiers en usage dans la Royal Navy, les Anglais ne seraient considérés comme surclassés qu'avec vingt-deux vaisseaux. Même en adoptant le mode de calcul de Napoléon, qui ne compte « *deux vaisseaux espagnols que pour un* », la balance des forces joue plutôt en défaveur de Villeneuve. Comme la flotte combinée comprend dix-huit vaisseaux français et quinze espagnols, Villeneuve n'aurait dû forcer le blocus que s'il n'avait eu à affronter moins de vingt-cinq vaisseaux anglais. L'infériorité quantitative de l'armée combinée est aggravée par le handicap de trois vaisseaux espagnols venant de sortir de l'arsenal et le désavantage de détenir quatre vaisseaux de trois-ponts contre sept aux Anglais. Sur le plan qualitatif, Villeneuve, si prompt à décrire les défauts de son escadre, est conscient de son incapacité à soutenir la comparaison avec son « *agrégation de navires* » pour reprendre la formule de Decrès, face à la meilleure marine d'Europe. Dans de telles conditions, la question revient lancinante de savoir pourquoi Villeneuve a décidé de sortir de Cadix alors que les enjeux stratégiques se sont évanouis, que le conseil de guerre est majoritairement hostile, que la position de l'armée combinée est inexpugnable et que Gravina prône l'hivernage dans le port andalou, susceptible de subir sans dommage un blocus prolongé tant il est difficile à surveiller pour la croisière ennemie.

Après avoir tergiversé, Villeneuve se résout à obéir passivement aux instructions du 14 septembre. Escaño l'a pourtant mis en garde que des ordres supérieurs inexécutables ne sauraient servir d'excuses à un désastre. Napoléon comme Decrès ont maintenu la pression. Contre tout bon sens, l'un et l'autre n'ont jamais annulé les ordres de sortie alors que la croisière anglaise se renforçait. Ils ont achevé de déstabiliser Villeneuve – cassé moralement – en le désavouant, et l'ont ainsi psychologiquement poussé à la faute. Il n'en reste pas moins que Villeneuve aurait pu se soustraire à des instructions dont l'exécution mettait en danger l'armée combinée. Qu'avait-il de plus à perdre puisque son remplacement était une question d'heure ? Ultérieurement, Napoléon posera en axiome qu'un général en chef qui livre une bataille en ayant la certitude de la perdre est « *criminel* », dans la mesure où les instructions données par le souverain ou le ministre ne sont jamais des ordres et doivent être réajustées en fonction des circonstances.

Il est difficile de se faire une idée du contexte exact dans lequel Villeneuve a vécu ces journées dramatiques, du rôle qu'ont pu jouer les délicates relations avec l'Allié espagnol. Villeneuve et Gravina ont, semble-t-il, toujours pris leurs décisions en parfait accord tout au long de la campagne. Mais leurs divergences sont patentes depuis leur entrée à Cadix et au fur et à mesure du forcement du blocus. Gravina juge suicidaire toute sortie et s'y serait fermement opposé. À bout d'arguments, il aurait fait remarquer à Villeneuve: « *Ne voyez-vous pas que le baromètre annonce le mauvais temps? Ne voyez-vous pas comme il baisse?* » et se serait attiré la réponse cinglante de l'amiral français: « *Ce qui baisse ici, c'est le courage.* » Des reproches très vifs auraient été échangés au sujet de la bataille des Quinze-Vingt et Gravina, ulcéré, aurait fini par s'incliner: « *À la mer, et demain même!* » À la mi-octobre, personne n'est plus en mesure d'exercer de contre-pouvoir sur Villeneuve, hormis Rosily qui n'en finit pas d'arriver et trouvera « *les oiseaux dénichés* » (505). Villeneuve est-il sous l'influence d'un va-t-en-guerre comme Magon? A-t-il eu la tentation "maligne" de vouloir démontrer que la bravoure ne peut compenser la mauvaise qualité du matériel, l'absence d'entraînement et l'inexpérience des équipages? Perdant toute objectivité a-t-il cru possible de remporter un exploit sur Nelson? A-t-il eu le secret espoir d'avoir la chance d'échapper aux Anglais en franchissant le détroit de Gibraltar à la faveur d'un vent favorable? A-t-il perdu l'instinct de survie, ce qui l'aurait poussé à choisir une attitude suicidaire « *comme un animal acculé qui ne compte plus le nombre des ennemis* » ? (506) Veut-il à la faveur d'un coup d'éclat démontrer l'injustice de sa disgrâce et défendre son honneur de gentilhomme marin? Est-il sous l'emprise d'une peur panique de Napoléon: peur de lui déplaire – ce qui est déjà fait –, peur des réactions éruptives de l'Empereur? Est-ce le simple réflexe d'une vanité blessée comme le laisse entendre l'historiographie? Son obstination à ne pas changer de cap, alors que les circonstances devraient l'y pousser, apporte une nouvelle fois la preuve de son incompétence militaire, à moins qu'elle ne soit l'application d'une loi psychologique qui veut qu'une fois la décision prise, l'état mental du sujet change au détriment de l'objectivité et de la rationalité. En tout cas, la responsabilité de Villeneuve est patente dans l'ultime phase de la décision de sortir de Cadix sous prétexte d'affronter un ennemi en nombre inférieur pour se conformer aux instructions de Napoléon. Villeneuve aurait dû refuser d'exécuter des ordres devenus insensés au regard de la concentration anglaise devant Cadix.

Le 19 octobre, Nelson vient d'envoyer un petit mot cordial à Collingwood – *« quelle belle journée, venez donc me voir ! »* –, lorsque *Mars*, placé en second échelon, annonce : *« L'ennemi sort de la rade ! »* Tout le moins il essaie, ce qui n'est pas une mince affaire comme l'explique Villeneuve à Decrès : *« Je n'ai pu réussir qu'à mettre dehors huit vaisseaux dont un espagnol. La faiblesse du vent et le courant contrarient mon appareillage. Les frégates anglaises ont couru sur divers points, et notamment à l'ouest, en tirant du canon et se couvrant de signaux. »* [(507)] Pour éviter une manœuvre nocturne, Villeneuve reporte l'appareillage des autres vaisseaux au lendemain. Magon a obligé *Euryalus* à se replier promptement. Dans la nuit, le vent vire au sud-est et le ciel se couvre. À l'aube, il pleut. Tandis que Magon, demeuré sous petites voiles près de la côte, chasse les éclaireurs anglais, parvenant à leur reprendre un brick américain qu'ils traînaient à la remorque, Villeneuve presse l'appareillage et à 6 heures du matin envoie le signal de mettre les voiles. Il envoie un dernier message à Decrès à 8 heures : *« Toute l'escadre est sous voiles à trois vaisseaux près qui je pense vont suivre le vent est au sud-sud-ouest. On me signale dix-huit voiles. Ainsi est-il probable que, dans la journée, les habitants de Cadix auront à vous donner de nos nouvelles* [...]. *Je n'ai consulté, Monseigneur, dans ce départ, que le désir ardent de me conformer aux intentions de Sa Majesté et faire tous mes efforts pour détruire le mécontentement dont elle a été pénétrée des événements de la dernière campagne. Si celle-ci réussit, j'aurai de la peine à ne pas croire que tout devait aller ainsi, que tout était calculé pour le plus grand bien du service de Sa Majesté. »* [(508)]

Le troisième acte, chargé d'attentes et de frustrations, s'achève sur la fin du suspense ouvert par la sortie de Villeneuve du 30 mars et l'annonce d'une nouvelle sortie de Villeneuve pour livrer une bataille qui n'aurait jamais dû avoir lieu. Deux personnalités, deux tactiques, deux marines vont s'affronter. Les jeux sont faits, rien ne va plus.

Acte IV

La bataille de Trafalgar

Plans et tactiques

À l'affût, Nelson est prêt à fondre sur sa proie. Tacticien exceptionnel, il n'a eu de cesse de peaufiner son idée de manœuvre élaborée pendant la traversée vers les Antilles, présentée à l'Amirauté à Londres et enseignée à ses capitaines dès son arrivée devant Cadix. Le 9 octobre, il rédige ce qu'il est coutume d'appeler son *Mémorandum secret*[(509)]. Convaincu que la cohésion de la ligne des Franco-Espagnols est « *quasi impossible* » en raison du grand nombre des vaisseaux et des conditions météorologiques, il entend provoquer sa rupture en l'attaquant perpendiculairement sur plusieurs points. L'attaque doit se fractionner en deux groupes – l'un conduit par le commandant en chef, l'autre par le commandant en second (Collingwood) – tandis qu'une « *division avancée* » viendrait renforcer l'un des groupes ou agirait indépendamment au gré des circonstances. La colonne du commandant en second doit entrer en action la première, percer la ligne adverse vers le douzième vaisseau à partir de l'arrière-garde, tandis que la colonne du commandant en chef doit la couper vers le centre pour empêcher que des secours puissent être portés à la fraction assaillie par son subordonné. La division avancée doit se diriger sur l'avant du centre vers le troisième ou le quatrième vaisseau « *de façon d'être assuré d'atteindre le commandant en chef qu'on doit s'efforcer de capturer* ». Pour profiter au mieux de toutes les chances, les deux lignes d'attaque doivent agir indépendamment l'une de l'autre, « *lorsqu'il aura pris connaissance de mes intentions, le commandant en second aura l'entière direction de sa ligne pour mener son attaque contre les bâtiments ennemis et poursuivre l'action jusqu'à ce qu'ils soient capturés ou détruits* ». Autre innovation tactique, pour gagner du temps et éviter la déconvenue de l'amiral Hotham à la bataille d'Hyères (juillet 1795), l'ordre de navigation doit être le même que celui de bataille.

La tactique de Nelson est présentée à tort comme révolutionnaire. Elle est même le *nec plus ultra* de la tactique de la Royal Navy depuis son utilisation par hasard à la bataille des Saintes par Rodney, sa conceptualisation par Clerk of Eldin et son emploi par Duncan à la bataille de Camperdown (1797). Le choix de cette tactique s'impose pour livrer la bataille de destruction voulue par Nelson, en raison de sa redoutable efficacité. Le bâtiment qui attaque perpendiculairement la ligne passe entre deux vaisseaux adverses et les foudroie par un tir d'enfilade dévastant la proue de l'un et la poupe de l'autre – endroit le plus fragile d'un vaisseau avec ses baies vitrées. La ligne ennemie franchie, elle est "prise en pince" entre les feux croisés des vaisseaux passés à l'intérieur et ceux restés à l'extérieur. Le combat ne se passe plus à moyenne portée, de l'ordre de deux encablures à 300-400 mètres – à la limite de l'efficacité réelle de l'artillerie –, mais *« à demi-portée de pistolet »*, à bout portant, où les Anglais excellent avec leurs équipages surentraînés et leurs caronades, crachant à grande cadence de la mitraille sur les ponts ennemis.

Pour certains exégètes, la tactique de Nelson serait d'une folle témérité et une prise de risque inconsidérée. Sur les dernières centaines de mètres de leur approche sur la ligne adverse, les vaisseaux attaquant à angle droit sont particulièrement vulnérables, puisqu'ils ne peuvent faire usage de leur artillerie placée sur leurs flancs tandis que l'adversaire peut les accabler de toute sa bordée et dispose du temps nécessaire pour les démâter et les désemparer. Le XIXe siècle donnera à cette position dangereuse l'expression *« se faire barrer le T »*, qui deviendra paradoxalement le comble de la faute tactique, commise par l'amiral russe Rodjestvensky à Tsushima (1905) et l'amiral allemand Scheer au Jutland (1916). L'amiral espagnol Escaño n'a pas tort lorsque dans son compte rendu de la bataille de Trafalgar, le 17 décembre 1805, il prédit que *« cette manœuvre n'aura pas, je pense, beaucoup d'imitateurs. Entre deux escadres également exercées, celle qui attaquera ainsi sera certainement battue. »* [(510)] Il ajoute que *« si l'entraînement avait été égal dans les deux escadres, si une partie des équipages de l'escadre combinée n'avait pas eu le mal de mer, si les navires avaient été mieux manœuvrés, la manière d'attaquer de Nelson aurait dû le perdre* ». Avec des si… Or justement Nelson a choisi sciemment cette tactique offensive, en toutes connaissances de ses adversaires. De 1793 à 1796, il a combattu aux côtés des Espagnols, expérience qui l'a rendu très réservé sur leurs compétences navales : « *Les Dons* [surnom des Espagnols] *peuvent faire de beaux navires, mais pas de bons marins* » avait-il coutume de dire. En 1793, lors de l'envoi en France de vaisseaux espagnols, il avait spécifié « *sans leurs équipages d'Espagnols bien entendu, car autrement, ce serait le plus sûr moyen de les perdre bientôt* » (511). Le 14 février 1797, il leur a infligé une cinglante défaite au cap Saint-Vincent. La marine française ne l'impressionne pas plus. Il l'a écrasée à Aboukir en 1798. Il sait que Villeneuve va se cramponner à la ligne de bataille classique et subir l'attaque sans la donner. Il connaît l'état de déliquescence d'une flotte entraînée sur rade et estime que les canonniers français ont une cadence de tir trois à cinq fois inférieure à celle de leurs homologues anglais. Or dans le combat naval de ce début de XIXe siècle, l'artillerie est le facteur décisif plus que le nombre de vaisseaux ou la manœuvre. De toute façon, indépendamment du niveau d'entraînement, l'état des techniques de cette époque – faiblesse des portées, étroitesse des champs de tir, imprécision des canons – réduit sensiblement la capacité de concentrer un barrage de feu sur les vaisseaux attaquants, même dans la phase finale de l'approche. Dans ces conditions, Nelson a compris que la prise de risque est limitée et que son problème tactique est de rentrer au contact de l'ennemi coûte que coûte et aussi vite que possible.

Hors les choix tactiques, l'innovation du mémorandum réside dans la liberté d'action déléguée aux subordonnés. « *Dans un combat décisif rapproché* » que recherche Nelson, les subordonnés ne doivent pas attendre de signaux, mais au contraire agir de leur propre initiative, « *au cas où les signaux ne pourraient être vus ou parfaitement compris, aucun capitaine n'aura grand tort s'il place son bâtiment bord à bord avec un bâtiment ennemi* ». Pour éviter des initiatives malencontreuses, les capitaines doivent avoir assimilé le "principe" de l'attaque voulue par le commandant en chef. Nelson ne combat pas pour exécuter un plan ; au contraire, son plan consiste à mener une bataille. Comme le souligne Fuller, entre ces deux notions il y a une énorme différence (512). Nelson, en tant que subalterne, avait toujours fait preuve de la plus grande initiative comme à la bataille du cap Saint-Vincent, et il attend de ses capitaines qu'ils suivent son exemple. À la différence de Napoléon, qui tolérait rarement une initiative de la part de ses maréchaux, Nelson voulait que ses capitaines affichent un état d'esprit "à la Nelson", caractérisé par la combativité et l'initiative, ce qui allait à l'encontre de la stricte discipline navale de cette époque. De surcroît pour mettre en œuvre la tactique de la rupture de ligne, Nelson doit obtenir l'adhésion de son second et de ses capitaines. Cette tactique réclame en effet une discipline au feu, un sang-froid que Suffren n'était pas parvenu à obtenir de ses capitaines aux Indes pendant la guerre d'Amérique. La *Nelson Touch* tient à son mode de commandement, à sa volonté de recréer avec ses subordonnés la *« band of brothers »* (513), qui l'avait entourée lors de la bataille du Nil en 1798. À son arrivée devant Cadix, Nelson retrouve une partie de son cercle rapproché d'amis comme Edward Berry, qui prit part à la bataille du Nil, Thomas Fremantle, à ses côtés à Ténériffe et à la bataille de Copenhague, ou son capitaine de pavillon Thomas Masterman Hardy, le seul à être présent à toutes ses batailles. Mais la plupart de ses capitaines n'ont jamais été sous ses ordres et Nelson doit entreprendre de les séduire pour les convertir à ses idées tactiques. Il leur expose son plan dès son arrivée le 29 septembre et obtient aussitôt leur adhésion : « *Quand j'en arrivai à leur expliquer la* Nelson Touch, *il y eut comme une décharge électrique*, rapporte-t-il à lady Hamilton. *Certains versaient des larmes, tous étaient d'accord : c'est nouveau, c'est singulier, c'est simple. Et des amiraux, jusqu'aux moins gradés, tous répétaient* : "Cela doit réussir, s'ils nous laissent seulement approcher. Vous êtes, milord, entouré d'amis à qui vous inspirez confiance". » Il fait ensuite distribuer son mémorandum à chacun des capitaines pour qu'ils s'en empreignent et le méditent. Il fait appeler à tour de rôle les capitaines à bord du *Victory* pour leur expliquer et revoir avec eux chacun des points de la manœuvre. Grâce à cette préparation mentale, il entend façonner un esprit d'équipe, dénué de jalousie et d'arrière-pensée, animé par sa seule volonté dans le cadre de relations quasi fusionnelles.

Nelson a la chance d'avoir à sa disposition des officiers au comportement homogène, capables de comprendre et d'assimiler sa tactique ainsi que des équipages parfaitement amarinés grâce à un entraînement intensif. Mais cet homme réputé « *chaleureux, plein de vitalité, humain* » a aussi le don rare de susciter l'affection, le dévouement et l'abnégation de ses subordonnés tant officiers que matelots. Combinant qualités humaines et compétences techniques, il fait partie de ces chefs militaires de grande envergure qui savent pousser l'art du commandement jusqu'à la perfection. Le capitaine Duff, qui devait succomber à Trafalgar, écrivait : « *Ce Nelson est un homme si aimable, si excellent, un chef si bienveillant que nous désirons tous prévenir ses désirs, aller au-devant de ses ordres.* »[514] Cet état d'esprit est l'expression la plus accomplie de la force morale, déterminante pour livrer une bataille victorieuse. Un des plus célèbres exégètes de la bataille, l'amiral Mahan, s'interrogea pour savoir s'il n'aurait pas été préférable que Nelson soit placé sur un des vaisseaux intervenant une fois la brèche réalisée. Dans la marine à voiles, il est en effet traditionnel que le commandant en chef soit placé au centre de la ligne de bataille, sauf en cas de chasse. Nelson s'octroie ainsi qu'à Collingwood la position la plus dangereuse, les deux têtes de ligne courant le risque d'être sacrifiées, alors qu'il condamne toute inutile exposition au danger. Une contradiction qui explique sa mort et que certains n'ont pas manqué d'interpréter comme une attitude suicidaire. Hormis le plaisir de monter au feu en première ligne, cette position atypique participe sans doute de la volonté de montrer l'exemple et d'obtenir un effet d'entraînement auprès de ses capitaines.

En comparaison, Villeneuve vit dans un autre univers. Il n'a pas confiance dans ses commandants et n'a pas leur confiance. Il doit de surcroît gérer les relations délicates avec les Alliés espagnols. Durant la Première Guerre mondiale, Foch devait avouer avoir moins d'estime pour Napoléon depuis qu'il avait commandé une armée interalliée ! Boutade mise à part, la manœuvre de Nelson n'est pas une surprise pour Villeneuve, même s'il n'a pas deviné le mode opératoire de son adversaire, avec ses colonnes attaquant à angle droit: « *L'ennemi ne se bornera pas à se former sur une ligne parallèle à la nôtre et à venir nous livrer un combat d'artillerie dont le succès appartient souvent au plus habile, mais toujours au plus heureux; il cherchera à entamer notre arrière-garde, à nous traverser, à porter sur ceux de nos vaisseaux qu'il aurait désunis, des pelotons des siens pour les envelopper et les réduire.* »[(515)] Une argumentation prémonitoire énoncée dans sa circulaire du 21 décembre 1804, à laquelle il se contente de renvoyer ses commandants dans son ordre général du 28 septembre[(516)]. Son dispositif de combat est identique à celui prévu neuf mois plus tôt et ne tient pas compte de la déconvenue de la bataille des Quinze-Vingt: si l'ennemi est sous le vent, l'armée maîtresse de sa manœuvre doit passer à l'offensive, se former en ordre de bataille et arriver sur lui « *tous à la fois* », chaque vaisseau attaquant son vis-à-vis dans la ligne adverse et le prenant à l'abordage si possible; si l'ennemi est au vent, l'armée doit adopter une posture défensive et attendre le choc sur une ligne de bataille « *bien serrée* », avant de fondre sur les ennemis isolés et désemparés: « *À cette manœuvre défensive doit en succéder une offensive. Par suite de cette manœuvre, l'ennemi doit avoir des vaisseaux démâtés qui doivent rester au milieu des nôtres, c'est à les réduire que chacun doit s'appliquer.* » Villeneuve sait qu'il a de fortes probabilités d'être acculé à la défensive et que sa tactique est obsolète. Mais comme il l'a déjà indiqué aux lendemains de la bataille des Quinze-Vingt, il n'est plus temps d'improviser une nouvelle tactique indépendamment des moyens matériels et humains dont il dispose.

De conserve avec Gravina, Villeneuve arrête l'ordre de bataille conformément aux instructions de Napoléon du 13 août qui lui ont prescrit d'intercaler vaisseaux français et espagnols dans la ligne[(517)]. Les vaisseaux espagnols sont en quelque sorte placés sous la protection de leurs homologues français, appuyés par les frégates, qui doivent venir les remorquer en cas de besoin. La question reste posée s'il n'eût pas été préférable de les laisser sous le commandement direct de leurs amiraux. Les vingt et un vaisseaux du corps de bataille sont ordonnés, conformément aux règles tactiques traditionnelles, en trois escadres comprenant chacune sept vaisseaux dont trois espagnols: Álava sur le *Santa Ana* à l'avant-garde constituée des vaisseaux les plus faibles ; Villeneuve au centre sur le *Bucentaure* ; Dumanoir Le Pelley à l'arrière-garde sur le *Redoutable* avec les vaisseaux les meilleurs et les mieux entraînés. Sous la pression de Gravina, Villeneuve tente d'optimiser ce dispositif très classique par la formation d'une « *escadre d'observation* », destinée à marcher au vent de l'armée combinée pour recevoir les vaisseaux de rupture ennemis, intervenir sur telle ou telle partie de la ligne plus spécialement menacée, et/ou doubler la ligne anglaise et la mettre entre deux feux. Cette escadre qui comprend douze vaisseaux, moitié français, moitié espagnols, répartis en deux divisions, est confiée à Gravina (*Príncipe de Asturias*) avec en sous-ordre Magon (*Algésiras*).

Cet agencement présente le double avantage de ménager l'amour-propre de l'amiral espagnol en lui confiant une force relativement indépendante et de disposer d'un instrument, mobile, supposé contrer en tous points la manœuvre anglaise. Sous le vent, le dispositif est complété par les frégates et bricks attachés à chaque escadre ou/et division. Selon l'ordre général de Villeneuve, « *les frégates doivent également prendre part à l'action ; je n'en ai pas besoin pour répéter les signaux ; elles doivent choisir le point où leur coopération peut être avantageuse pour décider la défaite d'un vaisseau ennemi, pour soutenir un vaisseau français trop vivement pressé, lui donner le secours de la remorque ou tout autre qui serait nécessaire* ». Échaudé par son propre comportement à la bataille d'Aboukir qui avait donné prise à de graves accusations, Villeneuve insiste sur le fait qu'une fois le combat engagé il sera dans l'incapacité matérielle, faute de visibilité, d'envoyer des signaux : « *C'est bien plus de son courage et de son amour pour la gloire qu'un capitaine commandant doit prendre conseil que des signaux de l'amiral qui, peut-être lui-même engagé dans le combat et enveloppé dans la fumée, n'a plus la faculté d'en faire.* » Pour justifier son inertie à Aboukir, il avait justement avancé comme argument qu'il n'avait pas reçu d'ordres émanant de l'amiral Brueys, alors accablé par plusieurs vaisseaux ennemis et incapable de communiquer par signaux dans la fumée et la nuit. Maintenant que Villeneuve occupe les fonctions de commandant en chef, il n'entend pas que ce type de faux-fuyant lui soit opposé. Comme l'histoire bégaie, c'est pourtant ce qui va arriver avec

ORDRE DE BATAILLE DE L'ESCADRE FRANCO-ESPAGNOLE (7 OCTOBRE 1805) (518)

Les bâtiments précédés d'un * sont de nationalité espagnole

TYPE	NOM DES BÂTIMENTS	NOMS DES COMMANDANTS
3e escadre (arrière-garde)		
80	**Neptuno*	brigadier D. Cayetano VALDES
74	*Scipion*	CV Charles BERRENGER
100	**Rayo*	CV D. Enrique MACDONELL
80	*Formidable*	CA Pierre-René-Marie-Étienne DUMANOIR LE PELLEY / CF Jean-Marie LETELLIER
74	*Duguay-Trouin*	CV Claude TOUFFET
74	**San Francisco de Asís*	CV D. Luis FLORES
74	*Mont-Blanc*	CV Guillaume-Jean-Noël DE LAVILLESGRIS
frégate	*Cornélie*	CV André-Jules-François DE MARTINENG
1re escadre (centre)		
74	**San Agustín*	brigadier D. Felipe Jado CAJIGAL
74	*Héros*	CF Jean-Baptiste-Rémy-Joseph POULAIN
136	**Santísima Trinidad*	chef esc. Baltasar Hidalgo DE CISNEROS / brigadier D. Francisco Javier DE URIARTE
80	*Bucentaure*	VA Pierre-Charles DE VILLENEUVE / CV Jean-Jacques MAGENDIE
80	*Neptune*	CV Esprit-Tranquille MAISTRAL
64	**San Leandro*	CV D. José QUEVEDO
74	*Redoutable*	CV Jean-Jacques-Étienne LUCAS
frégate	*Hortense*	CV Louis-Charles-Auguste DE LAMARE DE LAMELLERIE
brick 18	*Furet*	LV Pierre-Antoine-Toussaint DEMAY

2e escadre (avant-garde)		
74	*Intrépide*	CV Louis-Antoine Infernet
74	**San Justo*	CV D. Miguel Gaston
80	*Indomptable*	CV Jean-Joseph Hubert
112	**Santa Ana*	Lt gal D. Ignacio María de Álava / CV D. José Gardoqui
74	*Fougueux*	CV Louis-Albin Baudoin
74	**Monarca*	CV D. Teodoro de Argumosa
74	*Pluton*	CV Julien-Marie Cosmao-Kerjulien
frégate	*Rhin*	CF Michel-Jean-André Chesneau
Escadre d'observation (deuxième division)		
74	**Bahama*	brigadier D. Dionisio de Alcala Galiano
74	*Aigle*	CV Pierre-Paulin Gourrege
74	**Montañés*	CV D. Francisco Alcedo
74	*Algésiras*	CA Charles-René Magon de Medine /CV Laurent Tourneur
80	**Argonauta*	CV D. Antonio Pareja
74	*Swiftsure*	CV Charles-Eusèbe Lhospitalier de la Villemadrin
frégate	*Hermione*	CF Jean-Michel Mahé
Escadre d'observation (première division)		
74	*Argonaute*	CV Jacques Épron-Desjardins
74	**San Ildefonso*	Brigadier D. José de Vargas
74	*Achille*	CV Louis-Gabriel Denieport
112	**Príncipe de Asturias*	Lt gal D. Federico Gravina / Chef esc. D. Antonio Escaño / CV D. Rafael de Hore
74	*Berwick*	CV Jean-Gilles Filhol de Camas
74	**San Juan Nepomuceno*	brigadier D. Cosme Damián de Churruca
frégate	*Thémis*	CV Nicolas-Joseph-Pierre Jugan
brick 10	*Argus*	LV Yves-François Taillard

l'escadre de Dumanoir. La circulaire en appelle, dans des termes presque identiques à ceux de Nelson, à la combativité et à l'honneur de chacun : « *Tout capitaine qui ne serait pas dans le feu ne serait pas à son poste ; celui dont le matelot d'avant ou d'arrière serait plus près de l'ennemi que lui ne serait pas à son poste, et un signal pour l'y rappeler serait une tache déshonorante pour lui.* » Villeneuve ponctue son ordre général de quelques phrases adaptées aux circonstances : « *Nos alliés combattront avec nous sous les murs de Cadix et sous les yeux de leurs concitoyens. Les regards de l'Empereur sont fixés sur nous ; ces motifs d'émulation sont aussi les garants d'une journée honorable pour les armes de nos souverains respectifs et pour la gloire personnelle de tous les braves qui y auront pris part.* »

Le choix des tactiques par les deux protagonistes – l'une offensive et inventive, l'autre défensive – est symptomatique du rapport des forces en présence et présage mal pour la marine impériale de la partie qui va se jouer au large du cap Trafalgar.

Les préliminaires de la bataille

Le 20 octobre, à 11h30, l'armée franco-espagnole tout entière a franchi les passes du port de Cadix. Elle fait route à l'ouest-nord-ouest, en désordre. La brise se renforce. La mer se creuse. Il pleut. La visibilité est mauvaise. Villeneuve signale de prendre les ris. Des vaisseaux espagnols, mal entraînés, se laissent sous-venter. Vers 16 heures, Villeneuve ordonne de virer lof pour lof et d'adopter la formation sur trois colonnes en route au sud-sud-ouest, l'escadre d'observation prenant la droite de l'armée. Exécuté dans la confusion, le mouvement n'est pas achevé lorsque, à 18 heures, l'*Achille*, placé à l'avant de l'escadre d'observation, annonce dix-huit voiles dans l'ouest-sud-ouest. C'est Nelson. Villeneuve ne peut distinguer les signaux de l'*Achille*. Ce n'est que deux heures plus tard que les feux de l'ennemi sont aperçus. À 20h10, Villeneuve signale de former la ligne de bataille, tribord amures, « *sans égard au poste assigné à chaque vaisseau en se formant sur ceux le plus sous le vent* ». L'opération délicate en plein jour devient dantesque de nuit. Guidée par le seul feu d'artimon du *Príncipe de Asturias* de Gravina, devenu chef de file, l'armée combinée se met en ligne dans la plus grande confusion. C'est un miracle si aucun abordage n'est à déplorer.

Nelson est surpris, il ne s'attendait pas à ce que Villeneuve appareille aussi vite [519]. Il donne l'ordre de « *chasse générale au sud-est* » dans le but de couper la route de la Méditerranée. L'armée anglaise tire des bords en direction de Gibraltar sans être vu des Franco-Espagnols pour ne pas les inciter à faire demi-tour. Nelson se rend alors compte qu'il a pris de l'avance sur eux. Il revient au nord-ouest sur sa position de départ et adopte une marche à peu près parallèle à celle des Franco-Espagnols. En début d'après-midi, *Victory* se met en panne, et Collingwood monte à bord pour recevoir les dernières instructions. Les vaisseaux *Britannia*, *Prince* et *Dreadnought*, mauvais voiliers, ont liberté de manœuvre. Nelson maintient son dispositif d'observation pour la nuit. Blackwood (*Euryalus*) avec deux frégates est chargé de conserver le contact avec l'ennemi. À deux reprises, Nelson croit sur la foi de nouvelles erronées que l'armée combinée a fait demi-tour et cherche à trouver refuge à Cadix. Il navigue sous petites voiles pour éviter de se laisser distancer, tout en gardant l'avantage du vent que la chance lui a donné. Tandis que les deux flottes se positionnent sur le champ de bataille, à Ulm, sur la route de Vienne, quelque 30 000 Autrichiens ont capitulé, octroyant à Napoléon une victoire éclatante.

À l'aube du 21, les deux protagonistes s'aperçoivent. Dans l'est, à environ 15 milles du cap Trafalgar, l'armée combinée navigue, cap au sud, vers le détroit de Gibraltar, en ligne désordonnée tandis que dans le nord-ouest, du côté du large, la flotte anglaise, fait route à l'est-nord-est, et n'a rien à lui envier en matière de désordre. Les deux forces marchent à peu près en sens contraire. Nelson prend les dispositions de combat. À 6h40, il donne le signal de « *former l'ordre de marche en deux colonnes* », ce qui place Collingwood à tribord de l'avant-garde. Une entorse au mémorandum, mais en l'absence du contre-amiral Louis et de six vaisseaux, Nelson renonce à la division avancée pour ne pas affaiblir le choc de ses deux colonnes de rupture. Ce dispositif va donner lieu à un débat passionné entre exégètes – Corbett, James, Mahan, Laughton, les amiraux Sturges

Jackson, sir Cyprian Bridge ou Colomb – ce dernier a même jugé que la bataille était « *la pire qu'on puisse concevoir* » et reprocha à Nelson d'avoir changé ses plans sans avertir ses capitaines juste avant la bataille, précipité son attaque sans nécessité et exposé la flotte à un péril excessif. Loin d'imaginer ces critiques *a posteriori*, Nelson ordonne à 6h40 d'« *arriver et prendre le cap à l'est-nord-est* », suivi par le signal : « *Préparez-vous à la bataille* ». Nelson bénéficie d'une innovation, le système télégraphique du capitaine de vaisseau Home Riggs Popham (1762-1820), qui lui permet de communiquer avec sa flotte en transmettant non plus seulement des mots, mais des phrases complètes. Il a ainsi les moyens de donner des ordres très précis dans la phase initiale des opérations avant que la fumée n'interdise toute communication. Il descend dans sa cabine. Au marin qui enlève le portrait d'Emma Hamilton, il lui recommande de prendre soin de son ange gardien. Selon la tradition, il écrit à genoux une prière : « *Puisse Dieu toujours grand que j'adore accorder à l'Angleterre, pour le salut commun de l'Europe, une complète et glorieuse victoire ! Puisse-t-il permettre qu'aucune faiblesse individuelle n'en ternisse l'éclat, et qu'après la victoire aucun Anglais n'oublie les droits sacrés de l'humanité ! Pour moi personnellement, ma vie appartient à celui qui me l'a donnée…* » Il rédige ensuite le fameux codicille à son testament confiant les deux êtres qui lui sont le plus cher – lady Hamilton et sa fille Horatia – « *à mon roi et à ma patrie* »*. Il fait appeler Hardy et Blackwood pour lui servir de témoins. Faire son testament avant une campagne ou une bataille est un acte coutumier dans toutes les marines, mais il semblerait que Nelson avait cette fois plus que par le passé, comme à Ténériffe ou à Aboukir,

*Les dernières volontés de Nelson ne devaient pas être respectées. La munificence du pays ne concerna que ses héritiers légitimes. Sa veuve reçut une rente viagère ; l'aîné de ses frères fut élevé à la pairie comme premier comte de Nelson avec une rente perpétuelle de 5000£ à laquelle s'ajoutèrent 90000£, destinées à l'acquisition de terres pour valoriser ce nouveau titre. En évaluant les rentes au taux de 5%, Jurien de La Gravière calcule que le parlement britannique aurait accordé un capital de plus de 6 millions de francs à la famille du vainqueur de Trafalgar.

le pressentiment d'une mort imminente. Le jour de son départ de Portsmouth le 14 septembre n'avait-t-il pas prédit : « *Je vais faire mieux que tout ce que j'ai fait jusqu'ici, mais je ne survivrai pas pour voir la gloire que j'ai acquise.* » Petite superstition des grands hommes, Nelson ne manque pas de rappeler que le 21 octobre est un jour particulièrement faste pour sa famille, qui chaque année commémore la victoire remportée sur les Français par son oncle, Maurice Suckling (1725-1778), le 21 octobre 1757 pendant la guerre de Sept Ans. Ironie de l'histoire, le 21 octobre – jour prédestiné pour les familles Suckling-Nelson – allait s'inscrire définitivement dans la mémoire nationale.

La flotte anglaise, qui commence à se scinder en deux colonnes, infléchit sa progression à 45 degrés par rapport à la route précédente, et se dirige droit sur le nord de l'arrière-garde de l'armée combinée, menaçant sa retraite sur Cadix. Nelson a placé son armée exactement là où il le voulait. Au temps de la marine à voiles, les batailles se déroulent avec une extrême lenteur. Celle qui va se dérouler au large du cap Trafalgar ne va pas déroger à cette règle. La brise d'ouest à ouest-nord-ouest très faible et la mer houleuse, annonciatrice de gros temps, ralentissent le rapprochement des deux armées. Plus de cinq heures vont leur être nécessaires pour franchir la dizaine de milles qui les séparent.

À la pointe du jour, l'ennemi est vu par l'*Hortense*, courant vent arrière. Durant la nuit, la ligne franco-espagnole s'est formée tant bien que mal par rang de vitesse. À 7 heures, à la vue des Anglais et devant la confusion régnant dans son armée, Villeneuve répète l'ordre de la veille de former la ligne de bataille, tribord amures, et fait le signal de branle-bas. L'armée a beaucoup de difficultés à s'exécuter tant le vent a faibli. Plusieurs vaisseaux sont incapables de gouverner. Les frégates *Rhin* et *Hermione* alertent Villeneuve sur le désordre de la ligne. À 7h20, Villeneuve fixe les intervalles à une encablure (environ 185 mètres) pour tenter de rectifier sa formation. Gravina ajoute pour l'escadre d'observation – neuf vaisseaux sur douze, les autres s'étant égayés dans la ligne – l'ordre de prendre la tête de l'armée. Les premiers signaux des frégates envoyées en reconnaissance précisent la force et la marche de la flotte anglaise. Après avoir annoncé vingt-six vaisseaux de ligne – au lieu de vingt-sept–, l'*Hermione* précise que l'ennemi, « *sans ordre en plusieurs pelotons* », fait route vers l'arrière-garde de l'armée combinée. La faiblesse du vent exclut que les Franco-Espagnols puissent franchir le détroit de Gibraltar avant que les Anglais ne les interceptent. La bataille est inévitable. L'escadre ennemie donne l'impression de vouloir fondre sur l'arrière-garde et de couper toute retraite sur Cadix. À 8 heures, Villeneuve ordonne de virer lof pour lof, tous à la fois, bâbord amures, de façon à avoir le port de Cadix sous le vent comme refuge pour les bâtiments avariés. Il fait montre de prudence et embarrasse ses adversaires en portant le champ de bataille à proximité d'une côte très dangereuse, alors que la tempête se profile. Mais il décourage aussi son armée qui y voit la présomption d'une défaite.

Le virement de l'armée, déjà délicat en raison du grand nombre des vaisseaux et de l'inexpérience de certains commandants, est singulièrement compliqué par la forte houle et le vent variable. Le changement de bord prend deux heures et s'achève par la formation d'une ligne de bataille désordonnée. À la suite du demi-tour, l'escadre de Dumanoir et les meilleurs vaisseaux sont propulsés à l'avant-garde tandis que les plus faibles sont rejetés à la queue. Pire, l'escadre de Gravina forme la nouvelle arrière-garde. Elle n'est plus en position d'exécuter sa mission. L'ébauche de tentative pour compenser l'obsolescence de la ligne de file échoue avant même d'être mise en œuvre. Il aurait fallu que l'escadre d'observation se porte au-devant de la ligne pour couvrir éventuellement le centre au lieu de prolonger la ligne « *sans en avoir reçu le signal* ». Dans son rapport, Villeneuve expose la manœuvre de Gravina sans la critiquer. Decrès devait porter un jugement sévère : « *Au lieu de se porter où les événements la rendaient nécessaire,* [l'escadre d'observation] *se plaça en arrière et ne rendit aucun des services des circonstances auxquels elle était particulièrement appelée. Elle ne fit aucun mouvement, se laissa battre et prit la fuite en détail.* » [(520)] Finalement Gravina a sans doute pris cette malencontreuse position faute de vent.

Rangée en bon ordre, l'armée franco-espagnole devrait former une ligne droite longue d'environ 6 000 mètres, à raison d'un intervalle d'une encablure entre chacun des trente-trois vaisseaux. Mais comme les vaisseaux de tête se trouvent au vent des autres, marchant cap au nord quand ceux de l'arrière-garde gouvernent au nord-est, la ligne s'engorge à certains endroits où les vaisseaux sont trop rapprochés, tandis qu'à d'autres les intervalles se creusent ouvrant des brèches inopportunes. De façon irrégulière, une seconde ligne constituée d'une dizaine de vaisseaux sous-ventés double la première sur différents points. L'armée combinée épouse la forme d'un croissant irrégulier, dont la concavité est tournée du côté de l'ennemi, au point que les officiers anglais croient un moment que les Franco-Espagnols ont opté pour un dispositif "en croissant", à l'instar de celui adopté par l'Invincible Armada en 1588 lorsqu'elle pénétra dans la Manche. Après ce changement de direction laborieux, la flotte alliée fait route lentement vers le nord. Villeneuve multiplie les signaux, relayés par les frégates, ordonnant aux vaisseaux de tête de forcer de voiles et serrer le vent, et aux autres de suivre par mouvements successifs. Selon les amiraux Escaño et Jurien de La Gravière, respectivement acteur et exégète de la bataille, ce fut une erreur en raison de la faiblesse de la brise. Des vaisseaux sont contraints de mettre en panne pour éviter de s'aborder tandis que d'autres, affalés, sont incapables d'atteindre leur poste. Jurien de La Gravière affirme que « *l'armée eût été bien autrement manœuvrante, si elle eut donné à courir largue* » [521], tout en reconnaissant que seule la ligne au plus près du vent est conforme à la tactique de l'époque. Villeneuve n'est pas homme à innover. Une autre posture aurait pu être interprétée comme une ligne de retraite. Par ailleurs, l'escadre d'observation s'allonge de façon démesurée. Elle est rappelée à l'ordre à plusieurs reprises. Rien n'y fait. La ligne se déforme de plus en plus. Elle ne sera jamais « *bien serrée* » comme prescrit dans l'ordre général. Le combat ne peut s'engager dans de plus mauvaises conditions pour les Franco-Espagnols qui sont loin « *d'attendre l'ennemi en bon ordre et de tenir une brave contenance* » comme le préconisait Tourville en pareil cas. Même dans ses pires cauchemars, Villeneuve ne pouvait appréhender une position aussi critique. Le désastre est désormais inévitable face à un ennemi ayant l'avantage du vent.

À la suite du virement de bord du matin, les vaisseaux franco-espagnols se trouvent en ordre inversé par rapport au dispositif initial*. Le *Neptuno* est chef de file, puis viennent à intervalles à peu près égaux, le *Scipion*, l'*Intrépide* (appartenant à la 2e escadre, mais qui a reçu liberté de manœuvre en raison de sa mauvaise marche), le *Formidable*, le *Duguay-Trouin*, le *Mont-Blanc* et le *San Francisco de Asís*. Le *Rayo* aurait dû suivre le *Neptuno*, mais mauvais marcheur et mal armé, il s'est laissé tomber sous le vent de la ligne. Après cette avant-garde improvisée sous les ordres de Dumanoir (*Formidable*), la 1ère escadre suit en désordre, à grande distance. le *Héros* la conduit, avec le *San Agustín*, tombé sous le vent par son travers, le géant ibérique le *Santísima Trinitad* (contre-amiral Cisneros), le *Bucentaure* de Villeneuve le suit presque à le toucher ; le *Redoutable* navigue dans le sillage du *Bucentaure*, en laissant l'espace nécessaire pour que le *Neptune* et le *San Leandro* puissent réintégrer leur rang d'après l'ordre de bataille. Mais les deux vaisseaux sont sous-ventés et se trouvent en retrait dans le sud-est de la ligne où ils sont rejoints par le *San Justo* et l'*Indomptable*, qui se sont écartés de la 2e escadre. Ces quatre vaisseaux, en panne, forment la partie incurvée du croissant et ouvrent une brèche très dangereuse, coupant *de facto* la ligne en deux groupes. Elle laisse treize vaisseaux du côté de Villeneuve, seize vaisseaux du côté de Gravina. À un demi-mille d'intervalle dans le sud-ouest, le second groupe est mené par les trois seules unités en ligne de la 2e escadre (ex-avant-garde) qui a particulièrement mal manœuvré : le trois-ponts *Santa Ana* (Álava) dont l'équipage est terrassé par le mal de mer, le *Fougueux* et le *Pluton*. Le *Monarca* espagnol, qui aurait dû s'intercaler entre ces deux derniers, chasse dans l'est pour retrouver sa place. Plus au sud, l'escadre d'observation a

*En raison de la mauvaise formation de la ligne, l'ordre de bataille prête à caution. Les rapports officiels et les souvenirs personnels, qu'ils soient rédigés à l'époque ou plus tardivement, français, espagnols ou britanniques, sont contradictoires. Une synthèse exacte est impossible, tout au plus peut-il être indiqué un ordre probable.

rétrogradé à l'arrière-garde. L'*Algésiras* français (Magon) conduit sa division : le *Bahama*, l'*Aigle* et le *Swiftsure*. Mais le *Montañés* et l'*Argonauta* sont égarés sous le vent. Enfin, la 1ère division ferme la marche. Selon les sources, elle est rangée suivant l'ordre de bataille avec l'*Argonaute*, le *San Ildefonso* et l'*Achille* devançant le trois-ponts *Príncipe de Asturias*, portant le pavillon de Gravina, qui précéderait le *Berwick* et le *San Juan Nepomuceno,* ou bien au contraire, la division s'est alignée sans tenir compte de l'ordre de numérotage et le vaisseau-amiral espagnol occupe la place de serre-file. Les frégates et les bricks, placés sous le vent de la ligne, par le travers des amiraux (le *Rhin* par le travers d'Álava ; l'*Hortense* et le *Furet* de Villeneuve ; la *Cornélie* de Dumanoir ; l'*Hermione* de Magon ; la *Thémis* et l'*Argus* de Gravina), sont supposés être prêts à transmettre les ordres et à remorquer les vaisseaux avariés. En fait, en raison de la faiblesse du vent, les frégates sont trop éloignées pour jouer le rôle qui leur est dévolu.

Lorsque l'armée combinée vire de bord, les Anglais sont scindés en deux colonnes ou plutôt en deux pelotons inégaux : l'un au nord comprend douze vaisseaux aux ordres de Nelson et l'autre plus au sud en compte quinze sous le commandement de Collingwood. Avec le vent faible et la houle forte, la vitesse, d'abord estimée à trois nœuds, tombe à un et demi bien que les vaisseaux anglais portent toutes leurs voiles, même les bonnettes jamais hissées au combat. Comme Nelson ne diminue pas la voilure, les deux colonnes ne peuvent se placer en ligne régulière et l'ordre de marche ne peut être suivi. De même que pour les Franco-Espagnols, se retrouve la même approximation dans la description du dispositif britannique. En 1913, à la demande de l'Amirauté, un comité d'historiens et d'officiers de marine a élaboré le plan de bataille d'après les journaux de bord [(522)].

Les mauvais voiliers se traînent et ceux qui les suivent déboîtent pour ne pas être retardés. Nelson avec *Victory* conduit la colonne de bâbord. Derrière lui viennent, de front, deux puissants trois-ponts *Temeraire* et *Neptune*, destinés à enfoncer de toutes leurs masses la ligne ennemie, puis *Leviathan* et *Conqueror*. Décalé sur leur bâbord, progresse le trois-ponts de 100 canons, *Britannia* (contre-amiral comte de Northesk) qui précède *Ajax*, *Agamemnon*, un

ORDRE DE BATAILLE DES ESCADRES ANGLAISES

TYPE	NOM DES BÂTIMENTS	NOMS DES COMMANDANTS
Division sous le vent		
100	*Royal Sovereign*	VA Cuthbert baro COLINGWOOD / CV Edward ROTHERAM
74	*Belleisle*	CV William HARGOOD
74	*Mars*	CV George DUFF
80	*Tonnant*	CV Charles TYLER
74	*Bellerophon*	CV John COOKE
74	*Colossus*	CV James Nicoll MORRIS
74	*Achille*	CV Richard KING
98	*Dreadnought*	CV John CONN
64	*Polyphemus*	CV Robert REDMILL
74	*Revenge*	CV Robert MOORSOM
74	*Swiftsure*	CV William Gordon RUTHERFORD
74	*Defiance*	CV Philip Charles DURHAM
74	*Thunderer*	LV John STOCKHAM
74	*Defence*	CV George Johnstone HOPE
98	*Prince*	CV Richard GRINDHALL

Division au vent		
100	*Victory*	VA Nelson / CV Thomas Masterman Hardy
98	*Temeraire*	CV Eliab Harvey
98	*Neptune*	CV Thomas Francis Fremantle
74	*Leviathan*	CV Henry William Bayntun
100	*Britannia*	CA William Carnegie comte de Northesk /CV Charles Bullen
74	*Conqueror*	CV Israel Pellew
64	*Africa*	CV Henry Digby
64	*Agamemnon*	CV sir Edward Berry
74	*Ajax*	LV John Pilfold
74	*Orion*	CV Edward Codrington
74	*Minotaur*	CV Charles John Moore Mansfield
74	*Spartiate*	CV sir Francis Laforey
frégate	*Euryalus*	Cap. Hon. Henry Blackwood
frégate	*Naiad*	CV Thomas Dundas
frégate	*Phœbe*	Cap. Hon. Thomas Bladen Capel
frégate	*Sirius*	CV William Prowse
schooner	*Pickle*	LV John Richard La Penotiere
cutter	*Entreprenante*	LV Robert Benjamin Young

vaisseau cher au cœur de Nelson qui le commandait de 1793 à 1796 et se trouve aux ordres d'Edward Berry, son capitaine de pavillon sur *Vanguard* à Aboukir. Vient ensuite *Orion*, distancé, et très loin en arrière remontant du sud-est *Minotaur*, avec dans son sillage *Spartiate* (pris aux Français à Aboukir), en position de serre-file. Dans le nord, la colonne de Nelson est doublée, en parallèle à hauteur de *Britannia*, par les frégates *Sirius*, *Naiad* et *Phoebe*, le schooner *Pickle* et le cutter *Entreprenante*. Tombé sous le vent durant la nuit, *Africa* se trouve éloigné très au nord de la colonne au vent. Il rallie à grand-peine et force voiles pour participer au combat. La colonne de tribord est conduite par *Royal Sovereign* de Collingwood, radoubé de frais, suivent *Belleisle* (ex-français) et *Mars*, talonnés au plus près par *Tonnant* (ancien vaisseau de Dupetit-Thouars, capturé à Aboukir). Plus au sud, *Bellerophon* amène *Colossus* et *Achille*. Bon boulinier, le flambant neuf *Revenge* creuse l'écart avec le peloton conduit par *Defiance* comprenant *Swiftsure*, autre vétéran d'Aboukir, le trois-ponts *Dreadnought*, *Polyphemus*, *Thunderer* et *Defence* en serre-file. Le trois-ponts *Prince*, mauvais voilier, est égaré à mi-distance des deux colonnes. Bien qu'appartenant à cette seconde colonne, très distancé, il précède sur tribord *Minotaur* et *Spartiate*. En dépit de cette formation en colonnes plus nominales que réelles, l'esprit du mémorandum anime ces deux divisions prêtes à combattre en complète indépendance pour fondre du fort au faible sur la ligne franco-espagnole. Vers 10 heures, Collingwood ordonne à sa division de former une « *ligne de relèvement bâbord amures et de forcer de voiles* ». Ce dispositif, qui consiste à faire route dans une direction autre que celle de la ligne où sont rangés les vaisseaux, vise à les déployer en éventail de sorte que les meilleurs voiliers puissent prendre de l'avance et soient en mesure de s'engouffrer dans une brèche de l'arrière-garde ennemie. En fait, les Anglais ont l'intention, une fois la ligne rompue, de renouveler la tactique exécutée à Aboukir et d'annihiler les vaisseaux ennemis l'un après l'autre, en détail, à la faveur de la « *mêlée* » voulue par Nelson. En s'aidant les uns et les autres et en opérant souvent par paires, ils se préparent à accabler chaque vaisseau français et espagnol, contraint de se défendre isolément.

Depuis le matin, les équipages sont aux postes de combat après avoir exécuté un cérémonial rigoureux, précis, répété durant les exercices. Les hamacs ou « *branles* » des équipages et des soldats, à l'origine de l'expression « *branle-bas de combat* », sont décrochés des entreponts, enroulés et rangés dans les filets du bastingage pour fournir une protection contre la mitraille, la mousqueterie et les éclats de bois arrachés à la muraille de bois par les boulets [(523)]. Les voiles basses sont amenées pour dégager les ponts et réduire les risques d'incendie. Des tireurs d'élite prennent place dans les hunes avec mission d'abattre les gabiers, les servants et les officiers de l'ennemi. Nelson est resté vivement impressionné par l'explosion de l'*Orient* pendant la bataille d'Aboukir en 1798 et, pour éviter d'allumer un incendie par accident, il refuse de déployer de la mousqueterie dans les hunes. Les embarcations de portemanteaux sont mises à la mer. Du sel ou du sable humide est répandu sur les ponts pour limiter les risques d'incendie et éviter que des hommes glissent sur les flaques de sang. Lesdits ponts sont peints en rouge pour rendre justement le sang invisible. Des filets « *dits casse-tête* » sont tendus au-dessus des gaillards pour protéger le personnel contre la chute des poulies et autres éléments du gréement coupés par les projectiles. Des piques, des sabres, des pistolets sont préparés au pied des mâts, dans l'éventualité d'un abordage. Des bailles d'eau sont disposées sur les ponts pour éteindre tout début d'incendie. Les portes et cloisons mobiles de la sainte-barbe et de la grande chambre ainsi que l'ameublement sont descendus dans la cale. Les feux des cuisines sont éteints. Les charniers contiennent du « *breuvage* », boisson de combat composé d'un mélange d'un tiers de vin et de deux-tiers d'eau, distribué à volonté. Dans le poste de secours, situé dans les fonds, le chirurgien et ses aides installent la table d'opération et préparent leurs matériels – charpie, pansements – et leurs instruments, bistouris et autres scalpels, pour pouvoir arrêter les hémorragies, cautériser les plaies, extraire les projectiles et amputer les membres. Les scies d'amputation sont plongées dans des seaux d'eau chaude pour éviter la douleur du contact de la lame froide sur les os.

Au branle-bas, quelque 230 hommes se précipitent et prennent place dans la première batterie, sombre, étroite et basse. Sur un vaisseau de 74, la hauteur sous barrot ne dépasse pas 1,71 m, or 15 pièces peuvent entrer simultanément en action ; le double si le combat se déroule sur les deux bords. Les servants tribordais et bâbordais se trouvent au coude à coude, distants de moins d'un mètre. Les batteries sont dégagées dans toute la mesure du possible. Des filets y sont tendus contre la muraille pour protéger les personnels des éclats de bois. Les canons alignent leurs gueules aux sabords. Derrière eux sont établis les parcs de boulets et les paquets de mitraille. Les sacs à valets* sont placés contre le bord. Les canonniers, nus jusqu'à la ceinture pour éviter les brûlures provoquées par la combustion des vêtements, se protègent la tête des éclats de bois avec des turbans de chiffons. Le tir est une manœuvre complexe, réclamant de l'automatisme pour exécuter les treize ordres de commandements – « *détapez* », « *démarrez* », « *bouchez la lumière, écouvillonnez à la poudre* », « *refoulez* », « *dégorgez* », « *amorcez* », etc. – et du sang-froid pour ne pas rompre la cadence en dépit de la chaleur, du vacarme assourdissant et de la fumée. La mise en batterie de chacune des pièces de 36 pesant 4 500 kg (affût inclus) nécessite une quinzaine de servants, à savoir un chef de pièce, 12 matelots, un soldat et un mousse**. À l'aide d'un long refouloir, le chef de pièce met en place dans l'âme la gargousse, un valet, le boulet et un second valet. Il enfonce dans la lumière une sonde pour crever la gargousse avant de faire une traînée de poudre dans le canal. S'aidant d'anspects et de cales de bois, les servants mettent la culasse à bonne hauteur. Les roues sont calées. La bouche émerge du sabord ouvert. Armé d'un boutefeu, le chef de pièce n'attend plus que l'ordre final – « *Feu* » – pour l'approcher de la lumière. Une fois le coup parti, l'affût recule avec violence arrêté par la brague, un câble de chanvre scellé à la muraille de part et d'autre du sabord. Les servants se précipitent et remettent la pièce dans l'axe en s'aidant des palans et du roulis.

---

*Le valet est un tampon en chanvre qui sert de bourre placée entre la gargousse et le boulet.

**Les canons de 36, longs de 3,085 mètres, pesant 3 640 kg, sont disposés sur un affût pesant 900 kg et tirent des boulets ronds de 17,604 kg.

Le chef de pièce obture la lumière, un servant écouvillonne l'âme pour faire tomber les débris de la gargousse et éteindre les particules restées en ignition. Les refouloirs entrent en action pour renouveler l'opération de chargement : gargousse, valet, boulet, valet, etc. Durant toutes ces manœuvres, les servants peuvent se trouver dangereusement exposés au feu de la mousqueterie adverse, aussi en cas de combats rapprochés le canon peut-il être chargé à l'abri en fermant le sabord, grâce à un écouvillon et un refouloir en corde. Dans la soute aux poudres, située sous la ligne de flottaison, à l'aplomb du mât d'artimon, le maître canonnier, en chaussons de feutre pour éviter les étincelles provoquées par l'électricité statique, distribue des gargousses recouvertes de flanelle humide aux jeunes mousses affectés aux pièces. Ceux-ci les transportent dans des gargoussiers en bandoulière et sont prêts à effectuer un épuisant va-et-vient entre la soute et les batteries durant les combats. Une trentaine d'hommes choisis parmi les civils sont chargés du service des poudres. Nus, ils opèrent dans une chaleur étouffante, la poussière de poudre et la quasi-obscurité. Les écoutilles sont fermées sauf celles nécessaires au passage des poudres et des blessés, pour éviter des désertions temporaires à la faveur de paniques. Un vaisseau est une formidable caisse de résonance. Le vacarme de chaque batterie est amplifié par celui de la batterie supérieure, séparée par un plancher de chêne d'une trentaine de centimètres d'épaisseur. Dès le début des combats, le bruit, la fumée, les éclats de bois, les hurlements des blessés et les cris des hommes transforment les batteries en enfer.

La bataille qui se prépare, livrée à bout portant, n'est pas comparable aux combats terrestres livrés à la même époque en raison de la puissance de l'artillerie. À titre de comparaison, à Austerlitz Napoléon aligne 75 000 hommes et seulement 149 canons de campagne, soit moins de 2 canons pour 1 000 hommes, et encore s'agit-il de pièces légères de calibre de 4, de 8 et de 12 sans comparaison avec celui de 36 des plus puissants canons de marine. Ce sont quelque 4 780 canons qui vont s'affronter à Trafalgar, à raison de 87 pièces pour 1 000 Franco-Espagnols et de 126 pièces pour 1 000 Anglais. Les militaires qui ont assisté aux combats navals sont très impressionnés par les conditions dans lesquelles ils se déroulent – le « *carnage* », le bruit et la fumée – sans commune mesure avec les combats qui se déroulent à terre à cette époque. Une anecdote racontée par Gicquel des Touches est à ce sujet révélatrice. À bord de l'*Intrépide*, un colonel s'étant distingué à Marengo, se met à suivre comme son ombre le commandant du vaisseau, Infernet, lorsque commence le combat. Infernet, agacé, finit par se retourner et lui assène « *voyons colonel, est-ce que vous me croyez doublé en cuivre* » [(524)]. Il faudra attendre la Première Guerre mondiale et la généralisation de l'artillerie lourde sur les champs de bataille terrestres pour trouver une puissance de feu comparable, délivrée dans un vacarme assourdissant et broyant tout sur son passage. La guerre de Crimée (1853-1856) en avait donné un avant-goût à Sébastopol, où les belligérants avaient justement mis en œuvre des canons de marine.

Les soixante vaisseaux à coque noire, rehaussée d'une double bande jaune, d'une large bande rouge et jaune ou de quatre lignes rouges séparées par un filet blanc comme sur le *Santísima Trinitad*, offrent un spectacle superbe et grandiose. Les deux colonnes anglaises bien que naviguant grand largue, avec toute la toile sortie, même les bonnettes, font route avec une lenteur exaspérante tant la brise est faible et la houle forte. Le ciel noircit. Depuis le matin, Nelson, indifférent aux élégances de tenue, arpente la dunette, revêtu de l'habit bleu de son uniforme ordinaire, élimé pour avoir été longtemps porté. Sur le côté gauche de sa veste sont cousues les copies en pacotille de ses quatre ordres de chevalerie*, lesquelles sont

---

*À côté de l'ordre du Bain reçu à l'issue de la bataille du cap Saint-Vincent en 1797, Nelson appartient à trois ordres de chevalerie plus exotiques : ordre de Saint-Ferdinand créé spécialement pour Nelson et ses capitaines de la bataille d'Aboukir par le roi Ferdinand de Naples, les ordres napolitains ne pouvant être octroyés qu'à des catholiques ; ordre du Croissant, lui également créé spécialement par le sultan de Turquie, à défaut de récompense prévue pour des chrétiens ; ordre allemand de Saint-Joachim, créé en 1755 par quatorze princes allemands, ayant à leur tête le duc de Saxe-Cobourg-Saalfed, et qui avait pour devise « *Deo, principi, legi* ».

ternies par une longue exposition aux embruns. Rien du « *prince d'opéra* »* décrit avec complaisance par l'historiographie française pour qui Nelson est censé faire les cent pas sur le pont de *Victory* en uniforme de grand apparat, rutilant de médailles et décorations en or, « *qui semblent arborées tout exprès pour attirer les balles* » (525). En réalité, Nelson ne constitue pas une cible particulièrement ostensible d'autant qu'une fois le combat commencé il va être masqué par une épaisse fumée dégagée par la poudre noire en usage à cette époque. Mais il est vrai qu'il est plus valorisant d'égratigner la réputation de Nelson mort par vanité plutôt que d'admettre l'intervention du hasard. À une heure de l'ouverture du feu, Nelson affiche un optimisme serein lorsque Blackwood avance : « *Nous sommes trente-trois ; ils sont quarante* [...]. *Vu la manière dont la bataille nous est offerte, ce sera un glorieux résultat si nous capturons quatorze vaisseaux. – Non ! coupe Nelson. Pour moi, je ne serai satisfait qu'avec vingt prises !* » Des officiers de son état-major et Blackwood insistent pour que Nelson porte son pavillon sur *Euryalus*, ou laisse un autre vaisseau occuper le poste périlleux qu'il a assigné au *Victory*. Il feint de céder et autorise de transmettre aux *Temeraire*, *Neptune* et *Leviathan* de prendre la tête de ligne. Mais comme il ne réduit pas la voilure de *Victory*, au contraire, l'exécution de cet ordre devient impossible. Lorsque Blackwood quitte *Victory* pour retourner sur sa frégate : « *Dieu vous bénisse*, lui dit-il, *je ne vous reverrai plus.* » Nouvelle manifestation de sa prémonition ou de sa superstition pour conjurer le sort ? Nelson prévient par télégraphe Collingwood qu'il a « *l'intention de traverser l'avant-garde de l'ennemi pour l'empêcher de regagner Cadix. Quant à vous, coupez l'arrière-garde vers le douzième vaisseau à partir du serre-file* ». Alors que 1 500 mètres séparent les vaisseaux les plus proches des deux armées, à 11h40, il fait hisser le célèbre signal :

*Les contemporains de Nelson jugeaient ridicule sa propension à porter toutes ses décorations et médailles en or. Le général sir John Moore avait stigmatisé cette vanité en disant qu'il « *ressemblait plus à un prince d'opéra qu'au vainqueur du Nil* ».

*« L'Angleterre compte que chacun fera son devoir »**, provoquant l'agacement de Collingwood : *« Qu'a donc Nelson à faire tant de signaux ? Nous savons tous ce que nous avons à faire. »* Collingwood n'a pas tort, tant les esprits sont préparés à exécuter la manœuvre exposée dans le mémorandum, mais le message électrise la flotte. Nelson fait hisser un dernier signal, le n°16 signifiant *« combattre au plus près »*. *« Vous garderez ce signal battant jusqu'à la fin,* ordonne-t-il. *Maintenant je ne puis faire davantage. Il faut mettre notre confiance dans le souverain arbitre des événements de ce monde et dans la justice de notre cause. »* Les pions sont en place, que la partie commence.

Le rituel du branle-bas de combat, spécifique à chaque nation, est achevé. Vers 11 heures, sur *Victory*, Nelson a procédé à l'ultime inspection du vaisseau et encouragé l'équipage qui compte un tiers de volontaires, dont près de soixante et onze étrangers, provenant de tous les pays, parmi lesquels vingt-deux Américains et trois Français émigrés. Il est accueilli sur tous les ponts par un silence quasi religieux. Il recommande le calme, le tir précis. Au moment où il remonte sur le pont, trois énormes hourras retentissent : véritable cri de guerre, mêlant admiration pour le chef, rage de vaincre, conjuration de la peur et volonté de terroriser l'ennemi. Sur les vaisseaux français, l'enthousiasme est tout aussi débordant. Le cérémonial est ordonné autour de l'aigle impériale, remise solennellement des mains de Napoléon lors de la cérémonie du 5 décembre 1804 sur le Champ-de-Mars. *« L'aigle impériale portée par Messieurs Donnadieu et Arman, aspirants de marine chargés de la garder pendant tout le combat, fut promenée dans toutes les batteries par l'amiral suivi de tout l'état-major et du commandant des troupes, M. Contamine,* rapporte Jean-Jacques

* « *England expects every man will do his duty.* » Selon la tradition, Nelson aurait voulu envoyer le message « *Lord Nelson confides...* ». Le premier lieutenant Pasco suggéra que « *expects* », existant dans le code Popham, serait plus facile à transmettre ; le second lieutenant George Brown proposa « *England* » à la place de « *Lord Nelson* » qui devrait être épelé lettre par lettre. Comme il n'y avait plus de temps à perdre, Nelson approuva ces modifications.

Magendie sur le *Bucentaure.* […] *L'aigle fut déployée au pied du grand mât.* » [526] « *Précédé par les tambours et les fifres* », Lucas sur le *Redoutable* parcourt les batteries avec ses officiers, « *partout je trouvais des braves brûlant d'impatience de commencer le combat, plusieurs me dirent :* "Commandant, n'oubliez pas l'abordage.". » [527] Aux cris répétés de « *Vive l'Empereur* » répondent ceux de « *Vive le Roi !* » sur les vaisseaux espagnols où les aumôniers s'empressent de donner l'absolution à ceux qui vont mourir pour leur souverain. Sur le *San Juan Nepomuceno*, Churruca exhorte ses hommes : « *Au nom de Dieu, je promets le bonheur éternel à ceux qui mourront dans l'accomplissement de leur devoir. Si quelqu'un y manquait, je le ferai fusiller immédiatement et, s'il échappait à mes regards ou à ceux des vaillants officiers que j'ai l'honneur de commander, il serait la proie de ses remords qui le suivraient tout le temps qui lui resterait à vivre, traînant sa misère et son malheur.* » Churruca est pourtant parti sans illusion, sûr d'aller au devant de la défaite et de la mort tant il est persuadé que « *l'amiral français ne connaît rien à son métier* ». Sur le *Bahama*, Galiano fait clouer le pavillon et s'adresse à ses hommes en termes martiaux, « *Messieurs vous comprenez tous que ce pavillon doit rester là-haut* » et au garde-marine Butron, chargé du pavillon, « *veuillez le défendre. Jamais un Galiano ne se rend. Un Butron ne le doit pas non plus* ». Jean-Gilles Filhol de Camas sur le *Berwick*, fait clouer soixante pavillons, et proclame : « *Quand ils viendront à être abattus par le feu ennemi, je me rendrai.* »

À 11h30, Villeneuve hisse le signal d'ouvrir le feu lorsque les vaisseaux ennemis seront à portée. À midi, la bataille débute. Elle ne va pas tarder à se transformer en « *mêlée* » confuse, comme voulue par Nelson, que le capitaine de frégate Prigny, chef d'état-major de Villeneuve, décrit comme « *une réunion de combats particuliers dans une petite surface* » [528]. Pour tenter d'appréhender son déroulement, nous l'avons découpée en trois actions distinctes – attaque de Collingwood, attaque de Nelson, contre-attaque avortée de Dumanoir – le tout séquencé par le drame éminemment romantique de la mort de Nelson.

LA BATAILLE *(529)

Le trois-ponts *Royal Sovereign*, dont la coque vient d'être doublée de cuivre, est le plus rapide des vaisseaux anglais et, sous le regard envieux de Nelson, entre le premier en action. Avec sur sa hanche tribord *Belleisle*, *Mars* et *Tonnant*, il se dirige droit vers l'arrière du *Santa Ana*, commandé par Gardoqui, chef de file de la seconde branche de l'armée combinée, qui se trouve malencontreusement à grande distance de la «*forteresse centrale*» et de surcroît en panne. Le matelot arrière du vaisseau espagnol, le *Fougueux*, commandé par Baudoin, force de voiles pour s'opposer au passage de l'Anglais. Tandis que Collingwood cingle avec aisance vers la ligne franco-espagnole, les autres vaisseaux de sa division se déploient, avec des intervalles d'environ deux encablures entre eux, selon une formation de front oblique, qui les placent presque en parallèle à la ligne franco-espagnole. Sur *Royal Sovereign*, l'équipage, couché à plat-pont dans les batteries, attend la première bordée ennemie. C'est le *Fougueux* qui ouvre le premier le feu à 11h55 lorsque *Royal Sovereign* parvient à sa portée, à environ 400 mètres. Gênés par la houle, les tirs sont très imprécis. Les boulets franco-espagnols, pointés trop haut, frappent en petit nombre la coque et se contentent de traverser la mâture en coupant quelques cordages. *Royal Sovereign* continue inexorablement sa course sans pouvoir riposter. Pendant toute l'approche, il ne subit pour ainsi dire pas de dommages, validant le choix tactique de Nelson de risquer de se faire «*barrer le T*» contre l'avis des tacticiens de son époque, persuadés «*qu'une flotte gouvernant à angle droit sur une autre flotte devait être infailliblement désemparée*»(530). Mais les Franco-Espagnols sont incapables d'exploiter leur position tactique avantageuse comme Nelson l'avait prévu.

---

*Sur le champ de bataille vont entrer en action deux *Swiftsure*, un français et un anglais, deux *Achille*, deux *Neptune* et un *Neptuno* espagnol. Pour éviter les confusions, la nationalité sera indiquée si nécessaire entre parenthèses et les noms des vaisseaux français et espagnols seront précédés d'un article dont sera dépourvu le nom des bâtiments anglais. Dans la mêlée confuse que fut la bataille, les rapports des différents bâtiments sont parfois contradictoires et ne permettent pas de dégager une vue d'ensemble de la situation à un moment donné.

Bataille navale de Trafalgar

Premier mouvement vers midi

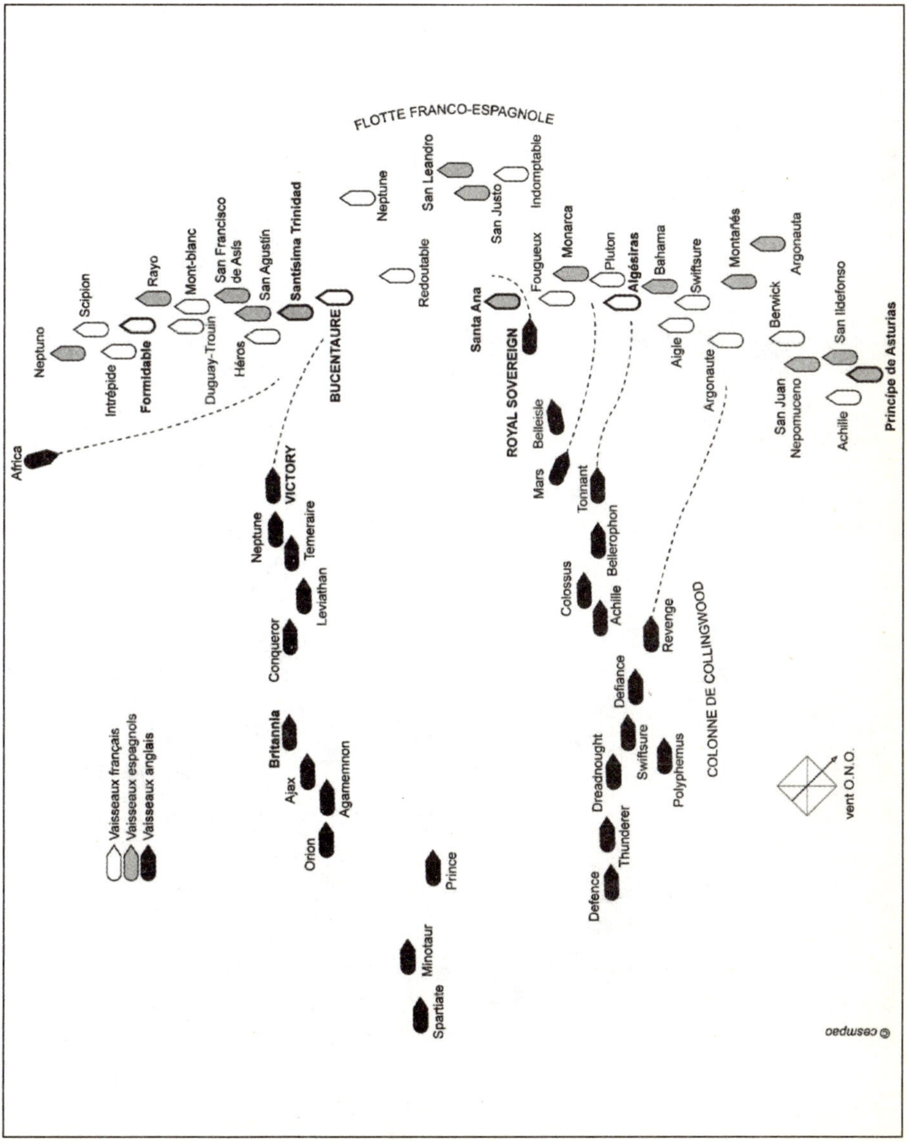

Bataille navale de Trafalgar

deuxième mouvement vers 13h30

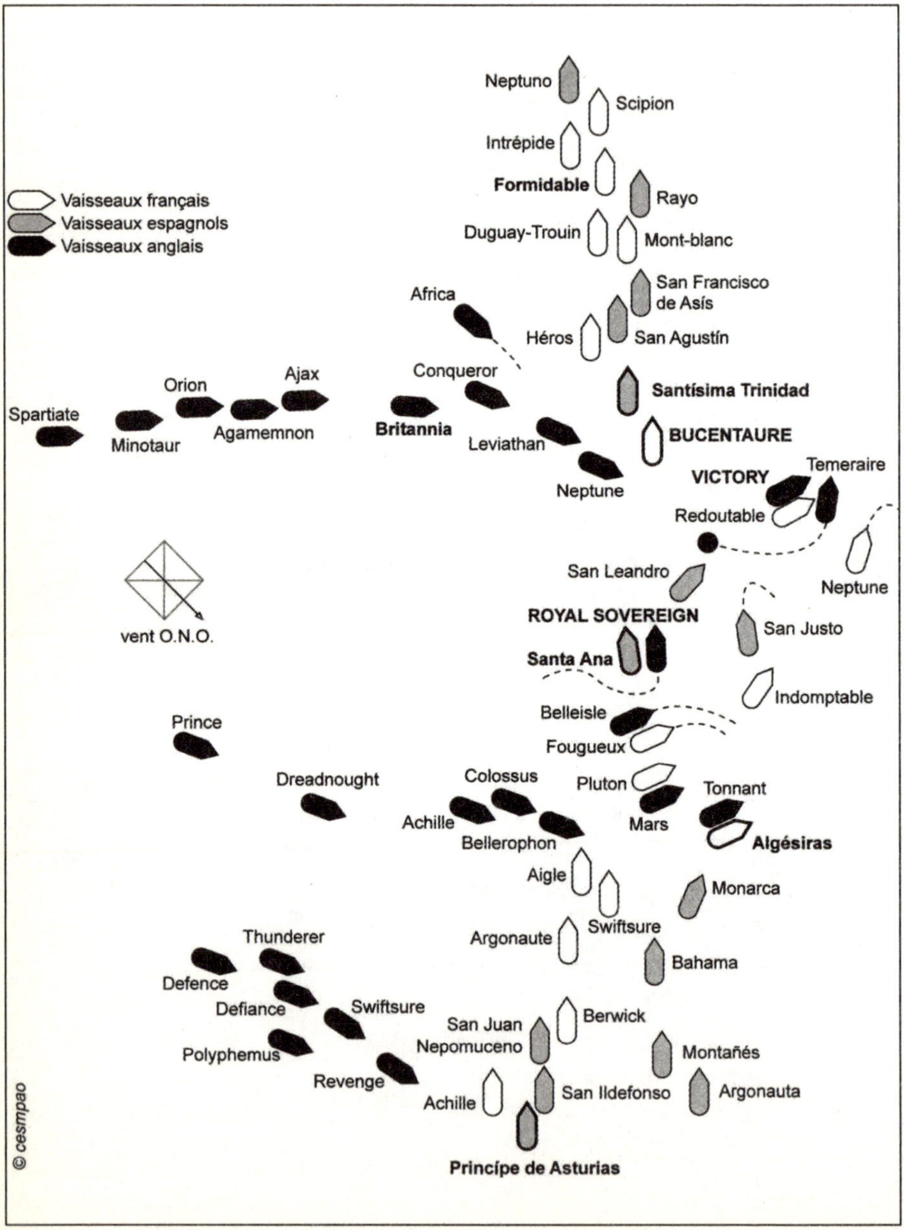

Bataille navale de Trafalgar

Troisième mouvement

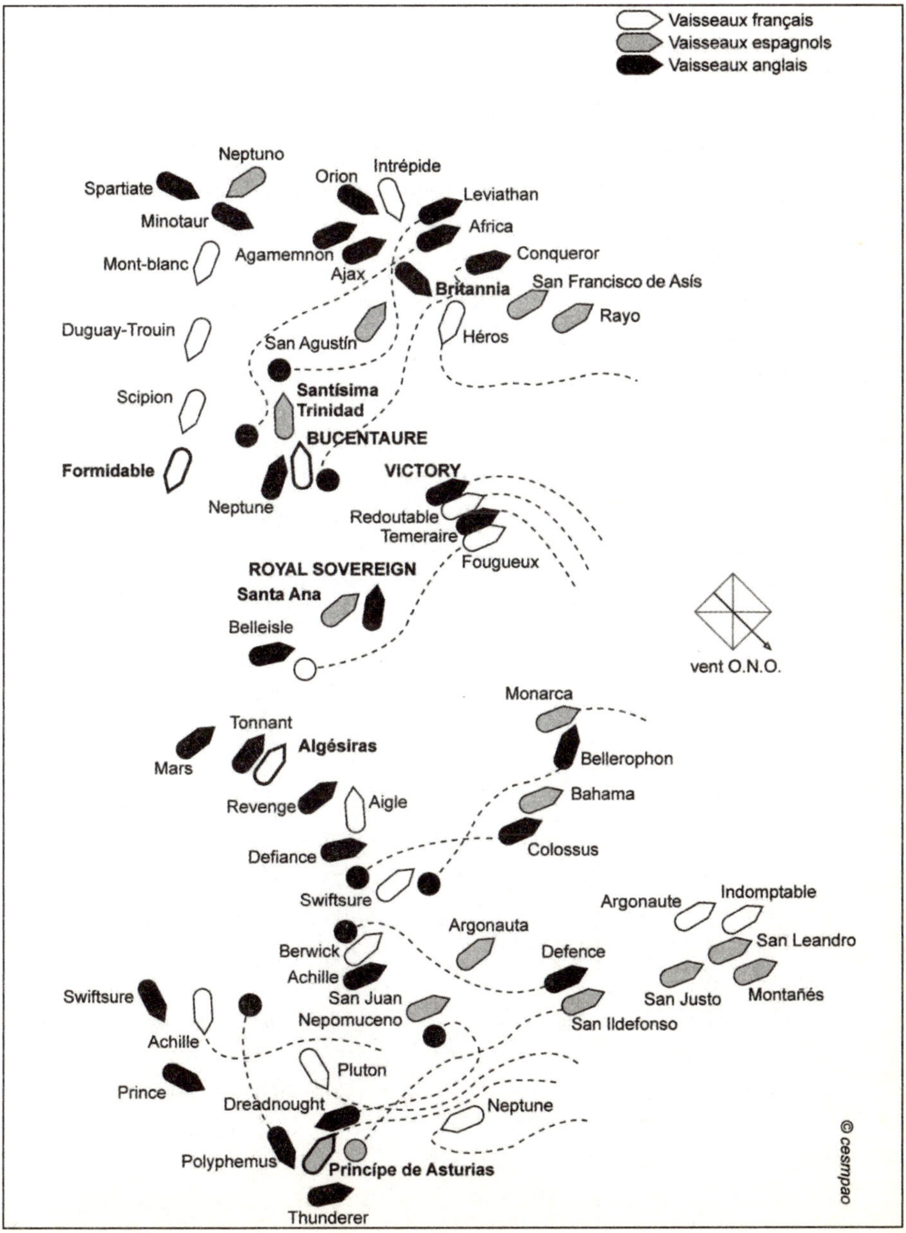

Royal Sovereign parvient à passer sous la poupe du *Santa Ana*, qu'il balaie, à bout portant, de ses 50 canons bâbord chargés à double ou triple projectile : un tir d'enfilade particulièrement meurtrier qui met hors de combat plus de 200 Espagnols. *Royal Sovereign* lâche sa salve de tribord sur le *Fougueux* et fait une embardée sur le quart tribord du *Santa Ana*, avant de se ranger contre lui pour l'engager vergue contre vergue, à bout portant. *Royal Sovereign* se trouve aussitôt en mauvaise posture. Isolé au milieu de cinq vaisseaux ennemis, il essuie les bordées du *Fougueux*, de l'*Indomptable*, du *San Justo*, du *San Leandro* et du *Santa Ana*. Nelson envieux s'écrie : « *Voyez, comment ce noble Collingwood conduit bravement son escadre au feu !* » De son côté, Collingwood fait remarquer à son capitaine de pavillon Edward Rotheram : « *Qu'est-ce que Nelson ne donnerait pas pour être ici !* » Ce type de réflexions met à mal la théorie selon laquelle Nelson aurait recherché la mort dans une attitude proche du suicide, qui expliquerait toutes ses réflexions lourdes de pressentiment. C'est oublier que le combat naval est un moment rare, l'acmé d'une campagne monotone et fastidieuse, qui en l'occurrence s'est prolongée pendant vingt-huit mois depuis la rupture de la Paix d'Amiens. La bataille met un terme à une attente interminable et à une course-poursuite éreintante. Sur le plan émotionnel, elle provoque de l'excitation, de la frénésie voire de l'euphorie, grâce aux décharges d'adrénaline que suscitent la peur, le danger, l'odeur enivrante de la poudre et la fureur des combats. L'instinct de survie s'en trouve transcendé.

Le *Fougueux* se place au côté de *Royal Sovereign* immobilisé le long du vaisseau d'Álava. Mais il heurte de la proue le flanc tribord de *Belleisle* qui, parvenu à s'insérer derrière son chef de file, coupe la ligne franco-espagnole à 12h13, et lui assène un tir d'enfilade avant d'être démâté de son mât d'artimon. *Belleisle* est cerné de vaisseaux alliés. Ses congénères viennent à la rescousse. Dans le sillage de *Belleisle*, *Mars* canonne le *Pluton*, qui serrait le *Fougueux* pour remplir l'intervalle laissé par le *Monarca*. Quatre encablures plus bas, *Tonnant* attaque l'*Algésiras*. Plus au sud, *Bellerophon* parvient au contact de l'*Aigle* et du *Bahama*. Il fonce droit sur la proue du vaisseau français pendant que, sur l'arrière de celui-ci, avance *Colossus*, essayant de déborder le *Swiftsure* (fr.).

Le *Santa Ana* est accablé entre deux feux, ses tirs s'espacent. En moins d'une demi-heure, la fraction de l'armée combinée, comprise entre les dix-huitième et vingt-cinquième vaisseaux, est engagée par les unités les plus avancées de la division de Collingwood. Une fumée épaisse entoure les combattants. Au bout de quarante minutes de combat, *Royal Sovereign* perd son grand mât et son mât de misaine tout en continuant à tirer. Incapable de gouverner, il dérive vers l'est par le travers. Le fracas de chaque mât anglais abattu est salué aux cris de « *Vive l'Empereur* », bientôt concurrencés par les hourras anglais venant ponctuer la chute des mâts des vaisseaux français, ou pire leur reddition.

À bout portant, la méthode de tir comme la précision n'ont plus d'importance, seules comptent la rapidité et la quantité de projectiles expédiés contre l'adversaire. Les pièces sont chargées de plusieurs boulets, d'un boulet et d'un paquet de mitraille ou tout à mitraille. À ce jeu, les 10 à 26 caronades de 32 qui arment les gaillards des vaisseaux anglais font merveille. La mitraille fauche, éventre, déchiquette tout sur son passage et son volume s'accroît au fur et à mesure que de nouveaux vaisseaux anglais entrent en lice contre l'arrière-garde. Les nouveaux arrivants prolongent la ligne franco-espagnole au bord opposé et au vent, en la serrant de très près. Ils cherchent à la couper partout où un passage se dégage tandis que d'autres viennent par pelotons mettre entre deux feux les vaisseaux alliés qui ont été coupés. En queue de ligne, l'*Argonaute* est le point de mire d'*Achille* (br.), cependant que l'homonyme français de ce dernier voit fondre sur lui *Defiance* et que le *Príncipe de Asturias* de Gravina, le *Berwick* et le *San Juan Nepomuceno* commencent à sentir les boulets de *Revenge*, *Polyphemus*, *Swiftsure* (br.), en attendant les attardés, *Dreadnought*, *Thunderer* et *Prince*. La lenteur de l'approche fait que *Defiance* n'entre dans la bataille que soixante-quinze minutes après son chef de file, et *Prince*, dernier vaisseau de la colonne de Collingwood à être engagé, trois heures après le début de l'action. Cette intervention échelonnée, involontaire qui aurait pu valoir en d'autres circonstances à leurs commandants de passer en conseil de guerre, se mue en atout et fait jouer aux six vaisseaux attardés le rôle de réserve providentielle.

Alors que l'action a commencé depuis près d'une demi-heure, la colonne de Nelson n'a pas encore donné. Le vent lui joue un mauvais tour et retarde la prise de contact. Six de ses vaisseaux sont à peu près groupés : *Victory* en tête, sur tribord *Temeraire* et sur son bâbord *Neptune* (br.), puis en arrière *Leviathan* et *Conqueror*, enfin, tout à fait sur sa gauche *Africa*, qui s'est écarté pendant la nuit. Les six autres vaisseaux (*Orion*, *Britannia*, *Spartiate*, *Minotaur*, *Ajax*, *Agamemnon*) sont plus ou moins attardés, en tout cas hors d'agir immédiatement. Nelson a changé de cap de temps à autre pour maintenir chez les Franco-Espagnols le doute sur ses véritables intentions, avant de foncer, vers midi, droit sur le centre franco-espagnol. Son dessein est désormais évident. Si Dumanoir avait eu une once d'esprit d'initiative, il aurait pu contrecarrer la manœuvre de Nelson et commander à sa division d'amorcer le virement de bord pour participer à la bataille dont l'amiral anglais voulait le tenir à l'écart. Il se contente de bombarder à grande distance *Victory*, lequel est indifférent à ses bordées qui l'escortent sans l'atteindre. Le vent est très faible. Nelson recherche avec frénésie Villeneuve pour l'engager dans un combat singulier. « *Bien que toutes les lunettes à bord du* Victory *aient été mobilisées pour découvrir le pavillon du commandant en chef français, les questions répétées de Nelson à ce sujet recevaient des réponses décevantes.* » (531) Filant à peine à un nœud et demi, *Victory* se dirige vers le *Santísima Trinitad*, dans l'hypothèse où Villeneuve aurait pris place à bord du vaisseau le plus puissant de la flotte alliée. Le pavillon de l'amiral français est enfin aperçu flottant à l'avant du *Bucentaure*. Le combat est entamé depuis quarante-cinq minutes, lorsque *Victory* flanqué du *Temeraire* parvient à portée des canons du trio de la «*forteresse centrale*» : *Santísima Trinitad*, *Bucentaure*, *Redoutable*. Le moment est crucial. Les premiers boulets tirés trop court ou trop long n'atteignent pas le vaisseau de Nelson, qui parvient à 500 mètres du *Bucentaure* sans avaries en dépit des tirs concentrés des vaisseaux entourant Villeneuve. La houle, prenant les vaisseaux franco-espagnols par le travers, les fait rouler et accroît sensiblement leur instabilité, compliquant la tâche des canonniers. Lucas fait monter la majorité de ses chefs de pièce sur le gaillard : «*Je leur fis remarquer combien nos vaisseaux tiraient mal, tous leurs coups portaient trop bas. Je les engageai à tirer à démâter et surtout à bien pointer.* »[532] Le vaisseau-amiral anglais commence à encaisser des coups aux cris de « *Vive l'Empereur* ». Un boulet coupe son mât de perroquet de fougue, un autre emporte la roue de gouvernail. Moins prévoyant que Collingwood, Nelson n'a pas fait coucher à plat-pont l'équipage de *Victory*. Son secrétaire, John Scott, est tué sur la dunette et un boulet ramé fauche huit soldats. Un projectile passe entre Nelson et Hardy. « *Ça chauffe trop pour durer longtemps !* » s'exclame en souriant Nelson. Bien qu'essuyant le feu de quelque 200 bouches à feu depuis quarante minutes, *Victory* continue inexorablement sa progression. Une nouvelle preuve que Nelson avait vu juste en pariant que sa flotte pouvait se faire « *barrer le T* » à deux reprises comme le reconnaît le commissaire général Le Roy dans sa relation de la bataille : « *Ce qui prouve le mieux à quel point les canonniers français et espagnols étaient maladroits, c'est le peu d'avaries qu'éprouvèrent les deux premiers vaisseaux chefs de file des deux colonnes anglaises, avant qu'ils eussent coupé la ligne, malgré le feu que faisaient sur chacun d'eux quatre ou cinq vaisseaux de l'armée.* »[533]

Victory n'est plus qu'à une encablure des trois vaisseaux du centre. La ligne est si serrée que l'abordage est inévitable et Hardy demande à Nelson sur lequel des vaisseaux il doit porter l'estocade finale. « *Nous n'y pouvons rien. Mon bon Hardy, abordez celui que vous voudrez, je vous en laisse le choix !* » lui répond celui-ci. Hardy choisit le plus faible en apparence, le *Redoutable*, et met le cap sur l'arrière du *Bucentaure*. Le feu redouble. Sur le *Bucentaure*, Villeneuve se saisit de l'aigle impériale et crie aux matelots : « *Je vais la jeter sur le pont du vaisseau anglais. Nous irons la reprendre ou mourir !* » À 12h30, il a fait hisser le signal n° 5 : « *Ordre aux vaisseaux qui, par leur position actuelle, ne combattent pas d'en prendre une quelconque, qui les reporte le plus promptement possible au feu.* » À 12h59, le vieux vaisseau de Keppel et de Jervis passe dans la brèche qui s'ouvre à l'arrière du *Bucentaure*, à portée de pistolet. Il le range de si près que ses vergues croisent au-dessus de la dunette. Il lâche sur le vaisseau-amiral français, qu'il domine de toute la hauteur de ses trois-ponts, une salve de 50 bouches à feu qui explose les fenêtres de la poupe, démonte 20 de ses canons et remplit les batteries de morts et de blessés tandis que ses caronades déchiquettent la mousqueterie de la dunette et des hunes. *Victory* traverse lentement la ligne qu'il vient de rompre et essuie le tir meurtrier du *Neptune* (fr.) sans y répondre. Il vient brusquement sur tribord et heurte le flanc du *Redoutable*, que Lucas a couvert de voiles pour tenter de l'empêcher de rompre la ligne et qui serre de si près le *Bucentaure* que son beaupré touche le couronnement de la poupe du vaisseau-amiral français. La violence du choc entraîne les deux vaisseaux, désormais accrochés l'un à l'autre, sous le vent, ouvrant ainsi un passage où les vaisseaux anglais qui suivent peuvent s'engouffrer. La dunette du *Redoutable* se trouve par le travers et à la hauteur du gaillard arrière de *Victory*. Il est 13h10. Lucas fait hisser les grappins à toutes les vergues et tient ses compagnies d'abordage prêtes. Pour l'entraînement de son équipage, Lucas a mis l'accent sur les techniques de l'abordage où les Français sont réputés exceller et surclasser leurs adversaires anglais. La « *furia francese* » peut donner toute sa mesure dans des combats au corps à corps, identiques aux combats terrestres : une tactique héritée des galères que pratiquent les corsaires. Lucas a fait s'entraîner quotidiennement ses hommes à « *espadonner* » avec des sabres, à manier des grenades et se servir de mousquetons dotés d'une longue baïonnette. Il attend le moment propice pour les mettre en œuvre contre *Victory*, affaibli par la perte de son mât d'artimon, de son petit mât de hune et de son grand mât de perroquet.

Surgissant derrière *Victory* et le *Redoutable*, tragiquement enlacés dans une danse de mort, *Temeraire* canonne au passage le *Santa Ana*, déjà aux prises avec *Royal Sovereign*, attaque le *Neptune* (fr.), tombé sous le vent, avant d'essuyer le feu du *San Justo* et du *San Leandro*. Le *Redoutable* et le vaisseau-amiral anglais déchargent leurs bordées à bout portant. Les canons masqués par la muraille de *Victory* ne peuvent plus être remis en batterie, et sont rechargés à grand peine faute de recul. La mousqueterie des hunes du *Redoutable* ravage *Victory* dont les passavants et les gaillards sont couverts de cadavres. La mousqueterie que Nelson n'a pas voulu déployer par crainte de l'incendie, lui manque cruellement. *Victory* ne tire plus. Lucas fait monter ses divisions d'abordage, « *avec un tel ordre, les officiers en tête de leur compagnie, qu'il semblait que ce n'était qu'un exercice* » [(534)]. Les gaillards du vaisseau français se couvrent d'hommes armés de sabre ou de hache, un pistolet à la ceinture, qui se précipitent sur la dunette, les bastingages et dans les haubans. Les canonniers anglais montent sur le pont pour repousser cette menace, mais ils sont refoulés en désordre par un feu nourri. Alors qu'il parcourt le gaillard arrière avec le capitaine Hardy, Nelson chancelle et tombe face contre le pont dans une flaque de sang. Il est 13h15. La balle, tirée directement de la hune d'artimon du *Redoutable* ou plus vraisemblablement ayant ricoché, l'a frappé à l'épaule gauche. Le chapelain Alexander Scott se précipite, précédé par le sergent des *Royal Marines* Secker et deux matelots timoniers. Ils relèvent Nelson maculé de sang. Hardy, qui n'a point entendu sa chute, se retourne alors et se précipite très ému : « *J'espère, milord, s'écrit-il, que vous n'êtes pas dangereusement blessé !* » Nelson halète : « *Ils ont fini par m'avoir, Hardy… la balle m'a traversé la colonne vertébrale.* » Son visage et ses décorations sont recouverts par un mouchoir pour ne pas troubler l'équipage avant que Nelson ne soit descendu dans le poste de secours, installé dans le faux-pont en dessous de la ligne de flottaison, où opèrent le chirurgien William Beatty et ses aides à la lueur de fanaux. Dans cet espace confiné, l'odeur de sang se mêle aux relents de vinaigre et de gin. Nelson est conscient de la gravité de son état : « *Vous ne pouvez plus rien pour moi, monsieur Beatty, je n'ai plus que bien peu de temps à vivre.* » La paralysie le gagne. Il est étendu sur un cadre suspendu aux barrots. Le pasteur accourt. Beatty commence à le déshabiller. Il constate que la blessure est mortelle et pronostique une fin imminente. L'autopsie montrera que la balle a fracturé deux côtes, traversé le poumon, sectionné une artère, brisé la colonne vertébrale avant de se loger sous la clavicule droite. Mais la mort attendra trois heures que le dieu de la guerre confirme la victoire anglaise avant de prélever son dû. Durant cette longue agonie, Nelson conserve sa lucidité et l'esprit préoccupé du souvenir de lady Hamilton et de l'issue de la bataille.

Les matelots du *Redoutable*, gênés par l'élévation de la troisième batterie de leur adversaire, tentent vainement d'escalader la muraille de *Victory*. Lucas fait couper les sustentes de la grand-vergue pour l'abattre et s'en servir comme pont-levis. L'aspirant Yon et quatre matelots parviennent en passant par une ancre à se hisser sur le vaisseau-amiral anglais, ouvrant une voie aux colonnes d'abordage. L'amarinage de *Victory* est imminent. Le dieu de la guerre hésite. Lorsque soudainement le *Redoutable* est balayé par une effroyable volée de boulets et de mitraille. Un carnage qui met hors de combat 200 hommes. C'est le trois-ponts *Temeraire* qui, constatant la situation critique de son amiral, est venu à son secours. Lucas ordonne au reste de l'équipage de descendre dans la batterie et de décharger sur *Temeraire* les canons de tribord non démontés. *Temeraire* revient par le travers du vaisseau français et le foudroie de nouveau de toute sa bordée. Il hèle le *Redoutable* de se rendre et de ne pas prolonger une résistance inutile. Lucas fait répondre par une volée de coups de fusil.

Plus au nord, le trois-ponts *Neptune* (br.) se jette sur le *Bucentaure*, durement éprouvé par la première bordée de *Victory*, tandis que *Leviathan* coupe la ligne avec l'aide de *Conqueror* et vient, malgré l'intervention du *Héros* et du *San Agustín*, assaillir le quatre-ponts espagnol, le *Santísima Trinitad*. De façon inopinée, le *Neptune* (fr.) et les deux vaisseaux espagnols, *San Leandro* et *San Justo*, qui étaient tombés sous le vent dans l'est de la ligne de combat, virent de bord pour gagner l'arrière-garde au lieu de porter secours au vaisseau-amiral. L'historien britannique Jenkins explique cette malencontreuse initiative comme une mauvaise interprétation des ordres de Villeneuve qui avait insisté pour que chaque vaisseau s'occupe d'un adversaire. Or lorsque les trois vaisseaux amorcent leur virement de bord, l'arrière-garde franco-espagnole semble la plus menacée. C'est en tout cas l'explication qu'avança le commandant du *Neptune*, Maistral [(535)]. Tombé sous le vent, il n'avait pu prendre poste dans la ligne et risquait de tirer par méprise sur des vaisseaux alliés tombés également sous le vent. Il avait choisi d'exécuter à la lettre le signal de Villeneuve et de porter secours au *Santa Ana*.

Reliés involontairement par les mâts dont les débris s'enchevêtrent sur les ponts, *Temeraire*, *Victory* et le *Redoutable* dérivent au gré du vent et tombent sur le *Fougueux*, dégréé, en partie démonté de ses canons et désemparé à l'issue de ses combats avec *Royal Sovereign*, *Bellisle* et *Mars*. *Temeraire* rouvre le feu sur le *Fougueux*, qui l'aborde par le travers, et le saisit au grappin. Le capitaine de vaisseau Baudoin blessé mortellement perd connaissance. Son second, le capitaine de frégate Bazin, prend le commandement et lance ce qui reste de l'équipage pour arrêter les compagnies anglaises montant à l'abordage. Stoppés à la baïonnette, les hommes du capitaine de vaisseau Eliab Harvey se replient. Le trois-ponts écrase de toute sa hauteur le vaisseau français et foudroie à bout portant les gaillards et les ponts de celui-ci. « *L'ennemi faisait agir pendant une demi-heure ses caronades de gaillard, qui bourrées de mitraille, jointes à sa mousqueterie, nous balayaient nos ponts sur lesquels l'ennemi agissait avec un avantage très grand par son élévation.* »[(536)] Bazin est blessé : « *Je fis appeler le quatrième lieutenant le seul qui restait debout, et le questionnai sur l'état de la première batterie, il m'assura qu'elle était presque hors de service et qu'il n'y avait plus de monde. M. Dutrésit, enseigne, seul dans la batterie de 18, me fit dire qu'il n'avait plus que quinze hommes et que toutes les pièces étaient démontées.* »[(537)] Rien ne peut plus s'opposer aux matelots du *Temeraire*, menés par le lieutenant de vaisseau Kennedy, qui sautent dans les haubans du *Fougueux* et amènent eux-mêmes le pavillon du vaisseau français. Il est 14h10. Bazin a juste eu le temps de jeter par-dessus bord l'aigle impériale et la boîte de plomb contenant les instructions secrètes.

La mâture du *Redoutable* s'effondre en travers du *Temeraire*, fauchant ses deux mâts de hune qui viennent défoncer la poupe de son adversaire français. Pris en étau entre deux trois-ponts, le *Redoutable* n'est plus de force pour prolonger la lutte bien longtemps avec son artillerie presque totalement démontée, son grand mât abattu, sa poupe crevée, ses deux flancs percés à jour, la braie de son gouvernail en feu et ses pompes brisées. Les batteries et les gaillards sont déserts. Les survivants encore valides luttent contre les voies d'eau. Des blessés dans le faux-pont continuent à crier « *Vive l'Empereur ! nous ne sommes pas encore pris : le commandant vit-il encore ?* » Même si *Victory* ne combat plus, Lucas, blessé, se résout à l'inévitable comme il le relate dans son compte rendu : « *Ne pouvant nullement riposter et ne voyant aucun de nos vaisseaux, qui étaient tous très éloignés sous le vent, venir à notre secours, je n'attendais plus pour me rendre que la certitude que les voies d'eau qu'avait le vaisseau fussent assez conséquentes pour qu'il ne tardât pas à couler à fond. À l'instant qu'on m'en donna l'assurance et que j'ordonnai d'amener le pavillon, il vint bas de lui-même par la chute du mât d'artimon.* »[538] Il est 14h20. Ce vaisseau de 74 a dû affronter deux trois-ponts anglais armés de plus de 100 bouches à feu chacun et totalisant un effectif triple du sien. Sa résistance héroïque lui a coûté 7 tués ou blessés sur 18 officiers; 6 tués et 5 blessés sur 11 aspirants; 450 tués et 70 blessés sur 643 hommes d'équipage. Lors de l'amarinage, Lucas relate un incident significatif sur l'état d'esprit régnant dans l'équipage qui a bien du mal à s'avouer vaincu: « *Au moment où un des marins anglais mettait le pied dans un des sabords de la deuxième batterie du* Redoutable, *un de nos matelots, blessé d'une balle à la cuisse, se saisit d'un mousqueton armé d'une baïonnette et fondit sur lui avec fureur en disant:* "Il faut que j'en tue encore un!" *et lui passant sa baïonnette dans la hanche, le fit tomber entre les deux vaisseaux.* »[539]

Engagé en premier, dépouillé de ses voiles et de ses vergues, après son corps à corps avec *Royal Sovereign*, le *Santa Ana* a subi les coups meurtriers de *Belleisle* et *Temeraire* de la colonne Nelson. Álava et Gardoqui, blessés, sont ensevelis sous un dédale de toiles. Sur un équipage de 1 188 hommes, 104 sont tués et 236 blessés. À 14 heures, les trois mâts s'abattent soudainement tous ensemble, rendant vaine la prolongation de la lutte. Vingt minutes plus tard, le vaisseau espagnol abaisse ses couleurs. À l'arrière du trois-ponts espagnol, cette partie de la ligne a opposé la plus vive résistance aux coups de butoir de la colonne Collingwood. *Belleisle*, après avoir repoussé le *Fougueux*, encaisse pendant une heure les coups de plusieurs vaisseaux alliés. Dématé de ses trois bas mâts, enseveli sous un amas de voiles et de cordages, ses couleurs sont clouées à son mât d'artimon. Des secours lui viennent de toutes parts et détournent le feu de ses assaillants: *Polyphemus* s'interpose entre lui et le *Neptune* (fr.), *Defiance* s'en prend à l'*Aigle* et *Swiftsure* (br.) à l'*Achille* (fr.). *Belleisle* ingouvernable n'en capture pas moins dans sa dérive l'*Argonauta* lequel a perdu 100 hommes tués, 200 blessés dont son commandant don Antonio Pareja, et une grande partie de son artillerie.

Au vent de ces vaisseaux, deux duels opposent *Mars* au *Pluton* et *Tonnant* à l'*Algésiras*. Le *Pluton* force de voiles et empêche *Mars* de passer sur son avant tout en le balayant de plusieurs bordées. Le vaisseau anglais cherche un autre point où couper la ligne et tente de s'insérer entre le *Fougueux* et le *Monarca*. Le *Pluton* qui l'a suivi s'interpose et le force à lui présenter le travers pour éviter un tir d'enfilade par l'avant. *Mars* est durement éprouvé par le combat rapproché. Son capitaine George Duff est emporté par un boulet ; ses mâts d'artimon et de hune sont abattus. Le commandant du *Pluton*, Cosmao, surnommé « *va-de-bon-cœur* » par son équipage, s'apprête à l'achever à l'abordage lorsque surgit sur son arrière *Tonnant* qui l'oblige à se désengager. Durement éprouvé, le *Pluton* met barre au sud et continue à tenir le vent tout en « *combattant les vaisseaux qui se trouvaient à une portée* »[(540)]. Lorsqu'il rallie vers 16h45 le *Príncipe de Asturias*, il compte 280 hommes hors de combat. Sa deuxième batterie est encombrée d'éclats ; 9 pièces sont démontées ; plusieurs ont leurs bragues coupées ; la mâture, le gréement et la voilure ne tiennent que par miracle ; il fait deux pieds et demi d'eau par heure.

Tonnant, commandant Charles Tyler, tente de passer sur l'avant de l'*Algésiras*, portant la marque de Magon. Le capitaine de pavillon de celui-ci, Tourneur, manœuvre de sorte qu'il engage le beaupré de l'*Algésiras* dans les haubans de son adversaire. Une faute tactique selon certains exégètes. Ainsi coincé, le vaisseau français se trouve dans une position particulièrement inconfortable. Alors que son artillerie est quasi impuissante, il reçoit un feu roulant d'enfilade. Pour faire cesser ce feu meurtrier, les compagnies d'abordage se préparent à monter à l'assaut sous le commandement du lieutenant de vaisseau Verdreau. Magon, revêtu du baudrier brodé d'or que la Compagnie des Philippines lui a offert en reconnaissance de sa campagne de 1796-1797, a promis ce trophée au premier marin qui montera sur le pont de *Tonnant*. Mais les caronades anglaises fauchent la division d'abordage de l'*Algésiras* alors que *Bellerophon* et *Colossus* le canonnent par bâbord arrière. Magon « *sentant notre position critique, se portait sur tous les points et partout encourageait par sa présence, qui n'annonçait que le calme et le courage le plus héroïque* »[(541)]. À 14h45, le mât d'artimon de *Tonnant* s'effondre, entraînant dans sa chute le mât de misaine de l'*Algésiras*. La hache d'abordage à la main, Magon blessé au bras continue le combat. À 15 heures, Tourneur est touché à l'épaule par un biscaïen. Magon a une cuisse transpercée par un éclat de bois, mais le Malouin refuse de quitter le pont pour se faire panser. L'*Algésiras* est mal en point. Sa batterie de 18 est pulvérisée, les canonniers survivants descendent dans la batterie basse de 36 pour continuer le combat. De *Tonnant* déferlent les détachements d'abordage, refoulés de plus en plus difficilement. « *Notre position est désespérée, il ne nous reste plus qu'à mourir avec la satisfaction d'avoir bien fait son devoir* » (542) admet Magon quelques minutes avant d'accepter de se faire panser au poste des blessés. À 15h15, au moment où deux matelots l'entraînent, il est tué net par un coup de biscaïen reçu en pleine poitrine. Ainsi disparaît celui qui avait la réputation d'être « *le Kléber ou le Murat de la flotte* ». La fin est proche pour l'*Algésiras*, à bout de bord. Des valets enflammés de *Tonnant* mettent le feu dans la fosse aux lions. Rasé comme un ponton, plus de la moitié de son état-major hors de combat, toutes ses pièces démontées, le vaisseau français compte 77 morts et plus de 140 blessés. Une soixantaine de matelots de *Tonnant* envahit son pont et en prend possession. Il est 15h45.

Bellerophon, vétéran d'Aboukir et futur vaisseau d'exil de Napoléon, a tenté de couper la ligne sur l'avant de l'*Aigle*, mais le commandant de celui-ci, Gourrège, force de voiles et parvient à lui interdire le passage, et à l'aborder par le bossoir. Mais le plus vieux commandant de l'escadre française, atteint par cinq coups de feu, tombe foudroyé à son banc de commandement. Le capitaine de frégate Tempié le remplace. Les deux vaisseaux se rangent vergue à vergue pour se livrer un combat féroce au corps à corps. La muraille de chacun refoule les pièces de l'autre. Les canons ne pouvant se mettre en batterie, les équipages s'affrontent à coups de mousqueterie, dont est victime le capitaine de *Bellerophon*, John Cooke. Les compagnies de l'*Aigle* s'apprêtent à monter à l'abordage lorsque *Bellerophon* parvient à se dégager et s'éloigne. Le vaisseau français se porte contre *Bellisle*, mais l'arrivée de *Revenge* et *Defiance* fait pencher la balance en faveur des Anglais. Tempié est tué, il est relevé par le troisième lieutenant, Asmus Classen. « *L'instant d'après, un vaisseau ennemi qui n'avait pas encore combattu vint nous aborder et prendre la place que le premier venait de quitter* [...]. *Nous espérions au bout de troisquarts d'heure le réduire ou au moins le forcer à nous abandonner, lorsque nous fûmes enveloppés par trois autres vaisseaux, l'un à trois ponts par le bossoir de bâbord, un de 74 en poupe, et le troisième, par le travers à tribord.* » [(543)] Accablé de toutes parts, l'*Aigle* n'est plus qu'une épave. Les valets soufrés des vaisseaux anglais mettent le feu près de la sainte-barbe dans la fosse au câble et au couronnement. Son artillerie démontée, les deux tiers de l'équipage et presque tous ses officiers tués ou blessés, l'*Aigle* finit par se rendre à *Defiance*. Il est 16 heures.

Le *Swiftsure* (fr.) n'est pas parvenu à empêcher que *Colossus* coupe la ligne sur son avant. Son mât d'artimon et son grand mât de hune n'ont pas résisté aux tirs d'enfilade du vaisseau anglais, redoutablement meurtriers. Il n'en fait pas moins jeu égal avec lui jusqu'à 14h30 où *Bellerophon* vient à la rescousse et en trois volées foudroie son grand mât, une partie du couronnement, la roue du gouvernail, une grande partie de la deuxième batterie. « *Le chirurgien major m'envoya par deux fois un aspirant de la première batterie pour me dire qu'il ne pouvait plus recevoir de blessés, que l'emplacement de la cale et le faux-pont étaient pleins* » [(544)] relate le commandant Lhospitalier de La Villemadrin. Le mât de misaine s'effondre à son tour. Le *Swiftsure* n'a plus d'autre ressource que de se rendre à *Colossus*. Il est 15h30. Il compte 68 tués et 123 blessés ; il a cinq pieds d'eau dans sa cale.

Une fois le *Swiftsure* exécuté, *Bellerophon* se laisse porter sur le *Bahama* auquel il a déjà infligé un tir d'enfilade au passage. Il est suivi par *Colossus*. Galiano, couvert de blessures, encourage ses hommes avec force jurons jusqu'à ce qu'un boulet lui arrache la tête. Décapité au sens propre du terme, le vaisseau espagnol amène son pavillon. Il est amariné par *Colossus*. Le *Monarca*, d'abord canonné par *Tonnant*, est pris à partie par *Bellerophon* auquel il se rend. Son commandant Teodoro de Argumosa est blessé et 250 de ses hommes sont hors de combat.

Coupée sur tous les points, cette partie de la ligne n'est qu'une mêlée confuse et une série de combats individuels d'une sanglante âpreté. Chaque vaisseau anglais vient au plus près du premier adversaire qu'il rencontre et engage le combat à bout portant. Puis il poursuit sa route et laisse au suivant le soin de pilonner l'ennemi.

« Les Anglais réunirent alors tous leurs feux contre deux ou trois de nos vaisseaux, en les prenant par la poupe, par l'avant ou dans les hanches, de manière que nos vaisseaux, presque entièrement immobiles sur l'eau et battus par des forces très supérieures, ne pouvaient faire usage que d'une très petite partie de leur artillerie, et quelquefois seulement des canons de retraite. » [545] Une concentration de feu permanente accable chaque unité de l'arrière-garde d'autant que les vaisseaux alliés non avariés laissent arriver et abandonnent les autres. Les Anglais s'acharnent sur les vaisseaux à leur poste avant de poursuivre ceux qui ont plié. Les trouvant en désordre, éloignés les uns des autres, incapables de se soutenir mutuellement, ils les combattent en détail en agissant de conserve par paires ou pelotons et les maltraitent comme les précédents.

De conserve avec *Achille* (br.), *Colossus* attaque le *Montañés*, et l'*Argonaute*. La mort de son commandant, don Francisco Alcedo y Bustamante, démoralise le *Montañés* qui se retire du champ de bataille bien que n'ayant que 48 hommes hors de combat. Il laisse arriver jusque dans la ligne des frégates et ne prend plus aucune part à l'action. Les rapports français lui reprochent de n'avoir pas viré lof pour lof, ce qui lui aurait permis de combattre les ennemis ayant traversé la ligne. L'*Argonaute* est engagé vivement par *Achille* (br.) pendant une demi-heure. Les deux adversaires se séparent. Venu sur tribord, l'*Argonaute* est pris à partie par *Colossus* et *Bellerophon*, et, après quelques échanges d'artillerie, revient sur bâbord. Il présente la poupe à l'ennemi qui la dévaste. Sans être dégréé, il suit le *Montañés* dans sa retraite et s'éloigne du champ de bataille. En dépit des apparences, ses avaries dans la coque sont sérieuses et il compte à son bord 44 tués et 143 blessés. La frégate *Hermione* hisse le signal n° 5. L'*Argonaute* n'en tient pas compte et continue de s'éloigner. L'*Hermione* hisse à la tête de ses mâts le numéro de l'*Argonaute* et garde les deux signaux pendant une heure. En vain. La réputation du commandant de l'*Argonaute*, Épron-Desjardins, est entachée. Pèse sur lui l'accusation d'avoir plié trop tôt. Il s'en défend avec l'appui de son état-major [546]. Il argue qu'avec ses haubans coupés, sa mâture délabrée, sa batterie de 36 en feu, ses pièces démontées, il est tombé sous le vent, qu'il en a profité pour faire des réparations de fortune et qu'ensuite il était trop tard pour revenir au feu [547]. De toute façon, personne à bord n'a vu le signal de la frégate. C'est d'ailleurs pourquoi il a été très étonné lorsque le capitaine de frégate Mahé, commandant l'*Hermione*, a répondu à sa demande de remorquage par une bordée d'insultes, lui tenant « *au porte-voix des propos les plus indécents* ».

À la queue de l'arrière-garde, la fumée épaisse masque les cinq vaisseaux alliés assaillis par huit anglais. Le *San Ildefonso* qui a défendu âprement le *Príncipe de Asturias* de Gravina, est avarié. Rasé comme un ponton, avec 165 hommes hors de combat dont son commandant Vargas, il n'est plus en mesure de résister à *Defiance* à qui il se rend. La ligne n'existe plus depuis longtemps, il ne reste plus que des vaisseaux combattant par devoir leurs adversaires qui donnent l'impression de virevolter autour d'eux, tant leur mobilité, leur vitesse de tir et leur audace sont grandes dans ce qui ressemble à une curée.

Dès le début de l'engagement, l'*Achille* (fr.) a son mât de hune cisaillé. Il est pris entre deux feux, à bâbord par *Defiance* et à tribord par le trois-ponts *Dreadnought* [548]. À 14 heures, le lieutenant de vaisseau Montalembert, second de l'*Achille* est tué. Une demi-heure plus tard, c'est le tour du commandant Deniéport, qui blessé précédemment à la cuisse n'avait pas voulu quitter son poste. Tous les lieutenants de vaisseau sont hors de combat. L'enseigne de vaisseau Jouan prend le commandement. Il est tué à 15 heures par un coup de biscaïen dans la poitrine et remplacé par l'enseigne Cauchard, commandant la batterie de 18. L'*Achille* abat le grand mât et le mât d'artimon du vaisseau anglais tribord aux cris de « *Vive l'Empereur* ». Il est pris à partie successivement par *Belleisle*, *Polyphemus*, *Swiftsure* (br.), auxquels s'ajoute le trois-ponts *Prince*, qui a tourné la queue et l'a remontée sous le vent. La pompe à incendie est hors service, les seaux sont détruits. Des hommes tentent de couper le mât de misaine, à demi consumé par l'incendie qui s'est déclaré dans la hune, mais celui-ci est abattu par les boulets de *Prince*, et tombe sur le pont où il communique le feu aux canots, et des canots à la batterie de 18, ce qui n'empêche pas la batterie de 36 de continuer à tirer. L'incendie se propage à tout le bâtiment. Isolé au milieu des vaisseaux anglais, l'*Achille* est bientôt abandonné par eux, comme un pestiféré, par crainte de l'explosion.

L'équipage cesse de tirer. C'est le sauve-qui-peut général. Tout ce qui peut flotter – pièces de bois, débris de la mâture – est balancé par-dessus bord et les hommes se jettent à la mer pour venir s'y accrocher. Le chirurgien-major Saint-Hilaire se résout à sauter en même temps que le matelot dont il vient d'amputer le bras et qu'il soutient au-dessus des flots jusqu'à l'arrivée des secours. Les Anglais les plus proches envoient leurs chaloupes qui joignent leurs efforts au schooner *Pickle* (br.) et au cutter *Entrepenante* (br.) pour récupérer autant d'hommes qu'il est possible. Quelque 158 Français seront ainsi sauvés et ramenés à Cadix sur des bâtiments parlementaires. Sous la conduite du jeune enseigne Cauchard, marins et soldats encore valides continuent à mener une lutte désespérée contre le sinistre, en noyant les poudres.

Le *Berwick* a perdu son beaupré en essayant de barrer la route à *Revenge*. Avec le *San Juan Nepomuceno*, il est écrasé par *Polyphemus*, *Thunderer*, *Swiftsure* (br.). Malgré la chute de ses mâts, il oppose une résistance qui ne fléchit pas. Son commandant Filhol de Camas est tué*, coupé en deux par un boulet faisant fi des soixante pavillons cloués ; son second, le capitaine de frégate Guichard, lui survit de quelques minutes. Le *Berwick* tombe aux mains des Anglais. Il est 16 heures. Le chirurgien-major Lassère a traité 150 blessés pendant les combats, dont la moitié gravement atteints, et, pendant la nuit, il va procéder à 37 amputations (549). Le *San Juan Nepomuceno* commandé par Churruca lutte contre plusieurs vaisseaux anglais quand surgit le trois-ponts *Dreadnought* qui le désarticule. Un boulet emporte la jambe droite de Churruca, qui continue à diriger les combats : « *Ce n'est rien, continuez le feu.* » Vidé de son sang, il finit par mourir sans avoir consenti à amener le pavillon.

---

*En avril 1806, un coffret en fer blanc, contenant ses épaulettes, les insignes de son grade et la croix de la Légion d'honneur, est remis à sa famille, conformément à son testament. « *Si je suis tué dans l'action, envoyez-les pour apprendre à mes enfants comment on s'en rend digne de la confiance de Sa Majesté et leur donner un exemple de dévouement à imiter s'ils sont appelés à parcourir la même carrière.* » Il convient de rappeler que Filhol de Camas avait été suspendu par le Directoire en raison de sa parenté avec l'ex-officier de marine, ex-député des Cinq-Cents, Jean-Jacques de La Carrière de Méricourt, condamné à la déportation pour ses positions pro-royalistes.

Il avait prévenu un de ses amis avant la bataille : « *Si tu apprends que mon bateau est pris, dis-toi que je suis mort.* » Ainsi disparaît « *le grand Churruca* », un des officiers les plus brillants de la marine espagnole aux talents multiples : mathématicien, expert en artillerie, astronome, hydrographe, explorateur de renommée internationale. Il avait même reçu à Paris des mains de Napoléon un sabre d'honneur et une paire de pistolets. La situation est intenable pour le vaisseau espagnol accablé par plusieurs vaisseaux ennemis. Il est amariné par *Dreadnought*. Plus de 250 hommes sont hors de combat.

Un dernier groupe de vaisseaux français et espagnols s'est regroupé autour de Gravina. *Revenge*, commandant Robert Moorsom, un des plus fins voiliers de l'escadre de Collingwood, tout juste sorti des chantiers, s'est jeté sur le *Príncipe de Asturias* qui est parvenu toutefois à l'empêcher de couper la ligne. Les Anglais bénéficient de l'avantage du vent alors que Gravina est dans l'impossibilité de manœuvrer pour se porter à l'aide de la tête de l'arrière-garde. Il doit faire face à l'arrivée de nouveaux arrivants anglais. Il est serré de très près et fort maltraité par ses adversaires *Dreadnought*, *Polyphemus* et *Thunderer* qui se réunissent pour l'accabler. Le *San Justo* et le *Neptune* (fr.) se portent à son secours et le dégagent avec le concours du *Pluton*. Gravina est gravement blessé au coude gauche ; son chef d'état-major, Escaño, est touché à la jambe. Le *Príncipe de Asturias* dérive dangereusement et, foudroyé par les tirs anglais, tombe sous le vent.

L'arrière-garde réduite, *Dreadnought*, *Polyphemus* et *Swiftsure* (br.) remontent vers le nord pour prêter main forte à *Royal-Sovereign*, *Mars* et *Bellisle* durement éprouvés. *Temeraire* et *Orion* de la colonne Nelson sont déjà venus à leur secours. *Royal Sovereign*, désemparé, est pris à la remorque par la frégate *Euryalus*. Collingwood enregistre un grand succès. Sur les seize vaisseaux franco-espagnols que sa colonne a attaqués, dix sont pris et un est en train de brûler. L'aile gauche de l'armée combinée est dispersée ou détruite, mais l'aile droite est encore intacte une heure et demie après l'ouverture du feu.

À 13h30, la frégate *Hortense* prévient Villeneuve qu'aucun des dix vaisseaux à l'avant du *Santísima Trinitad* ne prend plus part au combat, à savoir en partant de la tête : le *Neptuno*, le *Scipion*, l'*Intrépide*, le *Formidable*, le *Duguay-Trouin*, le *Mont-Blanc*, le *San Francisco de Asís*, matelot d'avant du *Héros* et le *Rayo*, tombé sous le vent. Selon Dumanoir, les trois vaisseaux à trois-ponts de Nelson avaient commencé par se diriger sur le centre de son avant-garde, engageant le combat à 12h15. Puis ils virèrent de bord après une canonnade de quarante minutes. En ce qui concerne les trois vaisseaux de tête, la canonnade a sans aucun doute été beaucoup plus brève que Dumanoir le prétend, car tout de suite après que le *Formidable* a ouvert le feu, *Victory* et *Temeraire* ont viré de bord, comme le mentionne le lieutenant Conor du *Héros*, qui ajoute « *alors que les autres navires de la colonne restaient bâbord amures, menaçant notre avant-garde* » (550). En fait, la colonne de Nelson se rabat sur le centre et les dix vaisseaux précédant le *Santísima Trinitad* n'échangent plus que quelques bordées avec *Africa*, qui défile devant eux pour rejoindre la mêlée du centre. Ces vaisseaux continuent imperturbablement leur route vers Cadix comme si Villeneuve n'avait pas hissé à 12h30 le signal n° 5. Dumanoir ne répond pas à ce signal, et dans la fumée Villeneuve ne le remarque pas. Une demi-heure plus tard, Dumanoir continue à naviguer vers le nord. Il s'ouvre ainsi une brèche entre l'avant-garde et le centre. À 13h30, Dumanoir se contente de répéter le signal n° 5, sans réagir, alors que Villeneuve a insisté sur l'importance d'exécuter cette manœuvre vitale et précisé que ce serait une « *tache déshonorante* » pour ceux à qui il serait adressé. Au lieu d'agir de sa propre initiative, Dumanoir reste dans l'expectative alors que la bataille fait rage depuis plus d'une heure. À 13h45, Villeneuve fait signal à l'avant-garde de virer lof pour lof pour venir à l'aide du centre durement attaqué. À la vue du nouveau signal de Villeneuve, l'avant-garde finit par exécuter le mouvement exigé, avec lenteur. La brise faible est éteinte par la canonnade et une forte houle du large présage une tempête prochaine. Dans l'impossibilité de gouverner, plusieurs des vaisseaux de l'avant-garde doivent mettre leurs chaloupes à la mer pour se faire remorquer et effectuer leur demi-tour. Le huitième vaisseau, le *Rayo*, tombé sous le vent ne bouge pas ; le septième, le *San Francisco de Asís*, bien que n'ayant rien vu vire de lui-même, vent arrière, suivi par les deux vaisseaux de tête du centre, le *Héros* et le *San Agustín*. Si Dumanoir n'est guère pressé de courir au feu avec sa division, par contre il exige d'elle une formation en ligne impeccable. Une étonnante prédilection pour le formalisme au moment où la situation est critique, qui rappelle l'attitude de Villeneuve durant la bataille des Quinze-Vingt. Or au cours de la manœuvre, le *Mont-Blanc* et l'*Intrépide* s'abordent. Certes sans dommage, mais la confusion est à son comble. Le *Formidable* prend la tête de ce qui a été l'avant-garde. Avec le *Scipion*, le *Mont-Blanc* et le *Duguay-Trouin*, il tient le vent tribord amures en gouvernant au sud-ouest et passe au vent des deux flottes, ce qui l'éloigne inexorablement du champ de bataille.

L'*Intrépide* ne l'entend pas ainsi et refuse de suivre son chef de file. Après plusieurs tentatives, ce très mauvais voilier parvient à virer. Son commandant Infernet, parent du maréchal Masséna, un « *officier qui ne réunit pas l'estime publique, n'ayant pas une conduite intacte, des talents fort ordinaires et aimant le vin* » [(551)] selon le vice-amiral Martin a aussi « *heureusement une autre idée du devoir et de l'honneur* » [(552)]. Il s'écrie en provençal : « *Lou capo sur lou Bucentauro !* » Il pique au sud avec le *Neptuno*. Il a le projet insensé de dégager Villeneuve, de le prendre à son bord et de rallier les vaisseaux en état de combattre. Mais il est trop tard. Furieux de ces initiatives contraires à son ordre de marche, Dumanoir interpelle le vaisseau espagnol : « *Où allez-vous ?* » hurle-t-il dans son porte-voix ; « *Au feu !* » réplique sèchement le brigadier Valdés. Le *Neptuno* et l'*Intrépide* foncent vers le cœur de la mêlée. Leur sort est scellé. C'est « *magnifique, mais pas de la guerre* » commente l'historien britannique Jenkins, qui n'a pas tort. Leur intervention héroïque est trop tardive pour secourir le centre sur le point de céder. Trop peu nombreux pour jouer un rôle d'une quelconque utilité, ils sont programmés pour augmenter le nombre des vaisseaux capturés. L'honneur est-il au prix de ce sacrifice inutile ? Quatre autres vaisseaux ont fait demi-tour : le *San Francisco de Asís*, le *San Agustín*, le *Rayo*, et le *Héros*. La manœuvre est si lente que Hardy, à bord de *Victory*, ne remarque pas leur mouvement avant 15h30. Aussitôt il alerte la division de Nelson pour qu'elle se prépare à les accueillir. Hardy profite de cette accalmie pour descendre au chevet de son illustre blessé qui s'affaiblit. Lorsqu'il remonte sur le pont, le sursaut de l'avant-garde a fait long feu. Les six vaisseaux franco-espagnols ne persévèrent pas tous dans leur mouvement en direction du centre. Ils se heurtent aux vaisseaux anglais qui viennent d'entrer en lice : *Britannia*, *Ajax*, *Orion*, *Agamemnon*. Le *Rayo* et le *San Francisco de Asís* après avoir essuyé le feu de *Britannia* se hâtent de plier et rejoignent la division de Gravina dans le sud-est. Le matelot d'avant du *Santísima Trinitad*, le *Héros*, qui les précède, sans doute déstabilisé par la mort de son commandant le capitaine de frégate Poulain intervenue dès 13h20, continue impassiblement sa route comme si le combat ne faisait pas rage autour de lui. Ses 12 morts et 24 blessés ont donné à penser qu'il avait combattu mollement et que sa retraite était prématurée. Il échappe de justesse à la capture. À 16h30, il aligne sa manœuvre sur le *Pluton*, « *commandé par un des plus anciens commandants de l'armée* », une réflexion qui donne la mesure du désarroi du lieutenant de vaisseau Conor, son commandant provisoire, dépassé par la situation [553]. Le *San Agustín* est pris en tenaille par le tandem *Minotaur* et *Spartiate*, qui n'ont pas encore combattu. Ses mâts de misaine et d'artimon abattus, plus de la moitié de son équipage hors de combat, dont son commandant le brigadier Cajigal, il est finalement pris à l'abordage par *Leviathan*.

Dumanoir et sa division ouvrent, de loin, le feu sur *Conqueror*, qu'ils dépassent, et ensuite déversent leurs bordées sur *Victory*, *Temeraire* et *Royal Sovereign*. Ils trouvent le *Bucentaure* amariné, le *Santísima Trinitad* ne tirant plus et une escadre anglaise faisant cercle autour de ces vaisseaux. À l'arrière-garde, six autres vaisseaux ont formé une ligne pour couvrir leurs prises. Son capitaine de pavillon, Letellier, lui fait observer qu'avec ses haubans coupés sa mâture ne résisterait pas à un nouveau changement de cap. « *Arriver dans ce moment sur l'ennemi, eût été un coup de désespoir qui n'eût abouti qu'à augmenter le nombre de nos pertes et ajouter à l'avantage de l'ennemi, auquel par le délabrement de ma division, je n'aurais pu causer de grands dommages ; il était donc de mon devoir dans cette cruelle position, de chercher à réparer ma division dans l'espoir de chances plus favorables le lendemain* » [554], se justifie Dumanoir. Le *Formidable* a son gréement haché, les voiles criblées, 65 hommes tués ou blessés et quatre pieds d'eau dans la cale. Le *Duguay Trouin*, le *Mont-Blanc* et le *Scipion* ont subi des avaries et perdu une trentaine d'hommes. Dumanoir choisit la retraite. Ses quatre vaisseaux s'éloignent dans le sud-ouest. Le *Neptuno* est intercepté par *Spartiate* et *Minotaur*. Il résiste pendant une heure, avant d'amener entièrement démâté, ses canons démontés, 89 hommes mis hors de combat dont Valdés. Infernet constate avec amertume : « *Je vis avec douleur que je n'étais suivi que du vaisseau espagnol le* Neptuno, *tandis que quatre vaisseaux français tenaient le vent bâbord amure, ce qui les fit passer à une portée de canon au vent de l'ennemi.* » L'*Intrépide* se bat isolé. Il repousse *Leviathan* et *Africa*. Il est vivement attaqué par *Agamemnon* et *Ajax*, combat *Orion* bord à bord, et complètement démâté, comptant 59 tués et 128 blessés, il amène son pavillon. Il est 17 heures.

Sans ennemi à combattre, Dumanoir n'a pas cherché à couper la colonne de Nelson, ni esquissé le moindre mouvement pour venir au secours du centre surclassé, ni répondu au signal n° 5 hissé à 12h30. Il n'a pas tenu compte de la consigne de Villeneuve sur la position des vaisseaux qui ne seraient pas au feu. Dumanoir ressemble à de nombreux officiers de l'Ancien Régime comme de la Révolution et de l'Empire qui se sont trouvés dans la même position. D'un comportement acceptable dans des circonstances ordinaires, il est dépassé lorsqu'il s'agit d'affronter une situation critique et la tension du combat. Decrès était méfiant à l'égard de cet officier général de 35 ans, dont le principal mérite était d'être le neveu du vice-amiral Pléville Le Pelley, ancien ministre de la marine. Il le jugeait d'une « *extrême frivolité* »[(555)] et crut que son affectation dans une grande escadre, à la mer, était susceptible de le bonifier. Déjà en 1801, Dumanoir n'avait pas soutenu Linois durant la bataille d'Algésiras, un fâcheux précédent. Que pouvait-on attendre d'un officier qui, élève de port en 1787, n'était pas programmé pour servir à bord des vaisseaux et avait profité des circonstances politiques pour être propulsé contre-amiral à 29 ans ? Devant le Conseil d'enquête quatre ans plus tard, il devait expliquer qu'il n'avait pu manœuvrer à cause du vent trop léger et de la houle trop forte. Explication qui devait satisfaire ledit Conseil d'enquête, mais qui ressemble furieusement à l'argumentaire de Villeneuve à Aboukir. Les deux hommes donnent l'impression d'être sortis du même moule culturel, intellectuel et moral. Quelle que soit l'appréciation sur le comportement de Dumanoir, il est patent que des vaisseaux anglais après avoir percé la ligne alliée se sont montrés capables de manœuvrer, dans des conditions similaires aux siennes, avec infiniment plus de rapidité.

De nombreux comptes rendus incriminent Dumanoir qui aurait amené les quatre vaisseaux au vent de la ligne ennemie pour esquisser de loin un simulacre de combat avant de prendre le large. Selon certains exégètes, se basant sur les dires de Dumanoir, cette présentation serait tendancieuse. En fait, Dumanoir aurait tenté d'intercepter les deux derniers vaisseaux de la colonne de Nelson, *Spartiate* et *Minotaur*, qui viennent seulement d'entrer en lice. Mais il échoue. Au contraire, les deux vaisseaux anglais, en passant devant lui, balayent le *Formidable* et endommagent les autres avant d'intercepter plus loin le *Neptuno*. Son inertie pendant près de deux heures est déconcertante voire répréhensible, même si son intervention plus précoce n'aurait probablement pas fait basculer la victoire en faveur des Franco-Espagnols comme certains historiens et exégètes de la bataille le certifient. De l'avis général de tous les témoins, la ruée des Anglais fut « *irrésistible* ». La supériorité de leur artillerie causa des ravages insupportables à leurs adversaires bien en peine de leur rendre la pareille. Ce n'est pas parce que certains vaisseaux anglais comme *Royal Sovereign*, *Mars*, *Victory* ou *Belleisle* ont été sérieusement malmenés, désemparés et même menacés d'être abordés que les Franco-Espagnols auraient pu gagner la bataille ou obtenir un match nul. Il n'y a pas eu de moment critique. La dynamique des combats s'est dessinée en faveur des Anglais dès la rupture de la ligne.

Le *Bucentaure* se bat avec acharnement. Le trois-ponts *Neptune* (br.) se range bord à bord contre lui tandis que *Leviathan* et *Conqueror* font la même manœuvre, soumettant Villeneuve à un feu croisé aux effets dévastateurs. *Leviathan* rompt la ligne et se place contre le *Santísima Trinitad*. Il est rejoint par *Africa*, qui a longé à contre-bord les dix vaisseaux de l'avant-garde. La « *forteresse centrale* » résiste avec l'énergie du désespoir. Elle encaisse les bordées des vaisseaux de la colonne Nelson qui n'ont pas encore donné et défilent à leur bord. À 14 heures, le *Bucentaure* qui affronte plusieurs vaisseaux anglais, à portée de pistolet, perd coup sur coup son grand mât et son mât d'artimon, sciés par des boulets, qui s'abattent sur tribord, écrasant tout sur leur passage. Ces mâts, leur gréement, les vergues et les voiles masquent les batteries. « *Clouez le pavillon !* » hurle Villeneuve. Trois marins s'en saisissent et le fixent au tronçon du grand mât. Le mât de misaine s'abat à son tour. À ce stade de la bataille, le vaisseau-amiral aurait dû être pris en remorque par la frégate *Hortense*, qui lui est affectée. Est-elle trop éloignée sous le vent ? La brise est-elle trop faible ? Était-ce une mission suicidaire ? La frégate *Cornélie* envisage bien de tenter de le déhaler, mais elle trouve sur son chemin *Royal Sovereign* et renonce. Le *Santísima Trinitad*, qui n'a pas quitté le *Bucentaure*, le couvre de son feu. Mais à 14h30, il est démâté « *comme par enchantement* » de tous ses mâts. Il ne tire plus. C'est sans doute à ce moment qu'un curieux incident se serait produit. *Africa* a cru que le quatre-ponts espagnol avait amené, aussi a-t-il envoyé le lieutenant John Smith pour prendre possession du trophée le plus convoité de l'armée combinée. Une méprise. Les Espagnols ne sont pas encore décidés à capituler. Le lieutenant Smith est autorisé à quitter le bord sans être inquiété. Un étonnant geste chevaleresque dans une bataille féroce. Villeneuve continue à arpenter tranquillement la scène de son désastre dans l'espoir avoué de trouver la mort. Il cherche désespérément un canot pour continuer le combat sur un autre vaisseau : « *Le* Bucentaure *a rempli sa tâche ; la mienne n'est pas encore terminée.* » Les boulets, balles, mitraille et éclats épargnent Villeneuve "le chanceux", mais pas le *Bucentaure*, littéralement criblé. Toutes les embarcations sont en pièces ou ensevelies sous les voiles. Le *Santísima Trinitad* est hélé pour envoyer un canot, mais le quatre-ponts ne répond pas. La batterie de 24 est démontée, les servants se sont repliés dans celle de 36 où quelques pièces encore intactes font feu par bâbord. Villeneuve s'est exposé inutilement, la mort ne veut pas de lui, pourtant elle a frappé sans ménagement. Près de 200 hommes tués et 85 blessés, dont Magendie, gisent dans les batteries ou dans l'entrepont. Prigny insiste pour rendre « *justice à la bravoure et à l'intrépidité de M. Donnadieu, aspirant de 2e classe, qui dans le temps que les gaillards étaient déserts et sous un feu terrible, le vaisseau rasé de tous ses mâts, n'ayant plus de pavillon, M. Donnadieu, dis-je, s'était amarré l'aigle de l'Empire autour du corps.* » [556] Le *Bucentaure* n'est plus qu'une épave, incapable de rendre les coups qui continuent à l'accabler. Villeneuve fait immerger l'aigle impériale pour qu'elle ne serve pas de trophée, ainsi que les signaux et les papiers confidentiels. N'étant soutenu par aucun vaisseau et ne pouvant espérer aucun secours, il ordonne d'amener le pavillon et se rend à *Conqueror*. Il est 15h30. Sous une pluie de projectiles, le capitaine Atcherley, commandant des *Royal Marines* du *Conqueror*, parvient à conduire sur *Mars* Villeneuve, Contamine et Magendie. Il décrit la scène d'horreur qui règne à bord du *Bucentaure* : « *Les morts, qu'on repoussait à mesure qu'ils tombaient, gisaient en tas au milieu des ponts, et les balles et la mitraille qui les avaient traversés avaient affreusement mutilé les corps* [...]. *Plus de 400 hommes avaient été tués ou blessés, et une extraordinaire quantité de cadavres avait eu la tête emportée.* » Curieusement, le *Santísima Trinitad* n'est amariné qu'à 17h15 par *Prince*. Il compte 254 tués et 273 blessés dont Cisneros et Uriarte. Ironie de l'histoire, Cisneros avait en 1797 empêché le quatre-ponts de tomber aux mains des Anglais à la bataille du cap Saint-Vincent. L'aspirant Badcock de *Neptune* (br.) dresse un tableau apocalyptique du vaisseau espagnol qui révèle l'enfer des combats : « *Les poutres étaient couvertes de sang, de matière cérébrale et de morceaux de chair, et l'arrière des ponts était rempli de blessés, quelques-uns sans jambes, et d'autres à qui il manquait un bras.* »

À bord de *Victory*, le drame se noue. Hardy redescend au chevet de Nelson dans l'antre obscure, à l'air méphitique. Le blessé est au plus mal. Ses membres sont glacés. « *C'est une brillante victoire. Autant qu'on puisse en juger, milord, quatorze ou quinze vaisseaux ennemis sont déjà rendus*, murmure Hardy. – *C'est bien. J'avais fait mon compte pour vingt, mais je suis content...* » répond Nelson. Brusquement pensant la tempête prochaine qui depuis le matin l'obsède, il s'écrie : « *Jetez l'ancre, Hardy ! Jetez l'ancre !* » Surpris, Hardy objecte que Collingwood allait prendre le commandement. « *Non ! Non ! Pas tant que je serai en vie !* » Il tente de se redresser pour retomber lourdement sur sa couche, épuisé : « *C'est vous, Hardy, qui jetterez l'ancre ! – Faudra-t-il faire le signal, milord ? – Oui...*

Moi vivant, on mouillera ! » Haletant, il agite sa main gauche, invitant Hardy à se rapprocher de lui, comme pour une dernière confidence : « *Ne jetez pas mon corps à la mer, Hardy. – Non, certainement milord, non ! – Vous savez ce que vous avez à faire… Je vous recommande avant tout ma chère lady Hamilton ; si elle a besoin d'un protecteur, Hardy, je compte sur vous… Embrassez-moi, Hardy…* » Hardy terrassé par l'émotion se penche et s'exécute par deux fois, l'embrassant sur la joue et sur le front. « *Qui est-ce ?* » demande Nelson. « *C'est Hardy. —Dieu vous protège, cher Hardy.* » Hardy remonte sur le pont. Nelson murmure ses dernières paroles : « *Dieu merci !… J'ai fait mon devoir !* » Il passe de vie à trépas si progressivement que l'heure exacte de sa mort est inconnue. Selon la tradition, c'est un *powder monkey** qui aurait eu, grâce à ses douze ans, le privilège de fermer les paupières de Nelson. Ainsi s'achève en pleine gloire la vie du « *plus grand homme de mer de son temps* » (William Pitt).

Dans le sud-est, à 16h15, le *Neptune* (fr.) tente de rallier des vaisseaux pour monter au feu et secourir ceux qui luttent au vent, en vain. Il est suivi par le seul *Pluton*. Les frégates ont beau relayer son signal, les deux vaisseaux ne suscitent aucun mouvement d'entraînement. Ils finissent par abandonner et rejoignent le *Príncipe de Asturias*, qui ayant constaté que le *Bucentaure* avait amené, hisse le signal de ralliement général à partir de 16h30. Le vaisseau de Gravina se traîne péniblement sous quelques voiles en lambeaux, par vent arrière. À 17 heures, la frégate *Thémis* vient le prendre en remorque, et parvient à le déhaler du champ de bataille pour remonter vers Cadix. Le *Príncipe de Asturias* amène dans son sillage le *Pluton* et le *Neptune* qui rejoignent l'*Argonaute*, le *Héros*, l'*Indomptable* ainsi que les vaisseaux espagnols le *Rayo*, le *San Francisco de Asís*, le *San Justo*, le *Montañés* et le *San Leandro*, qui ont laissé arriver à diverses époques du combat. Certains sont gréés de fortune, maintenus à flot par leurs pompes actionnées en permanence, jonchés de morts et de blessés. D'autres quasiment indemnes auraient pu mieux combattre. Comme le résume Magendie « *le dernier ordre de Villeneuve et le renvoi à sa lettre de Toulon du 29 frimaire an* XIII

*Mousse chargé de l'approvisionnement en poudre des canons.

[21 décembre 1804] *n'a pas été mis en exécution sur plusieurs vaisseaux et frégates.* » [557] C'est un euphémisme. À 17h30, une explosion sourde retentit dans le sud. L'*Achille* vient de sauter en l'air, sombrant en feu, pavillon haut, entraînant dans sa mort l'enseigne Cauchart et les hommes qui n'ont pu quitter le bord. Cette déflagration met un point final à la fatale sortie de Villeneuve. Le silence écrase le champ de bataille. Les hommes sont abrutis de fatigue, dégrisés, vidés de toute tension nerveuse, avec dans la bouche le goût âcre et écœurant de la poudre et du sang. À la nuit tombante, la tempête qui menace depuis le matin se lève et va se déchaîner pendant quatre jours.

La victoire des Britanniques est éclatante. En cinq heures, les vingt-sept vaisseaux anglais ont terrassé les trente-trois vaisseaux des Franco-Espagnols. À Aboukir, ils avaient mis douze heures pour venir à bout de l'escadre française, le combat de Prairial en 1794 avait duré trois jours pour un résultat indécis. La performance de Trafalgar est à rapprocher dans la rapidité d'exécution à la « *bataille de sept heures* » d'Austerlitz. Sans avoir perdu un vaisseau, les Anglais en ont capturé dix-sept – huit français sur dix-huit (*Bucentaure*, *Redoutable*, *Fougueux*, *Algésiras*, *Aigle*, *Swiftsure*, *Berwick*, *Intrépide*) ; neuf espagnols sur quinze (*Santísima Trinitad*, *San Agustín*, *Santa Ana*, *Argonauta*, *Bahama*, *San Ildefonso*, *San Juan Nepomuceno*, *Monarca*, *Neptuno*) – auxquels s'ajoute l'*Achille*. Le score anglais est toutefois nettement inférieur à celui obtenu à Aboukir, la bataille de destruction de référence. En 1798, les quatorze vaisseaux de Nelson avaient mis hors de combat 80% du corps de bataille français en capturant, détruisant onze vaisseaux et une frégate. Seuls deux vaisseaux et deux frégates français étaient sortis indemnes. À l'issue de la bataille de Trafalgar, quinze vaisseaux et cinq frégates ont échappé à la destruction ou à la capture, ce qui établit à 55% le taux de mise hors de combat des forces franco-espagnoles, avant le déclenchement de la tempête et les combats du cap Ortegal du 4 novembre. La victoire anglaise est acquise au plus juste prix avec 1 663 hommes dont 449 morts et 1 214 blessés. Les pertes sont inégalement réparties. Le tiers des vaisseaux engagés enregistre les trois quarts des tués et les deux tiers des blessés. *Colossus*, le plus avarié de l'escadre, compte 200 hommes hors de combat dont 40 tués ; *Victory* 159, dont 57 tués ; *Bellerophon*

150, dont 27 tués; *Royal Sovereign* 141, dont 47 tués; *Belleisle* 126, dont 33 tués; *Temeraire* 123, dont 47 tués; *Mars* 98, dont 29 tués. *Achille*, *Defiance*, *Revenge* et *Tonnant* ont perdu environ 70 hommes. Treize vaisseaux ont moins de 10 morts. *Prince*, le dernier vaisseau engagé, n'a subi aucune perte. En proportion, Trafalgar est la moins coûteuse en vies humaines des quatre grandes batailles de la période, ce qui n'empêchera pas les critiques de certains exégètes, lesquels jugeront les pertes des Anglais excessives, conséquences des risques inutiles pris par Nelson.

ÉTAT COMPARATIF DES PERTES BRITANNIQUES (TUÉS ET BLESSÉS)
d'après amiral sir Cyprian Bridge, « Nelson : the Centenary of Trafalgar », *Cornhill magazine*, sept. 1905.

BATAILLE	HOMMES HORS DE COMBAT	NOMBRE HOMMES ENGAGÉS	% PERTES
Camperdown (1797)	825	8221	10%
Aboukir (1798)	896	7401	12,1%
Copenhague (1801)	941	6892	13,65%
Trafalgar (1805)	1 663	17256	9,63%

Or globalement leurs forces humaines sont à peu près intactes, nonobstant la perte irréparable de Nelson et la mort de deux commandants : George Duff (*Mars*), John Cooke (*Bellerophon*).

Que dire de leurs adversaires si sévèrement étrillés. En raison des circonstances, les statistiques franco-espagnoles sont très approximatives*. Les pertes franco-espagnoles sont estimées selon

*Les listes nominatives des tués, blessés et rescapés de la bataille et du naufrage ne sont constituées pour la plupart qu'en mars 1806, soit plusieurs mois après les événements, et d'après la foi de "témoins".

les auteurs à environ 7 000 hommes mis hors de combat, en incluant celles occasionnées par la tempête. Les Français compteraient 3 370 hommes tués et noyés et 1 160 blessés ; les Espagnols, 1 038 tués et 1 385 blessés [(558)]. Magon est mort ainsi que deux officiers généraux espagnols, les brigadiers Galiano et Churruca, auxquels s'ajoutent cinq commandants français (Filhol de Camas du *Berwick*, Gourrège de l'*Aigle*, Baudouin du *Fougueux*, Deniéport de l'*Achille*, Poulain du *Héros*) et Alcedo y Bustamente, commandant le *Montañés*. Mortellement blessé, Gravina ne meurt que le 9 mars 1806, au terme d'atroces souffrances provoquées par la gangrène. Cette mort en quelque sorte différée n'est pas exceptionnelle au regard de l'ignorance en matière d'asepsie de la médecine de l'époque, quelle que soit la qualité sociale du blessé, même Grand d'Espagne. Magendie, Lucas et Tourneur de l'*Algésiras* sont plus ou moins grièvement blessés ainsi que dix commandants espagnols dont Álava, et Escaño. Decrès en déduit que « *la presque totalité des vaisseaux de Sa Majesté était commandée par des hommes qui voulaient mourir* » [(559)]. Une réponse aux propos infamants de Napoléon, « *le jour où la marine aura quelques amiraux qui n'auront pas peur de mourir…* » L'armée est sérieusement étêtée d'autant que Villeneuve se trouve prisonnier avec 210 officiers et 4 589 matelots qui vont être transférés en Angleterre. Symptôme et conséquence du désastre, presque la moitié de l'effectif franco-espagnol engagé est tué, blessé ou emprisonné contre moins de 10% pour les Anglais. Le taux de mortalité des Alliés d'environ 15% est anormalement élevé. Alors que du côté anglais la proportion est d'un tué pour moins de trois blessés – rapport faible dans un contexte de combat rapproché –, du côté allié, la proportion est inversée avec un blessé pour trois morts. Ce phénomène constaté lors des batailles précédentes, notamment à Aboukir, s'explique par la supériorité écrasante de l'artillerie anglaise, l'efficacité des caronades, les combats livrés à bout portant « *à une demi-portée de pistolet* », l'explosion de l'*Achille*, les noyades lors de la tempête et le caractère inexpiable et passionnel qu'a pris le combat naval, où un vaisseau est censé n'amener son pavillon qu'une fois rasé comme un ponton, tous ses canons démontés et la majorité de ses hommes tués ou blessés pour ne pas être accusé d'avoir failli à l'honneur et trahi sa patrie, alors que le XVIIIe siècle était nettement moins exigeant à cet égard et admettait que la reddition n'était pas déshonorante après avoir épuisé toutes les ressources du combat ou offert une résistance face à un adversaire supérieur. Rien de comparable à la fureur de vaincre du *Redoutable*, faible vaisseau de 74 canons surclassé par deux trois-ponts anglais, qui offre en sacrifice 80% de son équipage. Est-ce raisonnable ? Durant cette bataille, les Français ont manifesté une pugnacité nettement supérieure à celle de leurs alliés, sans doute se sentaient-ils plus concernés ou à moins que ce soit la manifestation d'une caractéristique bien française du sacrifice de soi pour une cause perdue. Même si les exégètes ne manquent pas d'évoquer la « *boucherie navale* » –comme tout est relatif–, en valeur absolue la bataille de Trafalgar, à l'instar des combats navals, est moins meurtrière que les engagements terrestres. À titre de comparaison, à Austerlitz, les Français auront 9 000 hommes mis hors de combat – plus que les pertes totales de Trafalgar, tous belligérants confondus– sur 73 200 engagés alors que les Austro-Russes en ont perdu 25 000 sur 85 400.

Villeneuve explique sa défaite cinglante. « *L'ennemi doit ses avantages à la force de ses vaisseaux (dont sept trois-ponts, et dont le moindre ne porte pas moins de 114 bouches à feu) ; à la force de son artillerie toute de gros calibre, au moyen de ses caronades ; à l'ensemble, à la célérité de ses manœuvres ; à l'expérience de trois ans de mer sans interruption, expérience qui manquait entièrement à une grande partie de l'armée combinée.* » [(560)] Sa sortie a démontré au prix fort qu'il avait raison, l'audace, le courage et le dévouement ne peuvent pallier l'absence d'entraînement, l'infériorité de l'artillerie et les défaillances du matériel. Pour le capitaine de frégate Onésime-Joachim Troude, exégète de la bataille, « *ce qui paralysa cette armée, ce fut le manque d'entrain et d'enthousiasme ; ce fut le défaut de foi, de confiance du chef en ses subalternes, des subalternes en leur chef ; ce fut le séjour prolongé des troupes à bord des vaisseaux ; ce fut surtout l'absence d'homogénéité* » [(561)]. Durant cette bataille terrible, le pire a voisiné avec le meilleur. Des équipages se sont battus avec héroïsme, opiniâtreté et l'énergie du désespoir. D'autres ont plié avant d'avoir combattu. Les vaisseaux alliés n'ont pas coordonné leurs attaques alors que les Anglais fondaient sur eux en pelotons. Les ingrédients de la réussite – le talent, la coopération, l'imagination, la chance– se trouvaient du côté anglais, à quelques exceptions près, lesquelles ne pouvaient faire basculer la balance des forces. Le 17 décembre, Escaño fait à Godoy un rapport circonstancié sur le comportement des Espagnols. Il célèbre comme il se doit la bravoure des officiers, mais fustige les équipages : « *Il faut l'avouer, les matelots auraient dû être plus militaires et mieux exercés* [...]. *Ceux-là je n'oserais dire qu'ils aient fait leur devoir* [...]. *Les officiers-mariniers sont restés à leur poste mais ils n'ont pas déployé l'énergie que donnent l'intelligence du métier, l'expérience des combats, l'habitude des tempêtes.* »[562] Jurien de La Gravière porte un jugement sibyllin : « *Plût à Dieu que nous n'eussions eu à opposer à nos ennemis, en cette terrible journée, que vingt-cinq vaisseaux tels que le* Fougueux, *le* Pluton, *l'*Algésiras *et le* Redoutable. » Pour être juste il faudrait ajouter à ce palmarès l'*Intrépide*, le *Neptuno*, le *Bahama*, le *San Juan Nepomuceno* ou le *Bucentaure*. Mais les héros sont désignés ; commence leur entrée dans la légende. Le désastre consommé, la mort n'en a toutefois pas fini avec l'armée combinée.

L'APRÈS-DÉFAITE

Sur le pont de *Mars*, Villeneuve peut constater l'ampleur du désastre. Des fumées noires et opaques continuent à tourbillonner au-dessus des vaisseaux chahutés par la houle. Des planches, des débris de gréement, des cadavres, des barils, des avirons sont disséminés sur le champ de bataille et portés par les vagues vers la terre. Des canots, chargés à ras bord d'hommes, croisent sur l'endroit où l'*Achille* a sombré. Dans le nord-est, les onze vaisseaux survivants de l'armée combinée de leurs Majestés l'Empereur Napoléon et le roi Charles IV se replient en direction de Cadix avec cinq frégates et deux bricks. Collingwood est incapable de les prendre en chasse et de contrer leur fuite alors qu'une dizaine de ses vaisseaux dégréés ne peuvent reprendre le combat. Vers le sud, quatre vaisseaux alliés battant pavillon anglais (*Swiftsure*, *Bahama*, *San Juan Nepomuceno*, *San Ildefonso*) naviguent de conserve vers Gibraltar. Des équipages de prise anglais ont pris place à bord des vaisseaux capturés. Dans le sud-ouest, la division de Dumanoir (*Formidable*, *Scipion*, *Duguay-Trouin*, *Mont-Blanc*) est à peine perceptible sur la ligne d'horizon. Le vent, d'heure en heure, forcit. « *Jetez l'ancre !* » avait dit Nelson agonisant. Informé de cette injonction, Collingwood n'en revient pas : « *Mouiller ; c'est bien la dernière chose à laquelle j'aurais pensé.* » (563) Il n'a que 13 brasses d'eau, le vent fraîchit et porte droit sur la côte distante de six à sept milles. Pour livrer cette nouvelle bataille contre les éléments déchaînés tout en ramenant sa flotte, en partie désemparée, et ses prises devenues des trophées encombrants, il préfère attendre le jour au large, en s'élevant dans le vent. Durant la nuit, sous une pluie torrentielle, les vaisseaux procèdent aux réparations les plus urgentes : déblaiement des ponts, aveuglement des voies d'eau, installation de gréements de fortune, consolidation des mâtures, etc. Ils serrent le vent pour éviter les écueils et les hauts-fonds de la côte ibérique, invisibles dans l'obscurité. À l'aube, seule l'escadre anglaise et treize des vaisseaux vaincus stationnent encore sur le champ de bataille de la veille, alors que la tempête se renforce. Les vents contraires ont contraint Gravina et son escorte à jeter l'ancre à une heure trente du matin près de Rota. Le convoi allié prisonnier, dirigé sur Gibraltar, est mouillé près du cap Trafalgar, à huit milles de distance.

Le *Monarca*, le *Berwick*, le *Santa Ana* et le *Neptuno*, plus ou moins rafistolés pendant la nuit, paraissent tirés d'affaires. Pour d'autres la partie est loin d'être gagnée : le *Bucentaure* à sec de voile dérive, l'*Aigle* et le *Fougueux* menacent de sombrer, le *Redoutable* fait de l'eau comme une passoire. Les drames vont succéder aux drames. Dans l'après-midi, la mer continue à grossir et le vent à souffler grand frais. Le *Redoutable*, pris en remorque par *Swiftsure* (br.), est mal en point. Il aurait dû être évacué le soir même de sa capture. À 17 heures, le capitaine de prise anglais réclame du secours. Toutes les embarcations de *Swiftsure* viennent à la rescousse, mais l'évacuation des blessés est une opération quasi impossible tant la mer est houleuse. À 19 heures, la poupe du vaisseau s'écroule. Le *Redoutable* coule à pic avant que tous les blessés n'aient quitté son bord. Les canots de *Swiftsure* ne peuvent recueillir que

169 hommes, dont 134 blessés qui sont envoyés à Cadix sur des bâtiments parlementaires ; 474 ont disparu durant la bataille ou le naufrage ; seuls 35 seront finalement conduits prisonniers en Grande-Bretagne. Le *Bucentaure* dérive dangereusement. Un vaisseau anglais échoue à le prendre en remorque. Vers 17 heures, Prigny et le lieutenant de vaisseau Fulcran Fournier, le plus ancien des officiers du vaisseau, en profitent pour négocier avec les officiers de prise anglais un *gentleman's agreement* : le *Bucentaure* sera restitué aux Français ; Français et Anglais lutteront ensemble pour assurer sa sécurité ; une fois à terre, les Anglais ne seront pas gardés prisonniers (564). Des voiles sont établies sur des espars et le *Bucentaure* pique vent arrière sur Cadix. Faute de pilote espagnol à bord, Fournier se fie aux indications d'un marin connaissant les parages pour y avoir pêché pendant six années. Mais la visibilité est mauvaise dans la « *sombreur de la nuit* » et la « *pluie tombant par torrents* ». Trompé par la distance du feu de la tour à l'entrée de la rade de Cadix, le vaisseau talonne sur un haut-fond et démonte son gouvernail. Le lendemain dans l'après-midi, broyé par la houle, le *Bucentaure* se brise en deux comme une coquille de noix. Une partie de son équipage a été secouru par l'*Indomptable* qui, n'ayant plus qu'un seul mât, n'est pas parvenu à mouiller dans la baie de Rota après s'être éloigné de la bataille. Mais la tempête a raison de lui. Il est drossé à la côte. Dans le naufrage périssent noyés le capitaine de vaisseau Hubert, son commandant, ainsi qu'une grande partie de son équipage et 65 marins du vaisseau-amiral, qu'il venait de sauver. Seuls deux officiers et 178 hommes échappent au naufrage. Le *Fougueux*, coulant bas, est abandonné par les Anglais qui n'évacuent qu'une partie de l'équipage. Incapable de gouverner, il est jeté sur la côte et s'y brise. Douze officiers et une centaine d'hommes survivent à la bataille et au naufrage. Bazin fait état de la détresse de ces hommes – « *sauvés presque nus* » – et rappelle qu'il leur était dû seize mois de solde (565) ! L'*Aigle* est également abandonné avec à son bord 50 Anglais et un lieutenant de l'équipage de prise. Classen obtient *in extremis* que l'« *ordre barbare* » de couper les câbles en tronçon ne soit pas exécuté (566). Il prend le commandement. Un gréement de fortune est installé. L'*Aigle* parvient à jeter l'ancre à une lieue du littoral. Trop loin pour être secouru.

Il a beau s'alléger de ses canons, le troisième jour, il s'échoue à l'entrée de la rade de Cadix où les lames le déchiquettent. Mais l'équipage a pu être sauvé à temps. L'*Algésiras* a encore plus de chance. Sous les ordres des lieutenants de vaisseau de La Bretonnière – qui devait s'illustrer lors de la bataille de Navarin en 1827 – et Philibert, l'équipage réussit à prendre le contrôle du vaisseau et désarme les trois officiers de prise anglais qui opposent « *beaucoup de résistance et la plus grande fermeté*. [...] *L'allégresse fut générale et les cris de* "Vive l'Empereur !" *se firent partout entendre jusque parmi nos braves et malheureux blessés.* »[567] L'*Algésiras* met le cap sur la côte espagnole avec pour seule pratique un aide-canonnier « *venu plusieurs fois* » dans ces parages. Luttant contre la tempête qui redouble, il parvient à mouiller près du phare de Cadix. Des secours lui sont envoyés. Un pilote espagnol prend place à bord et le vaisseau rallie le port, le 25, au prix d'efforts insensés. Un colonel du régiment de La Corona brosse un tableau général saisissant : « *De nombreux navires dans la baie tirent du canon demandant du secours et il est impossible de le leur donner* [...] *la plage est couverte de cadavres et de débris. Le spectacle est affreux.* »[568]

Vingt-quatre heures après la bataille, Collingwood a reperdu cinq de ses prises, dont une seule *in fine* échappe à la destruction. Le 23 octobre, les vigies en baie de Rota aperçoivent à la faveur d'une éclaircie deux bâtiments démâtés dont l'un à la remorque d'un vaisseau anglais. Il s'agit du *Neptuno* et du *Santa Ana*. Cosmao, à la hauteur de son surnom « *va-de-bon-cœur* », hisse le signal d'appareillage en dépit du mauvais état du *Pluton*, faisant deux pieds et demi d'eau à l'heure, ayant un équipage réduit à 400 hommes et une mâture branlante. Il est suivi par le *Héros*, le *Neptune*, le *San Francisco de Asís* et le *Rayo*, les frégates et deux bricks. Tous courent sus à l'ennemi. À leur approche, celui-ci abandonne ses proies et chasse en retraite. Sous la protection de la petite division, la frégate *Thémis* prend en remorque le *Neptuno*, et le *Rhin* le *Santa Ana*, avec leurs garnisons anglaises, pour les ramener dans le port espagnol. Comme vingt-cinq à vingt-huit voiles se dessinent sur l'horizon, Cosmao décide de regagner Cadix : « *Je crus, d'après ces forces, ne pas devoir courir les chances d'une affaire.* »[569] Superbe ! Mais le résultat de la sortie est finalement décevant. Au retour vers Cadix, le *Rayo* est jeté à la côte à l'embouchure du Guadalquivir où les Anglais vont venir l'incendier, tandis que le *San Francisco de Asís* et le *Neptuno* s'échouent lamentablement au large de Rota. Cette sortie n'en vaut pas moins à Cosmao d'être nommé Grand d'Espagne. Elle constitue un défi audacieux pour sauver ce qui peut l'être du désastre et, au même titre que la reprise en main du *Bucentaure* et de l'*Algésiras* par leurs équipages, elle est révélatrice de la hargne et de la frustration qu'éprouvent les marins français, refusant la défaite. Le commissaire Le Roy à Cadix témoigne que dans les hôpitaux espagnols les officiers sont animés du « *désir de prendre leur revanche contre l'ennemi* » [(570)]. Par parenthèse, les hommes n'ont pas le moral abattu par la défaite. Gicquel des Touches témoigne que sur l'*Intrépide,* Français et Anglais ont même fraternisé – il est vrai – pour mettre en perce les barriques d'eau-de-vie et se saouler. Quant à Infernet, prisonnier sur l'*Orion*, il n'hésite pas à encourir la désapprobation de ses jeunes officiers en consommant des grogs où « *il mettait autant d'eau de vie que d'eau douce* » et justifiant son intempérance par un imparable : « *Je ruine l'ennemi !* »

La crainte de nouvelles attaques et la persistance du mauvais temps décident Collingwood à envoyer par le fond le *Santísima Trinitad* et l'*Argonauta*, à incendier l'*Intrépide* et le *San Agustín*. Il ne lui reste plus que le *Monarca* et le *Berwick*, mais les deux vaisseaux cassent leurs remorques et sont jetés à la côte ; 58 hommes réchappent du naufrage du *Berwick*. Enfin, des quatre vaisseaux dirigés sur Gibraltar, le *Bahama* coule en arrivant au Rocher ; le *Swiftsure* et le *San Ildefonso*, irréparables, sont démolis ; seul, le quatrième, le *San Juan Nepomuceno* peut être réparé et incorporé dans la Royal Navy. Un faible score.

Le 25 octobre, l'amiral Rosily arrive à Cadix. « *Je ne puis vous peindre l'amertume et le chagrin que j'ai éprouvés à mon arrivée à Cadix* » [(571)], écrit-il consterné à Decrès. Au lieu des trente-trois vaisseaux qu'il vient commander, il ne trouve que cinq vaisseaux français (*Pluton, Algésiras, Héros, Neptune, Argonaute*) et cinq vaisseaux espagnols (*Santa Ana, San Justo, San Leandro, Montañés, Príncipe de Asturias*). Il hisse sa marque sur le *Héros*, avec l'espoir de ramener l'escadre survivante en France. Gourdon, son chef d'état-major, relate l'état de sidération régnant à Cadix devant *« le spectacle le plus affreux, une armée détruite, un amiral prisonnier »* [(572)].

Mais la descente aux enfers de l'armée de Villeneuve n'est pas achevée. Avec ses quatre vaisseaux (*Formidable, Duguay-Trouin, Mont-Blanc, Scipion*), Dumanoir a pris la bordée de l'ouest, les vents du sud l'ayant empêché de donner dans le détroit de Gibraltar, où, de toute façon, il craint d'être intercepté par la division du contre-amiral Louis. Il remonte désormais vers le nord pour tenter de faire sa jonction avec l'escadre du capitaine de vaisseau Allemand, ou de rallier Rochefort s'il n'y parvenait pas. La division procède à des réparations de fortune. Le *Formidable* ne parvient pas à réduire ses voies d'eau. Dans un coup de vent, le vaisseau doit s'alléger en jetant 20 canons à la mer, mais le niveau de l'eau dans la cale atteint encore trois mètres bien que les pompes fonctionnent sans arrêt. « *Ma division était retardée dans sa marche par le* Scipion, *et plus particulièrement par le* Formidable, *dont la position critique ajoutait à sa mauvaise marche ordinaire.* » [(573)] C'est donc des vaisseaux éprouvés par les combats et la tempête qui ont la malchance d'être repérés, le 2 novembre à l'aube, par deux frégates anglaises au large du cap Finisterre. Celles-ci leur donnent la chasse tout le jour. Dumanoir espère les perdre la nuit en longeant la côte. Peine perdue, au jour, trois vaisseaux et deux frégates ont rallié les chasseurs, et un quatrième vaisseau se profile, très loin, à l'horizon. C'est la division du commodore Richard Strachan, détachée de la flotte de la Manche par Cornwallis pour rechercher l'« *escadre invisible* » d'Allemand, qui se compose de *Caesar* (80 canons), *Namur* (74), *Hero* (74), *Courageux* (74) et de quatre frégates (*Santa Margarita, Aeolus, Phoenix, Revolutionnaire*). Strachan donne la chasse toute la journée gagnant insensiblement sur son adversaire. Les Français comptent 282 bouches à feu contre 478 aux Anglais, incluses les caronades des frégates. Ils sont handicapés par leurs mâtures branlantes, et les équipages en partie mobilisés par le service des pompes, alors que Strachan dispose de forces intactes.

Le 4 novembre, à 8 heures, deux des frégates anglaises, *Santa Margarita* et *Phoenix*, parviennent à portée de Dumanoir au large du cap Ortegal et attaquent son arrière pour le ralentir et laisser le temps aux forces de Strachan de se concentrer. Dumanoir ordonne de former « *une ligne d'échiquier bâbord les amures à tribord* » pour virer de bord et se trouver au vent de l'ennemi. Un changement de vent fait échouer la manœuvre. Dumanoir espère encore échapper à ses poursuivants. Mais le vent faiblit, et les Anglais se rapprochent inexorablement alors que leurs deux frégates continuent à harceler les Français et commencent à les endommager. À 11h15, jugeant l'engagement inévitable, Dumanoir fait le signal de former une ligne de bataille tribord amures selon l'ordre suivant : le *Duguay-Trouin*, le *Formidable*, le *Mont-Blanc* et le *Scorpion*. « *Toujours le même signal déplorable !* » (574) commente Gemähling, capitaine du 79e de ligne sur le *Duguay-Trouin*. Les trois premiers vaisseaux anglais et les frégates attaquent les deux derniers vaisseaux français. Pour les soutenir, Dumanoir fait virer vent devant tous les vaisseaux pour la contremarche. Ce demi-tour est destiné à couper la route du quatrième vaisseau anglais, *Namur*, qui est en train de rallier. Il échoue. La division se retrouve entre les vaisseaux des Anglais au vent et leurs frégates sous le vent. Une fois l'ennemi dépassé, Dumanoir tente de revirer, manœuvre qu'exécute Strachan. Mais le *Scipion* perd son grand mât de hune. Il reste à la traîne contraignant Dumanoir à diminuer de voiles pour serrer la ligne. « *Les Anglais, de leur côté, firent une manœuvre bien plus intelligente, qui consiste à séparer les navires ennemis les uns des autres, à les envelopper autant que possible et à les écraser en détail.* » (575) Les combats livrés à portée de fusil sont féroces. Dumanoir témoigne que « *le journal des signaux, que tenait à la main un chef de timonerie, a été haché par deux boulets qui ont emporté le dit chef en ne laissant que le bas de son corps sur la dunette* » (576). Les Français, attaqués à la fois par bâbord et tribord, résistent jusqu'aux limites du possible et enregistrent de lourdes pertes. « *Ce n'était plus de la guerre, comme on la doit entendre, c'était une tuerie abominable* » témoigne Gemähling. Sur le *Duguay-Trouin*, son commandant Touffet est tué, le second le capitaine de frégate Boisnard blessé ainsi que tous les lieutenants qui lui succèdent au commandement. L'équipage « *instruit, discipliné, dévoué depuis six ans à bord* » (577) se bat avec acharnement. Sur le *Formidable*, Dumanoir est blessé à la hanche et à la jambe.

Le jeune aspirant de 2e classe Pierre-Adrien Murat, âgé de 20 ans, neveu du Grand Amiral, est tué. À 15h45, le *Scipion* perd son mât d'artimon. Démâté, avec 9 pieds d'eau dans la cale, il se rend aux frégates. Son commandant Berrenger, malade, à fond de cale, n'assiste pas à la reddition. En même temps le *Formidable* réduit à l'état d'épave, menaçant de couler bas, amène son pavillon. Le *Mont-Blanc* et le *Duguay-Trouin*, écrasés par le feu concentré de toute la division anglaise, ne résistent qu'un quart d'heure de plus : « *Le premier avait huit pieds d'eau dans la cale et était tout dégréé ; le second avait perdu toute sa mâture ; le restant des mâtures de tous les vaisseaux tomba dans la nuit.* » (578)

Les combats du cap Ortegal constituent l'épilogue naval de la bataille de Trafalgar, même si la capitulation de la division de Dumanoir a été obtenue par une autre force que celle de Nelson-Collingwood. Celle-ci se solde par la mise hors de combat de 700 hommes, tandis que Strachan s'en tire avec peu de dégâts et un nombre négligeable de pertes humaines. Une nouvelle fois, les canonniers anglais ont confirmé leur supériorité, ôtant aux Français toute possibilité de manœuvre. « *Nous avons fait plus de mal aux hommes de l'ennemi qu'à ses navires. Nos canonniers ne savaient guère que se faire tuer* » constate avec amertume Gemähling. Dumanoir émet les mêmes critiques sur « *l'adresse de nos canonniers. La maladie et les premiers combats nous avaient enlevé les meilleurs et la maladresse de ceux qui nous restaient a été en grande partie cause de notre dernière infortune quoique d'ailleurs la force de l'ennemi fût très supérieure à celle de la division, dont tous les mâts étaient jumelés par suite des premiers combats.* » (579)

Mais ce sont également deux personnalités qui se sont affrontées : un Dumanoir sur la défensive, indécis face à un Strachan offensif et déterminé à profiter de l'aubaine de détruire quatre vaisseaux ennemis, même s'il ignore encore que son action s'inscrit dans le prolongement de la bataille de Trafalgar à laquelle il sera désormais associé, ce qui lui vaudra d'être promu contre-amiral, fait baronet et pourvu d'une pension de 1 000 £ par an. Dumanoir aura beau rapporter les propos de Strachan pour justifier sa défaite – « *the french squadron fought to admiration* » (580) –, il ne convaincra pas Decrès. À l'instar de la majorité de ses collègues, Dumanoir a opté pour une posture défensive. Il a tout fait pour éviter l'ennemi, puis, une fois repéré, pour lui fausser compagnie. En désespoir de cause, acculé au combat, il s'est contenté de subir la bataille au lieu de l'imposer. Cette mentalité défensive a finalement présidé aux destinées de la marine française durant les guerres de la Révolution et de l'Empire, et causé la destruction de la flotte tant à Aboukir qu'à Trafalgar. Mais pouvait-il en être autrement tant elle était surclassée sur les plans quantitatifs et qualitatifs, démoralisée, tétanisée par un complexe d'infériorité aggravé au fil des défaites et sceptique sur l'issue de tout engagement. Le 29 décembre 1809, un Conseil d'enquête convoqué par Napoléon pour juger du déroulement de la bataille du cap Ortegal du 4 novembre 1805 devait faire grief à Dumanoir d'avoir « *manqué trop de décision dans toutes ses manœuvres* »[(581)]. Dumanoir n'en sera pas moins absous par un conseil de guerre en 1810, un jugement de camarades. En attendant, le mauvais sort s'acharne sur la division. Alors que Dumanoir est persuadé que les vaisseaux vont « *infailliblement* » couler au moindre coup de vent, le beau temps s'installe et permet à Strachan de parader avec ses quatre trophées à Plymouth quelques jours plus tard. Réparés, les quatre vaisseaux sont incorporés dans la Royal Navy. Au total, la bataille de Trafalgar et son épilogue du cap Ortegal ont coûté aux Franco-Espagnols vingt vaisseaux, perdus par faits de guerre ou naufrage, soit 70% de leur corps de bataille et rapporté aux Anglais cinq vaisseaux.

Dès le 22 octobre, le commissaire Le Roy à Cadix s'empresse d'avertir Decrès : « *Les armées navales se sont battues à outrance, l'acharnement a dû rendre la bataille très sanglante.* »[(582)] Beurnonville résume de façon lapidaire l'ampleur du désastre en paraphrasant la célèbre formule de François Ier après Pavie[(583)] : « *Il paraît que rien n'a été sauvé hormis l'honneur.* »[(584)] Le général est sidéré. Six jours plus tôt lorsqu'il avait annoncé la sortie de l'armée combinée, il se berçait de l'illusion que Villeneuve se rendrait « *maître de la Méditerranée* » : une nécessité parce que « *la monarchie et le peuple espagnol, ne portent point la France dans le cœur ; des revers feraient plus rire que pleurer les Espagnols* »[(585)]. Les Français d'Espagne relatent avec précision l'enchaînement des faits qui a conduit au désastre, une manière d'établir les responsabilités.

Rosily explique pourquoi Villeneuve n'a pas jugé bon d'attendre son arrivée : « *Il paraît que le 27, l'amiral Villeneuve ayant été informé que l'armée anglaise avait détaché plusieurs vaisseaux pour escorter un convoi dans la Méditerranée s'était décidé à sortir pour l'attaquer.* » (586) En parallèle au courrier officiel, Beurnonville fait part de ses commentaires à Lauriston, un intermédiaire pour s'adresser directement à Napoléon. Il ne se prive pas de remettre en cause Decrès dont la conduite est « *bien étrange* » dans la mesure où « *Villeneuve aurait dû être rappelé pour venir rendre compte de sa conduite* » (587). Il refait la campagne : « *Il fallait attendre Rosily, renvoyer Villeneuve, il fallait attendre une circonstance heureuse pour gagner le large, tromper l'ennemi et rentrer par une contremarche dans la Méditerranée ; l'on n'aurait perdu que du temps et des vivres, au lieu que l'on a tout perdu par coup de tête.* » Il ne critique pas Villeneuve pour avoir saisi l'opportunité de l'allègement du dispositif de Nelson pour tenter le forcement du blocus, « *mais il fallait à coup sûr une autre tête que la sienne et d'autres talents que les siens pour obtenir un succès* ». Ces commentaires vont constituer la vulgate de la bataille de Trafalgar et étayer le procès à charge contre Villeneuve. Plus surprenant, Beurnonville préconise une réforme administrative de la marine et un changement ministériel : « *Sans une amirauté, forte, bien choisie, bien organisée, l'Empereur n'aura jamais une marine, voilà douze ans que je la vois sacrifiée. Entretenez, dans l'occasion, Sa Majesté d'un projet d'amirauté, et surtout la nécessité de choisir un ministre de la marine qui n'appartint ni à la marine militaire, ni à la marine administrative.* » (588) Godoy, quant à lui, rassure Napoléon sur la solidarité espagnole : « *Des ordres étaient donnés, d'avance de tout secourir, tout signer, tout réparer en cas d'événement ; sur cet objet nulle inquiétude ; les Français sont des Espagnols.* » (589)

Pendant que se déroulent ces funestes événements, Decrès, en parfait courtisan, fait assaut de flagornerie en félicitant Napoléon : « *Je mets aux pieds de Votre Majesté l'hommage de mon admiration pour les triomphes qui répandent l'ivresse, le bonheur et la gloire sur tout l'empire.* » (590) Il lui annonce également le 28 octobre que les divisions de Willaumez et de Leissègues seront prêtes à appareiller de Brest sous huit jours. Il insiste pour que Jérôme, affecté contre son gré à la division de Willaumez, soit dispensé de campagne : « *Ses goûts, sa constitution physique lui rendent insupportable le métier de la mer* » et, non sans perfidie, lui fait part de ses craintes que « *Jérôme subjugue l'escadre et ne relâche aux États-Unis* » [(591)], fine allusion à Elisabeth Patterson dont le mariage a été déclaré nul par décret du 2 mars. Decrès est manifestement à bout d'arguments. C'est dans ce contexte de traintrain quotidien qu'éclate, le 3 novembre au matin, la nouvelle d'un probable désastre. Atterré, Decrès avertit Napoléon : « *Faut-il donc qu'au milieu de votre course triomphante, je sois obligé de me rappeler à Votre Majesté par de mauvaises nouvelles !* » [(592)] Avec pour seules précisions qu'un vaisseau a explosé et que Gravina est rentré à Cadix avec une partie de l'armée, Decrès redoute le pire : « *Je n'augure rien d'heureux de cette rentrée d'un tiers de l'armée combinée avec les frégates et les corvettes !* » Rongé d'inquiétude, il attend avec angoisse et perplexité les nouvelles de Cadix. Ce n'est que le 5 novembre, en début de matinée, que le « *fatal courrier arrive* » et lui révèle l'ampleur du désastre : « *À un combat affreux a succédé une tempête ! Des vaisseaux pris, coulés, incendiés, à la côte en sont le résultat déplorable.* » [(593)] Il tente de faire le tri dans le flot d'informations. Les rumeurs les plus folles circulent : *Victory* serait coulé et le *Bucentaure* vengé ; « *Dumanoir aurait pris le* Mars *à bord duquel se trouvait Villeneuve* » [(594)], mais précise le commissaire Le Roy « *cette nouvelle n'est pas confirmée* », et pour cause ! Il tire immédiatement les conséquences stratégiques du désastre et conseille à Napoléon d'ajourner le programme des croisières : « *Comme Votre Majesté n'a plus de vaisseaux en bon état que ceux qui sont destinés à nos croisières, je pense qu'il serait convenable de ne pas les exposer à tomber au pouvoir de l'ennemi qui les attendra à leur retour sur tous les points, s'il n'a pu les joindre dans leurs expéditions.* » [(595)] À Paris, comme le relate le diplomate Alexandre-Maurice d'Hauterive à Talleyrand dont il assure l'intérim, « *l'affligeante nouvelle de Cadix se répand au gré de ceux qui se sont fait une étude d'en disposer. Le ministre de la marine s'est en vain fait une loi de la retenir* », mais précise-t-il « *le désastre est sans doute grand, mais l'honneur n'a pas été blessé ! Être vaincu par un plus habile ennemi n'est pas une disgrâce.* » [(596)] Un argument promis à un bel avenir. En attendant, la Bourse chute, la crise bancaire s'aggrave provoquant des troubles publics [597]. À Lyon, l'annonce du désastre naval répand de « *vives inquiétudes* » [598]. Fouché recommande de faire distribuer à Toulon des secours aux familles des marins, qui composent pour les deux tiers les équipages de l'escadre de Cadix, afin de calmer les esprits échauffés même si les craintes sont « *affaiblies par les nouvelles des succès continuels des armées en Allemagne et en Italie* » [599]. Les Européens affichent une satisfaction plus ou moins ostentatoire, la victoire navale ne profite qu'aux seuls Anglais et renforce leur exaspérante supériorité commerciale. Elle est sans impact sur les opérations terrestres. Decrès préconise une communication *a minima*, « *au moment où il est permis de faire une version mitigée, et avant qu'on ait des avis positifs de l'Angleterre. D'ailleurs les bulletins de Votre Majesté auront bientôt affaibli chez les Parisiens l'impression des malheurs de mer* » [600]. Mais il n'en a pas fini avec les « *malheurs de mer* ». Le 23 novembre il doit annoncer le désastre du cap Ortegal, et cette fois, totalement démoralisé, il insiste pour que les vaisseaux français ne quittent plus leurs ports : « *Il est clair que nous ne sommes pas de force, et que celles de l'ennemi, exaltées par les succès, sont encore numériquement accrues par la destruction de celles qui le tenaient en échec devant Cadix.* » [601]

Du côté anglais, règne l'ambivalence. Collingwood envoie les dépêches officielles relatant la bataille qui partent pour l'Angleterre le 27 octobre sur le schooner *Pickle*, commandé par le lieutenant John Lapenotiere. Dans la *Gazette extraordinaire de Gibraltar*, il résume parfaitement l'ambiguïté des sentiments des Anglais, heureux et soulagés par l'annonce de la victoire, et affligés par la mort de leur héros national : « *Nous remportâmes une victoire qui parviendra à la postérité comme une des plus brillantes et des plus décisives qui ornent les annales de la marine anglaise. Notre perte en hommes a été considérable, mais ce qui est irréparable, ce qui cause les regrets universels, c'est la mort de notre illustre commandant en chef qui est mort dans les bras de la victoire.* » [602] En dépit des intempéries, *Pickle* ne met qu'un peu plus de huit jours pour gagner Falmouth où il arrive dans la matinée du 4 novembre. Lapenotiere part par postes pour Londres. Selon la tradition, il aurait changé de cheval dix-neuf fois en chemin. Il arrive aux grilles de l'Amirauté le 6 novembre à une heure du matin. Quelques minutes plus tard, il croise le premier secrétaire, William Marsden, qui se retire vers ses appartements privés, et lui remet les dépêches avec ces simples mots : « *Monsieur, nous avons remporté une grande victoire. Mais nous avons perdu lord Nelson.* » La nouvelle arrive à point nommé pour rassurer l'opinion publique encore sous le choc de la reddition de l'armée autrichienne à Ulm. Les Anglais ne se trompent pas sur le caractère défensif de la victoire de Trafalgar, même s'ils érigent Nelson en sauveur de l'Angleterre, alors qu'elle était déjà sauvée par la levée du camp de Boulogne et que Trafalgar ne va apporter aucun secours à la troisième coalition, qui court inexorablement à sa perte. La légende est en place et les Anglais se préparent à organiser des funérailles nationales pour leur héros foudroyé en pleine gloire, palladium de leur nation.

Victory pris en remorque par *Polyphemus*, puis par *Neptune*, gagne à grand-peine Gibraltar le 28 octobre pour être réparé et réapprovisionné. En conformité avec les dernières volontés de Nelson et dans la perspective d'un hommage national, son corps n'est pas jeté à la mer comme le voulait l'usage naval pour les hommes tués au combat. Pour le ramener en Angleterre dans les meilleures conditions sanitaires, le chirurgien Beatty choisit un mode de conservation empirique en le plaçant dans une barrique de bois remplie de brandy, et non de rhum comme l'affirma la tradition, ce qui valut à tort à ce breuvage le surnom de *Nelson's blood*[(603)]. À Gibraltar, Beatty remplace le brandy par de l'esprit de vin. Le 5 décembre, devant une foule immense et recueillie, au roulement des tambours voilés de crêpe, *Victory*, pavillon en berne, fait son entrée dans la rade de Portsmouth. Le corps de Nelson est placé dans un cercueil fabriqué dans le grand mât du vaisseau-amiral français l'*Orient*, qui avait explosé à la bataille d'Aboukir. Ce cercueil est l'étonnant cadeau offert par un de ses capitaines, Benjamin Hallowell, le 23 mai 1799, avec pour envoi une formule choc : « *Quand vous serez fatigué de cette vie, vous pourrez être inhumé dans un de vos trophées.* » Á l'automne 1805, Nelson avait profité de son court séjour en Angleterre pour rendre visite à ses agents chez qui le cercueil était en dépôt pour les prévenir qu'il pourrait en avoir besoin très bientôt. Ses biographes n'ont pas manqué d'interpréter cette démarche comme un nouveau signe de la prémonition de sa mort. À partir du 5 janvier 1806, la dépouille de Nelson est exposée à la ferveur populaire pendant trois jours dans le Painted Hall du Greenwich Hospital où défilent plus de 100 000 personnes. Le 8, le cercueil est placé sur une barge royale fabriquée pour le roi Charles II, et recouvert de velours noir, avec des plumes d'autruche noires. La barge remonte la Tamise escortée par toute une flottille où figurent les onze barges des corporations londoniennes avec leurs bannières flottant au vent. Un coup de canon est tiré par minute, sur tout le trajet jusqu'à Whitehall Stairs, près de Westminster. Le cercueil est débarqué à l'Amirauté où il demeure toute la nuit. Le 9, la population de Londres, en pleurs, assiste aux funérailles du héros qui est conduit à la cathédrale Saint-Paul, où se déroule une imposante cérémonie en présence du prince de Galles et des plus hautes personnalités du royaume. Villeneuve a l'insigne privilège d'assister au service funèbre de son adversaire. Moment d'intense émotion, le détachement de matelots de *Victory* se partage l'*Union Jack* qui a servi de poêle aux obsèques et devait être descendu dans le caveau avec la bière[(604)]. Les premières reliques d'une longue série.

Napoléon apprend la nouvelle de la défaite probable de Villeneuve le 17 novembre alors qu'il est en chemin vers Znaïm, en Moravie. Les informations fournies par Decrès se limitent à l'annonce d'une bataille sans doute défavorable aux armes franco-espagnoles. Elles sont trop imprécises pour que Napoléon saisisse l'étendue de la défaite, d'où le ton désinvolte que l'historiographie lui reproche : « *Je reçois votre lettre relative au combat de Cadix. J'attends les détails ultérieurs que vous m'annoncez, afin de me former une opinion décisive sur la nature même de cette affaire. En attendant, je m'empresse de vous faire connaître que cela ne change rien à mes projets de croisières ; je suis même fâché que tout ne soit pas prêt. Il faut qu'elles partent sans délai.* »[(605)] Mais Napoléon ne change pas d'avis lorsque les dépêches de Decrès lui révèlent l'ampleur du désastre, confirmée le 21, à Brünn, par son chambellan Thiard de Bissy, qui lui traduit les gazettes anglaises. Selon le témoignage de Berthier rapporté par Fouché : « *À peine Napoléon eut-il pris connaissance* [de la dépêche fatale] *que, se relevant courroucé il s'écria*: "Je ne puis être partout !" *Son agitation fut extrême, et Berthier désespéra de le calmer.* » [606] Cambacérès atteste que « *dans la première lettre écrite au prince Joseph après qu'il eut su les pertes faites à Trafalgar, Napoléon montra du découragement et sembla désespérer de la marine* » [607]. Avec une habileté consommée, Talleyrand cherche à apaiser le chagrin de Napoléon : « *Le génie et la fortune étaient en Allemagne.* » [608] Napoléon ne se laisse pas distraire et continue imperturbablement la préparation de la campagne de Moravie. Austerlitz prend des allures de revanche. Fouché résume fort bien le paradoxe stratégique où est plongé l'Empereur : « *On eût dit que la fortune, tout en interdisant à Napoléon de triompher sur un élément qui lui était contraire, lui ménageait sur le continent les plus grands triomphes, en lui ouvrant une immense carrière de gloire pour lui et d'humiliation pour l'Europe.* » [609]

En matière de communication, Napoléon veille à ce que Trafalgar ne ternisse pas l'éclat de ses victoires. Il choisit le *black-out*. « *Les journalistes reçurent l'ordre de ne rendre aucun compte de ce malheureux combat.* » [610] Le silence du *Moniteur universel* est assourdissant, alors que le *Journal officiel de l'Empire* continue à publier des extraits de la presse britannique, des informations sur les mouvements des bâtiments de la Royal Navy. Seul le *Journal de Paris* du 7 décembre se commet à publier la traduction d'un rapport espagnol hautement fantaisiste sur l'état des pertes anglaises, sans doute à la suite d'une "fuite" du ministère de la marine. Le document original et traduit a été transmis par Beurnonville qui le juge « *exagéré* » [611]. Un euphémisme. Les Anglais, défaits, comptent six vaisseaux coulés, un brûlé et un échoué dont *Prince of Wales*, *Tiger*, *Spencer* qui n'ont même pas participé à la bataille. Ces fables font long feu. Mais leur propagation n'est plus nécessaire dès le 10 décembre, lorsque la nouvelle de la victoire d'Austerlitz parvient à Paris. La lecture du 30e *Bulletin de la Grande Armée* qui donne les détails de cette bataille achève d'effacer dans l'opinion française la trace des revers maritimes, comme l'avait pronostiqué Decrès.

Napoléon ne tient pas compte des conseils et mises en garde de son ministre de la marine. Il maintient ses ordres concernant la campagne d'hiver. Le capitaine de vaisseau Lhermitte a quitté

Lorient le 7 novembre avec le vaisseau *Régulus*, deux frégates et deux bricks pour les côtes africaines. Le 13 décembre, deux divisions sortent de Brest sous le commandement des contre-amiraux Leissègues et Willaumez. Pendant ce temps, l'escadre d'Allemand force la chance et croise en toute impunité entre les îles Scilly, Vigo et Ténériffe, méritant le qualificatif d'« *invisible* ». Le 24 décembre, Allemand regagne Rochefort avec plusieurs centaines de prisonniers à l'issue de 161 jours de croisière – une période très longue pour des marins français qui est sanctionnée par un nombre exorbitant de malades, plus de 1 200 scorbutiques*. À l'instar de Johanès Tramond, l'historiographie a tendance à chanter ses louanges : « *Le raid de l'escadre invisible est un des plus beaux témoignages de ce que peut faire une force restreinte, mais homogène et entraînée sous un chef énergique.* » (612) En fait, le raid n'a servi à rien dans la manœuvre de 1805, si ce n'est d'avoir eu l'effet pervers de jeter Strachan, parti à sa recherche, sur Dumanoir. Decrès, qui doit gérer ce personnage au caractère exécrable – « *d'une rudesse presque barbaresque* » (613) –, résume la croisière en termes restrictifs : « *Soustrait à toutes les forces supérieures envoyées contre lui, il a fait tout ce qui dépendait de lui pour atteindre le but primitif de sa mission. Il a rempli les instructions de Sa Majesté en ne revenant que le sixième mois de son départ après avoir consommé ses vivres à la mer.* » (614) Allemand a échappé sans conteste au mauvais sort qui s'est acharné sur les forces engagées dans la manœuvre de 1805. Il apporte une lueur d'espoir, ce qui lui vaut d'être promu contre-amiral le 3 janvier 1806. Ainsi s'achève sur un succès stérile la campagne mirobolante de 1805 qui devait changer la face du monde.

Paradoxalement, Napoléon connaît son échec le plus notoire sur mer, à Trafalgar, au moment de l'acmé de son triomphe terrestre, à Austerlitz. Mais est-ce un vrai paradoxe ? N'est-ce pas plutôt un retour à la normalité ? À l'issue de sept mois de crise où Napoléon, le challenger, a tenté de retourner la carte maritime contre l'Angleterre, il a perdu son pari et chacun des deux pays

---

*Lors de sa relâche à Ténériffe aux Canaries, Allemand a vendu six de ses prises – les autres ont été incendiées – pour la somme dérisoire de 434 000 francs.

renforce, sans surprise, les bases de sa puissance conformément à son identité géostratégique : à l'Angleterre, la maîtrise des mers ; à la France, celle du continent européen. Dans ces conditions, la question reste de savoir quel impact la défaite de Trafalgar a pu avoir sur l'esprit de Napoléon, la mémoire collective et la marine française.

ÉPILOGUE

L'APRÈS TRAFALGAR

LE DÉNI DE DÉFAITE ET L'INSOLUBLE QUÊTE DES RESPONSABILITÉS

En 1805, il ne se trouve personne en Europe pour considérer que Trafalgar a changé le cours de l'Histoire à l'instar des batailles de Salamine ou d'Actium. Les hommes font l'Histoire, mais ignorent quelle Histoire. La victoire défensive de Nelson – encore que la menace d'invasion soit ajournée depuis sept semaines – ne peut en aucun cas influer sur le déroulement des opérations terrestres et enrayer les desseins napoléoniens. William Pitt ne s'y trompe pas. À l'annonce d'Austerlitz, il pronostique que les cartes d'Europe peuvent être fermées pour les dix années à venir. Terrassé par la maladie, le surmenage, il ne survit que quelques semaines à l'écrasement de la troisième coalition : « *Moi aussi, j'ai été frappé à Austerlitz !* » Selon la tradition, il meurt, le 23 janvier 1806, désespéré : « *Oh ma patrie ! Dans quel état je laisse ma patrie !* » Son successeur, Charles James Fox, entame même avec la France des pourparlers de paix, tant la situation stratégique de la Grande-Bretagne, isolée et impuissante, paraît irrévocablement compromise.

Conquérant du continent européen, Napoléon dénie la réalité de la défaite navale de Trafalgar. Trois de ses divisions sillonnent les océans, Nelson est mort et les Anglais affichent leur intention de traiter. Dans ces conditions, il lui est difficile d'admettre qu'il a perdu la partie sur mer. Même si selon le témoignage de Cambacérès « *Napoléon fut vivement affecté de ce malheur* »[(615)], Trafalgar est pour lui un simple incident malheureux, d'où le ton désinvolte de sa déclaration à l'ouverture de la session législative, le 2 mars, que lui reproche tant l'historiographie : « *Les tempêtes nous ont fait perdre quelques vaisseaux après un combat imprudemment engagé.* » (616) Au-delà des apparences, Napoléon est profondément blessé. Il en veut à Villeneuve d'être vaincu sans même avoir tenté sa chance à la mi-août lorsqu'une fenêtre de vulnérabilité s'était ouverte dans le dispositif anglais, et d'avoir perdu sa flotte pour rien. Son ressentiment ne devait jamais se démentir : « *Plus d'une fois il a reproché en ma présence au ministre Decrès de lui avoir conseillé un aussi mauvais choix* » (617) raconte Cambacérès.

Le 9 mars disparaît Gravina, un acteur du drame sur lequel Decrès a tenté de faire porter une part de responsabilité dans la conduite des opérations à Trafalgar (618). Napoléon vient de perdre un allié très précieux qui l'a servi avec dévouement et abnégation au point de déplaire à ses compatriotes. Pour répondre de la défaite, ne reste plus que Villeneuve. Dès que celui-ci a connaissance de la déclaration impériale, il obtient du Premier lord d'être libéré sur parole pour aller se justifier devant l'Empereur. À cette époque, les prisonniers de guerre sont inégaux dans l'application des peines, même les officiers. Certains voient leur emprisonnement en Angleterre se prolonger de longues années dans des conditions souvent très pénibles, alors que d'autres peuvent bénéficier au bout de quelques mois d'une libération sur parole par laquelle ils s'engagent à ne pas porter les armes contre la Grande-Bretagne tant qu'ils ne sont pas échangés avec des prisonniers anglais. Comme il y a une grande disproportion entre le nombre peu élevé de prisonniers anglais et la pléthore de captifs français, et que Napoléon ne déploie pas une grande activité pour obtenir leur libération ou pose des exigences irrecevables, la situation de blocage peut s'éterniser. Ce n'est pas le cas pour Villeneuve qui, au bout de six mois de captivité, quitte Plymouth, le 9 avril, à bord d'un bâtiment parlementaire transportant quinze autres prisonniers dont les capitaines de vaisseau Lucas et Infernet.

Il atterrit à Morlaix. Dans sa lettre du 11 avril adressée à Decrès, il se dit « *affecté de l'anathème* » prononcé par Napoléon et annonce son intention d'attendre à Rennes les instructions impériales, « *chargé de tout le poids d'une si grande responsabilité, je n'oserai jamais sans vos ordres approcher de plus près de la résidence de Sa Majesté* » (619). Villeneuve paraît déconcerté par le réquisitoire de Napoléon, comme le laisse transparaître le terme « *anathème* » à l'évidente connotation religieuse. Considérant qu'il n'a fait qu'accomplir son devoir en exécutant « *la lettre et l'esprit* » des ordres impériaux, il est étonné et désemparé par les accusations d'insubordination. Commandant une armée navale surclassée qualitativement, il se juge « *victime* » de la fatalité, d'un ennemi supérieur et plus expérimenté. Qu'attendait-il après une telle déculottée ? D'être plaint ? D'être absous ? En tout cas le 17 avril, flanqué d'un domestique, Villeneuve s'installe dans une chambre au premier étage de l'hôtel de la Patrie – 21 rue des Foulons – à Rennes.

Le désappointement et l'angoisse de Villeneuve sont à la mesure de l'embarras de Decrès qui – au nom de l'amitié – l'a poussé, soutenu et couvert au-delà du raisonnable. Mais les temps ont changé. Tout en soulignant la médiocrité du matériel et l'inexpérience des personnels, Decrès reconnaît que Villeneuve n'a jamais été à la hauteur de sa tâche et dénonce « *une anxiété extrême, un défaut de confiance et d'audace qui le fait pencher toujours vers le parti le plus prudent* [...]. *Les moindres contrariétés l'ont abattu et l'on voit que peu habitué au commandement des armées, il ne s'était chargé qu'en tremblant d'une mission aussi délicate, sans espérance de succès.* »[620] Il conclut avec une lucidité bien tardive que « *peut-être cet officier avec une division de cinq ou six vaisseaux aurait-il fait une campagne brillante, ce qu'il avait à entreprendre était au-dessus de ses forces* ». Il lui reste à gérer le retour du "vaincu". Dans une première lettre du 15 avril, il tente de le réconforter, « *je m'estimerai bien heureux de saisir l'occasion de donner des consolations à vos peines* ». Deux jours plus tard, sans nouvelles de Napoléon, il continue dans le même registre : « *Quel que soit ce retard, vous ne devez point en présumer défavorablement des intentions de l'Empereur et vous devez être sans inquiétude.* » Ces deux lettres reçues les 18 et 20 avril n'apaisent pas Villeneuve près de sombrer dans le désespoir. Son médecin témoigne qu'« *il trouva la première froide et inquiétante, la deuxième le tranquillisa un peu. Il les relut cinquante fois* ». Le 21 avril, dans sa réponse Villeneuve ne cache pas sa déception : « *Monseigneur. J'ai reçu vos deux lettres. J'y ai trouvé avec sensibilité les témoignages de votre attachement, mais j'aurais voulu y trouver le mot estime.* » [621] Cette lettre portée par son médecin, parti de Rennes au matin du 22 avril, ne laisse rien présager du drame à venir, pas plus que celle écrite à son épouse : « *Ma chère et tendre amie. Je t'ai annoncé que je comptais attendre ici les ordres du ministre. J'en ai reçu deux lettres, mais elles m'annoncent un retard dans la décision de l'Empereur à mon sujet : il a l'attention d'ajouter que je ne dois pas présumer défavorablement des intentions de Sa Majesté à cause de ce retard, et bannir toute inquiétude que j'en pourrai concevoir. Je prends donc patience, mais tu peux concevoir ma situation, et combien mon moral doit être affecté. Je ne veux voir personne, jusqu'à ce que l'Empereur ait prononcé sur ma trop célèbre affaire ; je reste dans mon auberge ; mais Dieu veuille m'en tirer bientôt, car je n'y résisterai pas. Encore, ma bonne amie, si un court espace nous séparait, je pourrais espérer de t'embrasser, mais je n'ai pas même la consolation de te dire, trouve-toi là, nous nous y réunirons ; je compterai les jours jusqu'à celui qui nous réunira. Cette satisfaction ne m'est pas même permise, car je ne sais où j'irai en partant d'ici, et s'il me sera permis d'aller à Paris. Sois tranquille et s'il y a quelque possibilité nous nous joindrons bientôt, pour moi j'y volerai. Écris-moi sous le couvert du ministre, j'espère encore qu'il me fera passer tes lettres : donne-moi des nouvelles de toute la famille. Je leur coûte bien des larmes, et à toi aussi, ah ma chère amie, sois sûre que j'en ai bien versé de mon côté… Adieu ma chère et tendre amie, toujours ton bien affectionné pour la vie* » [622]. Le suicide est bien un phénomène imprévisible et mystérieux.

Le même jour, tombe le verdict en demi-teinte de Napoléon : « *Donnez ordre à l'amiral Villeneuve de se rendre chez lui, en Provence, et d'y rester tranquille jusqu'à son échange.* » [623] L'habituelle disgrâce pour ceux qui ont déplu à l'instar de Missiessy ou de personnages plus célèbres, comme madame de Staël. Decrès tente d'atténuer la portée de ce bannissement : « *Aucun témoignage de défaveur. Seulement du besoin de laisser affaiblir le sentiment d'un malheur encore trop récent. Soyez persuadé, général, que quelque malheureux qu'aient été les événements rien ne m'est échappé de votre courage et de votre dévouement pour le service de Sa Majesté.* » [624] Mais ces égards viennent trop tard. Nul homme ne peut se sentir à la fois responsable et désespéré. Moralement brisé, Villeneuve n'a pu résister à une aussi forte pression psychologique. Il s'est suicidé dans la soirée du 22 en s'enfonçant son couteau à six reprises dans la région du cœur. Le préfet de Rennes atteste qu'il « *était nu jusqu'à la ceinture, étendu près du lit, un couteau de table fixé dans la poitrine. Il était seul dans sa chambre, la porte fermée en dedans. On ne l'a ouverte qu'à dix heures et demie du soir, en présence des officiers de police. Le domestique, sorti après le dîner de son maître avec sa permission, s'était présenté plusieurs fois à la porte pour rentrer et croyait que son maître était également sorti. Les scellés ont été posés régulièrement.* » (625)

Cinq jours plus tard, les papiers de Villeneuve, comprenant quatre-vingt-quinze pièces, sont inventoriés. Parmi eux les deux courriers de Decrès et une lettre décachetée, très émouvante citant Voltaire, adressée à « *Madame Villeneuve, née Dantoine, à Valensole, Basses-Alpes* » : « *Ma tendre amie, comment recevras-tu ce coup ! Hélas ! Je pleure plus sur toi que sur moi ! C'en est fait, je suis arrivé au terme où la vie est un opprobre et la mort un devoir*. Seul ici, frappé d'anathème par l'Empereur, repoussé par son ministre qui fut mon ami, chargé d'une responsabilité immense dans un désastre qui m'est attribué et auquel la fatalité m'a entraîné, je dois mourir ! Je sais que tu ne peux goûter aucune apologie de mon action. Je t'en demande pardon, mille fois pardon, mais elle est nécessaire et j'y suis entraîné par le plus violent désespoir. Vis tranquille, emprunte les consolations des doux sentiments de religion qui t'animent ; mon espérance est que tu y trouveras un repos qui m'est refusé. Adieu, adieu, sèche les larmes de ma famille et de tous ceux auxquels je puis être cher. Je voulais finir, je ne puis. Quel bonheur que je n'aie aucun enfant pour recueillir mon horrible héritage et qui soit chargé du poids de mon nom ! Ah ! Je n'étais pas né pour un pareil sort, je ne l'ai pas cherché, j'y ai été entraîné malgré moi. Adieu, adieu.* » (626) À elle seule, cette lettre apporte la preuve qu'il s'agit bien d'un suicide et non d'un meurtre en chambre close. Le *modus operandi* démontre – si besoin en était – le courage physique hors du commun de Villeneuve, mais son

---

* « *Quand on a tout perdu, quand on n'a plus d'espoir / La vie est un opprobre, et la mort un devoir* », Voltaire, *Mérope*, acte II, scène 7.

caractère inhabituel ne peut qu'alimenter force rumeurs d'autant que la lettre est tenue secrète à la demande expresse de Napoléon. Decrès, qui n'a rien pressenti, est terrassé par le chagrin. Le secrétaire général du ministère, Rosières, témoigne qu'il le vit « *pleurer, et pleurer amèrement, livré à l'affliction que lui causait un événement aussi cruel qu'inattendu* »[(627)]. De plus, il doit se justifier des accusations selon lesquelles, ayant annoncé à Villeneuve son remplacement, il serait à l'origine de la sortie de Cadix et de la « *catastrophe* » qui s'en suivit : « *C'est que ni directement ni indirectement le vice-amiral Villeneuve n'avait été informé de son remplacement* [...]. *C'est que ni directement ni indirectement le vice-amiral Rosily ne savait que l'escadre pût partir sous le commandement de Villeneuve avant son arrivée* [...]. *Les ordres sur le remplacement ont été donnés avec la plus austère ponctualité selon leur texte et leur esprit.* »[(628)]

Napoléon est sidéré et contrarié par cet épilogue inattendu qui le frustre d'un conseil de guerre en bonne et due forme, sans compter qu'il réprouve par principe le suicide* – « *il y a de la lâcheté à se tuer* »[(629)]. À Sainte-Hélène, Napoléon devait finir par esquisser une brève éloge funèbre : « [Villeneuve] *n'aurait jamais dû agir ainsi ; c'était un brave, bien qu'il n'eût aucun talent.* »[(630)] En avril 1808, Decrès avait sollicité en faveur de madame Villeneuve la « *grâce particulière* » d'une pension de 6 000 francs, égale à celle accordée à la veuve de l'amiral Bruix. Napoléon lui en alloua une de 4 000 francs, « *en considération des services de son mari* ». Napoléon savait être mesquin et avoir la rancune tenace.

D'après la marquise de Rémusat, Napoléon aurait occulté Trafalgar au point d'avoir poursuivi de sa vindicte les différents protagonistes, leur refusant récompenses et promotions : « *En vain les marins et les militaires qui s'étaient distingués dans cette cruelle journée tentèrent d'obtenir quelque dédommagement ou quelque consolation aux dangers qu'ils avaient courus.* »[(631)] Ce jugement à

---

*Napoléon avait fait mettre à l'ordre de la Garde le 22 floréal an x (12 mai 1802) : « *Qu'un soldat doit savoir vaincre la douleur et la mélancolie des passions ; qu'il y a autant de vrai courage à souffrir avec constance les peines de l'âme qu'à rester fixé sur la muraille d'une batterie. S'abandonner au chagrin sans résister, se tuer pour s'y soustraire, c'est abandonner le champ de bataille avant d'avoir vaincu.* »

l'emporte-pièce est réducteur. Ainsi le jour même où Napoléon décide la disgrâce de Villeneuve, il réclame la venue de Lucas à Paris : « *Je verrai avec plaisir ce brave homme.* » [632] Il est vrai que Lucas, commandant le *Redoutable* d'où fut tiré le coup qui blessa mortellement Nelson, a été célébré comme un héros pendant sa captivité en Grande-Bretagne. Son épée lui a même été rendue dans un souper donné en son honneur par la duchesse de Warren, épouse de l'amiral ambassadeur à Saint-Pétersbourg. Napoléon ne peut faire moins. Le 4 mai, il reçoit à Saint-Cloud Lucas de conserve avec Infernet. Tous deux, érigés en héros exemplaires, sont chaudement félicités et encouragés par des propos martiaux : « *Si tous mes vaisseaux s'étaient conduits comme ceux que vous commandiez, la victoire n'aurait pas été incertaine.* » [633] Pour faire bonne mesure, Napoléon les promeut commandants dans l'ordre de la Légion d'honneur. Quelques jours plus tard, recevant Magendie et Lhospitalier de La Villemadrin, commandant respectivement le *Bucentaure* et le *Swiftsure*, il les réconforte : « *Vous êtes au nombre de ceux qui se sont bien battus ; vous prendrez votre revanche.* » [634] Il faut reconnaître que ces bonnes paroles sont à peu près tout ce qu'obtiendront les commandants survivants de la défaite. Une attitude de nature à susciter rancœur et incompréhension. Le 6 juin, Villemadrin sollicite la même récompense que Lucas et Infernet en faisant valoir des actions comparables. Il est débouté. Le 26 juillet, Rolland, qui commandait l'*Atlas* à la bataille des Quinze-Vingt et avait été grièvement blessé au visage, aux deux mains et aux jambes suite à l'explosion d'un coffre d'armes, réclame à son tour la même promotion. Decrès rappelle que trois autres officiers se sont signalés à Trafalgar par leur conduite héroïque sans avoir été récompensés – Cosmao, Villemadrin, Magendie – et que la promotion de Rolland implique automatiquement la leur. A-t-il tenté de forcer la main de Napoléon, réticent à récompenser les marins "perdants" ? Si tel est le cas, la manœuvre échoue : aucun n'est promu commandeur. Cette parcimonie dans les récompenses est dénoncée plus tardivement par Decrès, arguant que « *Neptune dans cette guerre n'a pas été moins sanglant que Mars* » [635].

Le même phénomène se retrouve pour l'avancement. Un seul des onze commandants survivants à Trafalgar bénéficie d'un avancement: Cosmao, promu contre-amiral, le 29 mai 1806. Ses exploits lui ont déjà valu d'être nommé Grand d'Espagne de 1ère classe. Mais alors que Cosmao a le même âge que Decrès, qu'il a été nommé capitaine de vaisseau comme lui en 1793, cet ancien officier bleu a dû attendre treize ans pour être promu contre-amiral. Au moment du départ de l'escadre de Toulon, le 30 mars 1805, Lauriston avait signalé son désappointement: « *Cosmao est atterré, c'est un excellent officier au rapport de tous.* »(636) Mais Decrès ne l'aimait pas et jugeait sa renommée surfaite. Pour Infernet, il a été préféré la récompense honorifique de la Légion d'honneur plutôt que l'avancement. Celui-ci est pourtant capitaine de vaisseau de 1ère classe depuis 1798, célèbre pour sa participation à la circumnavigation d'Étienne Marchand (décembre 1790 - avril 1792), son patois provençal, sa parentèle avec Masséna, et aussi son alcoolisme notoire, qui peut expliquer les réticences à en faire un officier général. Lucas et Magendie sont de trop récents capitaines de vaisseau – promotion 1803 – pour bénéficier d'un nouvel avancement. Seuls les capitaines de frégate comme Tourneur (*Algésiras*), Mahé (*Hermione*) ou Prigny ont peut-être bénéficié d'un coup de pouce dans leur carrière en étant promus capitaines de vaisseau le 12 juillet 1808 – il est vrai, plus de deux ans et demi après les événements!

Au vu des comptes rendus de la bataille, Napoléon est plein de suspicion à l'égard de tous les officiers. Lorsqu'il reçoit à Saint-Cloud Lucas et Infernet, il ne fait pas mystère de son mécontentement: « *Je sais qu'il en est plusieurs qui ne vous ont pas imités, j'ai ordonné que des renseignements fussent recueillis à leur égard.* »(637) Il ne se prive pas de chapitrer sévèrement le capitaine de frégate Milius qui a perdu la *Didon* à un moment crucial de la campagne: « *Ainsi, monsieur, vous vous êtes rendu à plus faible que vous! – Sire, j'ai fait de mon mieux, mais mes hommes ont refusé de se battre plus longtemps. – Eh bien, un officier qui ne sait pas se faire obéir est indigne de commander. Retirez-vous.* »*

*Milius n'a plus que des postes à terre jusqu'en 1814. Son passage dans la marine italienne lui vaudra le grade de capitaine de vaisseau en 1811 et il lui faudra s'illustrer à la bataille de Navarin en 1827 pour être promu contre-amiral.

Épron-Desjardins (*Argonaute*) et Maistral (*Neptune*) sont dans le collimateur ainsi que Dumanoir et les trois commandants de sa division capturée au cap Ortegal : Lavillesgris (*Mont-Blanc*), Berrenger (*Scipion*) et Letellier (*Formidable*). Leur sort est en suspens. Privé de la victime expiatoire qui s'est dérobée en se suicidant, Napoléon presse Decrès d'enquêter pour trouver dans les comportements individuels une explication à un désastre collectif, partant de l'hypothèse – contestable – que si tous les vaisseaux s'étaient battus vaillamment la victoire aurait pu revenir aux alliés ou en tout cas la défaite être moins cuisante. Rien d'étonnant que, comme le constate Cambacérès, ces enquêtes « *ne produisirent aucun résultat* »[(638)]. Elles donnent lieu par contre à un déballage d'accusations plus ou moins graves, plus ou moins étayées, qui sont moins révélatrices des dysfonctionnements des comportements lors de la bataille que de l'individualisme et de l'absence d'esprit de corps qui minent la marine française de tous temps. Les commandants n'hésitent pas à juger l'action de leurs camarades, à exhiber les faiblesses de chacun, à porter des accusations de lâcheté sur ceux qui ont plié trop tôt, une fois démâtés ou tombés sous le vent. Seul Cosmao s'en tient à la sécheresse de son rapport initial et refuse de décrire la bataille, ce qui reviendrait à dénoncer ses camarades. Il objecte qu'il était trop occupé à combattre pour suivre et juger les manœuvres des autres !

L'instruction se prolonge jusqu'à ce que Napoléon ordonne, le 7 septembre 1809, la réunion d'un Conseil d'enquête « *chargé de connaître de la conduite tenue dans la bataille de Trafalgar du contre-amiral Dumanoir, commandant, dans cette journée, l'avant-garde aux ordres de M. le vice-amiral Villeneuve* »[(639)]. L'affaire des brûlots d'Aix a sans doute servi de catalyseur. Les quatre personnalités du Conseil – Claret de Fleurieu, Bougainville, Thévenard et Rosily-Mesros – sont choisies avec soin parmi les officiers généraux de l'ancienne marine, avec l'intention de donner un caractère impartial et irréfutable au jugement. Tous quatre – faits comtes ou en voie de l'être – appartiennent à la nouvelle élite de l'Empire. Ils sont d'âge vénérable : Bougainville a 80 ans, Thévenard 76 ans et Fleurieu 71 ans. Rosily-Mesros avec ses 61 ans fait figure de jeune homme*. Ce sont des personnalités expérimentées, réputées pour leur connaissance approfondie de la marine, même si aucune d'elles n'a jamais mené une escadre au combat et qu'elles passent plus pour des scientifiques, des théoriciens ou des administratifs que pour des combattants : Fleurieu, ex-ministre, a joué le rôle de chef d'état-major de la marine durant la guerre d'Amérique ; Thévenard, vice-amiral, ex-ministre, ex-préfet de Lorient, a été membre du conseil de guerre chargé en 1784 de juger les responsables de la défaite des Saintes (12 avril 1782) ; Rosily-Mesros est un témoin indirect de Trafalgar dont il a recueilli les témoignages "à chaud". Le choix du quatrième membre du Conseil est très surprenant, dans la mesure où Bougainville a été admonesté par le conseil de guerre de 1784 pour avoir eu, durant la bataille des Saintes, un comportement similaire à celui de Dumanoir. La question de son objectivité ne peut manquer de se poser d'autant que Dumanoir est enfant du corps, neveu du vice-amiral Pléville Le Pelley, ex-ministre. Pendant treize séances, le Conseil d'enquête examine tous les comptes rendus de la bataille ainsi que les rapports des deux capitaines de vaisseau de la division de Dumanoir encore en vie, Letellier et Berrenger – Lavillesgris est décédé le 21 janvier 1807 des suites de la blessure reçue à la bataille des Quinze-Vingt – et de l'enseigne de vaisseau Rigodit servant sur le *Duguay-Trouin*. Contre toute attente, il arrête le 23 novembre « *que le contre-amiral Dumanoir a manœuvré conformément aux signaux et à l'impulsion du devoir et de l'honneur ; qu'il a fait ce que les vents et les circonstances ont pu lui permettre pour venir au secours de l'amiral ; qu'il a combattu d'aussi près qu'il l'a pu tous les vaisseaux qu'il a rencontrés jusqu'au centre ; enfin, qu'il n'a personnellement quitté le combat que forcé par les avaries de tout genre de son vaisseau et, particulièrement par l'impossibilité de manœuvrer dans l'état où se trouvait sa mâture* » [(640)]. Dumanoir blanchi pour son étonnant comportement

*Trois d'entre eux – Fleurieu, Bougainville et Thévenard – reposent au Panthéon avec deux autres marins – Morard de Galles et le Hollandais de Winter – sur les quarante et une personnalités du Consulat et de l'Empire qui y ont été enterrés.

à Trafalgar, Maistral et Épron-Desjardins sont simultanément réhabilités et lavés de tous griefs*.

Mais Dumanoir n'en a pas fini avec la justice militaire. Napoléon étend la compétence du Conseil d'enquête au combat d'Ortegal du 4 novembre 1805. Cette fois, le 29 décembre, le Conseil dénonce les erreurs tactiques de Dumanoir et lui reproche d'avoir « *manqué trop de décision dans toutes ses manœuvres* », tout en exonérant la division de tous reproches, « *on n'a que des éloges à donner à la bravoure constante des capitaines, officiers et équipages* »[(641)]. Interrogé sur les suites à donner, Napoléon exige de « *de faire exécuter les lois de l'Empire* » ce qui plonge Decrès dans un abîme de perplexité. Que faire alors que le verdict donne des torts à Dumanoir sans lui imputer de délits ? Dans son rapport du 10 janvier 1810, Decrès propose trois solutions : rendre Dumanoir au service actif ; l'exclure du service par destitution, réforme ou suspension ; le traduire devant un conseil de guerre. Napoléon opte pour la troisième solution. Le conseil de guerre, constitué le 12 janvier, est convoqué à Toulon. Conformément au décret impérial du 22 juillet 1806, il est composé de huit membres. La présidence est confiée à Ganteaume, le numéro deux de la marine après Decrès, dont il assura d'ailleurs à plusieurs reprises l'intérim en 1806 et 1807. Cette sommité cumule les honneurs et le commandement de l'armée navale de la Méditerranée, rehaussé de la commission d'amiral. Les autres membres sont choisis parmi les officiers en fonction à Toulon, à savoir tous les officiers généraux présents – le vice-amiral Allemand, les contre-amiraux Cosmao et François-André Baudin – complétés par les quatre plus anciens capitaines de vaisseau – Antoine-Jean-Baptiste Faye, Louis-Léonce Trullet, Pierre-François Violette et Claude-Jean Martin. Le contre-amiral Gourdon, rapporteur, remplit les fonctions de procureur. Ces hommes ont une solide expérience de la mer et des combats.

---

*Maistral ne reprend pas la mer pour autant. Il sera nommé contre-amiral en juillet 1814 en partant à la retraite, grade confirmé durant les Cent-Jours. Épron-Desjardins reçoit des commandements, mais il devra ses promotions aux Bourbons qui le feront noble le 26 octobre 1815, le nommeront capitaine de vaisseau de 1ère classe (1816) et contre-amiral honoraire (1823) à sa retraite où il sera élu maire de Saint-Servan.

Cosmao est toutefois le seul participant de la bataille de Trafalgar. Trullet et Martin ont combattu comme Ganteaume à Aboukir. Or nouveau coup de théâtre, le 8 mars, le Conseil juge « *à l'unanimité que dans les journées des 11, 12 et 13 brumaire an* XIV, *M. le contre-amiral Dumanoir, commandant une des escadres de Sa Majesté, a rempli tous ses devoirs d'officier général, que ses manœuvres ne pouvaient être blâmées, et le Conseil, l'acquittant honorablement, charge son président de lui rendre son épée* » (642). Les capitaines de vaisseau Berrenger et Letellier bénéficient du même jugement.*

À bord du *Bellerophon*, Napoléon déclara : « [Dumanoir] *aurait dû être exécuté ; j'ai tout fait pour qu'il le fût, mais le conseil de guerre qui le jugea ne le condamna qu'à quitter le service.* » (643) De bien curieuses allégations. Une fois Dumanoir disculpé de son comportement à Trafalgar, il aurait été outrancier de l'exécuter pour le combat d'Ortegal livré avec bravoure, si ce n'est avec compétence. Le jugement du Conseil était prévisible. Dumanoir n'a pas été rayé des cadres comme l'affirme Napoléon. Decrès l'a maintenu en inactivité jusqu'au 1er août 1811 où il est nommé commandant de la marine à Dantzig. Sur le *Northumberland*, Napoléon, décidément en veine de confidences approximatives, rapporte que Cosmao aurait brisé son épée lorsqu'on aurait rendu la sienne à Dumanoir (644). Mythe ou réalité ? Une réaction aussi vive de Cosmao est surprenante dans la mesure où il était membre dudit conseil de guerre qui avait prononcé l'acquittement, à moins qu'elle ne traduise de graves dissensions en son sein ou que celles-ci n'aient pu s'exprimer, les délibérations ayant lieu en public. À Sainte-Hélène, Napoléon demeura persuadé que la passivité de

* Berrenger, promu capitaine de vaisseau de 1ère classe, le 1er janvier 1812, prend le commandement d'un trois-ponts dans l'armée navale de Méditerranée avant de mourir de maladie le 17 novembre 1814. Letellier fera partie de ces officiers qui, rayés des cadres par les Bourbons, ont réalisé une seconde carrière dans la marine égyptienne de Méhémet-Ali. En 1827 à la bataille de Navarin, il dut quitter la flotte égypto-turque et se retirer à terre sur sommation de l'amiral de Rigny pour éviter de tirer sur ses frères d'armes et compatriotes. Il avait participé à l'expédition d'Égypte et à la bataille d'Aboukir. Le destin voulut qu'il se noie en baie d'Aboukir le 17 août 1830, à la suite du chavirage de son canot.

ses amiraux était la cause de ses revers sur mer, comme si cela était aussi simple : « *Si Villeneuve, à Aboukir, et Dumanoir, à Trafalgar, avaient eu un peu de sang, les Français auraient été vainqueurs. J'aurais dû faire couper le cou à Dumanoir !* » (645) Dumanoir ne se contente pas de sauver sa tête. Passant sans doute pour un martyr de l'Empire, sa carrière croît et embellit sous la Restauration. Fait comte, il est élu député de la Manche en 1815, promu grand officier de la Légion d'honneur en 1817, vice-amiral le 27 janvier 1819 et commandeur de l'ordre de Saint-Louis le 23 août 1820. Ainsi fut "sanctionné" un officier général qui s'était comporté de façon pour le moins curieuse devant l'ennemi. Quel exemple a-t-il donné aux jeunes officiers ?

Trafalgar est un nom et un lieu maudits pour les marins français. L'Empire évite d'y faire allusion préférant les périphrases « *combat du 29 vendémiaire an XIV* », « *événements de Cadix* ». Une certaine ambivalence à l'égard de Trafalgar prévaut en raison de la mort de Nelson, bête noire de la marine française. Petite parenthèse, Napoléon a toujours été fair-play à l'égard de Nelson et ne l'a jamais dénigré. Il le considérait comme un « *brave homme* » et surtout comme le chef de référence pour la guerre sur mer, au point d'avoir regretté que Suffren n'eût vécu jusqu'à lui : « *J'en eusse fait notre Nelson.* » (646) La tactique de Nelson, basée sur l'offensive, la prise de risques, intelligente, et l'audace, en faisait « *une manière de chef de cavalerie* » fort séduisant pour Napoléon. Il fera placer sur les bâtiments de la flotte l'inscription « *La France compte que chacun fera son devoir* », la traduction actualisée du très célèbre signal de Nelson. Un bel hommage. Dans ces conditions la défaite de Trafalgar est amortie par la mort de Nelson, qui lui donne des allures de victoire. En ce début de XXIe siècle un officier de marine plaisantait encore avec l'auteur sur le thème « *Trafalgar : cette bataille où la marine française a tué Nelson !* »

Rien d'étonnant que le héros de Trafalgar soit Lucas, commandant le vaisseau *Redoutable* à partir duquel a été tiré le coup de feu qui blessa mortellement Nelson. Eu égard au *black-out* entourant Trafalgar, il est révélateur que son rapport officiel, datant du 23 octobre 1805, soit le seul à recevoir l'imprimatur impérial et donne le "la" de la relation épique de la bataille.

Par ailleurs, au Salon de 1806 deux peintres – Louis-Philippe Crépin (1772-1851) et Jean-Baptiste François Genillion (1750-1829) – traitent de ce sujet alors qu'en comparaison l'autre événement majeur de 1805 – la bataille d'Austerlitz – est moins représenté, un curieux paradoxe (647). Pour rendre "visible" la défaite navale, Crépin a choisi de représenter le combat héroïque du *Redoutable*, nouvel avatar du combat de David contre Goliath*, au moment de l'action le plus intense et le plus spectaculaire, quand vers 14 heures le vaisseau livre, pavillon haut, un combat inégal, bord à bord, aux deux trois-ponts anglais qui le surplombent de leur troisième batterie. La précision du trait donne à l'œuvre qui se veut d'actualité une valeur presque "archéologique". La gageure de Crépin est de sublimer la défaite en mettant en exergue un épisode dramatique pour étayer l'image d'une marine surclassée, n'ayant que son héroïsme à opposer à un ennemi supérieur. Le tableau ne montre pas les morts, la « *cuisine de la gloire* » pour reprendre l'expression de Théophile Gautier. Selon les règles académiques en vigueur dans la peinture des batailles navales, le cadrage est suffisamment large pour se contenter de suggérer la férocité, la "barbarie" d'un combat livré à bout portant. Le fait d'armes de Lucas prend des allures de victoire tant les forces en présence sont disproportionnées. Il est même annonciateur de succès futurs dans la mesure où Nelson, l'incarnation de la suprématie anglaise, est mort dans l'engagement. Œuvre de propagande, le tableau de Crépin pourrait même participer de l'épopée napoléonienne si la marine remportait des batailles ultérieures. Il est symptomatique de l'état d'esprit régnant dans les années 1806-1807, où Napoléon croit encore la revanche possible et ne peut deviner que Trafalgar serait la dernière grande bataille navale de l'Empire.

---

*Tableau de Crépin intitulé *Combat du 29 Vendémiaire an XIV. Le* Redoutable, *de 74 canons, commandé par M. Lucas, contre les vaisseaux anglais le* Victory *et le* Temeraire, *de 110 canons. Nelson qui montait le vaisseau le* Victory, *y fut tué par la mousqueterie du vaisseau le* Redoutable *(l'auteur a fait campagne sur ce vaisseau)*. Cette parenthèse fait allusion aux quatre années que Crépin passa dans la marine comme gabier et timonier, avant d'être l'élève de Joseph Vernet, de Jean-Baptiste Regnault (rival de David) et du pré-romantique Hubert Robert.

L'IMPOSSIBLE REVANCHE OU LA RECONSTRUCTION DE LA MARINE

Napoléon accuse le coup, accréditant sa confession de Sainte-Hélène : « *J'ai jeté le manche après la cognée lors du désastre de Trafalgar.* » [(648)] Pendant deux mois, occupé par les tenants et aboutissants de la campagne d'Autriche et la signature du traité de Presbourg, il néglige les affaires maritimes, comme le prouve le tarissement de sa correspondance avec Decrès. Ce n'est qu'une simple pause. Dès son retour à Paris en janvier 1806, Napoléon renoue avec son ambitieuse politique de redressement naval comme si rien ne s'était passé. Il est plus que jamais déterminé à prendre sa revanche et tendre vers la parité avec la Royal Navy, au cas où la paix lui en donnerait le temps nécessaire.

Napoléon se lance dans une course éperdue aux constructions navales avec pour corollaire la multiplication des bases et arsenaux dans le cadre d'un Empire aux dimensions européennes. Il envisage même des sites improbables comme Concarneau ou l'estuaire de la Gironde. En Méditerranée, le principal pôle demeure Toulon avec dix-sept vaisseaux en service et trois en construction en 1814. Napoléon met tout en œuvre pour exploiter et valoriser Gênes, Venise, La Spezia, site remarquable qui demeura embryonnaire en raison de son enclavement faute de routes. À la paix de Schönbrunn, 14 octobre 1809, il complète son dispositif en s'adjugeant les provinces Illyriennes, riches en ressources forestières d'excellente qualité. Il dote Trieste de chantiers de construction et développe un réseau de points d'appui secondaires en Adriatique, avec Ancône, Raguse (Dubrovnik), Cattaro (Kotor), et en mer Ionienne avec Tarente et Corfou. Le second grand ensemble couvre les atterrages de l'Atlantique et les mers du Nord. Napoléon se désintéresse de Brest, trop facilement bloqué. Il privilégie Lorient pour les constructions et Rochefort pour les réparations. En Manche, Boulogne demeure le port de la flottille, Le Havre une base de frégates et un entrepôt pour les munitions navales acheminées par la Seine. Napoléon persévère dans son intention de faire d'Anvers son principal arsenal, surtout après l'échec du raid anglais de 1809, où il décide de le transformer en « *point d'attaque mortel à l'ennemi* » face à

Chatham et à l'estuaire de la Tamise et d'y établir un « *camp retranché* » qui pourrait recueillir une armée et résister pendant un an. Le nombre des cales de construction passe de neuf à douze. La ville est ceinturée de fortifications. Un avant-port est construit à Flessingue et des bastions couronnent le front de mer. De 1803 à 1814, dix-neuf bâtiments sont construits et quatorze en chantier. Mais la grande œuvre du règne est Cherbourg : « *J'étais résolu de renouveler à Cherbourg les merveilles de l'Égypte* [...]. *Mon grand projet était d'y rassembler toutes nos forces maritimes et avec le temps, au besoin, elles eussent été immenses afin de pouvoir porter le grand coup à l'ennemi* ». Les travaux de la digue commencés sous Louis XVI sont poussés ; un arsenal et des bassins mis en chantier. L'inauguration de la première tranche intervient en 1813, en présence de Marie-Louise, alors que la construction de quatre vaisseaux est achevée, celle de quatre autres en cours. En 1811, Napoléon peut se targuer avec raison : « *Louis XIV n'avait que Brest : j'ai toutes les côtes d'Europe.* » Mais la quête frénétique d'infrastructures entraîne des effets pervers. Venise et Trieste manquent de profondeur et ne peuvent lancer que des vaisseaux de 74, encore faudra-t-il des trésors d'ingéniosité technique et utiliser des docks flottants ou "chameaux" pour y parvenir. Anvers s'avère un mauvais choix, en raison de son éloignement de 50 kilomètres de la mer et de son accessibilité par un chenal sinueux et encombré de bancs de sable. L'avant-port à Flessingue n'apporte pas de solution miracle. Les constructions se limitent à des vaisseaux de 74 ou de 80 canons de petit gabarit, mais Napoléon ordonne la construction de trois-ponts à faible tirant d'eau qui s'avéreront si instables qu'ils devront être ultérieurement "rasés" d'une batterie.

En 1814, la marine compte soixante et onze vaisseaux à flot et trente et un en construction. Elle ne tient pas la comparaison avec la Royal Navy qui en aligne cent soixante armés et trente sur cale, mais l'Ancien Régime en disposait de soixante-cinq au 1er février 1793. Napoléon a réussi le tour de force de maintenir le volume des forces navales en temps de guerre. Grâce à un effort de tous les instants, les constructions neuves ont compensé les pertes, s'élevant de 1803 à 1813 à trente-cinq vaisseaux, cinquante-quatre frégates et quatre-vingt-sept bâtiments de rang inférieur.

Le rythme des mises en chantier ne dépasse pas une moyenne de 4,5 unités par an contre 6,5 à la fin de l'Ancien Régime. Mais il ne serait pas raisonnable de comparer le rendement des arsenaux en temps de paix et en temps de guerre, alors que les approvisionnements en munitions navales et en bois sont obérés par le blocus anglais, achoppent sur les moyens de transport qui limitent l'exploitation aux forêts proches de la mer et des voies navigables. Faute de ressources suffisantes, les ingénieurs doivent recourir à des bois de "fraîche coupe" de moins de trois ans qui pourrissent plus vite. Effet pervers de vingt ans d'isolement, les constructions navales parvenues à la perfection avec Sané, copiées par toutes les marines y compris par la Royal Navy, accusent des retards techniques à la fin de l'Empire où les vaisseaux français s'avèrent plus lents, moins stables et inférieurs en artillerie. Les vaisseaux de 74 et de 80 sont les plus nombreux, mais ils sont surclassés par leurs homologues anglais majoritairement de 90 à 110 canons, et dans l'incapacité d'engager des frégates tant anglaises qu'américaines, armées de 50 à 60 canons et de caronades. Napoléon en est conscient et ordonne en 1813 de construire à Toulon, Rochefort et Cherbourg « *une frégate de construction américaine* [...]. *Je suis certain que les Anglais ont fait construire un bon nombre de frégates de ce modèle. Elles vont mieux, ils les adoptent : il ne faut pas rester en arrière.* »[(649)] Il va sans dire que sa perspicacité est trop tardive. *In fine*, il faut reconnaître que l'effort de Napoléon en matière d'infrastructures portuaires et d'arsenaux a profité, hors l'exception notable de Cherbourg, aux pays limitrophes une fois que le traité de Vienne aura ramené la France aux frontières de 1792.

Des mesures sont prises pour accroître l'efficience de la flotte. En 1806, la dotation en caronades de 36 est sensiblement renforcée et portée à 12 sur les vaisseaux de 120 canons, à 10 sur les autres vaisseaux et 8 sur les frégates. Conscient des carences de l'entraînement, Napoléon réglemente, le 23 mars 1807, les exercices de "tir à boulets", au mouillage ou à la voile, précisant le nombre de coups à tirer – 132 pour un vaisseau de 120, 84 pour un 74 canons ou 44 pour une frégate.

Par ailleurs, Napoléon est bien décidé à résorber le déficit chronique du recrutement des équipages. Il recourt aux ressources humaines des territoires plus ou moins satellisés par la France. Les équipages se gonflent de Danois, d'Allemands, de Polonais, de Génois, etc., d'une valeur et d'une loyauté sujette à caution. Conscient de la vanité de cet expédient, Napoléon crée, le 2 mars 1808, 50 « *bataillons de la marine impériale* » : une vraie révolution. Chaque bataillon comporte 456 hommes et 35 officiers et sous-officiers sous le commandement d'un capitaine de vaisseau, et doit constituer le gros de l'équipage permanent d'un vaisseau de 74 ; les 178 hommes complétant l'effectif seraient enrôlés au moment de l'appareillage du vaisseau et pourraient être constitués de soldats. Napoléon institutionnalise ses expériences empiriques de soldats-marins, que les mentalités auront du mal à accepter mais qui constituent la solution pour les siècles à venir. Sa propension à militariser les personnels touche également les ouvriers de la marine. Le décret du 19 mars étend à titre provisoire* l'inscription maritime à quatre professions – charpentiers, perceurs, calfats et voiliers. Le 18 mars 1810, les bataillons de la marine sont réorganisés et prennent l'appellation « *équipages de haut bord* ». Napoléon n'est pas dupe sur l'efficience d'un tel système : « *Je comprends bien que tout ceci ne forme de bons équipages ; mais ce sont au moins des hommes qui s'exerceront à la mer.* »[(650)] Le 13 décembre, il affecte la conscription de trente départements du littoral à l'armée navale et prescrit l'incorporation des jeunes de 13 à 16 ans. Cette mesure soulève de telles protestations que l'enrôlement est reporté à l'âge de 18 ans. Pour obtenir un corps d'officiers de marine homogène, Napoléon ajoute aux conditions d'admission au grade d'aspirant de 1ère classe l'appartenance à la « *classe moyenne* » et crée, le 27 septembre 1810, deux « *Écoles spéciales de marine* » qui doivent instruire trois cents jeunes gens en trois ans. Il innove en les établissant sur des vaisseaux, le *Duquesne* à Brest et le *Tourville* à Toulon, contre l'avis de Decrès, d'où un échange cocasse entre les deux hommes : « *Vous me proposez de mettre une école de marins à terre, dit Napoléon, c'est comme si on mettait une école de cavalerie sur un vaisseau. – Pas tout à fait, Sire ! – Au contraire, tout à fait,*

---

*Le provisoire va durer et devait se prolonger jusqu'en 1859.

connaissez-vous le moyen d'élever ces enfants sous l'eau ?– Non, Sire. – Alors jusqu'à ce que vous ayez trouvé ce moyen, nous les élèverons dessus ! » Établies trop tardivement, ces écoles n'auront pas le temps de fournir des officiers à la marine impériale*.

Napoléon poursuit sa réforme administrative. Le décret du 22 juillet 1806 réactualise l'exercice de la police et de la justice à bord des vaisseaux ainsi que la procédure des conseils de guerre et crée des « *conseils de marine* », chargés d'examiner la conduite des officiers généraux ou supérieurs ayant reçu des commandements, tant au niveau des opérations que de l'économie des dépenses et des consommations. Le 24 juillet 1810, Napoléon crée le « *Conseil de marine* », composé de quatre conseillers d'État – en l'occurrence Ganteaume, Malouet, Caffarelli, Najac. Cette institution doit surveiller et contrôler la gestion du ministère. Fonctionnant comme un conseil d'administration, elle ne correspond pas à l'Amirauté réclamée depuis de longues années**. Le 29 mars 1811, Napoléon parachève l'organisation administrative de la marine en créant le « *Conseil des constructions navales* »***, destiné à arrêter les plans, devis, dessins et modèles des bâtiments à construire. Mis en place trop tardivement, ce Conseil ne pourra enrayer le retard technique pris par les arsenaux français.

Sur le plan des opérations navales, Napoléon ne donne pas l'impression en 1806 d'avoir compris les implications de la défaite de Trafalgar. Il persévère dans son choix de la guerre de course, « *chère au cœur* » de Decrès même si celui-ci, échaudé, prône avec insistance le repli des escadres dans les rades. Le maître mot de

---

*À la Restauration, elles sont supprimées et remplacées par un collège établi à Angoulême jusqu'au 7 mai 1827 où, revenant sur le principe d'une école flottante, les élèves sont transférés à bord de l'*Orion*, à Brest, qui prendra l'appellation d'École navale en 1830.

**Supprimé en 1814, il sera rétabli en 1824 sous l'appellation de Conseil d'amirauté.

***Composé de quatre membres – le vice-amiral Rosily, président ; le baron Sané, inspecteur général du génie maritime ; Rolland, chef du génie maritime et Geoffroy, ingénieur de 1ère classe – ce conseil est supprimé en 1814, pour être rétabli le 19 février 1831 sous le nom de Conseil des Travaux.

l'Empereur est de « *tout mettre en mer* » [651] avec le double objectif de ravitailler les colonies et « *inquiéter le commerce ennemi* ». Obnubilé par la revanche, Napoléon rebat les cartes pour une nouvelle donne et envisage l'envoi de dix ou douze croisières pour « *inonder les mers* » dans le cadre d'« *un système vaste et nouveau* » [652]. La campagne de Lhermitte lui donne presque raison. Parti avec le *Régulus*, deux frégates et un brick, il rallie Brest le 3 octobre 1806 en ayant perdu une de ses frégates, mais sa campagne coûte aux Anglais une corvette, deux bricks, vingt-six navires marchands d'une valeur de 4 830 000 francs, 1 100 esclaves, 229 canons et 570 prisonniers. Les deux divisions sorties de Brest, le 13 décembre 1805, sont loin d'afficher un bilan si positif. La première, aux ordres de Willaumez, comprenant six vaisseaux et deux frégates, est dispersée aux Antilles. La croisière "prédatrice" se solde par la perte d'un vaisseau et d'une frégate, la condamnation d'un vaisseau et d'une frégate, la prise de dix-sept navires de commerce et l'entrée inattendue du *Vétéran* de Jérôme Bonaparte dans Concarneau, où jamais un vaisseau de ce gabarit n'a jamais flotté. Il lui faudra attendre trois ans pour l'en ressortir ! La seconde division de Leissègues, comprenant cinq vaisseaux et deux frégates, est surprise à Saint-Domingue par les sept vaisseaux du vice-amiral Duckworth. Seules les deux frégates échappent à la destruction, le 6 février, dans une bataille qui ressemble à « *un petit Aboukir* ». Ignorant ces événements dramatiques, les divisions continuent à sortir. Le 26 février, le capitaine de vaisseau Delamare de Lamellerie parvient à forcer le blocus de Cadix avec quatre frégates et trois bricks pour intercepter les convois anglais près des Açores. Après une campagne infructueuse, il perd une frégate au retour. Napoléon lui fait part de son « *mécontentement* » pour n'avoir pas pris un convoi ennemi [653]. Linois de retour de l'océan Indien avec le *Marengo* et la frégate *Belle-Poule* succombe le 13 mars sous les coups de l'escadre de sir John Borlase, forte de huit vaisseaux*. Le capitaine de frégate Leduc sort de Lorient

*Linois, fait comte en 1810, demeure prisonnier des Anglais jusqu'en avril 1814, preuve que la guerre de course qui leur avait été livrée dans l'océan Indien avait été une nuisance.

le 26 mars avec une division comprenant trois frégates et un brick pour ravager les flottilles baleinières anglaises au Spitzberg, en Islande et au Groenland. Il se heurte à des conditions atmosphériques exécrables et à une épidémie. Il rallie Lorient le 22 septembre après avoir perdu une frégate et capturé quinze navires d'une valeur de 2 520 000 francs [654]. Toujours bon camarade, Decrès se gausse du *« bon et gros Flamand »* Leduc, contraint de communiquer en latin lors de sa relâche en Islande ! Le 26 septembre, une division de cinq frégates et deux bricks, sous les ordres du capitaine de vaisseau Soleil, appareille de l'île d'Aix pour transporter 1 600 soldats à la Martinique. Seule une frégate et les deux bricks parviennent à échapper à l'escadre du commodore Hood alignant sept vaisseaux.

Ainsi, l'année désastreuse de 1805 est-elle suivie par une année noire ponctuée par la perte de sept vaisseaux, neuf frégates et douze bâtiments inférieurs : « *Toujours des désastres dans cette malheureuse marine* » [655], constate avec amertume Decrès. Mais imperturbable, Napoléon continue à élaborer des combinaisons maritimes pour occuper les *« Anglais dans des points imprévus »* et le 10 décembre envisage sans sourciller la « *sortie des trois escadres de Cadix, de Rochefort et de Lorient,* [qui] *inquiéterait les Anglais et les obligerait à renforcer toutes leurs colonies, ce qui leur laisserait autant de troupes de moins de disponibles pour se mêler des affaires du continent* ». Affolé par la perspective de perdre les escadres survivantes, Decrès tente de lui démontrer que le temps des grandes croisières est révolu : *« Jamais les difficultés d'opérations maritimes n'ont été aussi prépondérantes que dans cette circonstance ; jamais l'ennemi n'eût autant de vaisseaux disponibles et jamais nous n'eûmes moins de ports de relâche, et une plus grande pénurie dans les ports éloignés* [...]. *Toutes ces expéditions à neuf ou dix mois de navigation ne présentent aucune chance de succès.* » [656] En fait, Napoléon, qui doit affronter la quatrième coalition inspirée par la Prusse, croit détenir la martingale pour réaliser son but de guerre le plus cher : *Delenda Britannia*. En réaction au blocus des côtes françaises – depuis l'embouchure de l'Elbe jusqu'à Brest – déclaré le 16 mai par l'Angleterre, il proclame le 21 novembre, à Berlin, le Blocus continental, qui interdit toute communication avec l'Angleterre et ses colonies, et prescrit la saisie de toute marchandise ennemie. Napoléon entend acculer l'Angleterre à la banqueroute en épuisant ses ressources monétaires à base d'exportations et de crédit, convaincu que *« quand on a la terre, on peut avoir la mer, pourvu qu'on le veuille et qu'on y mette le temps »*.

En attendant, Napoléon persiste dans son intention de concentrer les escadres de Rochefort, Toulon et Cadix en Méditerranée pour faire croire à une expédition en Égypte et desserrer le blocus anglais de Naples[(657)]. Il a beau augmenter les moyens de défense le long des côtes, les Anglais portent leurs frontières aux rivages français selon l'adage de l'amiral Hawke. Dans leurs zones de croisière, ils enlèvent quelques petites îles non défendues (Molène, les Glénans, Houat et Hoedic) ; devant Toulon ils s'installeront même à Porquerolles. Ils étalent le mauvais temps dans les rades, y réparent leurs avaries et établissent comme à Quiberon des corps-morts. Napoléon n'a d'autre ressource que d'ordonner des "simulacres" pour faire croire au départ prochain d'une expédition contre l'Irlande à partir de Brest, d'une autre contre Le Cap à partir de Rochefort, etc. Auxiliaire du Blocus continental, la flotte érigée en épouvantail se voit dévolu le rôle de contraindre l'Angleterre à des *« préparatifs immenses qui ruinent ses finances »*. Optimiste, Napoléon pronostique que les Anglais devront *« d'ici le mois d'août doubler leur marine, de là dépenses d'argent, presse de matelots et croissance de dangers »*[(658)]. La quatrième coalition écrasée après les victoires d'Eylau (8 février 1807) et de Friedland (14 juin), Napoléon prévient Decrès que *« la guerre continentale est terminée, les efforts doivent se jeter du côté de la marine »*[(659)]. Napoléon est toujours déterminé à concentrer ses escadres en Méditerranée et à envoyer des expéditions de secours aux Antilles et à l'île de France, qui a pris un nouvel intérêt géostratégique avec l'alliance conclue avec le shah de Perse, Feth-Ali. De la récurrence du "rêve oriental". Mais l'Angleterre marque des points. Pour prévenir la reconstitution de la Ligue des neutres, elle attaque le Danemark par voie de terre et de mer, bombarde Copenhague du 2 au 4 septembre, obtient la reddition de la flotte danoise et occupe l'île d'Helgoland. Au Portugal, elle parvient à circonvenir le régent, qui émigre au Brésil avec sa flotte. Ces revers sont compensés par l'adhésion du Danemark au Blocus continental en octobre, suivie par celle de la Russie en novembre.

Napoléon est à son apogée. En trois ans, il a vaincu les trois plus grandes puissances militaires de l'Europe – Autriche, Prusse, Russie. À Tilsitt, il a partagé avec le tsar Alexandre Ier l'Europe en deux zones d'influence et rêve de conquêtes exotiques jusqu'aux Indes. Nouvel échelon de l'escalade, comme l'Angleterre garantit en novembre la libre circulation des navires neutres à condition qu'ils paient des droits de douane et prennent une licence dans un port britannique, ce qui équivaut au contrôle de la navigation neutre, Napoléon riposte en renforçant le Blocus continental. Le second décret de Milan du 17 décembre déclare que « *les îles britanniques sont en état de blocus sur mer comme sur terre* ». Tout navire neutre qui se serait soumis aux exigences de l'Angleterre est considéré comme dénationalisé et réputé de bonne prise. Ainsi s'achève l'année 1807, sans que la marine impériale ne perde ni un vaisseau, ni une frégate.

Les ordres de concentration en Méditerranée sont permanents. Le 17 janvier 1808, Allemand parvient à s'échapper de Rochefort avec cinq vaisseaux, une frégate et un brick et à faire sa jonction, le 10 février, au sud des îles d'Hyères avec les cinq vaisseaux, une frégate et deux bâtiments légers sortis de Toulon. L'escadre, ainsi constituée aux ordres de Ganteaume, a pour mission d'acheminer des renforts aux îles Ioniennes, menacées par les Anglais et le pacha de Janina, et de tenter une opération contre la Sicile où s'est réfugié l'ex-roi de Naples, allié des Anglais. Au large de la Sicile, le mauvais temps malmène et disperse l'escadre. Ganteaume ravitaille Corfou à grand peine et regroupe son escadre. Entre-temps les Anglais ont fini par se concentrer et avec seize vaisseaux croisent au large de la Sicile, annulant *de facto* la seconde partie de la mission. Ganteaume rentre péniblement à Toulon le 10 avril après avoir essuyé vingt-six jours de « *vents continuels* ». Les Anglais décidément mal informés continuent à le chercher dans l'ouest de la Sicile.

Cette sortie laborieuse, dans le cadre d'une mission secondaire ne rebute pas Napoléon qui programme pour le mois d'octobre une grande opération en Méditerranée. Toujours optimiste, il estime pouvoir disposer en 1809 de « *plus de vingt vaisseaux espagnols, douze russes et dix hollandais, soit un total de cent onze vaisseaux de guerre; situation qui ne laisserait pas de donner lieu à toute espèce de combinaisons, surtout appuyées à la flottille. L'Irlande, les possessions d'Amérique, Surinam, le Brésil, Alger, Tunis, la Sicile, sont des points vulnérables.* » (660) Napoléon asticote Decrès pour envoyer des expéditions de secours aux Antilles et prétend même reconquérir la Trinité, les Saintes et Marie-Galante. Decrès s'essaye à une pirouette et reçoit la très fameuse réponse de Napoléon: « *Je vous dispense de me comparer à Dieu* [...]. *Depuis un an que je demande quelques expéditions pour aider nos colonies, on ne me répond que par des babioles.* » (661) Napoléon exige la multiplication des armements fictifs: « *J'espère que vous comprenez mon système de guerre. L'Angleterre a cette année emprunté un milliard. Il faut la harasser de dépenses et de fatigues.* » Mais il se fourvoie en Espagne en déposant les Bourbons. Pour la marine, le choc en retour inattendu est le soulèvement de Cadix. Pour éviter des pertes inutiles, Rosily rend la division le 14 juin. Les équipages vont connaître pendant de longues années, à l'exception de quelques évasions spectaculaires, les affres de la captivité sur les pontons espagnols ou sur l'île sinistre de Cabrera. Le destin s'est de nouveau acharné et a voulu que les cinq rescapés de Trafalgar ne rallient jamais un port français, pas plus que l'*Atlas* stationné à Vigo depuis la bataille des Quinze-Vingt. Une perte sèche sans combat. Napoléon se résout le 28 juin à « *contremander* » les expéditions maritimes. Une nouvelle pause. Dès le mois d'octobre, il revient à la charge. Il donne l'ordre à Decrès d'envoyer les escadres au secours des colonies plus que jamais à la merci des Anglais, et d'appuyer le passage en Sicile d'un corps expéditionnaire de 15000 à 20000 hommes.

Pour les Antilles, c'est trop tard. En 1809, Londres passe à l'offensive et décide d'en finir avec les colonies françaises pour répliquer aux annexions européennes et donner quelques satisfactions à l'opinion publique démoralisée par le prolongement de la guerre. Le 12 janvier, Victor Hugues capitule sans gloire à la Guyane. Le 29 février, c'est le tour de la Martinique. En mai, l'île Rodrigues, une des bases de corsaires français aux Mascareignes, tombe. En juillet, c'est Saint-Domingue et Saint-Louis au Sénégal. Napoléon croit encore possible de secourir les Antilles. La division de Troude parvient à apporter un renfort à la Guadeloupe qui y gagne un sursis de quelques mois au prix d'un vaisseau, le *D'Hautpoul*. L'escadre de Brest, commandée par Willaumez, fait mouvement pour opérer la concentration en Méditerranée en ralliant au passage l'escadre de Rochefort. Après diverses péripéties, elle se retrouve encalminée à l'île d'Aix à la grande fureur de Napoléon. Willaumez est remplacé par Allemand. Les Anglais profitent de cette concentration inopinée pour venir l'attaquer avec douze vaisseaux, six frégates, onze corvettes et trente-deux transports aux ordres de l'amiral Gambier. Allemand embosse ses onze vaisseaux et une frégate sur deux lignes endentées, prenant appui sur les batteries terrestres de l'île d'Aix. Trois frégates assurent leur couverture. Le tout est défendu par une estacade, derrière laquelle sont prépositionnées soixante-treize embarcations. Un dispositif curieux qui ne tient pas compte de l'expérience acquise lors de l'attaque de brûlots contre la flottille de Boulogne en 1804. Les brûlots constituent la menace la plus dangereuse pour une flotte au mouillage, mais ce sont des armes d'ordre psychologique, destinées à provoquer la panique. Le 11 avril, ils jouent leur rôle à merveille. Le dispositif français est démantelé par les vents, les courants et les machines « *infernales* » anglaises. La panique est indescriptible. Les divergences dans le camp anglais ne permettent pas de pousser l'attaque à fond. L'affaire coûte à la France quatre vaisseaux et une frégate, 650 prisonniers et sept vaisseaux immobilisés pour de longs mois de réparation. Le 8 septembre, un conseil de guerre condamne à mort le capitaine de vaisseau Lafon pour avoir quitté le *Calcutta* devant l'ennemi. Un verdict pour l'exemple, entaché de partialité. Sur le chemin de Sainte-Hélène, Napoléon devait renvoyer dos à dos les protagonistes : « *L'amiral français fut un imbécile* » dit-il à O'Meara, « *mais le vôtre fut tout aussi mauvais.* » L'affaire des brûlots d'Aix est comme le résume l'historien britannique Jenkins « *un désastre sans qu'il y ait eu un combat digne d'être mentionné, et une grave tache sur l'honneur de la marine française.* » [(662)] Alors que Wellington débarque au Portugal et que se déroule la campagne d'Autriche dans le cadre de la cinquième coalition, les Anglais décident d'ouvrir un troisième front en rééditant contre Anvers leur attaque réussie contre Rochefort. Lord Chatham débarque le 28 juillet avec un corps expéditionnaire de 35 000 fantassins et 1 800 cavaliers, embarqué sur 520 transports, escortés par 42 vaisseaux, 25 frégates et 60 bâtiments légers aux ordres de Strachan. Flessingue et les îles de la rive droite de l'Escaut sont occupés. L'affaire tourne au fiasco sous les coups conjugués de Missiessy, qui replie ses vaisseaux sous Anvers, de Bernadotte et de la « *fièvre de Walcheren* », une forme de malaria, qui expédie *ad patres* 4 000 Britanniques. Les Anglais sont contraints de rembarquer, après avoir dévasté l'arsenal de Flessingue et récupéré les matériaux d'une frégate en construction.

La cinquième coalition vaincue à Wagram (6 juillet), l'armée n'en continue pas moins à s'embourber en Espagne. Napoléon exige que des convois soient envoyés ravitailler régulièrement Barcelone. En avril, Cosmao avait escorté sans encombre un convoi de vingt bâtiments transportant des céréales. En octobre, le contre-amiral Baudin a moins de chance. Il appareille de Toulon le 21 octobre avec trois vaisseaux et deux frégates pour escorter un convoi de dix-sept voiles, alors que la présence de Collingwood avec vingt vaisseaux est signalée dans les parages. Il est intercepté. Un vaisseau et une frégate échappent à la destruction ; cinq navires du convoi parviennent à destination avec 6 800 quintaux de blé, 1 310 de farine et 500 000 cartouches. Un ravitaillement d'un coût exorbitant. Toute sortie devient une mission quasi impossible au moment où les Anglais alignent plus de 700 bâtiments de guerre de tous rangs. Napoléon continue pourtant à concocter des plans pour reprendre les Saintes, Cayenne et le Sénégal tout en ravitaillant l'île de France. Decrès est perturbé par cette frénésie et confie au maréchal Marmont que « *l'Empereur est fou, tout à fait fou et nous jettera tous, tant que nous sommes, cul par-dessus tête, et tout cela finira par une épouvantable catastrophe* ». Il fait état de « *la bizarrerie des projets de l'Empereur, de leur mobilité et de leur contradiction, de leur étendue gigantesque* » [(663)]. Et encore, Decrès n'a rien vu. En 1810, les plans impériaux vont prendre des proportions inédites.

Cette année-là voit la fin des colonies françaises. La Guadeloupe tombe en février, mais l'île de France donne du fil à retordre aux Anglais. Par excès de confiance, le 13 août ils attaquent par surprise Grand-Port. Les divisions de Duperré et d'Hamelin unissent leurs forces pour s'emparer ou détruire les quatre frégates anglaises les 20-26 août. Cette victoire navale – la seule gravée sur l'Arc de Triomphe– retarde l'échéance fatale. Le 28 novembre, les Anglais échaudés organisent une opération de grande envergure pour investir l'île de France (future île Maurice), mettant en œuvre un corps expéditionnaire de 23 000 hommes, transporté et appuyé par une flotte de soixante-dix voiles. Decaen, qui ne dispose que de 4 000 hommes, esquisse une résistance honorable. La capitulation est signée le 3 décembre mettant un terme à huit années, durant lesquelles les Mascareignes ont tenu la dragée haute à l'Angleterre. Le Grand Empire n'a plus de colonies à l'exception de Batavia, qui ne sera occupée qu'en septembre 1811. Petite parenthèse, cette situation aura pour conséquence de provoquer l'essor des produits de substitution aux produits coloniaux, devenus objets de contrebande rares et chers, à l'instar de la chicorée flamande pour remplacer le café, de la betterave pour le sucre ou des plantes tinctoriales comme la garance, le safran et le pastel.

La paix sur le continent débride l'imagination de Napoléon, même si lucide il reconnaît « *qu'en temps de grande guerre la France ne peut rien sur mer ; elle doit se borner alors à avoir des escadres légères pour protéger son cabotage et pour le service de ses colonies. Mais c'est en temps de paix, ou de petite guerre combinée, que la marine peut développer ses moyens.* »[(664)] Conscient que l'alliance russe et le Blocus continental sont insuffisants pour obtenir la décision, il reprend l'idée d'une guerre maritime de grande envergure. Grâce à la montée en puissance de la flotte, en septembre il se donne deux ans de paix pour détenir cent quatre vaisseaux. Sa campagne prévisionnelle pour 1812 est un patchwork de tous ses plans précédents. Les cent quatre vaisseaux sont censés projeter avec le concours des flottilles de l'Escaut, de la Méditerranée, de Boulogne et de Cherbourg quelque 200 000 hommes, à raison de 40 000 hommes en Égypte, 20 000 en Sicile, 12 000 dans les îles Jersey, 60 000 en Irlande ou en Écosse, etc. Napoléon est convaincu que face à ces expéditions concomitantes sur plusieurs théâtres, « *les Anglais se trouveraient dans une position bien différente de celle où ils sont aujourd'hui* »[(665)], et seraient contraints de disperser leurs forces au détriment de leur présence militaire sur le continent et en particulier sur la péninsule ibérique. À plusieurs reprises en 1811, Napoléon réajuste son plan et ses calculs tout en repoussant l'échéance à 1813. Il ajoute à ses objectifs la récupération des colonies – la Martinique, la Dominique, la Guadeloupe, Cayenne, Surinam et tout le continent hollandais – et du cap de Bonne-Espérance grâce à l'envoi de 8 000 hommes avec l'escadre de Brest. Au total « *ce serait donc 60 ou 80 000 hommes que je répandrais, en évitant les croisières ennemies, sur les deux mondes. Ces résultats ne pourraient pas sans doute avoir lieu avant 1812 ou 1813.* »[(666)] L'année 1811 devait être consacrée à « *fatiguer les Anglais* », un objectif inaccessible – « *nous les fatiguâmes, nous ne parvînmes pas à les lasser* » devait reconnaître Jurien de La Gravière – en tout cas elle a usé Decrès, qui présente le 11 décembre sa démission parce que « *la fatigue de plus de dix années d'une administration pénible a épuisé ce que j'ai pu avoir d'aptitude* »[(667)]. Napoléon refuse de se séparer de son inamovible ministre. La lassitude de Decrès est symptomatique de la lourdeur des tâches du ministère en raison de l'essor des bases, arsenaux, constructions navales, mouvements de personnels entre la marine et l'armée, etc. Napoléon met sur la brèche son ministre en multipliant les plans, en exigeant sans cesse des expertises techniques. La quasi-inactivité des escadres ne se répercute pas sur la charge de travail, au contraire elle est presque inversement proportionnelle.

Au moment où l'alliance russe est rompue et que la guerre paraît inévitable, le centre de gravité de la stratégie navale de Napoléon bascule en mer du Nord. À Sainte-Hélène, il s'en expliqua : « *J'établissais mon terrain de manière à ce que les deux nations tout entières eussent pu, pour ainsi dire, se prendre corps à corps ; et l'issue n'était pas douteuse car nous aurions été plus de quarante millions de Français contre quinze Anglais ; j'eusse terminé par une bataille d'Actium.* »[(668)] Napoléon reste obstinément attaché au principe de l'invasion, « *la flottille de Boulogne sera toujours un des plus puissants moyens d'influer sur l'Angleterre* »[(669)]. Pour crédibiliser l'existence de la flottille, il nomme à sa tête le contre-amiral Pierre Baste, un nouveau thuriféraire de ce système d'armes dans la veine de Forfait. Il donne libre cours à son imagination et concocte des plans de plus en plus complexes et de grande envergure pour attaquer l'Angleterre au cas où elle relâcherait sa garde. Cette propension à élaborer des combinaisons grandioses et chimériques, tout droit sortie d'une « *tête volcanique* » a été stigmatisée par Larousse et l'historiographie. Même si comme le dit Renan « *rien de grand ne se fait sans chimères* », l'historien ne doit pas être victime de ses sources. Ces plans, extravagants en diable, sont connus par la correspondance et les archives qui nous donnent la chance de suivre presque au quotidien les évolutions des idées de Napoléon et constituent un formidable matériau que peuvent envier les biographes de César ou d'Alexandre le Grand. Un matériau qu'il serait captieux de retourner contre Napoléon en le taxant de mégalomanie.

La distorsion est considérable entre ces plans et la réalité opérationnelle. L'Empereur très pragmatique n'entend pas engager imprudemment ses forces. Il se contente de la stratégie de la "flotte en vie" : « *Je ne veux pas que mes escadres sortent, mais qu'elles soient approvisionnées comme si elles devaient sortir* » [(670)], répète-t-il à Decrès. Le « *repli dans les rades* » des escadres laisse à la Royal Navy le champ libre pour asphyxier la France maritime et poursuivre impitoyablement les corsaires. Sur les 1 500 navires de commerce français existant en 1803, 1 244 ont été capturés, 179 sont en service en 1812, dans le même temps la flotte de commerce anglaise est passée de 17 885 unités en 1800 à 23 703 en 1810. La course française s'essouffle en dépit du retour offensif en 1807-1809 de Surcouf sur le *Revenant*. De 1803 à 1814, elle s'adjuge quelque 5 314 navires (2% de la flotte commerciale anglaise), représentant une valeur de 13 millions de livres sterling sur un volume d'échanges de 2 350 millions. Une nuisance supportable. Il est révélateur que le taux d'assurance maritime, qui, durant la guerre d'Amérique avait atteint à Londres le taux de 50%, tombe à 6% en 1810. En corollaire, plus de 27 000 corsaires français croupissent sur les pontons anglais.

Au moment où Napoléon entre en guerre contre la Russie, la flotte impériale compte sept vaisseaux hollandais au Texel, dix-neuf dans l'Escaut sous Missiessy, cinq à Brest sous Allemand, deux à Cherbourg sous Troude, cinq en rade de l'île d'Aix sous le contre-amiral Jacob, et dix-sept à Toulon sous Émeriau. Les escadres ressemblent de plus en plus à des casernes flottantes. L'Angleterre, affaiblie par une sévère crise financière, a la mauvaise surprise d'être attaquée, le 18 juin 1812, par les États-Unis, exaspérés par l'enrôlement de force des équipages américains et le non-respect de leur neutralité. Les grandes frégates américaines remportent des succès, portant un coup sévère à l'invincibilité de la Royal Navy. En représailles, les Anglais occuperont Baltimore et incendieront Washington. Mais il est trop tard pour Napoléon. La désastreuse campagne de Russie ne lui permet plus d'exploiter la nouvelle vulnérabilité de l'Angleterre. Il ne va pas tarder à affronter la sixième coalition. En février 1813, il continue à demander à Decrès d'organiser des simulacres. Consciencieusement, Émeriau, à Toulon, et Missiessy, à Anvers, exercent leurs escadres. Les amiraux bons tacticiens et entraîneurs d'hommes à l'instar de Hamelin, Troude, Allemand, Cosmao, Baste veulent en découdre. Jurien de La Gravière est convaincu que Napoléon a commis une erreur en refusant « *d'offrir à cette marine pleine d'ardeur et de confiance l'occasion de se mesurer avec l'ennemi* ». Mais n'est-ce pas se faire des illusions sur l'efficience d'un entraînement sur rade ? Le précédent de l'escadre de Toulon magnifiquement entraînée par La Touche-Tréville et si décevante une fois au grand large, éveille des doutes. Au moment où Napoléon ne parvient pas à détruire l'armée prusso-russe à Lützen et Bautzen, il reprend son projet de concentrer une escadre de vingt vaisseaux à Brest et résume sa stratégie navale depuis Trafalgar : « *Mon principe est de ne pas hasarder mes vaisseaux et de ne faire sortir que mes frégates, jusqu'à ce qu'il y ait plus d'équilibre entre les deux marines.* » [(671)] Il ne se fait pas d'illusions sur la viabilité de ces sentinelles perdues : « *Employant aussi trente frégates en croisières, vous devez calculer qu'avant la fin du mois de juin prochain il y en aura dix de prises, il faut donc les remplacer en pressant la construction de nouvelles frégates.* » [(672)] Tandis que l'Allemagne napoléonienne s'effondre, Napoléon fait désarmer les vaisseaux pour envoyer les équipages renforcer la Grande Armée exsangue : « *Mais les frégates devant former des marins et faire du mal aux ennemis, il faut les laisser partir.* » [(673)] La fin est proche. Le dernier engagement de la marine impériale intervient le 13 février 1814. Une division de Toulon aux ordres de Cosmao, composée de trois vaisseaux (*Sceptre*, *Romulus*, *Trident*) et trois frégates, est envoyée au-devant du *Scipion*, frais sorti de l'arsenal de Gênes. L'escadre du vice-amiral Pellew surgit et tente de couper la route de la division. À hauteur de Carqueiranne, le serre-file, le *Romulus*, commandé par Rolland, qui s'est illustré à la bataille des Quinze-Vingt, se trouve pris en tenaille entre deux trois-ponts anglais, *Boyne* et *Caledonia*. Ripostant du mieux qu'il peut, il leur échappe en rasant la côte de très près sous le cap Brun*. Le *Scipion*, objet de toutes les attentions, rallie sans encombre Toulon le 14 février. Napoléon abdique le 6 avril à Fontainebleau. Jusqu'au bout, il s'est acharné à préparer des combinaisons navales pour le cas où l'Angleterre baisserait sa garde et lui offrirait l'opportunité de la détruire. *Delenda Britannia*. «*J'ai sombré sous voiles, tout le monde à la manœuvre*», devait dire Napoléon, une réflexion ô combien exacte pour la marine, bien loin d'un quelconque syndrome de Trafalgar.

Retour de mémoire

Occultée sous l'Empire, la bataille de Trafalgar le reste pour d'autres mobiles sous les Restaurations, même si – anecdote fameuse – en marge d'une lettre d'un ex-émigré, enseigne de vaisseau en 1792, qui réclamait une reconstitution de carrière et prétendait au grade de contre-amiral, Louis XVIII avait rejeté la requête en inscrivant « *mort à Trafalgar* ». Les Bourbons « *qui n'ont rien oublié, ni rien appris* » prétendent « *restaurer l'ordre ancien* » et revenir à la marine de Louis XVI, en gommant toute trace de la période napoléonienne, ce qui se traduit par la mise en disponibilité de 400 officiers de marine, la reconstitution de carrière d'officiers émigrés, la suppression de toutes les institutions créées par Napoléon (préfectures maritimes, équipages de haut bord, écoles spéciales de la marine, etc.). Un rapport anonyme de 1814, intitulé « *Tableau des officiers généraux qui ont commandé des armées,*

*Rolland, blessé à la tête, sera promu contre-amiral par ordonnance royale du 8 juillet 1814, promotion confirmée durant les Cent-Jours.

escadres ou divisions à la mer, et les événements qui leur sont arrivés » [(674)], dresse un réquisitoire implacable contre les amiraux de la marine impériale. Avec férocité, il rappelle que les vice-amiraux Decrès, Rosily et une kyrielle de contre-amiraux n'ont jamais commandé de division de vaisseaux à la mer ou même un seul vaisseau, que Missiessy n'a commandé une escadre à la mer que pendant trois mois, etc. Seul Allemand trouve grâce avec ses dix-neuf campagnes, au cours desquelles il n'a jamais perdu un bâtiment, nonobstant l'affaire des brûlots de l'île d'Aix. Le verdict est sans appel, *« presque tous nos revers à la mer sont dus à l'inexpérience des uns, à la faiblesse dans le commandement des autres »*. Il est révélateur que le chevalier Charles-Louis-Victor de La Rouvraye (1783-1850) dans son *Traité sur l'art du combat de mer*, publié en 1815, prône un retour aux anciennes figures tactiques sans tirer les leçons des vingt ans de guerre ni faire allusion aux deux batailles de destruction que sont Aboukir et Trafalgar. L'obsession des Bourbons d'effacer la parenthèse de la Révolution et de l'Empire s'étend à tous les faits d'armes de la période honnie – victoires incluses – ce qui refoule encore un peu plus la défaite de Trafalgar hors de la mémoire collective.

Mais vouloir occulter des épisodes historiques est toujours une entreprise vouée à l'échec. Inexorablement ceux-ci resurgissent à un moment ou à un autre. Le retour de la mémoire de Trafalgar commence par alimenter la légende noire entourant Napoléon et ses affidés, avant de rebondir au rythme des fluctuations mémorielles du couple vainqueur-vaincu, Nelson-Villeneuve. Le livre pamphlétaire de Lewis Goldsmith, *Histoire secrète du cabinet de Napoléon Buonaparté et de la cour de Saint-Cloud*, relance en 1814 les rumeurs qui avaient entouré le *modus operandi* du suicide de Villeneuve. Parmi les innombrables crimes qu'aurait commis Napoléon – le tyran – en tous lieux et à toutes époques, figure en bonne place l'assassinat de Villeneuve qui aurait été "étranglé" par quatre mameluks habillés en gendarmes. Selon d'autres rumeurs, Villeneuve aurait été poignardé par les policiers de Fouché, à moins que Decrès ne soit le commanditaire du crime et Magendie, l'exécuteur des hautes œuvres. Ce dernier se croit obligé, pour se défendre de ces accusations, de publier une brochure pour évoquer l'excellence de ses relations avec Villeneuve et exposer longuement les derniers instants de celui-ci d'après le dossier constitué par le parquet de Rennes[675]. Il conclut par l'éloge de son commandant en chef : « *Le désordre mental éprouvé par le vertueux Villeneuve fut produit par l'idée révoltante de subir un jugement que le calme de sa conscience lui faisait entrevoir injuste : il voulut se soustraire à ce monstre politique.* » Magendie énonce ainsi le discours dominant qui va prévaloir dans la marine française lequel, sans exonérer Villeneuve de ses responsabilités dans la défaite de Trafalgar, rend hommage à sa bravoure et à sa conduite irréprochable, et construit l'image d'une victime plutôt que celle d'un coupable. Le suicide réhabilite en quelque sorte le commandant en chef dépassé par sa tâche.

La polémique sur le suicide reprend à la mort de Napoléon lorsque paraît en 1822 le témoignage du docteur O'Meara, *Napoléon dans l'exil*, selon lequel l'Empereur aurait donné une nouvelle version de l'affaire : « *Villeneuve fut tellement affligé de sa défaite qu'il étudia l'anatomie dans l'intention de se détruire. À cet effet, il acheta plusieurs gravures anatomiques du cœur. À son arrivée en France, je lui ordonnai de rester à Rennes et de ne pas venir à Paris. Villeneuve, craignant d'être jugé par un conseil de guerre pour avoir désobéi à mes ordres et, par suite, avoir perdu la flotte (car je lui avais ordonné de ne pas mettre à la voile et de ne pas s'engager avec les Anglais), résolut de se détruire et prit, en conséquence, ses gravures du cœur qu'il compara avec sa poitrine. Exactement au centre de la gravure, il fit une marque avec une longue épingle, fixa ensuite cette épingle dans sans sa poitrine et l'enfonça jusqu'à la tête ; elle pénétra le cœur et il expira sur-le-champ. Lorsqu'on ouvrit sa chambre, on le trouva mort, l'épingle dans la poitrine ; une marque faite dans la gravure correspondait à la blessure de son sein.* »[676] Cette histoire d'épingle en lieu et place du « *couteau à manche noir* » figurant dans les rapports de police jette le trouble dans les esprits et relance inévitablement les rumeurs, sans que les mobiles des uns et des autres soient clairement définis.

La mort de Napoléon libère la parole. Une foultitude de "mémorialistes" – militaires, ministres, etc. – raconte l'épopée napoléonienne et leurs relations avec l'Empereur, autant de pierres apportées à sa Légende. Parmi la masse de publications figurent en bonne place en 1826 les *Mémoires de Robert Guillemard, sergent en retraite*(677). Ce sergent de la marine de la garde, recruté six mois avant Trafalgar, serait l'auteur du coup de feu tiré du *Redoutable* qui fut fatal à Nelson, et aurait assisté presque en direct à l'assassinat de Villeneuve, dont il aurait été le secrétaire. Le succès de ces mémoires est retentissant. Les *Annales maritimes et coloniales* de 1828 publient une *Notice historique du vice-amiral Villeneuve* qui oppose au récit de Guillemard les pièces du dossier de Rennes et plus particulièrement la lettre de Villeneuve à sa femme, tenue jusqu'alors secrète. Peine perdue, selon le principe que quand la légende est plus belle que la vérité, imprimez la légende. Or le 8 octobre 1830, nouveau coup de théâtre. Le directeur des *Annales maritimes et coloniales* reçoit d'un nommé Lardier*, ancien agent comptable de la marine, une lettre stupéfiante : « *Guillemard n'est qu'un personnage d'imagination, et ses prétendus mémoires un roman historique, où j'ai réuni à mes souvenirs personnels quelques événements peu connus et qui, par leur obscurité, pouvaient fournir matière à un intérêt dramatique.* »(678) Cette confession n'empêche pas la mystification de prospérer. Les exploits de Guillemard figurent en toute bonne foi dans de nombreux ouvrages historiques. Inexorablement le farceur abat Nelson, comme dans l'*Historique du 16e régiment d'infanterie* du colonel Poitevin de Maureillan, cité par Alfred Fierro dans *Les Français vus par eux-mêmes. Le Consulat et l'Empire*, ouvrage publié en 1998.

La pérennité de l'imposture de Guillemard s'explique par la question récurrente qui passionne l'opinion – Qui a tué Nelson ? – une véritable compensation à la défaite navale de Trafalgar, au point de l'occulter. L'auteur du coup de feu est demeuré anonyme en dépit des recherches tout au long du XIXe siècle. Mais il est révélateur que *La mort de Nelson* soit le thème d'une chanson à boire de la

---

*Fils de notaire, né à Ollioules (Var) le 23 novembre 1785, Lardier est entré dans l'armée en juin 1806, en qualité de fourrier, puis dans la marine en mai-juin 1810 comme commis de 1ère classe auxiliaire. Membre résidant de l'Académie du Var en 1811, il commence à écrire en 1824 et termine sa carrière comme journaliste en 1857 à Alger.

marine impériale, et qu'elle soit attribuée à un couple de gabiers, l'un breton, l'autre provençal*(679). En 1898, d'après le témoignage d'un descendant de Lucas, Georges Comtesse certifie qu'un gabier « *du même village breton* » que le commandant du *Redoutable* serait le fusilleur inconnu (680). Comme ledit Lucas n'est pas originaire d'Armorique mais de Marennes en Charente-Maritime, ce témoignage est pour le moins sujet à caution. Petite parenthèse, les Anglais ne sont pas demeurés en reste. Une lettre publiée dans le *Times* en 1863 certifie que Nelson aurait été vengé par l'aspirant Collingwood du *Victory* qui aurait abattu le gabier du *Redoutable*, responsable de la mort de l'amiral anglais. D'autres revendications ont suivi jusqu'en 1912. En France, la question est si obsessionnelle qu'elle devient le ressort dramatique, l'inspiration d'œuvres littéraires secondaires tant au XIXe qu'au XXe siècle. Par exemple en 1842, le vaudeville *Trafalgar* de Charles Basset et Auguste Perroux met en scène un sergent des marins de la Garde qui avec sa carabine aurait ajusté et abattu Nelson, lequel « *assis sur un banc de quart, fumant sa pipe, ni plus ni moins que si l'on ne tirait pas sur lui. Il était brave cet animal-là* » (681). Cet exploit lui vaut le surnom de « *Trafalgar* ». La bataille de Trafalgar se trouve en quelque sorte vidée de son sens "militaire" par l'événement à forte charge émotionnelle qu'est la mort de Nelson. Après avoir espéré en vain la revanche, les marins français doivent se contenter de la fierté – inavouable – d'avoir éliminé celui qui personnifiait à lui seul la suprématie navale de la Royal Navy. Dans la relation des batailles navales de la Révolution et de

---

*La mort de Nelson. Chanson à boire sur l'air de *J'étions trois matelots* de Groix : *Remplis mon verre de bon vin/ Haut la gaîté, bas le chagrin !/ Et répétons notre refrain ; l'histoire/ Matelots, en trois mots, c'est boire, chanter, rire et boire* [...]. *Le Provençal dit au Breton/ –As-tu chargé ton mousqueton/ L'histoire* [...]. *L'autre travaillait sur le ton :/ –Oui, j'ai chargé mon mousqueton/ –Passe-le moi, je vois Nelson/ L'histoire* [...]. *Ajuste, tire et puis d'un bond/ Il s'affale en grand sur le pont/ « Aï tuâ, aï tuâ Nelson ! »/ L'histoire* [...]. *Courant comme un fou sur le pont/ Il criait, le brave garçon :/ –J'ai tué, j'ai tué Nelson !/ L'histoire* [...]. *Tenant toujours le mousqueton/ À l'abordage, il suit Yon/ Et meurt à côté du Breton/ L'histoire* [...]. *C'étaient deux fameux, deux lions/ Ni toi, ni moi ne sait leurs noms/ N'importe, à leur gloire trinquons ! L'histoire/ matelots/ En trois mots/ C'est boire, chanter, rire... et boire !*

l'Empire établie en 1829 par un capitaine de vaisseau « anonyme », Nelson est qualifié de « *Bonaparte de la marine anglaise* » (682). Tout est dit de la fascination-répulsion à l'égard de l'amiral anglais. Mais dans ces conditions, la défaite infligée par l'« *invincible* » Nelson est-elle une réelle défaite ? Ne relève-t-elle pas plutôt de la fatalité ? Cette impression est d'autant plus prégnante eu égard à la double célébrité de la bataille et de Nelson.

Célébrité de la bataille, selon le palmarès établi par Helmut Pemsel, Trafalgar occuperait le sixième rang des grandes batailles navales de l'histoire mondiale en prenant en compte le tonnage, les équipages engagés, la signification stratégique, l'exécution tactique et les retombées politiques. Les cinq premières batailles étant dans l'ordre : la bataille du golfe de Leyte (1944) ; Salamine (480 av. J.-C.) ; îles Aégates (241 av. J.-C.) ; Actium (31 av. J.-C.) ; La Hougue (1692) (683). Célébrité de Nelson, pour lequel appert un consensus lui accordant le premier rang des chefs de guerre "marins", toutes époques confondues ; une situation singulière face au Panthéon des chefs de guerre militaires où se bousculent – sans pouvoir les départager – Alexandre le Grand, Hannibal, César, Frédéric de Prusse ou Napoléon ; une situation renforcée par le culte quasi religieux dont il est l'objet en Grande-Bretagne.

La carrière de Nelson comme « héros national » se caractérise par sa brièveté – cinq années entre la bataille du Nil de 1798 (Aboukir) et Trafalgar en 1805 – et son intensité. Premier héros national anglais, Nelson est présenté comme le palladium de la nation en tordant la chronologie et la réalité des faits. Des monuments, des statues à sa gloire sont élevés dans toutes les grandes villes du royaume et même dans l'espace extra-européen. La victoire navale et le "martyr" de Nelson sont des sources d'inspiration pour les artistes, artisans de tous poils et débouchent sur la production de masse d'objets les plus variés – gravures, peintures, médailles, estampes, chopes, etc. Nelson devient une idole. Il correspond parfaitement à la trilogie militaire : héros, victoire, immortalité. Sa mort en pleine gloire, dans la force de l'âge, a sans doute fortement contribué au culte qui lui est rendu. Quelle place Nelson aurait-il occupé dans la mémoire collective anglaise s'il était mort à plus de quatre-vingts ans, dans le courant de la décennie

1840, vieillard cacochyme, à l'issue d'une vie privée "scandaleuse" ? Le destin de Wellington trépassant en 1852 d'une crise d'épilepsie est à cet égard signifiant, sans compter que celui-ci, trop aristocratique, n'avait jamais bénéficié de la ferveur populaire que connut Nelson de son vivant. La cristallisation des rites mémoriels entourant son souvenir se réalise durant la première moitié du XIXe siècle avec quelques grandes étapes comme l'érection en 1818 du monument dans la cathédrale Saint-Paul, réalisé par le sculpteur sir William Flaxman (1755-1826), qui met en scène *Britannia* montrant l'exemple du héros à de jeunes matelots ; la "sanctuarisation" du *Victory* où sont entreposées des reliques comme la barque royale qui a transporté la dépouille de Nelson sur la Tamise ; l'inauguration en 1843 de *Trafalgar Square* avec sa colonne de 45 mètres surmontée de la statue de Nelson. Mais au milieu du XIXe siècle, avec la disparition des survivants de Trafalgar, défenseurs de l'idole, la renommée de Nelson connaît son étiage. Les critiques se déchaînent. Alphonse de Lamartine se sent même obligé de prendre sa défense dans une biographie dithyrambique [684], tout en reconnaissant que l'image du héros est écornée par « *la tache de honte dans le meurtre* » du prince Caracciolo à Naples en 1799, par « *la tache d'immoralité de son amour* » pour lady Emma Hamilton « *à laquelle il avait donné les droits et la publicité d'une épouse* » dérogeant à toutes conventions sociales, et par sa vanité compulsive. Même ses dernières paroles – le fameux « *Kiss me, Hardy* » –, rapportées par le chirurgien William Beatty et d'autres témoins, embarrassent les Victoriens. Ceux-ci élaborent une théorie selon laquelle Nelson aurait murmuré « *Kismet, Hardy* », signifiant en turc « *fatalité* », comme s'il était vraisemblable qu'au moment de mourir Nelson se soit exprimé en ottoman, langue qu'il ne connaissait pas [685] ! La vie amoureuse de Nelson passionne autant, si ce n'est plus, que ses exploits navals. Les Romantiques sont séduits par ce personnage et le couple mythique qu'il formait avec Emma Hamilton, et le font entrer dans le Panthéon des amours célèbres au même titre que Cléopâtre et Antoine. Mais la vie d'un héros national varie au gré des circonstances et des crises. La résurrection de Nelson intervient dans le dernier quart du XIXe siècle grâce aux historiens tels Thomas Macaulay, James Froude, John Green qui réécrivent l'histoire de l'Angleterre à travers l'histoire de ses héros. Nelson redevient source d'inspiration pour les peintres et les artistes. Dans les années 1890, il est le champion de la croisade entreprise par la *Navy League* pour une marine plus forte et plus puissante. Alfred Thayer Mahan écrit une retentissante biographie de Nelson, sous-titrée *The embodiment of the seapower of Great Britain*. Durant la Première Guerre mondiale, Nelson reprend du service en 1915 sur les affiches de recrutement avec la question culpabilisante : « *Are you doing your duty today ?* » *Victory* devient une attraction touristique. Après d'importants travaux de restauration, il est ouvert au public par le roi George V, en juillet 1928 et, plus vieux bâtiment en service dans le monde, continue à être le vaisseau-amiral du Second lord de la mer. *Victory* préservé comme une relique est pieusement conservé en cale sèche. Nelson est le saint patron de la Royal Navy et Trafalgar continue à être célébré chaque année sur tous les bâtiments de Sa Gracieuse Majesté. Cette hypermnésie interagit sur la France et interdit tout "oubli" de Trafalgar, en tout cas pour les marins français.

Le fait "Trafalgar" apparaît comme une construction *a posteriori*, une instrumentalisation des Britanniques qui l'érige en acte fondateur de leur suprématie navale, alors qu'il est l'aboutissement d'un long processus ; tout au plus est-il un accélérateur de tendance. Ce n'est qu'à la chute de l'Empire, une fois la défaite de la France consommée, que la bataille de Trafalgar prend un caractère "décisif" et est interprétée comme un nouvel avatar de la bataille d'Actium, où s'est joué le sort du monde. Il ne faut pas être grand clerc en 1815 pour constater que la France est ravalée au rang de puissance maritime secondaire, alors que l'Angleterre caracole en tête de la hiérarchie navale, affiche une marine de guerre pléthorique, des ports prospères, la plus grande flotte de commerce jamais vue, un réseau mondial de points d'appui et de relâche. La mer a indubitablement participé à la déchéance de Napoléon et de la France. La tentation est grande de rapprocher Trafalgar et Waterloo dans un raccourci saisissant pour expliquer l'échec final de Napoléon à l'issue de l'affrontement de l'archétype de la puissance continentale contre celui de la puissance maritime. Au début du XXe siècle, l'amiral britannique Fisher devait reconnaître que

« la bataille de Trafalgar, aussi glorieuse fût-elle, n'avait en aucune manière empêché les visées napoléoniennes d'expansion continentale de se réaliser, alors qu'Austerlitz quelques mois plus tard, avait eu une toute autre signification » (686). Les historiens spécialistes de la période tant au XIXe qu'au XXe siècle n'ont pas la prudence de Fisher, et lient à jamais Trafalgar à Waterloo.

Les deux défaites ont toutefois un traitement très différent dans la mémoire collective. Curieusement Trafalgar n'entre pas dans la propension française à l'auto-flagellation – si souvent sujette à plaisanteries – de célébrer l'héroïsme des défaites sur le thème *Gloria victis*, à l'exemple de Camerone ou de Bazeilles*. La France serait-elle trop "terrienne" de mentalité pour s'intéresser à une défaite navale qui s'est déroulée loin des côtes françaises ? En tout cas, Trafalgar n'a pas inspiré de grandes œuvres de la littérature française. Il est révélateur que Théophile Gautier dans son *Voyage en Espagne*, effectué en 1840, n'y fasse aucune allusion alors qu'il décrit longuement Cadix. L'anthologie de Simon Leys sur la mer dans la littérature française ne trouve qu'une seule trace de Trafalgar dans *Servitude et grandeur militaires* d'Alfred de Vigny, à travers un hommage vibrant au vice-amiral Collingwood, le prestigieux second de Nelson. Le contraste est saisissant avec la manière dont la défaite de Waterloo est intégrée dans la mémoire collective. Son souvenir est évoqué dans des œuvres littéraires majeures, à l'instar des *Châtiments* ou des *Misérables* de Victor Hugo, de la *Chartreuse de Parme* de Stendhal ou du *Waterloo* d'Erckmann-Chatrian. Les Républicains lui donnent le triple sens de *« fin de la période révolutionnaire, de chant du cygne de la révolution armée et d'aurore de temps meilleurs à venir »* (687), et l'érigent en acte fondateur de l'ordre républicain. Paradoxalement, Waterloo *« défaite magnifique »* n'entache nullement la Légende napoléonienne, au contraire elle participe de sa grandeur. Il suffit de parcourir actuellement le site de la bataille en Belgique pour s'en convaincre, tant il est ordonné autour la mémoire sacralisée de Napoléon. Avec Trafalgar rien de

*Exemples de défaites érigées en fêtes : Camerone par la Légion étrangère (30 avril 1863) ; Bazeilles par l'infanterie de marine, les "Marsouins" (1er septembre 1870).

semblable, tout le moins dans la mémoire collective de la France, contrairement à l'Espagne, un Allié plus ou moins consentant, qui partage les affres de la défaite.

Pour l'Espagne, Trafalgar a des conséquences autrement plus radicales que pour la France impériale. La défaite des Franco-Espagnols provoque, en effet, le collapsus du trafic maritime avec l'Amérique latine et ouvre les ports sud-américains aux étrangers. Elle signifie la fin de l'Espagne comme puissance maritime existant depuis le XVIe siècle. Ce tournant n'échappe pas au grand romancier espagnol Benito Pérez Galdós (1843-1920). Son roman *Trafalgar ou L'escadre héroïque* inaugure, en 1873, le grand cycle des *Épisodes nationaux* (*Episodios nacionales*), retraçant l'histoire agitée de l'Espagne au XIXe siècle [688]. L'œuvre poursuivie pendant un demi-siècle comprend quarante-trois volumes et constitue un monument de la littérature, rappelant la *Comédie humaine* de Balzac. Trafalgar apparaît comme un acte fondateur de la conscience nationale. Un gamin déluré, censé interpréter le sentiment populaire, sert de fil conducteur. Il embarque sur un vaisseau espagnol pour « *régler leur compte aux Anglais* » et assiste à toutes les phases de la bataille, vue du côté espagnol au point que les Français sont de simples figurants. Pérez Galdós mêle avec talent les documents officiels extraits des archives de la marine espagnole, et les péripéties de personnages historiques et de fiction pour célébrer la valeur et le courage humains. Il impute clairement la responsabilité de la défaite à l'impéritie du seul Villeneuve, dépourvu de la prévoyance, de la sérénité et de l'inébranlable fermeté caractérisant un chef, « *que de désastre peut causer la maladresse d'un seul homme* ». Gravina aux ordres des Français est sévèrement blâmé pour avoir cédé à leurs exigences, contraires aux intérêts espagnols. Tout le drame de l'Espagne à venir.

Dans les décennies suivant la chute de l'Empire, la marine française connaît un indéniable redressement et se réapproprie son histoire, au moment où se produit la résurgence de l'épopée napoléonienne que la Monarchie de Juillet se croit obligée de promouvoir. Geste symbolique, Louis-Philippe décide l'achèvement de l'Arc de triomphe, dont l'érection avait été décrétée par Napoléon, après la bataille d'Austerlitz, le 18 février 1806, et lui rend sa destination initiale de monument consacré à la gloire des armées de la République et de l'Empire. Se pose alors le délicat problème de l'élaboration de la liste des noms à graver sous les voûtes. Dans les années 1830-1840, une commission dirigée par le général Saint-Cyr-Nugues s'attelle à cette redoutable tâche. La marine y est représentée par le vice-amiral Claude-Charles-Marie Ducampé de Rosamel, futur ministre de la marine*. La liste est sans cesse remaniée, même après l'inauguration intervenue le 29 juillet 1836, pour réparer des oublis et satisfaire à des protestations comme celle du vice-amiral Émeriau. Finalement, ce sont 662 noms** qui sont inscrits sous la voûte de l'Arc de triomphe dont 26 amiraux, vice-amiraux et contre-amiraux.

Cette liste se veut équilibrée. Des absences peuvent surprendre comme celles des vice-amiraux Thévenard (enterré au Panthéon), Bouvet de Précourt, Gourdon, Jacob ou les contre-amiraux Baudin, Dordelin, qui n'ont pas moins démérité que leurs collègues retenus. Le grand absent est sans conteste le vice-amiral Allemand, le seul à avoir mené avec succès de nombreuses campagnes qui lui valurent le surnom d'« *invisible* » pour sa capacité à échapper aux traques de l'ennemi. Le personnage mort en 1826 n'a pu défendre sa mémoire. Il a été victime de son caractère exécrable et d'une basse vengeance de ses pairs, qui dans leur jeunesse avaient été victimes de ses excès comportementaux. Mais l'injustice est-elle si flagrante, alors qu'il n'a jamais été blâmé pour son dispositif inapproprié lors de l'affaire d'Aix en 1809 ? Trois combattants de Trafalgar figurent dans la sélection. Deux font l'unanimité : Magon, mort à son poste de commandement, et Cosmao.

---

*Rosamel, alors capitaine de frégate, s'était illustré au combat de Lissa le 21 novembre 1811 où il fut fait prisonnier en Angleterre jusqu'à la fin de l'Empire. Un fait d'armes qui ne justifie pas son inscription sur l'Arc de triomphe, mais correspond bien au proverbe « *on n'est jamais aussi bien servi que par soi-même* ».

**Sur les 662 noms inscrits sous la voûte de l'Arc de triomphe : 44 maréchaux de France et d'Empire ; 448 généraux de division et lieutenants généraux ; 122 généraux de brigade et maréchaux de camp ; 14 colonels et officiers ; 5 intendants ordonnateurs ; 3 médecins, chirurgiens ; 26 amiraux, vice-amiraux et contre-amiraux.

OFFICIERS GÉNÉRAUX DE LA MARINE INSCRITS SUR L'ARC DE TRIOMPHE

NOM DES OFFICIERS	EMPLACEMENT
1) BASTE (Pierre, comte)	Côté ouest
2) BRUEYS D'AIGALLIERS (François-Paul DE)	Côté sud
3) BRUIX (Eustache)	Côté est
4) COSMAO-KERJULIEN (Julie-Marie, baron)	Côté nord
5) DECRES (Denis, comte, puis duc)	Côté ouest
6) DUPERRE (Victor-Guy, baron)	Côté ouest
7) ÉMERIAU DE BEAUVERGER (Maxime-Julien, comte)	Côté sud
8) GANTEAUME (Honoré-Joseph-Antoine, comte)	Côté sud
9) HAMELIN (Jacques-Félix-Emmanuel, baron)	Côté nord
10) LA TOUCHE-TREVILLE (Louis-René LEVASSOR, comte DE)	Côté nord
11) LHERMITTE (Jean-Mathieu-Adrien, baron)	Côté ouest
12) LINOIS (Charles-Alexandre-Léon DURAND, comte DE)	Côté ouest
13) MAGON DE MEDINE (Charles-René)	Côté sud
14) MARTIN (Pierre, comte)	Côté ouest
15) MISSIESSY (Édouard-Thomas, DE BURGUES, comte DE)	Côté nord
16) PERREE (Jean-Baptiste-Emmanuel)	Côté nord
17) RENAUDIN (Jean-François)	Côté ouest
18) ROSAMEL (Claude-Charles-Marie DUCAMPE DE)	Côté est
19) ROSILY-MESROS (François-Étienne, comte)	Côté est
20) SERCEY (Pierre-César-Charles-Guillaume, marquis DE)	Côté ouest
21) TROUDE (Amable-Gilles)	Côté ouest
22) TRUGUET (Laurent-Jean-François, comte)	Côté nord
23) VERHUELL (Charles-Henri, comte DE SEVENAER)	Côté nord
24) VILLARET-JOYEUSE (Louis-Thomas, comte DE)	Côté nord
25) VILLENEUVE (Pierre-Charles-Jean-Baptiste-Sylvestre DE)	Côté est
26) WILLAUMEZ (Jean-Baptiste-Philibert, comte)	Côté sud

Mais le troisième est surprenant… Villeneuve. Napoléon aurait sans aucun doute désapprouvé ce choix, tant il l'a poursuivi de sa vindicte, même jusqu'à Sainte-Hélène. Les amiraux du premier tiers du XIXe siècle ont déjugé Napoléon. Expression d'une faiblesse bien française pour le *Gloria victis* ? Ou jugement de pairs considérant qu'ils n'auraient pas mieux fait que Villeneuve en pareilles circonstances ?

Poursuivant sa logique de réconciliation nationale, Louis-Philippe décide de rendre hommage aux gloires de la France, avec la création d'un musée à Versailles. Tous les combats navals de la période impériale ou révolutionnaire sont exhumés pour être représentés sur divers supports : peinture, dessin, gravure, lithographie, etc. Plusieurs artistes jouent un rôle majeur dans cette résurgence des « *scènes de marine* » et de l'intérêt pour les opérations navales du passé comme du présent : Pierre-Julien Gilbert (1783-1860), Théodore Gudin (1802-1880), Auguste Mayer (1805-1890), Louis Lebreton (1818-1860), Jean-Baptiste-Henri Durand-Brager (1814-1874), Antoine-Léon Morel-Fatio (1810-1871). Les salons dans les années 1830-1840 regorgent de ces combats navals où la bataille Trafalgar occupe une bonne place. Chacune des phases de la bataille est représentée dans une sorte de reportage tragique. Ces représentations rétrospectives n'ont pas le caractère *in vivo* du tableau de Crépin de 1806. Les peintres jouent sur les effets spectaculaires pour compenser leurs lacunes. Le tableau de Mayer, intitulé « *le* Redoutable *à Trafalgar* », est à cet égard révélateur. Il est censé représenter dans un clair-obscur proche de la nuit le *Redoutable*, rasé comme un ponton, tirant encore de sa batterie bâbord. En fait, la bataille s'est livrée de jour et le vaisseau arbore à la proue un *Bucentaure*. Il s'agirait donc du vaisseau-amiral, lequel est attaqué par un trois-ponts, le *Sandwich* qui, toutes voiles dehors, exhibe son tableau arrière. Nouvelle erreur, aucun vaisseau de ce nom n'a jamais combattu à Trafalgar. Le tableau prend des allures de jeu des sept erreurs. Ces approximations détournent l'historien, sans compter que ces tableaux de genre n'entrent pas dans le champ de la peinture d'avant-garde. Ces œuvres vont être vilipendées par les Impressionnistes, et démodées, tomber dans l'oubli.

Autre manifestation que le temps du souvenir est venu – « *les morts, les pauvres morts ont de grandes douleurs* »

(Baudelaire) –, le prince de Joinville fait ériger en 1847 dans l'île de Cabrera* un mausolée – un obélisque haut de cinq mètres surmonté d'une croix de fer – en souvenir des soldats et marins du Premier Empire qui y furent déportés. La mémoire de Trafalgar est ravivée à l'occasion du centenaire, lequel donne lieu à des célébrations restreintes. Un consensus appert de part et d'autre de la Manche pour célébrer avec modération cet événement sans blesser l'amour-propre des uns, exalter la victoire des autres ou disserter sur les raisons de la défaite [(689)]. La conclusion de l'Entente cordiale en 1904 explique cette volonté de modération. Le président de la République Loubet en profite pour se rendre en voyage officiel en Espagne et resserrer les liens avec le roi Alfonso XIII. Selon Albert Malo, le temps est venu d'évoquer « *les héroïques dévouements dont ont fait preuve Français et Espagnols* » et de « *rappeler ces batailles qui ont couvert de gloire les vaincus, chefs et soldats* » [(690)]. Il est à noter que cet appel à la célébration des vaincus ne génère pas son lot de publications ou de rites mémoriels, une nouvelle preuve du peu de place occupée par Trafalgar dans la mémoire collective.

L'absence de lieu de mémoire a sans doute contribué à cette désaffection. Le destin tragique du *Duguay-Trouin* est révélateur à bien des égards. Ce vaisseau de 74 canons, conçu par Sané, mis en chantier le 20 décembre 1796 à Rochefort, a été intégré dans la Royal Navy après sa capture le 4 novembre 1805 au cap Ortegal. Sa carrière fut longue. Après plusieurs campagnes en Baltique et en Méditerranée, il fut rebaptisé *Lion* et transformé en vaisseau-école à Devonport en 1855. Une intervention du roi Edouard VII lui évita d'être envoyé à la casse. Rebaptisé *Implacable* en 1912, il reçut le même entretien coûteux que *Victory*. Mais au sortir de la Seconde Guerre mondiale les crédits étaient insuffisants pour remettre en état et entretenir les deux bâtiments. En 1949, la Grande-Bretagne décida de restituer à la France ce "trophée" devenu encombrant. Le gouvernement français dépêcha des experts. Il s'avéra que le vaisseau nécessitait une refonte totale pour

*Actuellement, l'île de Cabrera est une zone militaire et une réserve pour la flore et la faune méditerranéennes.

changer la charpente d'origine et supprimer les transformations effectuées à Plymouth dans les années 1805-1808. Arguant que le coût des travaux était très supérieur aux estimations des Britanniques, la France déclina leur offre. Il fut décidé d'un commun accord de saborder le vaisseau. La Royal Navy récupéra la figure de proue de la *Méduse* rajoutée à Plymouth en 1805. Le cabestan fut démonté et remis au musée de Rochefort. Le *Duguay-Trouin*, amputé de ses mâts et de son château arrière, fut canonné et coulé au large de Portsmouth, le 2 décembre 1949, – date lourde de symbole – à l'issue d'une courte cérémonie militaire. Gage d'amitié, le vaisseau s'enfonça dans les eaux de la Manche arborant à la poupe, côte à côte, les pavillons de la France et de la Grande-Bretagne. Ainsi fut consommée une perte irrémédiable pour le patrimoine maritime français. Comme le souligne Michel Mollat du Jourdin, « *les honneurs militaires qui lui furent rendus ne compensèrent pas la frustration subie par notre Marine, privée d'un lieu de mémoire équivalent au* Victory» [691]. L'acte n'en fut pas moins délibéré. Les images d'actualité montrent à l'envi que l'officier général français, chargé de la besogne, affiche une évidente jubilation. Geste réflexe pour le devoir accompli ? Satisfaction pour la disparition d'un souvenir traumatisant qui continuerait à hanter l'imaginaire de la marine française ?

Penser la défaite

En 1815, la France est ravalée au rang de puissance maritime secondaire. La marine doit penser sa défaite pour rebondir après le traumatisme des guerres de la Révolution et de l'Empire, où elle ne s'est pas contentée de perdre globalement la guerre face à la Royal Navy, mais où elle a perdu aussi, à quelques exceptions près, toutes les batailles et les combats, quel que soit le volume des forces engagées. Trafalgar appartient à un cycle de défaites. La France doit définir une nouvelle stratégie face à la Grande-Bretagne dont elle ne conteste plus la supériorité maritime, tant l'écart quantitatif et qualitatif s'est creusé entre les deux pays, alors que, souffrant du syndrôme de l'invasion, elle entend privilégier une stratégie générale à dominante continentale. Une marge de manœuvre étroite qui explique les hésitations de la pensée navale du XIXe siècle.

La résilience de la marine va consister à refouler les raisons profondes de ses défaites et revers – incluant Trafalgar – en les attribuant au *fatum* de son infériorité structurelle et à s'accrocher aux épisodes glorieux de la période comme les succès remportés par la course privée ou militaire – incarnée par les Surcouf, Linois, Bouvet, Hamelin, Duperré et autres opérant principalement dans l'océan Indien – où l'individualisme à la française a pu donner sa mesure. Les croisières de l'océan Indien s'érigent en véritables mythes, susceptibles de refonder la marine. Le baron Portal, ministre de la marine entre le 29 décembre 1818 et le 14 décembre 1821, est le premier à tirer une série de leçons pragmatiques, mêlant résignation et ambition. Partageant le pessimisme ambiant, il juge aberrant de rechercher la parité avec la Royal Navy, mais il ne renonce pas pour autant au grand large. Au contraire, il préconise une politique résolument colbertienne basée sur la mise en valeur des colonies, le grand commerce et la marine marchande, avec pour corollaire une flotte de guerre aux dimensions "significatives" comprenant 40 vaisseaux – une résurgence du chiffre fétiche de Richelieu –, 50 frégates, 80 corvettes, bricks ou goélettes. Selon lui, cette flotte devrait suffire pour protéger les intérêts vitaux de la France et dissuader la Grande-Bretagne de les attaquer, d'autant qu'extrapolant l'impact de la guerre anglo-américaine de 1812, il considère que l'équilibre mondial est radicalement bouleversé par l'émergence des États-Unis : « *Il n'est plus vrai de dire que le trident de Neptune est le sceptre du monde.* » [(692)] Au cas où la dissuasion échouerait, la France devrait coaliser les autres marines secondaires avec lesquelles elle pourrait affronter la Royal Navy en pratiquant la « *grande guerre* » ou « *guerre d'escadre* », alors que seule, elle doit « *renoncer à la vanité des batailles navales* » [(693)]. Interrogé par Louis XVIII sur la manière de prévenir le retour des revers maritimes, Portal répond sans ambages : « *Ce genre de guerre serait la course. Je me ferai moi-même le chef de cette lutte. J'y intéresserai l'honneur et l'amour-propre de notre littoral.* » À dix ans de distance, deux ministres de la marine – Decrès comme Portal, avant et après Trafalgar – sont parvenus aux mêmes conclusions, à une nuance près : Decrès prônait la course livrée par des divisions détachées de la flotte ; Portal, provenant du monde des armateurs, préconise de « *nationaliser* » la guerre maritime en recourant à l'initiative privée des armateurs et corsaires occasionnels (694). Par parenthèse, Portal reprend l'opinion défendue par Surcouf auprès de Napoléon en 1803, mais il ne pousse pas la logique jusqu'au bout et ne retient pas la course comme mode exclusif d'opérations. Cette prudence vaut à la "doctrine Portal" d'être le fil directeur de la politique navale de la France jusqu'au dernier tiers du XIXe siècle. Parallèlement, les États-Unis tirent des leçons similaires de leur observation des guerres européennes et du déroulement des opérations contre l'Angleterre en 1812. Ils se dotent de forces navales destinées à la défense des côtes et à la guerre de course, des choix cohérents pour une puissance maritime secondaire, repliée sur elle-même et soucieuse de défendre la doctrine Monroe énoncée en 1823.

La doctrine Portal ne fait pas l'unanimité dans les milieux maritimes français où certains, animés par l'esprit de revanche, ne se sont pas résolus à renoncer définitivement à disputer la suprématie à la Royal Navy. Or l'ère industrielle apporte des innovations dans trois filières : propulsion (remplacement de la voile par la vapeur), artillerie (obus explosif, artillerie rayée, poudre lente), construction métallique et blindage. Tous les nouveaux systèmes d'arme sont appelés à susciter une génération de thuriféraires croyant qu'ils détiennent la panacée de nature à rétablir la parité avec la Royal Navy, comme en était persuadé, en son temps, Forfait avec sa flottille de bateaux plats. Tenant de l'École matérielle, le Prince de Joinville, amiral et troisième fils de Louis-Philippe, en 1844 dans un article « anonyme »* de la *Revue des Deux Mondes* – d'un grand retentissement des deux côtés de la Manche –, jette un pavé dans la mare en annonçant que l'invasion de l'Angleterre est à la portée de la marine française grâce à l'apparition de la vapeur, désormais « *la guerre d'agression*

*[Prince de Joinville], « Note sur l'état des forces navales de la France », *Revue des Deux Mondes*, mai 1844, t. 6, pp. 707-746. Cet article est également publié, la même année, non-anonymement, sous forme d'un opuscule de 36 pages, sous le même titre, par les éditeurs Béthune et Plon.

la plus audacieuse est permise sur mer [...]. *En cas de guerre continentale, les diversions les plus inattendues sont possibles. On transportera en quelques heures des armées de France en Italie, en Hollande, en Prusse* » [(695)], sans que la Grande-Bretagne puisse opposer sa séculaire tactique du blocus rapproché, devenu caduque. Avec une flotte à vapeur « *fortement organisée* », la France peut s'attaquer « *à deux choses également vulnérables : la confiance du peuple anglais dans sa position insulaire et son commerce maritime* » [(696)]. Le général Paixhans avait défendu des idées similaires lorsqu'il prônait la généralisation des canons-obusiers, qui allait révolutionner la guerre sur mer et les constructions navales. Napoléon III joue à son tour de la carte de l'innovation en poussant la construction du *Napoléon*, premier bâtiment de haut bord à hélice, en introduisant le blindage sur les batteries flottantes qui s'illustrèrent durant la guerre de Crimée, puis sur la *Gloire*, premier cuirassé de l'histoire, qui déclasse tous les bâtiments en service. En fait, il lance une course aux armements navals effrénée où la France ne parvient à maintenir qu'une avance de deux années avant que la Grande-Bretagne ne la rattrape et la dépasse grâce à sa supériorité industrielle et financière.

Dans le même temps, les historiens maritimistes à l'instar de Troude ou de Léon Guérin tirent des leçons radicales de l'histoire de l'Empire. Ils reprochent à Napoléon Ier d'avoir douté de l'efficacité de la course comme mode exclusif de guerre et d'avoir continué à se doter d'une flotte de haut bord. À la fin du Second Empire, le stratégiste Richild Grivel reprend à son compte les conclusions de Troude : « *C'est que jamais bataille navale, si décisive qu'elle ait été, n'a pu, comme tant de victoires terrestres, entraîner la conclusion immédiate de la paix ! Cette impuissance de nos grandes boucheries maritimes à terminer les luttes sur l'Océan, n'est-elle pas une objection de plus contre le système de la guerre d'escadre, longtemps aussi avantageuse pour l'Angleterre que détestable pour ses adversaires ? C'est de l'épuisement d'un peuple atteint dans son commerce, ses finances et son industrie, qu'il faudra toujours attendre le retour de la paix maritime !* » [(697)] La guerre de Sécession et les succès des corsaires confédérés comme l'*Alabama* confortent cette analyse d'autant que la révolution industrielle a entraîné l'essor considérable du trafic maritime et de la dépendance des États à l'égard du commerce international, accroissant *de facto* la vulnérabilité de la Grande-Bretagne, puissance maritime dominante.

Au milieu de la décennie 1880, ces idées sont reprises et développées dans un contexte d'exaspération de la rivalité franco-britannique outre-mer. L'innovation technique de la torpille, employée avec succès dans les mers de Chine par l'amiral Courbet, génère un nouveau courant de pensée, la Jeune École, nouvel avatar de l'École matérielle. Les torpilleurs, bâtiments légers et peu coûteux, sont supposés pouvoir détruire les puissants cuirassés dans une réactualisation du combat de David contre Goliath. Cette fois les décideurs suivent les stratégistes. La France se dote d'une "poussière navale" de torpilleurs pour défendre les côtes et de croiseurs rapides pour attaquer les lignes de communication de la première puissance maritime. L'incident de Fachoda révèle la vanité de tels calculs. Les torpilleurs ne tiennent pas la mer et les croiseurs du type *Guichen*, privilégiant la vitesse, sont sans valeur militaire. La marine française est plus impuissante que jamais. Le contrecoup sera la conclusion de l'Entente cordiale de 1904 avec la Grande-Bretagne. Pour la première fois depuis le XVIIe siècle, les deux pays sont alliés, ce qui entérine l'impuissance navale française, effective bien avant l'épisode tragique de Trafalgar. Parallèlement, les États-Unis abandonnent leur croyance dans la course comme méthode de guerre principale. Mahan est à l'origine de cette conversion. Biographe dithyrambique de Nelson, il décrypte les recettes de la puissance britannique et préconise de s'en inspirer. Par un de ces retours de balancier dont l'Histoire a le secret, Trafalgar devient le modèle à suivre, et la bataille de destruction, l'objectif à atteindre pour obtenir la maîtrise de la mer. En France, les partisans de l'École historique reprennent l'argumentaire de Mahan et tentent de juguler les excès de la Jeune École. Trop tard. Lorsque la Première Guerre mondiale éclate, la marine française est ravalée au quatrième rang des puissances maritimes. De toute façon, ce conflit ne se déroule pas comme prévu, en opposition aux théories mahanistes en vigueur. La bataille décisive "à la Trafalgar" n'a pas lieu.

Le déroulement des opérations en Méditerranée donne même raison aux tenants de la Jeune École, et le sous-marin, grande révélation du conflit, relance le débat sur la pertinence de la bataille en lieu et place de la guerre de communication. Trafalgar n'en finit pas d'obséder les esprits.

Conclusion

Trafalgar répond aux quatre critères retenus par Michel Winock [(698)] pour définir un événement historique : intensité, imprévisibilité, retentissement et retombées. Envers de l'épopée napoléonienne, cet événement, singulier à bien des égards, révèle Napoléon tel qu'en lui-même, égoïste, optimiste, possédant une force de caractère inébranlable, une confiance en soi sans bornes, un sang-froid à toute épreuve et une capacité à surmonter les inerties inhérentes à toute activité militaire. Quoi qu'en disent les exégètes et les historiens, après avoir tenu en haleine l'Angleterre du 30 mars au 27 août 1805 et en dépit de tous les aléas, les approximations, les pièges de l'auto-expertise et les erreurs, Napoléon avait réalisé la concentration de ses forces navales au bon endroit et au bon moment pour réaliser le grand dessein et envahir l'Angleterre. Une fenêtre de vulnérabilité était ouverte dans le dispositif anglais qui n'a pu être exploitée en raison de l'effondrement moral de Villeneuve. Or la mer est un champ libre où toutes les configurations sont possibles, ce que Napoléon avait parfaitement compris. Derrière le suspense entretenu par la manœuvre de Villeneuve, il ne faut toutefois pas oublier que l'objectif principal était de faire traverser la Manche à une myriade de bateaux plats, surchargés d'hommes et d'artillerie, sans plan de débarquement clairement défini. Napoléon était prêt à jouer à quitte ou double son empire. La pusillanimité de Villeneuve l'a peut-être sauvé d'un sort funeste. En tout cas, il a eu le mérite de vouloir exploiter sa position de challenger vis-à-vis de la Royal Navy. Il a perdu son pari, ce qui en soi devait être une sanction suffisante. Le destin a voulu que son échec soit sanctionné par la défaite de Trafalgar, suite à la sortie fatale de Villeneuve : un cas d'école pour illustrer le processus d'une décision absurde [(699)].

Trafalgar est une curieuse bataille décisive. Elle n'a mis un terme ni à la guerre sur mer, ni aux ambitions navales ou continentales de Napoléon. Si pour reprendre la définition de Mahan « *le but de la stratégie maritime est de fonder, de soutenir, d'augmenter, aussi bien en paix qu'en guerre, la puissance maritime d'un pays* », Napoléon s'est même révélé un grand stratège. Il a tout fait pour se doter d'une marine capable de tenir tête à la Royal Navy. Sa politique volontariste était globale et concernait aussi bien les ressources humaines, les constructions navales, l'artillerie navale que l'organisation administrative. Il a posé les bases de la marine contemporaine, comme le prouve le rétablissement dans les deux décennies qui ont suivi l'Empire, de toutes les institutions qu'il avait créées. Sa volonté était doublée par un effort budgétaire constant – 140 millions de francs en moyenne contre 40 millions durant la Restauration –, mais qui ne tenait pas la comparaison avec le budget de la Royal Navy trois fois supérieur. Ce fait résume à lui seul l'impossible succès de Napoléon sur mer. Au fur et à mesure que la guerre se prolongeait, l'Angleterre montait inexorablement en puissance et renforçait sa maîtrise des océans, vouant la France maritime à la déchéance ou à la mort. Napoléon en était parfaitement conscient, mais avec l'obstination et l'opiniâtreté qui le caractérisaient, il ne s'est pas avoué vaincu et, pariant sur la paix sur le continent, la guerre économique, il préparait l'avenir. À juste raison, à Sainte-Hélène, il s'enorgueillit de son bilan maritime. Napoléon a perdu la dernière manche de la seconde guerre de Cent ans contre l'Angleterre parce qu'il ne pouvait pas la gagner compte tenu de la marine dont il avait hérité. À plusieurs reprises, l'Angleterre a vacillé sous les coups des crises économiques générées par le Blocus continental. Ce fut Napoléon qui fut finalement étranglé politiquement par le système mis en place pour compenser l'impuissance de sa marine.

Trafalgar est une curieuse bataille où la tactique employée par Nelson de se « *faire barrer le T* » est devenue paradoxalement le comble de la faute. Sans compter que, selon l'amiral sir Cyprian Bridge, le succès de Nelson a stérilisé les études tactiques en Grande-Bretagne pour trois quarts de siècle, où sa méthode de courir à l'ennemi, mal comprise, passe pour un évangile. L'évolution technique de l'artillerie et la portée sans cesse accrue qui tend vers le combat "au-delà de l'horizon" vont rendre obsolète la "mêlée" de Nelson, correspondant à l'état des techniques de son temps et aux redoutables caronades. Trafalgar, choc de soixante vaisseaux, est la dernière grande bataille navale de l'ère de la voile opposant des puissances européennes. Un apogée.

Contrairement aux idées reçues, la marine impériale n'a pas souffert du syndrome de Trafalgar et ne s'est pas "énervée", au sens propre du terme, dans les rades. Cette défaite n'a pas surpris les marins, elle s'inscrit dans un cycle confirmant la suprématie anglaise sur mer. Les Anglais, bouleversés par la mort de Nelson, en ont fait l'acte fondateur de la *Pax britannica* qui caractérise le XIXe siècle. Fruit du discours de la puissance dominante, Trafalgar finit par s'imposer à tous comme tel alors qu'il n'a été qu'un accélérateur de tendance.

En France, la mémoire de Trafalgar perdure de la manière la plus inattendue. À la fin du XIXe siècle, le langage familier se l'approprie avec l'expression « *coup de Trafalgar* ». Alain Rey et Sophie Chantreau dans les *Usuels du Robert* l'attribuent au linguiste roumain Lazare Sainéan (1859-1934) pour évoquer un « *accident désastreux* » (700), mais Duneton certifie qu'un certain Esnault l'aurait employée dès 1889 pour « *un événement imprévu et funeste, un désastre* » (701). La défaite occultée s'en trouve pérennisée à jamais. À moins que l'expression familière ne tombe en désuétude et ne disparaisse… à jamais ?

Notes

(1) Joseph Fouché, *Mémoires de Joseph Fouché, duc d'Otrante*, Paris, Imprimerie nationale, 1992, p. 236.
(2) Simon Leys, *La mer dans la littérature française*, Paris, Plon, 2003, t. 1, p. 305.
(3) François Furet, *La révolution de Turgot à Jules Ferry 1770-1880*, Paris, Hachette, 1988, p. 248.
(4) Georges Lacour-Gayet, *Histoire maritime de la marine française. La Révolution et l'Empire*, Conférences à l'École supérieure de marine, 1902.
(5) Thierry Lentz, *Le grand consulat, 1799-1804*, Paris, Fayard, 1999, p. 486.
(6) *Correspondance de Napoléon Ier publiée par ordre de l'Empereur Napoléon III*, Paris, Imprimerie nationale, 1858-1869, n° 5964, 19 février 1802, « Nécessité d'une déclaration collective des grandes puissances aux régences barbaresques ».
(7) Robert Lacour-Gayet, *Histoire de l'Australie*, Paris, Fayard, 1973, p. 174.
(8) Charles de Montholon, *Récits de la captivité*, 1847, t. 1, p. 128.
(9) *Correspondance*, n° 5968, 19 février 1802, Note sur les forces navales à opposer à l'Angleterre en cas de rupture de la paix.
(10) AF IV 1190, 31 mars 1803, État de la marine.
(11) Michèle Battesti, *La bataille d'Aboukir 1798*, Paris, Économica, 1998.
(12) Jean-Jacques Régis Cambacérès, *Mémoires inédits. Éclaircissements publiés par Cambacérès sur les principaux événements de sa vie politique*, Paris, Perrin, 1999, t. 1, p. 695.
(13) Montholon, *op. cit.*, t. 1, p. 127.
(14) Emmanuel de Las Cases, *Mémorial de Sainte-Hélène*, Paris, Points Seuil, 1999, 12 mai 1816, t. 1, p. 636.
(15) Las Cases, *op. cit.*, 6 novembre 1816, t. 2, p. 1444.
(16) Las Cases, *op. cit.*, 16 novembre 1816, t. 2, p. 1515.
(17) *Correspondance.*, n° 6585, Ordre du 18 février 1803.
(18) *Correspondance*, n° 7078, 5 septembre 1803, à Decrès.
(19) *Correspondance*, n° 5514, 7 avril 1801, à Forfait.
(20) Arrêté relatif à la composition et l'organisation du corps des officiers de la marine du 29 thermidor an VIII (17 août 1800).
(21) Montholon, *op. cit.*, t. 1, p. 127.
(22) *Correspondance*, *op. cit.*, n° 6379, 18 octobre 1802, à Decrès.
(23) Norbert Elias, « Étude sur la genèse de la profession de marin », *Les champs de Mars*, 1er semestre 2003.
(24) Pierre-Alexandre Forfait, *Lettre d'un observateur de la marine*, Paris, Imprimerie de Clousier, 1802, p. 162.
(25) John Clerk of Eldin, *Essai historique et méthodique sur la tactique navale*, traduction française, Paris, Firmin Didot et Amsterdam, Changnion et Dufour, 1791.
(26) Michel Depeyre, « John Clerk of Eldin, un penseur naval contesté », *L'évolution de la pensée navale* II, FEDN-Centre d'analyse politique comparée,1992.
(27) Michaud, *Biographie universelle*, t. VIII, p. 436.
(28) AF IV 1598, plaq. 1^{1}, mémoire du 12 février 1798, réponses aux questions du ministre de la marine, le vice-amiral Pléville Le Pelley par les capitaines de vaisseau Liberge de Grandchain et Buor de La

Charoulière, le chef d'escadre de Charrite, le chef de division de Girardin, les vice-amiraux Rosily et Bougainville, « *anciens officiers de marine appelés par le gouvernement* ».

(29) Comte L. REMACLE, *Bonaparte et les Bourbons. Relations secrètes des agents secrets de Louis XVIII à Paris sous le Consulat 1802-1803*, Paris, Plon-Nourrit et Cie, 1899, 4 août 1803, p. 89.

(30) Joseph d'AUDIBERT DE RAMATUELLE, *Cours élémentaire de tactique navale dédié à Bonaparte*, Paris, Baudouin, an X.

(31) Michel DEPEYRE, « Audibert Ramatuelle ou des enseignements perdus », *L'évolution de la pensée navale*, Paris, FEDN/CFHM, 1990.

(32) AF^{IV} 1598 plaq. 1^{III} (an VI, 1798), rapport de Forfait, s.d.

(33) AF^{IV} 1598, plaq. 1^{I}, mémoire du 12 février 1798.

(34) *Correspondance*, n° 6632, 31 mars 1803, à Decrès.

(35) FORFAIT, *Lettres d'un observateur*, *op. cit.*, p. 9.

(36) AF^{IV} 1597 a plaq.1^{III} & AF^{IV} 1597 b plaq. 1^{VII}, « Plan de guerre contre l'Angleterre rédigé par ordre du feu Roi dans les années 1763, 64, 65 et 1766 par le comte de Broglie, refondu et adapté aux circonstances actuelles pour être mis sous les yeux de Sa Majesté à qui il a été envoyé le 14 mars 1778. »

(37) AF^{IV} 1598 plaq. 1^{III}, Extrait d'un mémoire militaire relativement à notre situation avec l'Angleterre, trouvé dans les papiers de Guibert, auteur de l'Essai général de tactique, s.d.

(38) 170 chaloupes dont : 60 à Dunkerque, 60 au Havre, 20 à Granville et 30 à Saint-Malo.

(39) *Correspondance*, n° 2419, 23 février 1798, au Directoire exécutif.

(40) AF^{IV} 1598 plaq.1, 1er mémoire, 9 janvier 1798, questions du ministre de la marine ; 2e mémoire, 12 février 1798.

(41) AF^{IV} 1599 plaq 1^{II},12 avril 1798, rapport de Forfait à Bonaparte.

(42) AF^{IV} 1188, 7 mars 1801, Forfait à Bonaparte.

(43) *Correspondance*, n° 6775, 30 mai 1803, à Decrès.

(44) Jean-Marguerite TUPINIER, *Mémoires du baron Tupinier, directeur des ports et arsenaux (1779-1850)*, Paris, éditions Desjonquières, 1994, p. 60.

(45) *Correspondance*, n° 6783, 3 juin 1803, à Decrès.

(46) *Correspondance*, n° 6854, 23 juin 1803, à Decrès.

(47) *Correspondance*, n° 6774, 29 mai 1803, à Decrès.

(48) Michel KERAUTRET, *Les grands traités du Consulat (1799-1804). Documents diplomatiques du Consulat et de l'Empire*, t. 1, Paris, Nouveau monde éditions / Fondation Napoléon, 2002, p. 290.

(49) AF^{IV} 1190, 8 avril 1803, Decrès à Bonaparte.

(50) *Correspondance*, n° 6954, 28 juillet 1803, à Decrès.

(51) Michel KERAUTRET, *op. cit.*, p. 301.

(52) Armand DE CAULAINCOURT, *Mémoires, le général de Caulaincourt, duc de Vicence, grand écuyer de l'Empire*, Paris, Plon et Nourrit, 1933, décembre 1812, t. 2, p. 360.

(53) TUPINIER, *op. cit.* p. 64.

(54) AF^{IV} 1195, 5 septembre 1803, Truguet à Bonaparte, "*particulière*", à vous seul.

(55) AF^{IV} 1672, 21 juillet 1803, Instructions pour l'amiral commandant la flottille nationale.

(56) *Correspondance*, n° 6994, 8 août 1803, à Decrès.

(57) André François MIOT DE MELITO, *Mémoires du comte Miot de Melito*, Paris, Michel Levy, 1880, t. 2, p. 116.

(58) D'après le *Grand Dictionnaire universel* de Pierre LAROUSSE. Musée national

des châteaux de Malmaison et de Bois-Préau, *L'Anti-Napoléon, caricatures et satires du Consulat à l'Empire*. Exposition 30 mai-30 septembre 1996, Paris, RMN, 1996.

(59) *Correspondance*, n° 7333, 29 novembre 1803, à Chaptal.

(60) AFIV 1202, 30 août 1803, Lacrosse à Napoléon.

(61) *Correspondance*, n° 7030, 22 août 1803, à Bruix.

(62) *Idem*.

(63) *Correspondance*, n° 7029, Note annexe de la dépêche du 26 août 1803 à Bruix.

(64) AFIV 1202, 9 juin 1803, Forfait à Bonaparte.

(65) TUPINIER, *op. cit.*, p. 64.

(66) *Correspondance*, n° 7049, 27 août 1803, à Cambacérès.

(67) REMACLE, *op. cit.*, 27 août 1803, p. 387.

(68) *Correspondance*, n° 7482, 16 janvier 1804, Message au Sénat conservateur : Exposé de la situation de la République.

(69) AFIV 1202, 19 septembre 1803, Forfait à Napoléon.

(70) *Correspondance*, n° 7150, 1er octobre 1803, à Bruix.

(71) *Correspondance*, n° 7110, 16 septembre 1803, à Decrès.

(72) *Correspondance*, n° 7161, 4 octobre 1803, à Bruix.

(73) *Correspondance*, n° 7165, 5 octobre 1803, Arrêté : formation d'une compagnie de guides-interprètes attachés à l'armée d'Angleterre.

(74) *Correspondance*, n° 7253, 8 novembre 1803, à Bruix.

(75) *Correspondance*, n° 7181, 8 octobre 1803, à Bruix.

(76) *Correspondance*, n° 7186 ; annexe n° 7187, 11 octobre 1803, à Soult.

(77) REMACLE, *op. cit.*, 12 novembre 1803, p. 435.

(78) AFIV 1195, brumaire an XII (octobre-novembre 1803), Decrès à Napoléon.

(79) CAULAINCOURT, *op. cit.*, t. 2, p. 360.

(80) *Correspondance*, n° 7254, 8 novembre 1803, à Truguet.

(81) Allusion au Calvaire qui surplombait le mont Valérien.

(82) *Correspondance*, n° 7279, 16 novembre 1803, à Cambacérès.

(83) *Correspondance*, n° 7309, 23 novembre 1803, à Ganteaume.

(84) AFIV 1191, 1er décembre 1803, Ganteaume à Bonaparte.

(85) *Correspondance*, n° 7359, 7 décembre 1803, à Ganteaume.

(86) AFIV 1191, 12 décembre 1803, Ganteaume à Bonaparte.

(87) Auguste Frédéric Louis VIESSE DE MARMONT, *Mémoires de 1792 à 1841*, Paris, Perrotin, 1857, t. 2, p. 212.

(88) LAS CASES, *op. cit.*, t. 1, p. 636.

(89) AFIV 1210, fascicule joint à une lettre de Decrès à Napoléon, s.d., dossier de 1805.

(90) TUPINIER, *op. cit.*, p. 49.

(91) *Correspondance*, n° 7442, 29 décembre 1803, à Ganteaume.

(92) *Correspondance*, n° 7435, 27 décembre 1803, à Decrès.

(93) AFIV 1195, 7 janvier 1804, Decrès à Bonaparte.

(94) Pierre-Roch JURIEN DE LA GRAVIÈRE, *Souvenirs d'un amiral*, Paris, Hachette, 1860.

(95) CAMBACÉRÈS, *op. cit.*, t. 1, p. 696.

(96) AFIV 1195, 14 février 1804, Rapp à Bonaparte.

(97) AFIV 1191, 12 décembre 1803, Ganteaume à Bonaparte.

(98) Vincennes, BB4 207, 14 janvier 1804, La Touche-Tréville à Decrès.

(99) AFIV 1191, 1er décembre 1803, Ganteaume à Bonaparte.

(100) AFIV 1195, 28 janvier 1804, Rapp à Bonaparte.

(101) AFIV 1191, 12 décembre 1803, Ganteaume à Bonaparte.

(102) *Correspondance*, n° 7491, 20 janvier 1804, à Rapp.

(103) AF^{IV} 1195, 3 février 1804, Rapp à Bonaparte.
(104) AF^{IV} 1195, 18 décembre 1803, Rapp à Bonaparte.
(105) AF^{IV} 1191, 14 janvier 1804, Ganteaume à Decrès.
(106) AF^{IV} 1195, 3 février 1804, Rapp à Bonaparte.
(107) AF^{IV} 1195, 5 février 1804, Rapp à Bonaparte.
(108) *Correspondance*, n° 7491, 20 janvier 1804, à Rapp.
(109) AF^{IV} 1195, 3 février 1804, Rapp à Bonaparte.
(110) *Correspondance*, n° 6762, 22 mai 1803, à Ganteaume.
(111) AF^{IV} 1195, 15 février 1804, Rapp à Bonaparte.
(112) *Idem.*
(113) AF^{IV} 1195, 16 février 1804, Rapp à Bonaparte.
(114) BB^{4} 207, 6 février 1804.
(115) AF^{IV} 1195, floréal an XII (21 avril-20 mai 1804) Decrès à Napoléon.
(116) AF^{IV} 1195, 9 février 1804, Rapp à Bonaparte.
(117) Auguste GICQUEL DES TOUCHES, « Souvenirs d'un marin de la République », *Revue des Deux Mondes*, 1905, p. 410.
(118) AF^{IV} 1195, 3 février 1804, Rapp à Bonaparte.
(119) AF^{IV} 1191, 11 février 1804, Decrès à Bonaparte.
(120) *Correspondance*, n° 7445, 2 janvier 1804, à Cambacérès.
(121) *Correspondance*, n° 7450, 4 janvier 1804, Notes au ministre de la marine.
(122) AF^{IV} 1195, 7 janvier 1804, Decrès à Bonaparte.
(123) AF^{IV} 1195, 26 décembre 1803, Bruix à Bonaparte.
(124) AF^{IV} 1195, 12 janvier 1804, Bruix à Bonaparte.
(125) AF^{IV} 1202, 24 avril 1804, Forfait à Napoléon.
(126) AF^{IV} 1191, 3 mai 1804, Decrès à Napoléon.
(127) *Idem.*
(128) *Correspondance*, n° 7704, 21 avril 1804, à Decrès.
(129) *Correspondance*, n° 7731, 28 avril 1804, à Decrès.
(130) AF^{IV} 1190, 30 juillet 1803, Decrès à Bonaparte.
(131) René MAINE, *Trafalgar, le Waterloo naval de Napoléon*, Paris, Hachette, 1955, p. 83.
(132) *Correspondance*, n° 8024, 15 septembre 1804, à Decrès.
(133) AF^{IV} 1195, 21 mai 1804, Truguet à Napoléon.
(134) *Correspondance*, n° 7780, 25 mai 1804, à Truguet.
(135) AF^{IV} 1195, 27 mai 1804, Truguet à Napoléon.
(136) AF^{IV} 1195, 5 juin 1804, Truguet à Napoléon.
(137) *Correspondance*, n° 7589, 4 mars 1804, à Decrès.
(138) *Correspondance*, n° 7742, 11 mai 1804, à Decrès.
(139) *Correspondance*, n° 7779, 25 mai 1804, à La Touche-Tréville. Projet d'instructions pour le vice-amiral La Touche-Tréville, 18-25 mai 1804 *in* Georges LACOUR-GAYET, *Histoire maritime de la marine française*, *op. cit.*
(140) *Correspondance*, n° 7742, 11 mai 1804, à Decrès.
(141) *Correspondance*, n° 7784, 26 mai 1804, à Decrès.
(142) AF^{IV} 1195, s.d., État de la marine, Decrès à Napoléon.
(143) *Correspondance*, n° 7800, 31 mai 1804, à Decrès.
(144) AF^{IV} 1195, 21 juin 1804, Ganteaume à Napoléon.
(145) BB^{2} 94, 11 août 1804, Decrès à Ganteaume.
(146) AF^{IV} 1195, 15 juin 1804, La Touche-

Tréville à Decrès ; « Rapport au ministre de la marine sur l'opération de plusieurs corsaires anglais, sur les côtes et les îles d'Hyères » publié *in Le Moniteur,* 28 juin 1804, p. 266.

(147) Nelson à Alexander John Ball, 4 octobre 1804.

(148) *Correspondance*, n° 7766, 21 mai 1804, à Verhuell.

(149) *Correspondance*, n° 7832, 2 juillet 1804, à La Touche-Tréville.

(150) *Correspondance*, n° 7840, 3 juillet 1804 à Bruix. N° 7841, Annexe, projet d'organisation des flottilles de guerre et de transport.

(151) TUPINIER, *op. cit.*, p. 65.

(152) Constant WAIRY dit CONSTANT, *Mémoires intimes de Napoléon* Ier *par Constant son valet de chambre*, Paris, Mercure de France, 2000, t. 1, p. 246.

(153) *Correspondance*, n° 7861, 21 juillet 1804, à Joséphine.

(154) MAINE, *op. cit.*, p. 88.

(155) *Correspondance*, n° 7874, 27 juillet 1804, à Brune.

(156) *Correspondance*, n° 7896, 2 août 1804, à Decrès.

(157) TUPINIER, *op. cit.*, p. 69.

(158) *Correspondance*, n° 7938, 17 août 1804, à Cambacérès.

(159) *Correspondance*, n° 7998, 8 septembre 1804, à Soult.

(160) Thierry LENTZ, *Nouvelle histoire du Premier Empire. I. Napoléon et la conquête de l'Europe, 1804-1810*, Paris, Fayard, 2002, p. 150.

(161) AF^{IV} 1210, 1er septembre 1804, Decrès à Napoléon.

(162) *Idem.*

(163) LAS CASES, *op. cit.*, 12 mai 1816, t. 1. p. 637.

(164) AF^{IV} 1210, 31 août 1804, Decrès à Napoléon.

(165) AF^{IV} 1210, 1er septembre 1804, Decrès à Napoléon.

(166) *Correspondance*, n° 7982, 3 septembre 1804, à Decrès.

(167) *Correspondance*, n° 7996, 6 septembre 1804, à Ganteaume.

(168) AF^{IV} 1210, 17 septembre 1804, Decrès à Napoléon.

(169) *Correspondance*, n° 3064, 21 août 1798, à Villeneuve.

(170) *Correspondance*, n° 7987, 4 septembre 1804, à Decrès.

(171) *Correspondance*, n° 8005, 9 septembre 1804, Décret sur l'organisation de la flottille.

(172) *Correspondance*, n° 7994, 6 septembre 1804, à Decrès.

(173) *Correspondance*, n° 7996, 6 septembre 1804, à Ganteaume.

(174) AF^{IV} 1195, 19 septembre 1804, Decrès à Napoléon.

(175) AF^{IV} 1195, 2 septembre 1804, Decrès à Napoléon.

(176) *Correspondance*, n° 7843, 3 juillet 1804, à Ganteaume.

(177) AF^{IV} 1195, 27 août 1804, Ganteaume à Napoléon.

(178) *Correspondance*, n° 7970, 28 août 1804, à Decrès.

(179) AF^{IV} 1195, 11 septembre 1804, Decrès à Napoléon.

(180) *Correspondance*, n° 8064, 29 septembre 1804, à Decrès.

(181) AF^{IV} 1195, brumaire an XIII (23 octobre-21 novembre 1804), Ganteaume à Napoléon.

(182) *Correspondance*, n° 7992, 6 septembre 1804, à Decrès.

(183) *Correspondance*, n° 7996, 6 septembre 1804, à Ganteaume.

(184) Correspondance, n° 7832, 2 juillet 1804 à La Touche-Tréville.

(185) *Correspondance*, n° 7996, 6 septembre 1804, à Ganteaume.

(186) AF^{IV} 1195, 19 septembre 1804, Ganteaume à Napoléon.

(187) *Correspondance*, n° 8018, 14

septembre 1804, à Decrès.

(188) *Correspondance*, n° 8024, 15 septembre 1804, à Decrès.

(189) *Correspondance*, n° 8048, 27 septembre 1804, à Berthier.

(190) *Correspondance*, n° 8060, 29 septembre 1804, à Decrès ; n° 8061, 29 septembre 1804, État présentant l'ensemble des moyens des trois expéditions (Martinique, Surinam, Sainte-Hélène).

(191) *Correspondance*, n° 8063, 29 septembre 1804, à Decrès.

(192) *Idem.*

(193) *Correspondance*, n° 8115, 8 octobre 1804, à Decrès.

(194) AF^{IV} 1191, 11 octobre 1804, Decrès à Napoléon.

(195) TUPINIER, *op. cit.*, p. 66.

(196) AF^{IV} 1195, 6 octobre 1804, Decrès à Napoléon.

(197) *Correspondance*, n° 8108, 7 octobre 1804, à Bruix.

(198) AF^{IV} 1204, 13 octobre 1804, Forfait à Napoléon.

(199) Éléonore Adèle d'OSMOND DE BOIGNE, *Mémoires de la comtesse de Boigne née d'Osmond. Récits d'une tante*, t. 1, *Du règne de Louis XVI à 1820*, Paris, Mercure de France, 1999, p. 222.

(200) *Correspondance*, n° 8065, 29 septembre 1804, à Decrès.

(201) *Correspondance*, n° 8139, 26 octobre 1804.

(202) AF^{IV} 1191, s.d., Liste des officiers de la marine invités au Sacre.

(203) José Ignacio GONZALEZ-ALLER HIERRO, *Catalogo guia del museo naval de Madrid* ; Jean et Raoul BRUNON, « Les aigles de la marine sous le Premier Empire », *Neptunia*, n° 74, 2e trimestre 1964.

(204) Jean-Pierre Edmond JURIEN DE LA GRAVIÈRE, *Guerres maritimes sous la République et l'Empire*, Paris, Charpentier, 1869, t. 2, 27 octobre 1804, Villeneuve à Decrès, p. 313.

(205) *Correspondance*, n° 8206, 12 décembre 1804, à Villeneuve ; BB^{4} 207, instructions de Decrès.

(206) *Correspondance*, n° 8231, 23 décembre 1804, Instructions pour le contre-amiral Missiessy, commandant l'escadre en rade de l'île d'Aix.

(207) *Correspondance*, n° 8209, 12 décembre 1804, à Lauriston.

(208) BB^{4} 207, 21 décembre 1804, Circulaire de Villeneuve aux commandants de l'escadre impériale dans la Méditerranée.

(209) AF^{IV} 1195, 24 décembre 1803, Villeneuve à Decrès « *à vous seul* ».

(210) *Correspondance*, n° 8230, 23 décembre 1804, à Decrès.

(211) *Correspondance*, n° 8252, 2 janvier 1805, au roi d'Angleterre.

(212) MIOT DE MÉLITO, *op. cit.*, t. 2, pp. 244-245.

(213) BB^{4} 230, 31 décembre 1804, Villeneuve à Decrès.

(214) *Annibal*, vaisseau de 74 pris aux Anglais par le *Formidable* le 6 juillet 1801. Il demeura en service dans la marine française jusqu'en 1823.

(215) BB^{4} 230, 8 février 1805, Villeneuve à Decrès.

(216) GICQUEL DES TOUCHES, *op. cit.*, p. 412.

(217) BB^{4} 230, 21 janvier 1805, Villeneuve à Decrès.

(218) *Idem.*

(219) BB^{4} 230, 22 janvier 1805, lettre « *particulière* » de Villeneuve à Decrès.

(220) BB^{4} 230, 28 janvier 1805, Decrès à Villeneuve.

(221) *Correspondance*, n° 8309, 1er février 1805, à Lauriston.

(222) *Correspondance*, n° 8279, 16 janvier 1805, à Decrès.

(223) *Correspondance*, n° 8261, 4 janvier 1805, Note à Gravina relativement au contingent naval de l'Espagne.

(224) *Idem.*

(225) AF^{IV} 1195, 20 janvier 1805, Decrès à Napoléon.
(226) BB^{4} 213, 27 janvier 1805, Bonnefoux à Decrès.
(227) BB^{4} 233, 3 août 1805, Gravina à Decrès.
(228) *Correspondance*, n° 8379, 2 mars 1805, à Ganteaume; N° 8385, État de l'artillerie à embarquer sur l'escadre de Brest.
(229) *Correspondance*, n° 8380, 2 mars 1805, à Ganteaume.
(230) *Correspondance*, n° 8381, 2 mars 1805, à Villeneuve.
(231) BB^{4} 229, 27 février 1805, Decrès à Gourdon.
(232) *Correspondance*, n° 8369, 27 février 1805, à Soult.
(233) Amiral Raoul CASTEX, *Théories stratégiques*, Paris, Économica, 1996, t.3, p. 94.
(234) AF^{IV} 1191, 21 juin 1804, Decrès à Napoléon.
(235) *Correspondance*, n° 9141, 27 août 1805, à Talleyrand. Napoléon réclame qu'un état similaire lui soit fourni sur les troupes anglaises.
(236) *Correspondance*, n° 8350, 23 février 1805, à Junot.
(237) *Correspondance*, n° 5336, 4 février 1801, à Talleyrand.
(238) AF^{IV} 1195, 29 décembre 1804, Gravina à Napoléon.
(239) AF^{IV} 1196, 17 mars 1805, Gourdon à Decrès.
(240) BB^{4} 230, 7 mars 1805, Villeneuve à Decrès.
(241) *Correspondance*, n° 8383, 2 mars 1805, à Lauriston.
(242) *Correspondance*, n° 8442, 16 mars 1805, à Lauriston.
(243) BB^{4} 230, 23 mars 1805, Villeneuve à Decrès.
(244) *Correspondance*, n° 8428, 13 mars 1805, à Decrès.
(245) *Correspondance*, n° 8434, 15 mars 1805, à Decrès.
(246) *Correspondance*, n° 8436, 15 mars 1805, à Ganteaume.
(247) BB^{4} 230, 18 mars 1805, Villeneuve à Decrès.
(248) *Correspondance*, n° 8467, 22 mars 1805, à Villeneuve.
(249) *Correspondance*, n° 8469, 22 mars 1805, à Lauriston.
(250) BOIGNE, *op. cit.*, t. 1, p. 222-223.
(251) *Correspondance*, n° 8461, 21 mars 1805, à Decrès.
(252) AF^{IV} 1196, 1er mai 1805, Decrès à Napoléon.
(253) *Correspondance*, n° 8551, 8 avril 1805, à Decrès.
(254) *Correspondance*, n° 8571, 11 avril 1805, à Verhuell.
(255) René JOUAN, *Histoire de la marine française*, t. 2, p. 139.
(256) *Correspondance*, n° 8480, 24 mars 1805, à Ganteaume.
(257) *Idem*.
(258) Édouard DESBRIÈRE, *Blocus de Brest de 1793 à 1805*, Paris, Chapelot, 1902, p. 48.
(259) AF^{IV} 1196, 27 mars 1805, Ganteaume à Decrès.
(260) BB^{4} 235, État de l'escadre de Toulon au 30 mars 1805.
(261) AF^{IV} 1196, 31 mars 1805, Émeriau à Decrès.
(262) BB^{4} 230, 30 mars 1805, lettre « *particulière* », Villeneuve à Decrès.
(263) BB^{4} 230, 17 mai 1805, Villeneuve à Decrès.
(264) AF^{IV} 1196, 7 avril 1805, Villeneuve à Decrès.
(265) AF^{IV} 1196, 30 mars 1805, Lauriston à Napoléon.
(266) AF^{IV} 1196, thermidor an XIII, Reille à Murat.
(267) GICQUEL DES TOUCHES, *op. cit.*, p. 415.
(268) John Frederick Charles FULLER, *Les batailles décisives du monde occidental*. T. 2, *De la Renaissance à Waterloo*, Paris, Berger-Levrault, 1981, p. 183.

(269) MAINE, *op. cit.*, p. 118.
(270) *Correspondance*, n° 8521, 3 avril 1805, à Ganteaume.
(271) *Correspondance*, n° 8570, 11 avril 1805, à Ganteaume.
(272) *Correspondance*, n° 8575, 12 avril 1805, à Decrès.
(273) *Correspondance*, n° 8583, 14 avril 1805, à Villeneuve.
(274) AF^{IV} 1196, 17 avril 1805, Decrès à Villeneuve.
(275) *Correspondance*, n° 8618, 23 avril 1805, à Decrès.
(276) AF^{IV} 1196, 29 avril 1805, Decrès à Villeneuve.
(277) *Correspondance*, n° 8717, 8 mai 1805, à Decrès.
(278) *Correspondance*, n° 8659, 30 avril 1805, à Decrès.
(279) AF^{IV} 1196, 18 avril 1805, Decrès à Napoléon.
(280) *Correspondance*, n° 8603, 20 avril 1805, à Decrès.
(281) *Correspondance*, n° 8617, 23 avril 1805, à Decrès.
(282) *Correspondance*, n° 8619, 23 avril 1805, à Ganteaume.
(283) AF^{IV} 1196, 26 avril 1805, Decrès à Napoléon.
(284) Antoine François PÉRÉ, sénateur (1746-1835).
(285) AF^{IV} 1196, 23 avril 1805, Decrès à Napoléon.
(286) *Correspondance*, n° 8654, 29 avril 1805, à Decrès.
(287) *Correspondance*, n° 8659, 30 avril 1805, à Decrès.
(288) AF^{IV} 1196, 30 avril 1805, Decrès à Napoléon.
(289) AF^{IV} 1196, 5 mai 1805, Decrès à Napoléon.
(290) AF^{IV} 1196, 1er mai 1805, Ganteaume à Decrès « *au ministre seul* ».
(291) AF^{IV} 1196, 14 mai 1805, Decrès à Napoléon.
(292) *Correspondance*, n° 8700, 8 mai 1805, à Villeneuve.
(293) La *Topaze* atteint Fort-de-France le 19 juin, le *Président* le 1er juillet, le *Département-des-Landes* le 2 juillet et le *Néarque* le 4 juillet.
(294) *Correspondance*, n° 8713, 10 mai 1805, à Decrès.
(295) CASTEX, *Théories stratégiques*, *op. cit.*, t. 3, p. 404.
(296) AF^{IV} 1196, 21 mai 1805, Villeneuve à Decrès.
(297) BB^4 230, État des malades à Fort-de-France, 26 mai 1805.
(298) BB^4 230, 27 mai 1805, Villeneuve à Decrès.
(299) AF^{IV} 1196, 23 mai 1805, Gravina à Godoy.
(300) BB^4 230, 4 juin 1805, Villeneuve à Decrès.
(301) *Idem*.
(302) *Idem*.
(303) BB^4 230, 1er juin 1805, Villeneuve à Decrès.
(304) BB^4 230, 11 juin 1805, Villeneuve à Decrès.
(305) *Idem*.
(306) AF^{IV} 1196, 8 et 9 juin 1805, Lauriston à Napoléon.
(307) BB^4 230, 11 juin 1805, Villeneuve à Decrès.
(308) *Correspondance*, n° 8714, 10 mai 1805, à Decrès.
(309) BB^4 227, 1er juin 1805, Missiessy à Decrès.
(310) AF^{IV} 1196, 27 mai 1805, Decrès à Napoléon.
(311) *Correspondance*, n° 8802, 27 mai 1805, à Decrès.
(312) *Correspondance*, n° 8832, 2 juin 1805, à Jérôme.
(313) *Correspondance*, n° 8846, 6 juin 1805, à Decrès.
(314) AF^{IV} 1196, 21 juin 1805, Decrès à Napoléon.

(315) *Correspondance*, n° 8783, 24 mai 1805, à Decrès.
(316) *Correspondance*, n° 8794, 26 mai 1805, État de la flotte anglaise, à Decrès.
(317) *Correspondance*, n° 8813, 30 mai 1805, à Decrès.
(318) AF^{IV} 1196, 26 avril 1805, Decrès à Napoléon.
(319) AF^{IV} 1196, 3 juin 1805, Decrès à Napoléon.
(320) AF^{IV} 1196, 16 juin 1805, Decrès à Napoléon.
(321) *Correspondance*, n° 8846, 6 juin 1805, à Decrès.
(322) AF^{IV} 1196, 7 juin 1805, Decrès à Napoléon.
(323) *Correspondance*, n° 8847, 6 juin 1805, à Decrès.
(324) *Correspondance*, n° 8871, 9 juin 1805, à Decrès.
(325) *Correspondance*, n° 8856, 7 juin 1805, à Decrès.
(326) *Correspondance*, n° 8871, 9 juin 1805, à Decrès.
(327) *Correspondance*, n° 8870, 9 juin 1805, à Decrès.
(328) AF^{IV} 1196, 13 juin 1805, Decrès à Napoléon.
(329) *Idem*.
(330) *Correspondance*, n° 8892, 14 juin 1805, à Decrès.
(331) *Correspondance*, n° 8959, 18 juin 1805, à Decrès.
(332) BB^{4} 230, 28 juillet 1805, Villeneuve à Decrès.
(333) *Correspondance*, n° 8925, 20 juin 1805, à Decrès.
(334) *Correspondance*, n° 8938, 22 juin 1805, à Decrès.
(335) AF^{IV} 1196, 4 juin 1805, Decrès à Napoléon.
(336) AF^{IV} 1210, 15 mars 1805, Decrès à Napoléon.
(337) AF^{IV} 1196, 27 juin 1805, Decrès à Napoléon.
(338) *Correspondance*, n° 8985, 16 juillet 1805 à Villeneuve ; copie du courrier extraordinaire, Fontainebleau *in* AF^{IV} 1196.
(339) BB^{4} 230, 16 juillet 1805, Decrès à Villeneuve.
(340) AF^{IV} 1196, 26 juin 1805, Ganteaume à Decrès « *pour vous seul* ».
(341) AF^{IV} 1196, 15 juin 1805, Decrès à Napoléon.
(342) *Correspondance*, n° 8938, 22 juin 1805, à Decrès.
(343) AF^{IV} 1196, 6 juillet 1805, Decrès à Napoléon.
(344) AF^{IV} 1196, 12 juillet 1805, Ganteaume à Decrès.
(345) *Correspondance*, n° 8991, 18 juillet 1805, à Decrès.
(346) *Correspondance*, n° 8998, 20 juillet 1805, à Ganteaume.
(347) AF^{IV} 1196, 20 juillet 1805, Decrès à Ganteaume.
(348) Ordre de bataille de l'armée combinée à la bataille des « Quinze-Vingt » (22 juillet 1805), d'après le Journal du vice-amiral Villeneuve.
(349) Ch.-Er. LULLIER, *Essai sur l'histoire de la tactique navale et des évolutions de mer. La marine du passé et la marine contemporaine*, Paris, Tanera éditeur, 1867, p. 114.
(350) *Ibid*., p. 115.
(351) BB^{4} 230, 30 juillet 1805, État des pertes des vaisseaux français et espagnols.
(352) AF^{IV} 1196, 27 juillet 1805, Lauriston à Napoléon.
(353) AF^{IV} 1196, thermidor an XIII, Reille à Murat.
(354) Général Philippe-Paul comte DE SÉGUR, *De 1800 à 1812, un aide de camp de Napoléon. Mémoires du général comte de Ségur de l'Académie française*..., Paris, Firmin-Didot, 1894, t. 1, p. 153.
(355) BB^{4} 230, 28 juillet 1805, Villeneuve

à Decrès.
(356) BB^4 231, 21 octobre 1805, État des marins et soldats débarqués à Vigo.
(357) BB^4 230, 28 juillet 1805, Villeneuve à Decrès.
(358) AF^{IV} 1196, 6 et 7 août 1805, Lauriston à Napoléon.
(359) AF^{IV} 1196, thermidor an XIII, Reille à Murat.
(360) Baron Jean GRIVEL, *Mémoires du vice-amiral baron Grivel. Révolution. Empire*, Paris, Plon-Nourrit, p. 91.
(361) *Correspondance*, n° 9057, 8 août 1805, à Cambacérès.
(362) *Correspondance*, n° 9059, 9 août 1805, à Barbé-Marbois.
(363) *Correspondance*, n° 9060, 9 août 1805, à Fouché.
(364) *Correspondance*, n° 9066, 11 août 1805, à Decrès.
(365) AF^{IV} 1196, 1er août 1805, Lauriston à Napoléon.
(366) AF^{IV} 1196, 11 août 1805, Decrès à Napoléon.
(367) *Idem*.
(368) *Correspondance*, n° 9073, 13 août 1805, à Villeneuve.
(369) Norman NIXON, *De l'incompétence militaire. Un essai psychologique*, Paris, Stock, 1977.
(370) JURIEN DE LA GRAVIÈRE, *Guerres maritimes*, *op. cit.*, t. 2, p. 130.
(371) AF^{IV} 1196, 13 septembre 1805, Decrès à Napoléon.
(372) *Correspondance*, n° 9063, 10 août 1805, à Decrès.
(373) « Persévérer est diabolique ».
(374) GICQUEL DES TOUCHES, *op. cit.*, p. 413.
(375) BB^4 230, 28 juillet 1805, Villeneuve à Decrès.
(376) BB^4 230, 30 juillet 1805, Villeneuve à Decrès.
(377) BB^4 231, 21 octobre 1805, État des marins et soldats débarqués à Vigo. BB^4 233, 8 août 1805, Liste des hommes de l'armée expéditionnaire hospitalisés à terre dressée par les officiers de santé.
(378) BB^4 230, 31 juillet 1805, Villeneuve à Decrès.
(379) BB^4 230, 3 août 1805, Villeneuve à Decrès.
(380) BB^4 233, 3 août 1805, Gravina à Decrès.
(381) AF^{IV} 1196, 1er août 1805, Lauriston à Napoléon.
(382) AF^{IV} 1196, extrait de la lettre du 3 août 1805 Villeneuve à Decrès *in* lettre de Decrès à Napoléon du 9 septembre 1805.
(383) AF^{IV} 1196, 6 et 7 août 1805, Lauriston à Napoléon.
(384) BB^4 230, 7 août 1805, lettre « *particulière* » de Villeneuve à Decrès.
(385) BB^4 232, 4 août 1805, ordres de Villeneuve.
(386) BB^4 230, rapport de Decrès sur la campagne de Villeneuve, s.d.
(387) BB^4 232, 8 août 1805, Villeneuve à Millius.
(388) BB^4 232, 30 octobre 1805, Milius à Decrès.
(389) *Idem*.
(390) BB^4 232, 10 août 1805, Rapport de l'enseigne de vaisseau Saint-Martin.
(391) Milius à Decrès, 30 octobre 1805, *op. cit.*
(392) GICQUEL DES TOUCHES, *op. cit.*, p. 415.
(393) BB^4 230, 6 août 1805, Villeneuve à Decrès.
(394) AFI^{V} 1196, 11 août 1805, Decrès à Napoléon.
(395) Du 23 octobre au 21 décembre.
(396) BB^4 230, 11 août 1805, Villeneuve à Decrès.
(397) *Idem*.
(398) *Idem*.
(399) AF^{IV} 1196, 13 août 1805 14h00, La Corogne, Aillaud à Talleyrand.

(400) AF^{IV} 1196, extrait de la lettre du 22 août 1805 Villeneuve à Decrès *in* lettre de Decrès à Napoléon du 9 septembre 1805.
(401 *Correspondance*, n° 9160, 29 août 1805, à Decrès.
(402) *Idem*.
(403) GICQUEL DES TOUCHES, *op. cit.*, p. 411.
(404) Jean GRIVEL, *Mémoires du vice-amiral baron Grivel. Révolution. Empire*, Paris, Plon-Nourrit, 1914, p. 91.
(405) *Correspondance*, n° 9040, 4 août 1805, à Cambacérès.
(406) *Correspondance*, n° 9043, 4 août 1805, à Decrès.
(407) Jean GRIVEL, *Mémoires, op. cit.*, p. 89.
(408) *Correspondance*, n° 9069, 13 août 1805, à Cambacérès.
(409) TUPINIER, *op. cit.*, p. 71.
(410) Jean GRIVEL, *Mémoires op. cit.*, p. 72.
(411) *Correspondance*, n° 9070, 13 août 1805, à Talleyrand.
(412) *Correspondance*, n° 9071, 13 août 1805, à Decrès.
(413) *Correspondance*, n° 9073, 13 août 1805, à Villeneuve.
(414) *Correspondance*, n° 9072, 13 août 1805, à Decrès.
(415) *Correspondance*, n° 9075, 14 août 1805, à Lauriston.
(416) *Correspondance*, n° 9076, 14 août 1805, à Decrès.
(417) *Idem*.
(418) *Correspondance*, n° 9083, 15 août 1805, à Decrès.
(419) *Correspondance*, n° 9101, 20 août 1805, à Decrès.
(420) *Correspondance*, n° 9102, 20 août 1805, dépêche télégraphique (19 heures) à Ganteaume.
(421) *Correspondance*, n° 9113, 22 août 1805, à Ganteaume.
(422) *Correspondance*, n° 9115, 22 août 1805, à Villeneuve.
(423) *Correspondance*, n° 9104, 22 août 1805, à Talleyrand.
(424) *Correspondance*, n° 9112, 22 août 1805, à Decrès.
(425) Souligné par Decrès.
(426) AF^{IV} 1196, 22 août 1805 , Decrès à Napoléon.
(427) AF^{IV} 1196, s.d. (sans doute le 22 août 1805) à 18h15 à Boulogne, Decrès à Napoléon.
(428) *Correspondance*, n° 9107, 22 août 1805.
(429) AF^{IV} 1196, 23 août 1805, Decrès à Napoléon.
(430) *Idem*.
(431) *Idem*.
(432) *Idem*.
(433) *Correspondance*, n° 9117, 23 août 1805, à Talleyrand.
(434) *Correspondance*, n° 9120, 23 août 1805, à Berthier.
(435) AF^{IV} 1196, 25 août 1805, Decrès à Napoléon.
(436) *Correspondance*, n° 9130, 25 août 1805, à Talleyrand.
(437) *Correspondance*, n° 9138, 26 août 1805, à Decrès.
(438) Jean GRIVEL, *Mémoires, op. cit.*, p. 95.
(439) TUPINIER, *op. cit.*, p. 74.
(440) AF^{IV} 1196, 27 août 1805, Decrès à Napoléon.
(441) *Correspondance*, n° 9173, 1er septembre 1805, à Decrès.
(442) AF^{IV} 1196, 21 août 1805, Lauriston à Napoléon.
(443) *Correspondance*, n° 9179, 4 septembre 1805, à Decrès.
(444) *Correspondance*, n° 9185, 6 septembre 1805, à Decrès.
(445) AF^{IV} 1196, 13 août 1805, Decrès à Napoléon.
(446) AF^{IV} 1196, 9 septembre 1805 Decrès à Napoléon, à la lettre sont joints

plusieurs extraits des lettres de Villeneuve.

(447) AF^{IV} 1597, 11 septembre 1805, du commissaire Lescallier.

(448) *Correspondance*, n° 9209, 13 septembre 1805, Note exposant au ministre de la marine les vues de l'Empereur sur la flottille de Boulogne.

(449) *Correspondance*, n° 9210, 14 septembre 1805, à Villeneuve.

(450) AF^{IV} 1210, s.d., Decrès à Napoléon.

(451) Auguste THOMAZI, *Les marins de Napoléon*, Paris, Tallandier, 1978, p. 178.

(452) *Correspondance*, n° 9220, 15 septembre 1805, à Decrès.

(453) *Correspondance*, n° 8655, 29 avril 1805, à Decrès.

(454) *Correspondance*, n° 8656, 29 avril 1805, à Rosily.

(455) AF^{IV} 1195, 4 mai 1805, Decrès à Napoléon.

(456) *Correspondance*, n° 9229, 17 septembre 1805, à Decrès.

(457) *Correspondance*, n° 9230, 17 septembre 1805, à Rosily.

(458) BB^{4} 230, 18 septembre 1805, Decrès à Rosily.

(459) *Idem*.

(460) BB^{4} 230, 20 septembre 1805, Decrès à Villeneuve (deux versions dont un brouillon très raturé).

(461) JURIEN DE LA GRAVIÈRE, *Guerres maritimes, op. cit.*, t. 2, p. 170.

(462) AF^{IV} 1196, 20 septembre 1805, Decrès à Napoléon.

(463) AF^{IV} 1196, extrait de la lettre du 22 août 1805 Villeneuve à Decrès *in* lettre de Decrès à Napoléon du 9 septembre 1805.

(464) BB^{4} 230, 22 août 1805, lettre « *particulière* » de Villeneuve à Decrès.

(465) BB^{4} 234, 2 septembre 1805, Beurnonville à Decrès.

(466) AF^{IV} 1196, 23 août 1805, Lauriston à Napoléon.

(467) JURIEN DE LA GRAVIÈRE, *Guerres maritimes, op. cit.*, t. 2, p. 145.

(468) AF^{IV} 1196, 22 août 1805, Lauriston à Napoléon.

(469) BB^{4} 234, 20 octobre 1805, Beurnonville à Decrès.

(470) AF^{IV} 1196, 22 août 1805, Lauriston à Napoléon.

(471) BB^{4} 230, 2 septembre 1805, Villeneuve à Decrès.

(472) AF^{IV} 1196, 3 septembre 1805, Lauriston à Napoléon.

(473) BB^{4} 230, 16 septembre 1805, Villeneuve à Decrès.

(474) BB^{4} 230, 1er septembre 1805, Decrès à Villeneuve.

(475) LAS CASES, *op. cit.*, t. 1, p. 638.

(476) AF^{IV} 1196, 16 septembre 1805, Lauriston à Napoléon.

(477) BB^{4} 230, 24 septembre 1805; État des vivres avariés.

(478) BB^{4} 230, 2 septembre 1805, Villeneuve à Decrès.

(479) BB^{4} 230, 24 septembre 1805, Villeneuve à Decrès.

(480) AF^{IV} 1196, 16 septembre 1805, Lauriston à Napoléon.

(481) BB^{4} 230, 6 septembre 1805, Villeneuve à Decrès.

(482) BB^{4} 230, 16 septembre 1805, rapport de Villeneuve sur l'état des vaisseaux français de l'armée combinée.

(483) BB^{4} 230, 2 septembre 1805, Villeneuve à Decrès.

(484) BB^{4} 230, 28 septembre 1805, Villeneuve à Decrès.

(485) *Idem*.

(486) *Idem*.

(487) BB^{4} 230, 2 octobre 1805, Villeneuve à Decrès.

(488) AF^{IV} 1196, 28 septembre 1805, Ordre général, particulier aux capitaines commandants de Villeneuve.

(489) AF^{IV} 1196, 19 septembre 1805, Ganteaume à Napoléon.

(490) Souligné par Decrès. AF^{IV} 1196, 2 octobre 1805, Decrès à Napoléon.
(491) AF^{IV} 1196, 6 octobre 1805, Decrès à Napoléon.
(492) AF^{IV} 1196, 10 octobre 1805, Decrès à Napoléon.
(493) AF^{IV} 1196, 19 octobre 1805, Decrès à Napoléon.
(494) *Correspondance*, n° 9448, 2 novembre 1805, à Decrès.
(495) BB^{4} 230, Villeneuve à Decrès, 8 octobre 1805.
(496) BB^{4} 230, Compte-rendu du conseil de guerre du 8 octobre 1805.
(497) BB^{4} 230, 8 octobre 1805, Villeneuve à Decrès.
(498) BB^{4} 234, 20 octobre 1805, Beurnonville à Decrès.
(499) BB^{4} 230, 15 octobre 1805,Villeneuve à Decrès.
(500) BB^{4} 230, 18 octobre 1805, Villeneuve à Decrès.
(501) *Idem.*
(502) BB^{4} 234, 20 octobre 1805, Beurnonville à Decrès.
(503) AF^{IV} 1196, 29 octobre 1805, Beurnonville à Lauriston.
(504) H. E. JENKINS, *Histoire de la marine française, des origines à nos jours*, Paris, Albin Michel, 1977, p. 391.
(505) BB^{4} 234, 23 octobre 1805, Beurnonville à Decrès.
(506) GICQUEL DES TOUCHES, *op. cit.*, p. 416.
(507) BB^{4} 230, 19 octobre 1805, Villeneuve à Decrès ; *in* AF^{IV} 1196, 30 octobre à 8h15, Decrès à Napoléon.
(508) BB^{4} 230, 20 octobre 1805, Villeneuve à Decrès ; *in* AF^{IV} 1196, 30 octobre à 8h15, Decrès à Napoléon.
(509) Gérard CHALIAND, *Anthologie mondiale de la stratégie des origines au nucléaire*, p. 781. Colin WHITE, *The Nelson encyclopædia*, Londres, Chatham Publishing, 2002, p. 271.
(510) JURIEN DE LA GRAVIÈRE, *Guerres maritimes op. cit.*, t. 2, p. 198.
(511) Alfred THAYER MAHAN, *Influence de la puissance maritime sur l'histoire*, p. 574.
(512) FULLER, *op. cit.*, p. 190.
(513) Expression tirée de la pièce de Shakespeare *Henri V*, acte IV, scène III.
(514) MAHAN, *op. cit.*, p. 297.
(515) BB^{4} 207, 21 décembre 1804, *op. cit.*
(516) AF^{IV} 1196, 28 septembre 1805, Ordre général, particulier aux capitaines commandants de Villeneuve.
(517) *Correspondance*, n° 9073, 13 août 1805, à Villeneuve.
(518) BB^{4} 235, 7 octobre 1805, Ordre de bataille de l'armée combinée envoyé à tous les vaisseaux.
(519) Référence à une lettre inédite de Nelson parue dans le *Times* du 20 octobre 1939, *in* JENKINS, *op. cit.*, p. 302.
(520) BB^{4} 230, Rapport du ministre de la marine, s. d.
(521) JURIEN DE LA GRAVIÈRE, *Guerres maritimes, op. cit.*, t. 2, p. 187.
(522) Colin WHITE, *op. cit.*, p. 242-243.
(523) Jean BOUDRIOT, « L'artillerie de mer de la marine française. 1674-1856 », *Neptunia*, n° 89 à 103, 1968-1971.
(524) GICQUEL DES TOUCHES, *op. cit.*, p. 420.
(525) Paul CHACK, *Marins à la bataille. Le XIXe siècle et l'Indochine*, Paris, Éditions du Gerfaut, 2001, p. 105.
(526) BB^{4} 237, Rapport du capitaine de vaisseau Magendie, commandant le *Bucentaure*, s. d.
(527) AF^{IV} 1196, 23 octobre 1805, Procès verbal de la perte du vaisseau de Sa Majesté Impériale et Royale le *Redoutable* commandé par le capitaine de vaisseau Lucas, capitaine de vaisseau et officier de la Légion d'honneur.
(528) BB^{4} 237, 18 novembre 1805, Prigny à Rosily.
(529) BB^{4} 236, « Dépouillement des

rapports sur le combat du 29 vendémiaire an XIV exécuté par le ministre de la marine à l'époque du Conseil d'enquête, 1809. ».

(530) JURIEN DE LA GRAVIÈRE, *Guerres maritimes, op. cit.*, t. 2, p. 193.

(531) William JAMES, *The Naval History of Great Britain from the declaration of war by France in 1793 to the accession of George VI*, Londres, Richard Bentley, new Burlington street, 1837, t. IV, p. 37.

(532) Procès-verbal de Lucas, *op. cit.*

(533) Jurien DE LA GRAVIÈRE, *Guerres maritimes, op. cit.*, t. 2, p. 204.

(534) Procès-verbal de Lucas, *op. cit.*

(535) BB^4 237, 28 octobre 1805, Extrait du journal du *Neptune*.

(536) BB^4 237, 12 novembre 1805, Bazin, commandant en second du *Fougueux*.

(537) BB^4 237, 18 novembre 1805, Bazin.

(538) Procès-verbal de Lucas, *op. cit.*

(539) *Idem.*

(540) BB^4 237, 27 octobre 1805, rapport de Cosmao.

(541) BB^4 237, 26 octobre 1805, rapport de Tourneur.

(542) 4 avril 1806, LV de La Bretonnière à Julien Magon de Saint-Élier, *in* Magon DE LA GIGLAIS (lt col. H.), *Le contre-amiral* MAGON *1793 – Trafalgar 21 octobre 1805*, Paris, Baudoin, 1897.

(543) BB^4 237, 1er novembre 1805, Asmus Classen à Rosily.

(544) BB^4 237, brumaire an XIV, Villemadrin à Rosily.

(545) BB^4 237, 20 novembre 1805, Rapport du major général du corps expéditionnaire, Théodore Contamine, embarqué sur le *Bucentaure* pendant le combat de Trafalgar et commandant en chef par intérim.

(546) BB^4 237, 13 décembre 1805, Relation du combat du 29 vendémiaire an XIV par l'état-major de l'*Argonaute*.

(547) BB^4 237, 31 octobre 1805, Rapport du capitaine de vaisseau Épron.

(548) BB^4 237, 13 novembre 1805, Rapport des enseignes de vaisseau Jean-Eugène-Ferdinand Lachasse et Désiré Clamar, servant à bord de l'*Achille*.

(549) Amédée LEFÈVRE, *Histoire du service de santé de la marine militaire et des écoles de médecine navale en France depuis le règne de Louis XVI jusqu'à nos jours (1666-1867)*, Paris, Baillière, 1867, p. 333.

(550) BB^4 237, 24 octobre 1805, Rapport du lieutenant de vaisseau Conor, commandant provisoire du vaisseau le *Héros*.

(551) Notation du vice-amiral Martin en 1797, *in* dossier personnel CC^7 "Infernet".

(552) GICQUEL DES TOUCHES, *op. cit.*, p. 418.

(553) Rapport de Conor, *op. cit.*

(554) BB^4 236, 16 novembre 1806, Rapport du contre-amiral Dumanoir.

(555) AF^{IV} 1210, 24 juin 1805, Decrès à Napoléon.

(556) AF^{IV} 1196, 25 octobre 1805, Rapport de la sortie de Cadix et du combat de l'armée navale combinée de France et d'Espagne aux ordres du vice-amiral Villeneuve par le capitaine Prigny, chef d'état-major.

(557) BB^4 237, Rapport de Magendie, s.d.

(558) Édouard DESBRIÈRE, *Campagne maritime de 1805. Trafalgar*, Paris, Chapelot et Cie, 1907, pp. 224 et 226.

(559) AF^{IV} 1196, 19 novembre 1805, Decrès à Napoléon.

(560) BB^4 230, 5 novembre 1805, Villeneuve à Decrès.

(561) Onésime-Joachim TROUDE, *Batailles navales de la France*, t. 3 (1796-1808), Paris, Challamel, 1867-1868, t. 3, p. 403.

(562) AF^{IV} 1196, 22 octobre 1805, Escaño à Godoy.

(563) MAHAN, *op. cit.*, p. 392.

(564) BB^4 237, 25 octobre 1805, Rapport

de la reprise et perte du vaisseau *Bucentaure* par le capitaine de frégate Prigny ; 24 octobre 1805, Rapport du lieutenant de vaisseau Fulcran Fournier, embarqué sur le *Bucentaure*.

(565) BB^{4} 237, 18 novembre 1805, Rapport du capitaine de frégate Bazin.

(566) BB^{4} 237, 1er novembre 1805, Rapport du lieutenant de vaisseau Asmus Classen.

(567) BB^{4} 237, Extrait du journal du lieutenant de vaisseau Philibert, adjudant du contre-amiral Magon embarqué sur l'*Algésiras*, transmis par Beurnonville à Decrès le 28 novembre 1805.

(568) EV MOULLEC, « Quelques à-côtés de Trafalgar du point de vue espagnol », *Revue maritime*, 1928, p. 188.

(569) BB^{4} 237, 25 octobre 1805, Cosmao à Decrès.

(570) AF^{IV} 1196, 27 octobre 1805, Le Roy à Decrès.

(571) AF^{IV} 1196, 25 octobre 1805, Rosily à Decrès.

(572) AF^{IV} 1196, 25 octobre 1805, Gourdon à Decrès.

(573) BB^{4} 236, 16 novembre 1806, Rapport du contre-amiral Dumanoir.

(574) GEMÄHLING, « Combat naval du cap Ortegal. L'épilogue de la bataille de Trafalgar », *Revue maritime*, 1882, p. 217 (lettre du 1er décembre 1805).

(575) GEMÄHLING, *idem*.

(576) Rapport de Dumanoir, 16 novembre 1806, *op.cit*.

(577) BB^{4} 236, 10 décembre 1809, Rapport de l'enseigne de vaisseau Rigodit sur le vaisseau *Duguay-Trouin*.

(578) Rapport de Dumanoir, 16 novembre 1806, *op.cit*.

(579) *Idem*.

(580) BB^{4} 236, 10 décembre 1809, Dumanoir à Decrès.

(581) BB^{4} 236, 29 décembre 1809, Conseil d'enquête.

(582) AF^{IV} 1196, 22 octobre 1805, Le Roy à Decrès.

(583) « *Tout est perdu, fors l'honneur.* »

(584) AF^{IV} 1196, 29 octobre 1805, Beurnonville à Decrès.

(585) BB^{4} 234, 23 octobre 1805, Beurnonville à Decrès.

(586) AF^{IV} 1196, 25 octobre 1805, Rosily à Decrès.

(587) AF^{IV} 1196, 29 octobre 1805, Beurnonville à Lauriston.

(588) *Idem*.

(589) AF^{IV} 1196, 8 novembre 1805, Godoy à Napoléon.

(590) AF^{IV} 1196, 25 octobre 1805, Decrès à Napoléon.

(591) AF^{IV} 1196, 28 octobre 1805, Decrès à Napoléon.

(592) AF^{IV} 1196, 3 novembre 1805, Decrès à Napoléon.

(593) AF^{IV} 1196, 5 novembre 1805, Decrès à Napoléon.

(594) AF^{IV} 1196, 25 octobre 1805, Le Roy à Decrès.

(595) AF^{IV} 1196, 6 novembre 1805, Decrès à Napoléon.

(596) 7 novembre 1805, Comte d'Hauterive à Talleyrand, *in Catalogue de la collection Brouwet, Napoléon et son temps*. T. 1, *Autographes, vente à l'hôtel Drouot*, 14-15 novembre 1934, p. 77.

(597) Ernest D'HAUTERIVE, *La police secrète du Premier Empire. Bulletins quotidiens adressés par Fouché à l'Empereur*, Paris, Perrin, t. 2, bulletin du 9 novembre 1805, p. 155.

(598) HAUTERIVE, *op. cit.*, bulletin du 20 novembre 1805, p. 166.

(599) HAUTERIVE, *op. cit.*, bulletins des 22 et 27 novembre 1805, p. 175.

(600) AF^{IV} 1196, 14 novembre 1805, Decrès à Napoléon.

(601) AF^{IV} 1196, 23 novembre 1805, Decrès à Napoléon.

(602) AF^{IV} 1196, 22 octobre 1805,

traduction d'un extrait de la *Gazette de Gibraltar.*
(603) A. J. PACK, *Nelson's Blood: the story of rum*, Emsworth, Kenneth Mason, 1992.
(604) Colin WHITE, *op. cit.*, « Funeral, Nelson's », pp. 127-129. Amiraux de Trafalgar, Collingwood et Northesk, morts en 1810 et 1831, seront enterrés aux côtés de Nelson.
(605) *Correspondance*, n° 9507, 18 novembre 1805, à Decrès (de Znaïm).
(606) FOUCHÉ, *Mémoires, op. cit.*, p. 230.
(607) CAMBACÉRÈS, *op. cit.*, t. 2, p. 52.
(608) 12 novembre 1805, Talleyrand à Napoléon, *in* Pierre BERTRAND, *Lettres inédites de Talleyrand à Napoléon, 1800-1809...*, Paris, Perrin, 1889.
(609) FOUCHÉ, *Mémoires, op. cit.*, p. 226.
(610) CAMBACÉRÈS, *op. cit.*, t. 2, p. 52.
(611) AF^{IV} 1196, Beurnonville à Decrès.
(612) Johanès TRAMOND, *Manuel d'histoire maritime de la France des origines à 1815*, Paris, Société d'éditions géographiques, maritimes et coloniales, 1927, p. 763.
(613) AF^{IV} 1210, 24 juin 1805, Decrès à Napoléon.
(614) AF^{IV} 1196, 24 décembre 1805, Decrès à Napoléon.
(615) CAMBACÉRÈS, *op. cit*, t. 2, p. 52.
(616) *Correspondance*, n° 9912, 2 mars 1805, discours prononcé par l'Empereur à l'ouverture de la session législative (*Moniteur* du 3 mars 1806).
(617) CAMBACÉRÈS, *op. cit*, , t. 2, p. 52.
(618) AF^{IV} 1192, 11 mars 1806, Rosily à Decrès.
(619) AF^{IV} 1210, 11 avril 1806 Villeneuve à Decrès.
(620) BB^{4} 230, rapport de Decrès sur la campagne de Villeneuve, s.d.
(621) Lettre retranscrite de mémoire par Decrès et citée *in* AF^{IV} 1210, 23 avril 1806, Decrès à Napoléon. Souligné par Decrès.
(622) AF^{IV} 1210, 21 avril 1806, Villeneuve à son épouse, lettre remise à Decrès pour transmission.
(623) *Correspondance* n° 10129, 22 avril 1806, à Decrès.
(624) AF^{IV} 1210, 23 avril 1806, Decrès à Villeneuve.
(625) HAUTERIVE, *op. cit.*, bulletin du 25 avril 1806.
(626) *Annales maritimes*, 1828, 36e volume.
(627) MAGENDIE, *op. cit.*, p. 10.
(628) AF^{IV} 1210, 2 mai 1806, Decrès à Napoléon. Mots soulignés par Decrès.
(629) Général baron GOURGAUD, *Sainte-Hélène, Journal inédit de 1815 à 1818*, Paris, Flammarion, 1947, t. 1, p. 547.
(630) Barry E. O'MEARA, *Journal de Barry E. O'Meara. Napoléon dans l'exil*, Paris, Fondation Napoléon, t. 1, p. 103.
(631) RÉMUSAT, *op. cit.* t. 2, p. 214.
(632) *Correspondance* n° 10129, 22 avril 1806, à Decrès.
(633) Louis-Henri MOULIN, *Les marins de la République. Le* Vengeur *et les* Droits de l'homme. *La* Loire *et la* Bayonnaise. *Le 13 Prairial, Aboukir et Trafalgar*, Paris, Charavay, Mantoux, Martin, 1896, p. 189.
(634) *Idem*, p. 190.
(635) AF^{IV} 1210, 2 octobre 1808, Decrès à Napoléon.
(636) AF^{IV} 1196, 30 mars 1805, Lauriston à Napoléon.
(637) MOULIN, *op. cit.*, p. 139.
(638) CAMBACÉRÈS, *op. cit.*, t. 2, p. 52.
(639) BB^{4} 236, copie décision impériale du 7 septembre 1809.
(640) BB^{4} 236, conclusions du Conseil d'enquête, 23 novembre 1809.
(641) BB^{4} 236, conclusions du Conseil d'enquête, 29 décembre 1809.
(642) BB^{4} 236, jugement du conseil de guerre, 8 mars 1810.
(643) « Napoléon à bord du *Bellerophon*, souvenirs du capitaine de vaisseau F. M.

Maitland », *Revue maritime*, octobre 1933, p. 469.
(644) « Napoléon à bord du *Northumberland* par J. R. Glover, secrétaire de l'amiral sir George Cockburn », *Revue maritime*, janvier 1935, p. 29.
(645) GOURGAUD, *op. cit.*, t. 1, p. 436.
(646) LAS CASES, *op. cit.*, 6 novembre 1816, t. 2, p. 1443.
(647) Laurent MANŒUVRE, « Peinture, pouvoir et marine », *in catalogue de l'exposition Napoléon et la Mer*, Musée de la marine, Paris, Seuil, 2004.
(648) LAS CASES, *op. cit.*, 12 mai 1816, t. 1, p. 638.
(649) *Correspondance*, n° 20337, 7 août 1813, à Decrès.
(650) *Correspondance*, n° 16663, 16 juillet 1810, à Decrès.
(651) *Correspondance*, n° 9725, 31 janvier 1806, à Decrès.
(652) *Correspondance*, n° 10247, 17 mai 1806, à Decrès.
(653) *Correspondance*, n° 10632, 10 août 1806, à Decrès.
(654) AF^{IV} 1196, 30 septembre 1806, compte rendu du capitaine de frégate Leduc.
(655) AF^{IV} 1196, 10 novembre 1806, Decrès à Napoléon.
(656) AF^{IV} 1196, 23 décembre 1806, Decrès à Napoléon.
(657) *Correspondance*, n° 11620, 13 janvier 1807, à Decrès.
(658) *Correspondance*, n° 12520, 3 mai 1807, à Decrès.
(659) *Correspondance*, n° 12848, 4 juillet 1807, à Decrès.
(660) *Correspondance*, n° 13738, 12 avril 1808, à Decrès.
(661) *Correspondance*, n° 13960, 22 mai 1808, à Decrès.
(662) JENKINS, *op. cit.*, p. 326.
(663) MARMONT, *op. cit.*, t. 3, p. 337.
(664) *Correspondance*, n° 16727, 27 juillet 1810, à Decrès.
(665) *Correspondance*, n° 16916, 17 septembre 1810, à Decrès.
(666) *Correspondance*, n° 17435, 8 mars 1811, à Decrès.
(667) AF^{IV} 1210, 11 décembre 1811 Decrès à Napoléon.
(668) LAS CASES, *op. cit.*, 15 juillet 1816, t. 2, p. 942.
(669) *Correspondance*, n° 18264, 16 novembre 1811, à Decrès.
(670) *Correspondance*, n° 17435, 8 mars 1811, à Decrès.
(671) *Correspondance*, n° 20121, 13 juin 1813, à Decrès.
(672) *Correspondance*, n° 20337, 7 août 1813, à Decrès.
(673) *Correspondance*, n° 20836, 25 octobre 1813, à Decrès.
(674) AF^{IV} 1210, s.d., non signé, 1814, tableau critique élaboré durant la première Restauration.
(675) MAGENDIE, *op. cit.*, p. 34.
(676) O'MEARA, *op. cit.*, t. 1, p. 103.
(677) *Mémoires d'un sergent. Mémoires de Robert Guillemard, sergent en retraite ; suivis de documents historiques, la plupart inédits de 1805 à 1823*, Paris, Delaforest, Bossange, Baudoin, 1826, 2 vol.
(678) *Annales maritimes et coloniales*, 1830, t. 2, p. 184.
(679) Guillaume-Joseph-Gabriel DE LA LANDELLE, *Le gaillard d'avant. Chansons maritimes*, Paris, Dentu, 1865.
(680) Georges COMTESSE, *La marine d'autrefois*, Tours, Maine et fils, 1898.
(681) BASSET (Charles), PERROUX (Auguste), *Trafalgar. Vaudeville*, Paris, Ambigu-comique, 1842.
(682) *Histoire des combats d'Aboukir, de Trafalgar, de Lissa, du cap Finisterre et de plusieurs autres batailles navales depuis 1798 jusqu'en 1813*, suivi de la *Relation du combat de Navarin ou notions de tactique pour les combats sur mer par un capitaine*

de vaisseau, Paris, Bachelor, Didot, Baudoin, 1829. Sur l'exemplaire de la bibliothèque du Service historique de la marine, il est indiqué de façon manuscrite que l'auteur serait le capitaine de vaisseau Victor Chabert (1758-1833), lieutenant de vaisseau sur l'*Orient* en 1798 et commandant la frégate *Sirène* à la bataille des Quinze-Vingt.

(683) Helmut PEMSEL, *Atlas of naval warfare*, Londres, 1977, p.156.

(684) Alphonse DE LAMARTINE, *Nelson (1758-1805)*, Paris, Hachette, 1853.

(685) Colin WHITE, *op. cit.*, p. 162.

(686) Cité *in* Paul KENNEDY, *Stratégie et diplomatie 1870-1945*, Paris, Économica, 1988, p. 112.

(687) Jean-Marc LARGEAUD, « Fureurs de dépeindre : les républicains français et Waterloo au XIXe siècle », *in Penser la défaite*, Toulouse, Édition Privat, 2002.

(688) Benito PÉREZ GALDÓS, *L'escadre héroïque*, Club bibliophile de France, 1953 (1ère édition 1873).

(689) Amiral sir Cyprian BRIDGE, « Nelson : the centenary of Trafalgar », *in Cornhill Magazine*, septembre 1905.

(690) Albert MALO, *Le centenaire de Trafalgar, 1805-1905, senlis, Impr. Administrative et commerciale, 1905.*

(691) Pierre NORA (sous direction de), *Les lieux de la mémoire*. T. 2, *La République. La Nation, La France*, p. 2737.

(692) Pierre-Barthélémy D'ALBARÈDES, baron PORTAL, *Mémoires du baron Portal. Ses plans d'organisation de la puissance navale de la France*, Paris, Amyot, 1846, p. 232.

(693) PORTAL, *op. cit.*, p. 321.

(694) PORTAL, *op. cit.*, p. 239.

(695) JOINVILLE, « Note sur l'état des forces navales de la France », *Revue des deux mondes*, mai 1844, t. 6, p. 707-746.

(696) *Idem.*

(697) Richild GRIVEL, *De la guerre maritime avant et depuis les nouvelles inventions. Attaque et défense des côtes et des ports. Guerre du large. Étude historique et stratégique*, Paris, Arthus Bertrand & Dumaine, 1869, p. 254.

(698) Michel WINOCK, « Qu'est-ce qu'un événement ? », *L'Histoire*, n° 268, septembre 2002.

(699) Christian MOREL, *Les décisions absurdes. Sociologie des erreurs radicales et persistantes*, Paris, Gallimard, 2002.

(700) Alain REY, Sophie CHANTREAU, *Dictionnaire des expressions et Locutions*, Paris, Robert, *Les usuels du Robert*.

(701) DUNETON, *Le bouquet des expressions imagées*, Paris, Seuil, 1990.

Sources et bibliographie

Sources manuscrites et imprimées

* Archives nationales. Sous-série AF^{IV} (an VIII-1815). Rapports et correspondance générale du ministre de la marine et des colonies.
* Archives de la marine (Vincennes). Sous-série Marine BB^{4}. Opérations, divisions et stations navales, missions diverses.
* Beatty (William), *Authentic narrative of the death of Lord Nelson*, Londres, Cadell & Davies, 1807.
* Cambaceres, *Mémoires inédits. Éclaircissements publiés par Cambacérès sur les principaux événements de sa vie politique*, Paris, Perrin, 1999.
* Clerk of Eldin (John), *Essai historique et méthodique sur la tactique navale*, trad. franç., Paris, Firmin Didot, 1791.
* Fleury (Georges), *Nelson : le héros absolu*. récit biographique, Paris, Flammarion, 2004.
* Forfait, *Lettres d'un observateur de la marine*, Paris, Impr. Clousier, 1802.
* Gemähling, « Combat naval du cap Ortegal. L'épilogue de la bataille de Trafalgar », *Revue maritime*, 1882.
* Gicquel des Touches (Auguste, marquis), « Souvenirs d'un marin de la République », *Revue des Deux Mondes*, 1905.
* Glover (Richard), « Napoléon à bord du *Northumberland* », *Revue maritime*, 1938.
* Grivel (Jean, baron), *Mémoires du vice-amiral baron Grivel. Révolution. Empire*, Paris, Plon-Nourrit, 1914.
* Guillain (canonnier), *Journal du canonnier Guillain. Ses combats, sa captivité (1805-1816)*, in *Souvenirs de marins du Premier Empire*, Paris, Librairie historique Teissèdre, 1998.
* Hauterive (Ernest d'), *La police secrète du Premier Empire. Bulletins quotidiens adressés par Fouché à l'Empereur*, Paris, Perrin, 1913.
* Jurien de la Graviere (Jean-Pierre-Edmond, contre-amiral), *Guerres maritimes sous la République et l'Empire*, Paris, Charpentier, 1869.
* Jurien de la Graviere (Pierre-Roch), *Souvenirs d'un amiral*, Paris, Hachette, 1860.
* Las Cases (Emmanuel de), *Mémorial de Sainte-Hélène*, Paris, Seuil, 1999.
* Leconte (François, CV), *Mémoires pittoresques d'un officier de marine (1791-1848)*, Brest, Le Pontois, 1851.
* Lucas (commandant), Cartigny (Louis), *La bataille de Trafalgar racontée par le commandant Lucas, commandant le* Redoutable, *avec les impressions du dernier survivant de ce combat le père Cartigny publié par Henri Letuaire*, Toulon, Publication de la Société des amis du vieux Toulon, 1914.
* Magendie (Jean-Jacques), *Mémoire nécrologique sur M. le vice-amiral Villeneuve par Jean-Jacques Magendie... qui a été injustement supposé l'agent du meurtre de ce vice-amiral*, Toulon, Impr. Auguste Aurel, 1815.
* Maitland (Frederick-Lewis, capitaine de vaisseau), « Napoléon à bord du *Bellerophon*, souvenirs du capitaine de vaisseau Maitland », *Revue maritime*, 1933.
* Napoleon Ier, *Correspondance de Napoléon avec le ministre de la marine depuis 1804 jusqu'en avril 1815*, Paris, Delloye & Lecou, 1837.
* Napoleon Ier, *Correspondance de Napoléon Ier publiée par ordre de l'Empereur Napoléon III*, Imprimerie impériale, 1858-1869.
* Naish (George PB), *Nelson's Letters to his Wife and Others Documents (1785-1831)*, Londres, Navy Records Society, 1958.
* Nicolas (sir Nicholas Harris), *The Dispatches and Letters of Vice-Admiral Lord Viscount Nelson*, Londres, Colburn, 1844-1846.
* O'Meara (Barry Edward), *Journal de Barry E. O'Meara. Napoléon en exil*, Paris, Fondation Napoléon, 1993.
* Ramatuelle (Joseph d'Audibert de), *Cours*

élémentaire de tactique navale, Paris, Baudoin, an X (1802).
* REMACLE (comte L.), *Bonaparte et les Bourbons. Relations secrètes des agents secrets de Louis XVIII à Paris sous le Consulat 1802-1803*, Paris, Plon-Nourrit, 1899.
* SOUTHEY (Robert), *The life of Nelson*, Londres, John Murray, 1813.
* TUPINIER (Jean-Marguerite), *Mémoires du baron Tupinier, directeur des ports et arsenaux (1779-1850)*, Paris, Desjonquières, 1994.

BIBLIOGRAPHIE

* AMAN (Jacques), *Les officiers bleus dans la marine française au XVIIIe siècle*, Genève, 1977.
* ANTOINE (LV), *La flottille de Boulogne 1803-1806. Concentration, organisation, entraînement*, EGN, 1935-1936, multigr.
* BATTESTI (Michèle), *La bataille d'Aboukir, 1798*, Paris, Économica, 1998.
* BATTESTI (Michèle), « Napoléon et la "descente" en Angleterre », *Revue du Souvenir napoléonien*, n° 444-445, 2003.
* BOUDON (Jacques-Olivier), *Histoire du Consulat et de l'Empire 1799-1815*, Paris, Perrin, 2000.
* BOUDRIOT (Jean), *Le vaisseau de 74 canons*, Grenoble, Éd. Les 4 Seigneurs, 1973-1977.
* BOUDRIOT (Jean), « L'artillerie de mer de la marine française. 1674-1856 », *Neptunia*, n° 89 à 103, 1968-1971.
* BOUËT-WILLAUMEZ (Louis-Édouard, comte), *Batailles de terre et de mer jusques y compris la bataille de l'Alma*, Paris, Dumaine, 1855.
* CASTEX (Raoul), *Stratégie des opérations combinées*, EGN, 1933.
* CASTEX (Raoul), *Théories stratégiques*, Paris, Économica, 1997.
* CASTEX (Raoul), *Les Idées militaires de la marine au XVIIIe siècle*, Paris, Fournier, 1911.
* CHACK (Paul), *Trafalgar*, Paris, Éditions de France, 1942.
* CHEVALIER (Édouard, capitaine de vaisseau), *L'histoire de la marine française sous la Révolution et l'Empire*, Paris, Hachette, 1886.
* CORBETT (Julian S.), *The campaign of Trafalgar*, Londres, Longmans, Green, 1910.
* CORBETT (Julian S.), *Principes de stratégie maritime*, Paris, Économica, 1993.
* CROUZET (François), *L'économie britannique et le blocus continental*, Paris, Économica, 1987.
* DANBE (LV), *L'escadre Allemand en 1805*, EGN, 1924, multigr.
* DARU (Jacques), « La bataille de Trafalgar et le fils de l'*Ami* », *Annales historiques de la Révolution française*, janv.-févr. 1973.
* DEPEYRE (Michel), *Tactiques et stratégies navales de la France et du Royaume-Uni de 1690 à 1815*, Paris, Économica, 1998.
* DEPEYRE (Michel), *Entre vent et eau. Un siècle d'hésitations tactiques et stratégiques (1790-1890)*, Paris, Économica, 2003.
* DESBRIERE (Édouard), *Campagne maritime de 1805. Trafalgar*, Paris, Chapelot, 1907.
* DESBRIERE (Édouard), *Projets et tentatives de débarquement aux îles britanniques (1793-1805)*, Paris, Chapelot, 1900-1902.
* DESBRIERE (Édouard), *Blocus de Brest de 1793 à 1805*, Paris, Chapelot, 1902.
* DESORMAUX (LV), *Campagne maritime de 1805 et la bataille de Trafalgar*, EGN, 1921.
* DEUVE (LV), *Trafalgar. La 3e escadre à Trafalgar*, EGN, 1922.
* DUPONT (Maurice), *L'amiral Decrès et Napoléon ou la fidélité orageuse d'un ministre*, Paris, Économica, 1991.
* DUPONT (Maurice), *Les flottilles côtières de Pierre le Grand à Napoléon*, Paris, Économica, 2000.
*DUPONT (Maurice), TAILLEMITE (Étienne), *Les guerres navales françaises du Moyen-Age à la guerre du Golfe*, Paris, SPM, coll. Kronos, 1995.
* EPIN (Christian), *Les ouvriers des arsenaux de la marine sous Napoléon. Vivre et survivre en travaillant pour l'État*, Montreuillon, L'Herminette, 1990.
* FULLER (John Frederick Charles), *Les batailles décisives du monde occidental*, Paris, Berger-Levrault, 1981.
* GARDINER (Robert), *The campaign of Trafalgar 1803-1805*, Londres, Chatham Publishing, 1997.

* GELDREICH (LV), *Les renseignements français de 1803 à 1805*, EGN, 1927. multigr.

* GOUTON (LV), *Évolution des idées de Napoléon sur les opérations navales de 1803 à 1805*, EGN, 1922, multigr.

* GRENFELL (Russell), *Nelson the sailor*, Londres, Faber & Faber, 1949.

* GUERIN (Léon), *Histoire maritime de France. Marine contemporaine de 1784 à 1848*, Paris, Société bibliographique, 1849.

* HALE (J. R.), *Les grands combats sur mer de Salamine au Jutland*, Paris, Payot, 1932.

* HAMON (Jean-Pierre), *Les chirurgiens navigants français de la bataille de Trafalgar, 21 octobre 1805*, Th. médecine, Nantes (1982-1983).

* HOWARTH (David), *Trafalgar. The Nelson Touch*, Londres, Collins, 1969.

* JENKINS (H. E.), *Histoire de la marine française, des origines à nos jours*, Paris, Albin Michel, 1977.

* JOHNSON (Paul), *Napoléon*, Québec, Fides, 2003.

* KEEGAN (John), *The Price of Admiralty*, Londres, 1988.

* KEEGAN (John), *A History of Warfare*, Londres-Sidney, Glenfield Pimlico, 1994.

* KERAUTRET (Michel), *Les grands traités du Consulat (1799-1804). Documents diplomatiques du Consulat et de l'Empire*, Paris, Fondation Napoléon, 2002.

* LACOUR-GAYET (Georges), *Histoire maritime de la marine française. La Révolution et l'Empire*, Conférences à l'École supérieure de marine, 1902, multigr., non pag.

* LANDRIAU (CV), « L'exercice du commandement stratégique. L'exemple de l'amirauté britannique pendant la campagne de 1805 », *Revue maritime*, 1938.

* LANGLADE (Jacques DE), *Nelson*, Presses de la Renaissance, 1990.

* LA RONCIERE (Charles DE), *Histoire de la marine*, Paris, Plon-Nourrit, 1899-1920.

* LAVERY (Brian), *Nelson's Navy : the Ships, Men and Organisation (1793-1815)*, Londres, Conway, 1989.

* LEFEBVRE (Amédée), *Histoire du service de santé de la marine militaire et des écoles de médecine navale en France depuis le règne de Louis XVI jusqu'à nos jours (1666-1867)*, Paris, Baillière, 1867.

* LEFEBVRE (Georges), *Napoléon*, Paris, PUF, 1965.

* LENTZ (Thierry), *Nouvelle histoire du premier Empire*, t. 1, *Napoléon et la conquête de l'Europe 1804-1810*, Paris, Fayard, 2002 ; t. 2, *L'effondrement du système napoléonien* (1810-1814), Paris, Fayard, 2004.

* LEVEQUE (Pierre), *Les officiers de marine du Premier Empire*, Vincennes, Service Historique de la Marine, 2003.

* LEYS (Simon), *La mer dans la littérature française*, Paris, Plon, 2003.

* LULLIER (Ch.), *Essai sur l'histoire de la tactique navale et des évolutions de mer. La marine du passé et la marine contemporaine*, Paris, Tanera, 1867.

* MADELIN (LV), *L'organisation et le fonctionnement de la direction centrale des opérations maritimes pendant les guerres de la Révolution et de l'Empire jusqu'en 1805*, EGN, 1932-1933.

* MAGON DE LA GIGLAIS (lt col. H.), *Le contre-amiral Magon 1763 - Trafalgar 21 octobre 1805*, Paris, Baudoin, 1897.

* MAHAN (Alfred Thayer, amiral), *The life of Nelson. The embodiment of the Sea Power of Great Britain*, Londres, Sampson Low-Marston, 1897.

* MAHAN (Alfred Thayer, amiral), *Influence of Sea Power upon French Revolution and Empire, 1793-1812*, Londres, Sampson Low, 1897.

* MAINE (René), *Trafalgar, le Waterloo naval de Napoléon*, Paris, Hachette, 1955.

* MARLIANI (don Manuel), *Combate de Trafalgar. Vindicacion de la armada española contra las aserciones injuriosas vertidas por Mr Thiers en su historia del Consulado y el Imperio*, Madrid, 1850.

* MASSON (Philippe), *Histoire de la marine française*, Paris-Limoges, Lavauzelle, 1981.

* MASSON (Philippe), MURACCIOLE (José), *Napoléon et la marine*, Paris, Peyronnet, 1968.

* MEYER (Jean), ACERRA (Martine), *Histoire de la marine française des origines à nos jours*, Rennes, Éd. Ouest-France, 1994.

* MONAQUE (Rémi), *Latouche-Tréville (1745-*

1804). *L'amiral qui défiait Nelson*, Paris, SPM, coll. Kronos, 2000.

* MONTBRIAL (Thierry de), KLEIN (Jean) (dir. de), *Dictionnaire de stratégie*, Paris, PUF, 2000.

* MOULIN (Louis-Henri), *Les marins de la République. Le* Vengeur *et les* Droits de l'homme. *La* Loire *et la* Bayonnaise. *Le 13 Prairial, Aboukir et Trafalgar*, Paris, Charavay…, 1896.

* MOULLEC (EV), « Quelques à-côtés de Trafalgar du point de vue espagnol », *Revue maritime*, 1928.

* Musée de la marine, *Napoléon et la mer*, catalogue d'exposition, Paris, Seuil, 2004.

* Musée national des châteaux de Malmaison et de Bois-Préau, *L'Anti-Napoléon, caricatures et satires du Consulat à l'Empire*, Paris, RMN, 1996.

* NICOLAS (Louis), *La puissance navale dans l'histoire. Du Moyen Age à 1815*, Paris, Ed. maritimes et coloniales, 1958.

* NICOLAY (Fernand), *Napoléon Ier au camp de Boulogne*, Paris, Perrin, 1907.

* OMAN (Carola), *Nelson*, Londres, Hodder & Stoughton, 1947.

* PARION (LV), *Le théâtre d'opérations de la mer du Nord à Cadix (1803-1805) vu du point de vue anglais*, EGN, 1931-1932, multigr.

* PEREZ GALDOS (Benito), *L'escadre héroïque* Trafalgar, Paris, Club bibliophile de France, 1953.

* PETITEAU (Nathalie), *Napoléon, de la mythologie à l'histoire*, Paris, Seuil, 1999.

* POCOCK (Tom), *Horatio Nelson*, Londres, Bodley Head, 1987.

* PONS (Anne et Alain), *Lady Hamilton. L'amour sous un volcan*, Paris, NIL éd., 2002.

* POPE (Dudley), *England expects*, Londres, Chatham Publishing, 1998.

* POPE (Dudley), *The Great Gamble*, Londres, Chatham Publishing, 2001.

* QUINTIN (Danielle et Bernard), *Dictionnaire des capitaines de vaisseau de Napoléon*, Paris, S.P.M., coll. Kronos, 2002.

* RODGER (N.A.M.), *The Wooden World. An Anatomy of the Georgian Navy*, Londres, Collins, 1986.

* ROSKILL (S. W.), *The strategy of Sea power, its development and application*, Londres, Collins, 1963.

* SIX (Georges), *Dictionnaire biographique des généraux et amiraux français (1792-1814)*, Paris, Lib. Saffroy, 1934.

* TAILLEMITE (Étienne), *Dictionnaire des marins français*, Paris, Tallandier, 2002.

* TANNENBERG (DE, LV), *L'organisation et le fonctionnement de l'Amirauté anglaise de 1789 à 1815*, EGN, 1932-1933.

* THIERS (Adolphe), *Histoire du Consulat et de l'Empire faisant suite à l'histoire de la Révolution*, Paris, Paulin, 1845-1847.

* THIRY (Jean), *Napoléon Bonaparte. Ulm, Trafalgar, Austerlitz*, Paris, Berger-Levrault, 1962.

* THOMAZI (Auguste), *Les marins de Napoléon*, Paris, Tallandier, 2004.

* THOMAZI (Auguste), *Trafalgar*, Paris, Payot, 1932.

* TODOROV (Nicola Peter), *Les projets de débarquement aux îles britanniques après Trafalgar (1810-1813)*, Mémoire de maîtrise, Université de Paris I, 1994.

* TRAMOND (Joannès), *Manuel d'histoire maritime de la France*, Paris, Challamel, 1916.

* TROUDE (Onésime-Joachim), *Batailles navales de la France*, Paris, Challamel, 1867-1868.

* TULARD (Jean, dir. de), *Dictionnaire Napoléon*, Paris, Fayard, 1999.

* TULARD (Jean), GARROS (Louis), *Itinéraire de Napoléon au jour le jour 1769-1821*, Paris, Tallandier, 1992.

* TULARD (Jean), *Napoléon ou le mythe du sauveur*, Paris, Fayard, 1977.

* VERGE-FRANCESCHI (Michel, dir. de), *Dictionnaire d'histoire maritime*, Paris, Robert Laffont, coll. Bouquins, 2002.

* VINCENT-BRECHIGNAC (CV), « *HMS Implacable* ex-*Duguay-Trouin*, dernier survivant français de Trafalgar », *Revue maritime*, 1938.

* WARNER (Olivier), *Nelson's Battles*, Londres, Batsford, 1965.

* WHITE (Colin), *The Nelson Encyclopædia*, Londres, Chatham Publishing, 2002.

Table des matières

TABLE DES CARTES

Achevé d'imprimé
sur les presses de FRANCE QUERCY, en France

pour le compte de Napoléon 1er Éditions

Dépôt légal : juillet 2004